博雅语言学书系

现代汉语词汇学

主　编　符淮青
撰稿人　符淮青　李红印
　　　　王　惠　赵　强

图书在版编目(CIP)数据

现代汉语词汇学/符淮青主编.—北京:北京大学出版社,2019.10
(博雅语言学书系)
ISBN 978-7-301-28751-4

Ⅰ.①现… Ⅱ.①符… Ⅲ.①现代汉语—词汇学—研究 Ⅳ.① H136

中国版本图书馆 CIP 数据核字(2018)第 011855 号

书　　　名	现代汉语词汇学 XIANDAI HANYU CIHUIXUE
著作责任者	符淮青　主编
责 任 编 辑	崔　蕊
标 准 书 号	ISBN 978-7-301-28751-4
出 版 发 行	北京大学出版社
地　　　址	北京市海淀区成府路 205 号　100871
网　　　址	http://www.pup.cn　新浪微博:@北京大学出版社
电 子 信 箱	zpup@ pup.cn
电　　　话	邮购部 010-62752015　发行部 010-62750672　编辑部 010-62754144
印 刷 者	河北滦县鑫华书刊印刷厂
经 销 者	新华书店 650 毫米 ×980 毫米　16 开本　20 印张　388 千字 2019 年 10 月第 1 版　2025 年 7 月第 3 次印刷
定　　　价	68.00 元

未经许可,不得以任何方式复制或抄袭本书之部分或全部内容。
版权所有,侵权必究
举报电话:010-62752024　电子信箱:fd@pup.pku.edu.cn
图书如有印装质量问题,请与出版部联系,电话:010-62756370

前 言

本书为1998年应"中国现代科学全书·语言文字学"编辑委员会之约,由我和我当时指导的三位博士生合作写成。我撰写其中的大部分章节,第四章"现代汉语词汇的专题研究"是在我的指导下分工写成的,具体撰写人如下:

李红印　第一节　词汇规范化问题
　　　　第二节　术语问题
　　　　第九节　熟语研究
王　惠　第四节　同义词研究
　　　　第五节　反义词研究
　　　　第八节　词汇统计
赵　强　第三节　基本词汇研究
　　　　第六节　外来词研究
　　　　第七节　构词法和造词法

书稿经何乐士先生、程湘清先生审订定稿。因该丛书出版计划变动,本书出版受阻。后仅由当代世界出版社于2003年10月印出少量样书,未能公开出版发行。现由北京大学出版社出版发行。

时间已过去了十多年,现代汉语词汇学的研究又有许多新进展、新成果,本书已不能包容,不免遗憾。当时的学子李君、王君、赵君,毕业多年,已是各大学的骨干力量,其学术眼光必也高于当时。把本书看作著者对于20世纪现代汉语词汇学的一个回顾和剖析较为适宜。近百年来,经过几代学者的潜心探索、辛勤耕耘,现代汉语词汇学从建立到发展壮大,积累了相当丰富的成果。期望后来者从中得到滋养,作进一步的开拓。

北大出版社支持出版此书,崔蕊先生对其内容和引述材料细致校核,使本书得以面世,深表感谢。

符淮青
2019年8月

目 录

第一章　现代汉语词汇学概说 …… 1
- 第一节　现代汉语词汇学的研究对象 …… 2
- 第二节　现代汉语词汇学的研究方法 …… 3
- 第三节　现代汉语词汇学的地位和作用 …… 11

第二章　现代汉语词汇学的主要内容 …… 14
- 第一节　词和词汇 …… 14
- 第二节　词的构造 …… 20
- 第三节　词义 …… 30
- 第四节　多义词、同音词、同族词 …… 46
- 第五节　同义词、反义词、上下位词 …… 55
- 第六节　现代汉语词汇的构成 …… 62
- 第七节　熟语 …… 71
- 第八节　词典 …… 78

第三章　现代汉语词汇学的建立和发展 …… 86
- 第一节　20世纪50年代以前的现代汉语词汇研究 …… 86
- 第二节　50年代至60年代中期现代汉语词汇学的建立和发展 …… 93
- 第三节　70年代末至80年代现代汉语词汇学的发展 …… 107
- 第四节　90年代以来的现代汉语词汇研究 …… 126

第四章　现代汉语词汇的专题研究 …… 149
- 第一节　词汇规范化问题 …… 149
- 第二节　术语问题 …… 157
- 第三节　基本词汇研究 …… 162
- 第四节　同义词研究 …… 168

第五节	反义词研究	182
第六节	外来词研究	195
第七节	构词法和造词法	203
第八节	词汇统计	220
第九节	熟语研究	227

第五章　现代汉语词汇学和现代汉语词典 …………………… 252
　第一节　现代汉语词典编纂的成就 ………………………… 252
　第二节　现代汉语词汇研究和现代汉语词典编纂 ………… 261

第六章　现代汉语词汇学发展的展望 ………………………… 271
　第一节　同现代语义学相结合 ……………………………… 271
　第二节　为语言的信息处理服务 …………………………… 294
　第三节　利用现代科技手段研究现代汉语词汇 …………… 301

参考书目 ………………………………………………………… 306

第一章　现代汉语词汇学概说

现代汉语词汇学主要是中华人民共和国成立以后才建立并获得发展的一个学科。它是汉语词汇学的一个重要组成部分。19世纪末20世纪初，为适应社会政治、经济、文化发展的需要，兴起了标志着民族共同语加速发展的"国语运动"。"五四运动"提倡白话文，要求确定以现代语言作为共同语书面语的地位。现代语言的重大作用使研究现代语言成为迫切的需要。对现代语言词汇的研究也成为一种学术要求。这一时期我国学者学习西方学术思想，也接触了西方的语言学理论。西方语言学中把语言作为一种客观对象加以描写分析的理论对我国学者有很大的影响。学者研究现代语言的各个方面，其中，语言中的词汇也成为学者独立研究的对象。这样就出现了完全不同于传统小学的现代语言学研究，出现了现代语言词汇的研究。

我国传统研究字、词意义的是训诂学。它研究的对象主要是先秦古籍的语言，目的是解读儒家经典和其他古籍。王力说："小学本是经学的附庸，最初的目的在于'明经'。后来范围扩大，也不过限于'明古'。先秦的古义，差不多成为小学家唯一的对象。"[1]说的就是这种情况。

现代语言的词汇研究虽然也研究字义词义，它同传统训诂学有联系，但性质作用有明显的区别，它研究的对象是现代语言的各种词语，目的是说明其中规律性的东西，并据之指导现代语言的应用。周祖谟说，过去学者也研究过词语，但是只注意一个个古词语，而词汇学特别是现代语言词汇学，有着全新的任务和作用。"作为一门语言学科的词汇学，就是要把人类语言中词汇的各个方面的情况和词汇发展的规律指出来指导实践，使人们具有科学系统的知识，普遍提高运用语言的能力，并且进一步提高语言教学效果，发展词典编纂，利于语言的规范化。"[2]中华人民共和国成立以后，社会政治、经济、文化发展的要求，学术条件的成熟，促成了现代汉语词汇学的建立和发展。它确定了自己研究的对象、范围，

---

[1]　王力《新训诂学》，见《王力文集》第19卷，山东教育出版社，1990年，第172页。
[2]　周祖谟《词汇和词汇学》，《语文学习》1958年第9、11期。

积累了众多的研究成果,在社会生活、文化教育、科技发展中发挥着重要的作用。

第一节 现代汉语词汇学的研究对象

现代汉语词汇学以现代汉语的词和词汇为研究对象。一般认为,现代汉语词汇学研究词的性质、词的创造和结构、词义的内容、词义的发展、词的各种关系,研究词汇的划分、关系等。下面我们作些具体的解释。

语言的建筑材料是词,但词不是建筑材料的全部,语言中还存在大于词(如词组)、小于词(如语素)或相当于词(如固定语)的单位,如何确定这些不同的语言单位呢?

这些单位都有意义,词义有什么特点呢?词义在运用中发展,发展的规律是什么样的呢?

词有同义近义关系、反义关系、上下位关系、部分整体关系,情况是什么样的呢?

许多词不止一个意义,是多义词;不少词读音相同,意义不同,实际上是不同的词,它们是同音词。多义词和同音词如何区分,它们又有什么联系呢?

一种语言的词汇可以多至几万、十几万,可以根据内容、性质的不同把它们分成各种类别,分类的具体根据是什么呢?分类有什么作用呢?

各种类别的词汇成员不是如沙子一样堆积在一起的,它们在意义上、形式上、来源上可能有各种联系,这些联系是什么样的呢?

各个时期语言的词汇成员是不同的,有的消亡,有的产生,有的产生新义,它们是否构成某种系统?各个时期词汇系统的不同如何说明呢?

各种词典要收集许多词语,要解释它们的意义,说明它们的用法,词汇学的研究同词典编纂有什么联系呢?

信息时代的到来要求实现文字语言的信息处理,词汇学如何为文字语言信息处理研究服务呢?

上述这些问题都是现代汉语词汇学要研究探讨的重要问题。本书第二章和其他有关章节说明了上述这些问题的主要内容。

现代汉语词汇学建立后经过半个世纪的发展,对许多问题已有相当深入的认识,其中某些问题的研究已积累了相当多的成果,而有些问题则需要作进一步的探讨,有些问题则是随着社会文化、科学技术的发展而产生的,还有待于展开研究。

第二节 现代汉语词汇学的研究方法

任何科学研究都离不开观察实验、比较联系、分析综合、归纳概括这些基本的科学研究方法和思维方法。由于研究对象、研究内容、研究目的的不同,各学科应用这些基本方法时又表现出不同的特点。现代汉语词汇学也是如此。现代汉语词汇学的研究方法可以从不同角度来总结说明,我们把主要的研究分析的方法归结为八种:一、语境测试法;二、内省归纳法;三、信息内容区分法;四、概念层次分析法;五、结构分析法;六、形音义结合法;七、统计法;八、溯源法。各种方法往往是互相联系、互相渗透的,只不过是为了叙述的方便,从不同角度概括说明罢了。

一、语境测试法

语境指语言语境和非语言语境。语言语境指在一定的上下文(词语)当中。非语言语境指交际环境,即语言行为的时间、地点、条件等。语言用于表述、交际,语境显示了表述、交际的各种环境情况。语言,包括词语的分析,往往要密切联系语境才容易说清,才能找到客观的科学的根据和标准。例如词汇学中要确定能单独成词和不能单独成词的语言单位,有一个方法是看这个语言单位在对话的条件下能否单说,能否单独回答问题。如"大"和"巨","大"能单说:"房子大不大?""大。""巨"不能这样用。因此"大"是词,而"巨"不是词。又如"甜"和"甘","甜"能单说:"这种苹果甜不甜?""甜。""甘"不能这样用。所以"甜"是词,而"甘"不是词。这里所说的能否单说、能否单独回答问题,就是在一个正常的词语环境中进行测试,看某个语言单位是否具有某种功能。在一定的语境中具有和不具有某种功能,属于不同性质的语言单位。

再如在确定同义词时,有一部分可考察它们在一定的语境中互相替换后表达意义的情况,替换后表达的意义相同就是同义词;如果差异较大就不是同义词;如果有时能替换,有时又不能替换,或明明意义相同而不能替换,则显示出同义词意义、用法上的差异。例如:

工资—薪金

梁建开始拿薪金到现在……每月一号,就给一位老妈妈寄钱。

(杜鹏程《在和平的日子里》)

句中"薪金"换为"工资",意义相同,这两个词是同义词。

发明—发现
蒸气机是瓦特发明的。
人类的祖先很早就发现了火的利用。

上两句中的"发明""发现"不能替换,因为"发明"义为"创造新的事物新的方法","发现"义为"看到、找到前人没有看到的事物或规律"。因此这两个词不是严格意义上的同义词。

诞辰—生日
赶到二十七呀,老头子的生日,你得来一趟。

(老舍《骆驼祥子》)

虽然这两个词都指人出生的日子,但"诞辰"用于书面,带有庄重尊敬色彩,"生日"是口头语。所以这两个词虽是同义词,但在上例中"生日"不好换为"诞辰"。

二、内省归纳法

所谓"内省",字面上讲是"内心省察",就是在观察比较有关事实之后,通过思维对有关材料进行分析综合,找到同异,区别特殊的、偶然的东西,归纳出其中一般的有规律性的东西。杰弗里·利奇(Geoffrey Leech)说:"表面上看来,通过语感得到的证据(通过内省转为人的语言知识)是主观的……语言知识是公众的知识,因为讲同一种语言的人,不仅语言相同,而且共同掌握了该语言的内在语言知识。从这个意义上讲,尽管我的内省内容只有我这人知道,但通过内省得到的资料是公有的,所以可以由其他人的内省内容来证实。"[①]有学者怀疑以内省分析语言的科学性,上述利奇的话说明了内省所具有的科学性。

人们归纳概括词语用于不同语句中的含义,从而正确说明各个词语的意义,主要靠这个方法。例如,在现代汉语中,"摇头"这个词怎么解释呢?要细细体会"摇头"用在不同场合中它表示的意义。如:

他讲完,很想得到支持,谁知大家都摇头。
他摇头说:"这样做不对。"
问他同意不同意,他不说话,只是摇头。
对这个建议,有的点头,有的摇头。

[①] 杰弗里·利奇《语义学》(中译本),上海外语教育出版社,1987年,第101—102页。

这些句子清楚地显示,"摇头"这种行为的特征是,一方面它是头部的动作,另一方面它表示一种意义、目的,即表示不同意、否定。《现代汉语词典》(下简称《现汉》)把这个词解释为:把头左右摇动,表示否定、不以为然或阻止。"摇头"的正确解释,有一个"内省归纳"的过程。

许多词开始解释不明确,甚至不正确。后来编的词典,纠正了这些不恰当的解释。这也是后来编者通过"内省归纳"工作的结果。例如,《四角号码新词典》(商务印书馆,1951年第二次修订本,下简称《四角》)把"撇"解释为:掠取浮在液体表面的泡沫。《四角》说"撇"的行为是"掠取",但"掠取"意为抢夺、夺取。《四角》说"撇"的对象是"液体表面的泡沫",但"撇"的对象也可以是液体本身,还可以是某种食物(如油花),不限于泡沫,而这种动作一般都是"轻轻地"。《现汉》对"撇"的解释是:从液体表面轻轻地舀。《现汉》的解释体现了编者"内省归纳"的细致周到,更加确切了。

三、信息内容区分法

词都有意义,但各种词"意义"的性质内容不一样,同一词也不只表示一种"意义"。现代学者把各种意义又称为信息内容。英国学者莱昂斯(J. Lyons)认为言辞的信息(意义)有三种类型①:(一)描述信息或描述义(descriptive information or descriptive meaning),描述信息可以肯定、否定,可以客观地核实;(二)表情信息或表情义(expressive information or expressive meaning),指言辞表示的说话人个人特征(包括不同的感情、态度和个性)的意义;(三)社会信息或社会义(social information or social meaning),指言辞用于建立和维持社会联系的意义。为了正确分析词义,需要对词表示的各种信息内容作出区分。

我国传统上把"山、打、蓝"这样的单位叫实字,把"之、乎、也"这样的单位称为虚字,就是区分了这些字(这些字也代表词)所表示的不同性质的信息内容。现代学者则改称实词、虚词,实词表示的信息内容一般称为词汇意义,虚词表示的信息内容一般称为语法意义,这种区分就是根据这两类词表示的信息内容性质的不同而划分开的。例如,词典这样说明"山、打、蓝"的意义(释义引自《现汉》):

  山 地面形成的高耸的部分。

---

① J. Lyons, *Semantics I*. Cambridge: Cambridge University Press, 1977: 50—52, 174—208.

打　用手或器具撞击物体。
蓝　像晴天天空的颜色。

这些词的意义是反映某种事物(山)、某种行为(打)、某种性状（蓝）的,学者们把这种信息内容叫概念义,或概念内容、理性内容,属词汇意义。而"穿的衣服"中的"的",表示"穿"修饰"衣服","发展工业和农业"中的"和",表示"工业""农业"是并列关系,"因为天冷,所以要多穿衣服"中的"因为""所以",表示前后两件事是因果关系。"的""和""因为……所以……"所表示的意义,并不反映某种事物、行为、性状,而是表示词语之间、句子之间的关系,这种作用也是一种信息内容,就叫语法意义。

实词除了表示概念义这种信息内容外,还有其他的信息内容。比较：

(1) $\begin{cases} 她生了一个小孩儿。\\ 她生了一个宝宝。\end{cases}$

(2) $\begin{cases} 你走吧。\\ 你滚吧。\end{cases}$

(1)中的"小孩儿"和"宝宝"所表示的事物是一样的,但说"宝宝"含有亲切、喜爱的感情色彩,说"小孩儿"则没有这种感情色彩。(2)中的"走""滚"在这里表示的行为是一样的,但说"滚"有厌恶、讨厌的感情色彩,说"走"则没有这种感情色彩。由此可见,感情色彩也是一些词表示的一种信息内容。

再如：

我惭愧:我终于还不知道分别铜和银;还不知道分别布和绸;还不知道分别官和民;还不知道分别主和奴;……

（鲁迅《野草·狗的驳诘》）

上面一段文字中的"铜"和"银"、"布"和"绸"原都是指一种物质的东西,但在这里,"银"和"绸"代表高贵的人、东西,"铜"和"布"代表卑贱的人、东西。这些词单用就没有这种意义,这是词在一定条件下、在一定的上下文中所获得的临时义,这也是词表示的一种重要的信息内容。

词还可以表示别种信息内容,以后我们会谈到。

因此,辨析词语所表示的各种信息内容,就成为辨析词义的一种重要内容和方法。

四、概念层次分析法

概念是以词或词组表示的。概念间存在各种关系。实词有概念义,因此实词的词义也就存在概念之间的各种关系。实际上语言中分析词义的各种关系时,其中一个重要方面,就是借助于概念的层次关系。例如,"生物—动物—人—工人,食品—面食—饺子",就存在概念中的上下位关系,前边的词是后边的词的上位词,后边的词是前边的词的下位词。"桌子—桌面、桌腿儿、抽屉,树—树干、叶子、根",是整体和部分的关系,这也是概念的一种重要关系。"动—静、生—死"存在着概念中的矛盾关系(肯定一方必否定另一方,否定一方必肯定另一方),"黑—白、长—短"存在着概念中的反对关系(肯定一方必否定另一方,但否定一方并不能肯定另一方,存在第三种可能),这些词就是反义词。处在概念系统中同一层次的词是同位关系,如"老人—中年—青年—少年—婴儿,星期一—星期二—星期三—星期四—星期五—星期六—星期日"。同义词(文法—语法,维生素—维他命)和反义词是同位关系中的两种特殊情况。

借助于概念中存在的层次关系来分析词义关系,是认识理解词义内容、分析认识词义系统的一种重要根据。例如,现代汉语中表各种"上衣"的词根据概念层次关系可以整理如下:

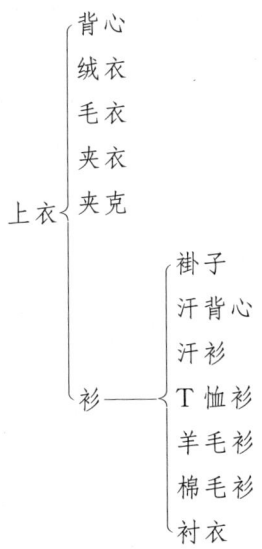

其中,"上衣"是"背心"列所有的词的上位词,"衫"是"褂子"列所有的词的上位词,同列的词是同位关系的词。

五、结构分析法

结构分析法用于分析构成词、词语的成分和它们之间的关系。它借鉴于语法研究中对词语结构的分析。例如,根据词是由一个不可分割的音义结合单位构成还是由多个音义结合单位构成,可以区分出单纯词、合成词。前者如"山、水、沙发、白兰地",后者如"山峰、水库、驾驶员"。

确定合成词的构造类型就要分析构成合成词的成分的性质和它们之间的意义关系。例如"爱护、美丽、珍宝",这些词的两个构成成分表示的意义相同或相近,它们的地位平等,互相补充或互相说明,它们是一个类型,叫并列式。"飞机、公审、壮观"这些词,构成它们的两个成分地位不相等,后一个是被前一个修饰限制的,前一个是修饰限制后一个的,它们属一个类型,叫偏正式。"收音机、驾驶员、热水瓶"这样的词是由三个构成成分组成的。它们的结构有层次性,"收音—机、驾驶—员、热水—瓶"是一个层次,它们是偏正关系,"收—音、驾—驶、热—水"是另一层次,分别是支配、并列、偏正关系。合成词的结构分析是词汇学中构词法部分的内容,是词汇学的重要组成部分,本书有关章节有详细的说明。

此外,成语(春意盎然,德才兼备)、谚语(庄稼一枝花,全靠肥当家;人心齐,泰山移)、歇后语(擀面杖吹火——一窍不通;狗撕烂羊皮——东一口,西一口)等的构成成分和内容都比词复杂,研究它们的内容和形式都要用到结构分析。如谚语,一般都有句子的结构,要借鉴语法学中句子结构分析的方法来分析它们。"磨刀不误砍柴工"是单句,有主语谓语;"蛮按公鸡不下蛋"是单句,却是无主句;"众人拾柴火焰高"是紧缩复句;"三人同心,黄土变金"是有两个分句的复句,其间是条件关系;等等。

六、形音义结合法

词是音义结合的单位,都有一定的书写形式,因此,形、音、义结合在词语的分析中至关重要。汉语字和词的形、音、义的关系很复杂,学者要根据不同的研究目的,恰当地联系形音义,区别这些方面的不同作用,对语言单位作出恰当的分析。汉语中有不同形而音义相同的语言单位,如"彷彿—仿佛、呱呱叫—刮刮叫、飞—蜚、吊—弔",一般把它们看作异形词。形同音同而义不同的,如"仪表"(人的外表)和"仪表"(一种仪器)、"抱箱子"的"抱"和"抱小鸡"的"抱"、"戏剧"的"剧"和"剧烈"的"剧",一般把它们看作同音同形但却是不同的词或语素。形同而音义皆不同的,如"遗传"的"传"和"传记"的"传"、"和平"的"和"与"你唱我和"

的"和",一般把它们看作形同但却是不同的词或语素。语言中的多义词和同音词的确定和划分是一个复杂的问题,更要从形音义几方面综合考虑。本书在有关章节将具体说明。下面举一例说明恰当联系形音义,才能正确区分不同的语词,理解语词的意义。"狼狈不堪""狼狈为奸"中的"狼狈",有一些辞书认为其所指相同,皆指两种动物,源自唐段成式《酉阳杂俎·十六·广动植之一·毛篇》:"或言狼狈是两物,狈前足绝短,每行常驾于狼腿上,狈失狼则不能动。"经学者研究[1],"狼狈不堪"之"狼狈",义为"困顿、窘迫",亦可写作"狼贝""狼跋",是联绵词(单纯词,两字分开无义)。语言用例如《三国志·蜀书·马超传》:"宽(梁宽)衢(赵衢)闭冀城门,超不得入,进退狼狈。""狼狈为奸"之"狼狈"为另一词,唐段成式的记录是它的俗词源,指两种动物,因狼和狈经常结合伤害牲畜,因此用"狼狈为奸"比喻坏人互相勾结做坏事。语言用例如清吴趼人《二十年目睹之怪现状》第九回"诗翁画客狼狈为奸,怨女痴男鸳鸯并命"。

七、统计法

统计法广泛应用于自然科学和社会科学的研究。统计法在现代汉语词汇学一些专题研究中占重要位置。例如常用词的确定和统计在语文教学、普通话推广、语言文字的信息处理中有很重要的作用。20世纪50年代,中国文字改革委员会研究推广处根据词典词表、小学课本、普通话会话材料、一般出版物确定统计普通话常用词,编成《普通话三千常用词表(初稿)》(文字改革出版社,1959年)。在确定常用词时,把这些词放到不同的语言材料中去检验,统计全篇共用词数、常用词出现次数。每个常用词在材料中的出现次数都在62%~88%,这就是用统计法保证了工作的科学性。到了20世纪80年代,北京语言学院语言教学研究所等单位,利用计算机的帮助完成了现代汉语词汇的统计分析研究。统计运用的语料达200万字,131万词次。使用科学的分析统计方法,确定高频词8000个,低频词2300个。常用词分两个等级:第一层次3000个,以"的"为首,频率为73,835次,递降至50次;第二层次2000个,频率从50次降至20次。[2] 这个大规模的现代汉语词汇统计工作,为语文教学、语言研究、中文信息处理、机器翻译等多门学科、多种工作提供了重要的基础材料。有学者利用上述

---

[1] 参看张履祥《"狼狈"不是狼和狈》,见《疑难字词辨析集》,上海辞书出版社,1986年。

[2] 参看王还《汉语词汇的统计研究与词典编纂》,《辞书研究》1986年第4期;北京语言学院语言教学研究所编《现代汉语频率词典》,北京语言学院出版社,1986年。

材料,论证了现代汉语中单音词所起的独特作用。在按频率多次排列的前9000个词中,单音词2400个,双音词6285个,双音词占优势,但单音词频率平均为350次,双音词频率平均为60次,单音词使用频率是双音词的近六倍。在使用频率最高的前1000个词中,单音词和双音词的比为565∶431,在前500个词中,二者之比是332∶166。由此可见,单音词在现代汉语词汇系统中的重要作用。①

也有学者在现代汉语构词法的研究中应用统计法,将《现代汉语词典》双音节复合词中各种构词类型的词的数量、所占的百分比作了调查,得出下列数字:全部双音节复合词为32,346个,定中格13,915个,占43%;状中格2496个,占7.7%;支配格5030个,占15.6%;递续格547个,占1.7%;补充格300个,占0.93%;陈述格380个,占1.17%;重叠格259个,占0.8%;并列格8310个,占25.7%;其他1109个,占3.4%。② 这使人们对现代汉语复合词结构方式的全貌有了一个较清楚的认识,摆脱了原来单纯举例说明复合词结构的局限。

八、溯源法

现代汉语词汇学以现代汉语的词和词汇为研究对象,主要是共时的研究。但在词语的研究中,很多问题都要联系、追溯词语形成发展的历史。

在说明现代汉语词汇的构成和发展时,要区分哪些是基本词汇中的词(从远古到现代都用来表示最基本的概念、为全民所应用的词,如"人、山、心、手、东、西、上、下",这些词甲骨文中已有),哪些是传承词(古代出现,世代相传,沿用到现代,如"道路、四海、立春、冬至"这些词先秦已有,沿用到现代;"水稻、旱稻、大麦、小麦"这些词在北魏《齐民要术》中已出现,沿用到现代),哪些是借词(汉语历史上有过汉代的西域借词,如"师(狮)子、琵琶";汉魏的佛教梵语借词,如"禅、佛";近现代的西欧语言借词,如"鸦片、马达",日语借词,如"场合、取缔"),哪些是新词(如我国实行改革开放政策后产生的新词"软件、白领、扶贫、扫黄"等),这些都离不开词语的溯源研究。

多义词都有多个意义,它们都是在历史发展中产生的,只有考察词语运用的历史,才能区分意义出现的前后和它们之间的联系,区分出哪个是本义、哪些是引申义,说明它们的发展类型,说明词义发展中包含的文化内涵。如"忠"的词

---

① 参看苏新春《当代中国词汇学》,广东教育出版社,1995年,第163—164页。
② 参看周荐《复合词词素间的意义结构关系》,见《词语的意义和结构》,天津古籍出版社,1994年。

义,学者研究,甲骨文、《尚书》《诗经》中不见"忠"字。《论语》《左传》中有"忠"一词,是指人与人之间的一种道德观念,上下平辈之间都可以说"忠"。到战国末期,《韩非子》《吕氏春秋》中出现的"忠",意义明显朝着下对上的关系发展,上对下的情况极少见。后世的"忠"专指忠于君王,正是这种趋势发展的结果。① 帝制的历史结束后,"忠"的这种用法逐渐消亡。在现代,可以说"忠于国家""忠于人民""忠于朋友""忠于家庭",它的对象很广泛。这样可以看到,"忠"的词义发展有一个缩小又扩大了的过程,其中包含有丰富的文化内容。

在构词法的研究中,许多词也要联系它的来源发展,才能讲清它的结构意义。例如"睡觉"一词,现在一般分析为支配式,"觉"是名词性的,义为"睡眠"。但"觉"原是"睡醒"义,是同"睡"意义相反的。怎么会有这种变化呢?学者研究,"睡""觉"最初连用,各保持原义,等于睡醒了。《水经注》卷十九:"郑容如睡觉,而见宫阙如王者之居焉。"后来"睡"和"觉"连用,又采取"睡一觉""一觉睡"的形式,其中"觉"用来表示睡的段落,起量词作用,多少保留些睡醒的意思。后来,"睡"可省去,只说"一觉",成了反义相代。南曲《江流传奇》:"绿杨影里新月挂,孤村酒馆两三家,借宿今宵一觉呵。"后来"睡觉"连用,表示现在的意义,如《西游记》第五回:"安心睡觉,养养精神。"这时它的内部结构也起了变化,成为支配式的词,"觉"义为"睡眠",发展出"午觉""中觉"的说法。②

熟语中的成语研究,溯源也占重要位置。例如"寄人篱下"这个成语,一般认为本义是指沿袭别人,无所创见,而把依附他人生活不能自主说成是比喻义。进一步了解这个成语的来源后发现,后者才是本义,《战国策·齐策四》:"齐人有冯谖者,贫乏不能自存,使人属孟尝君,愿寄食门下。"《梁书·刘峻传》:"峻好学,寄人庑下,自课读书。"这种用法比"沿袭别人,无所创见"的用法要早。③

第三节　现代汉语词汇学的地位和作用

现代汉语词汇学是随着汉语现代共同语的加速形成,为了促进现代共同语(包括书面语和口语)的发展而建立发展起来的。这反映出随着现代文明的发展,人们越来越需要认识理解语言,认识理解作为语言材料的语词的性质、构成

---

① 参看张双棣《吕氏春秋词汇研究》,山东教育出版社,1989年,第44—45页。
② 参看郑奠《汉语词汇史随笔》"睡觉"条,《中国语文》1959年第7期。
③ 参看刘洁修《成语》,商务印书馆,1985年。

和作用,社会需要建立相应的学科进行深入的研究,使人们在认识上提高理论上的自觉性,并利用这门学科为完善交际工具的应用服务。

现代汉语词汇学中包含有重要的认识论、语言学的理论问题。例如词和它的指示对象的关系问题,词义的本质问题,词义、词汇系统同客观事物现象的关系问题,都是基本的理论问题。这些问题长期为哲学家、逻辑学家、语言学家所关注。现代汉语词汇学的深入研究,有助于推进这些问题的探讨。

现代汉语词汇学的实践作用是很明显的,可以从下列几个方面来说明。

第一,词汇教学在语言教学中占重要位置。就本族人的语言教学来说,要引导学习者掌握丰富的词语,正确理解词语的意义,正确运用词语,就要利用现代汉语词汇学所说明的各种词语性质作用的知识。就对外汉语教学来说,如何循序渐进地引导汉语学习者掌握词语、提高语言表达能力,是应该着重研究的问题。需要科学地确定常用词,确定各种等级汉语水平所需掌握的词语。恰当地组织教学材料、讲究教学方法,也要利用现代汉语词汇学的研究成果。

第二,现代汉语词汇规范是现代汉语规范化工作的重要组成部分。语言文字的规范是共同语发展所要求的,是经济文化发展的重要条件,也是现代文明的重要表现。"语言的规范指的是某一语言在语音、词汇、语法各方面的标准","规范化的主要对象是书面语言"。[①] 词汇规范工作的内容很多。重要的如:方言词问题,普通话和方言之间存在分歧,普通话如何吸收方言词?文言词语问题,如何吸收利用古人语言中有生命力和表现力的东西又不滥用文言词语?外来词问题,外来词有不同的译法,如何求其统一?应该吸收什么样的外来词语?各学科的术语常有歧异,根据什么原则使其统一?新词语不断产生,哪些可以吸收?哪些只能时行一段时间?如何分别对待?还有大量现代汉语词语用法的规范问题。这些问题的解决,都离不开现代汉语词汇学的深入研究。

第三,有助于解决文字语言信息处理工作中的问题。由于计算机应用的发展,文字语言的信息处理研究成为科技界、语言学界的重要课题。词语在信息处理中遇到很多新的问题。例如如何利用计算机自动分词,如何建立计算机使用的语义词典,如何在计算机中将词义和词的分布的说明结合起来,使词义和词的组合能力的描写更加科学,等等,都有待于科技界、语言学界合作,逐步解决。而现代汉语词汇学的研究成果,无疑会对此有重要的促进作用。目前,这方面已取

[①] 参看罗常培、吕叔湘《现代汉语规范问题》,见《现代汉语规范问题学术会议文件汇编》,科学出版社,1956年,第4、12页。

得一些成绩，我们将在有关章节中说明。

此外，现代汉语词汇学的研究对相邻学科的研究也有相当大的作用。词典编纂和词典学研究处理的对象是语言中的语词，如何确定词典收词的标准，如何正确解释语词的意义，现代汉语词汇学的研究成果对解决这些问题有重要帮助。现代汉语修辞学要说明语词的恰当运用，以取得某种修辞效果，现代汉语词汇学关于词义信息内容的分析，关于不同语词性质作用的分析，有助于他们的研究。现代汉语语法学研究用词造句的规律，现代汉语词汇学关于词义的不同性质、词义和词的组合的制约关系的研究，有助于他们的深入探讨。现代汉语词汇学的研究在某些方面对现代汉语语音学的研究也有作用。例如现代汉语词汇学中关于"儿""子""头"在不同组合中意义作用不同的分析同语音变化密切相关，有助于语音学了解儿化和轻声等变化的不同作用。

第二章 现代汉语词汇学的主要内容

第一节 词和词汇

一种语言词语的总和是词汇。词是词汇最主要的组成部分。词汇中除词以外还有"语",指固定语,语言中的专门用语、简称、熟语、习用词组等都属于固定语。下面分别说明它们的性质。

一、词、语素、字

(一) 词的特点

词是语言最重要的建筑材料,它数量巨大。各种语言的词有不同的特点。就现代汉语来说,一般认为词是代表一定意义的能独立运用的最小的语言单位,它一般具有固定的语音形式。

词都代表一定的意义。实词代表的意义比较实在,如"火"的意义是"物体燃烧时所发的光和焰","发展"的意义是"事物由小到大、由简单到复杂、由低级到高级的变化","富强"的意义是"(国家)物产丰富,力量强大"。实词的意义一般叫词汇意义。虚词在词语、句子组织中所起的作用就叫作它的意义。如"把工作做好"中的"把",表示行为"做"对工作的一种处置;"积极地工作"中的"地",表示前面的词语"积极"是修饰后面的词语"工作"的;"你去"加"吗"以后,整个句子由祈使句变为疑问句。虚词的这些作用,一般就叫作语法意义。

词更重要的特点是,它是能够独立运用的语言单位。实词能独立运用,表现在两种情况中。1.实词能单用充当各种句法成分。例如"经济""繁荣"是两个词,在它们组成的词语"经济繁荣"中,"经济"充当主语,"繁荣"充当谓语。"建设""祖国"是两个词,在它们组成的词语"建设祖国"中,"建设"充当述语,"祖国"充当宾语。2.有许多实词在对话的情况下能单说,能单独回答问题。例如:

这本书好吗?——好。

你要吗?——要。

便宜吗？——便宜。

在这个例子中，"好""要""便宜"在对话的条件下都能单独回答问题，它们都是词。虚词独立运用的情况与实词不同，它表现为：帮助组成各种词语，以便造成各种句子。如在"珍贵的动物和植物"这个词组中，"和"把"动物""植物"联结起来，表示二者地位相等，"的"表示它前面的"珍贵"修饰它后面的"动物和植物"，这样用"和""的"结合起来的整个语言单位，可以充当句子的一个成分。如在"爱护珍贵的动物和植物"中，这整个语言单位充当"爱护"的宾语。又如在"如果恰当施肥，庄稼就长得好"这个句子中，"如果"和"就"把"恰当施肥""庄稼长得好"两个句子联结起来，组成了更大的复句。

词"能独立运用"这个特点，要加上"最小的"这一限制。因为词组也能充当句子成分，也能单独回答问题。词和词组的区别是：词是能独立运用的最小单位，词组不是独立运用的最小单位。将词组加以分析，得到可以独立运用的最小单位，才是词。例如：

努力/建设/强大/的/社会主义/祖国。

上面句子中划开的单位才是词。又如：

这本书好吗？——非常/好。
你要吗？——不/要。
便宜吗？——不/便宜。

上面对话中右边的"非常好""不要""不便宜"都能单独回答问题，但它们不是最小的语言单位，划开来的单位才是独立运用的最小单位，才是词。

一般具有固定的语音形式也是词的一个特点。这表现为：每个词都有固定的音节，各个音节有固定的声母、韵母和声调。例如"火 huǒ""好 hǎo""祖国 zǔguó""繁荣 fánróng"，"火""好"是一个音节的词，不能随意给它增加一个音节，"祖国""繁荣"是两个音节的词，不能随意给它减少一个音节。每个音节的声母、韵母、声调不能改变，改变了就不是原来的词，或者变得没有意义了。"火 huǒ"念成"huò"就变成"货"了，"祖国 zǔguó"念成"zūguō"就变得没有意义了。另外，代表词的音节前后可以有小停顿，如"发展—信息—产业"不能说成"发—展信—息产—业"。

现代汉语的词从音节组成上分类，有单音节的词、双音节的词和两个音节以上的词。古代汉语的词以单音节为主。现代汉语中单音节词也有相当数量，常用的词如"人、水、走、吃、好、坏、对"等都是单音节的。双音节的词在现代汉语中占70%以上,可以说,现代汉语的词主要是双音节的,如"人民、国家、发展、生产、繁荣、昌盛、强大、现在、过去、自己、其他"等。三音节的词如"拖拉机、维生素、阿拉伯、软绵绵、笑呵呵"等。四音节的词如"兢兢业业、花花绿绿、糊里糊涂、慢条斯理"等。五音节及以上的词如"布尔什维克、英特纳雄耐尔"等。

(二) 词和语素

词是语言中能独立运用的最小单位,但它不是语言中最小的音义结合的单位。语素才是语言中最小的音义结合单位。词的构成成分就是语素。例如"建设、祖国"这两个词,可以再分析为"建、设、祖、国"四个语素。它们都有自己的语音形式,即"jiàn、shè、zǔ、guó";它们各有自己的意义,"建"义为"建筑","设"义为"设立","祖"在这里义为"自己的先辈","国"义为"国家"。

汉语的语素绝大多数是单音节的,如上面说的"建、设、祖、国",还有"人、水、飞、跑、深、浅"等,非常多。也有一部分是双音节的,如"猩猩、馄饨、徘徊、沙发"等。还有少数是两音节以上的,如"马拉松、白兰地、歇斯底里"等,这些都是译音的。这些两个音节以上的语素,各个音节虽用汉字表示,但各个汉字单独没有意义,这些汉字合起来所记录的整个语素,才表示一个意义。

语素可以分为两大类,一类是成词语素,即语素本身能成为一个词,或者说,这种语素单独能构成一个词,如"水(水不深)、飞(在天上飞)、远(路很远)、馄饨(吃馄饨)、沙发(买沙发)"。同时,它们也能同别的语素结合成别的词。如"水"能同别的语素结合成"水笔、水兵、水草、水车、水患、潮水、淡水、汗水、露水、泉水、分水岭、下水道、暖水瓶"等词,"飞"能同别的语素组合成"飞奔、飞弹、飞机、飞快、起飞、试飞、宇宙飞船"等词。语素的另一类是不成词语素,它们只能同别的语素结合成词,单独不能构成一个词。例如"涡"不能单独构成一个词,只能同别的语素结合成"旋涡、涡流、涡轮"等词;"诵"不能单独构成一个词,只能同别的语素结合成"背诵、朗诵、吟诵"等词。其他的不成词语素如"眸"(眼眸、眸子、回眸)、"饲"(饲料、饲养)、"寥"(寥廓、寥落、寂寥)等。

(三) 词和字

汉语的词要用字来记录。应该认识字和词的联系和区别。上面说过,词由语素组成,而汉语的语素基本上是由一个个汉字来书写的,在一个单音节的语素构成一个词的情况下,一个汉字表示的就是一个词,这时词和字是相当的,如"人、山、飞、走、高、远"等。但不少汉字表示的语素是不成词语素,如上面说到的"涡、诵、眸、饲"等,这时词和字就不相当了。从词和字的关系来说,可以分为下面几种情况。1. 一个字表示一个词。2.用两个或两个以上的字表示一个词,如"建设、祖国、经济、发展",这些词里的字都各表示一个语素;而"馄饨、徘徊、沙发、马拉松、歇斯底里"这些词,虽然也用两个或两个以上的字表示,但各字都没有意义,只表示一个音节。3.一个字表示多个词。有字形、读音相同而实际是不同的词的,如"花$_1$"(买花)、"花$_2$"(花钱),"米$_1$"(大米)、"米$_2$"(一米线);有形同音不同,显示是不同的词的,如"混 hún"(水不混)、"混 hùn"(混日子)、"弹 dàn"(炸弹)、"弹 tán"(弹琴)。4.不同的字表示同一个词,如"坟—墳""彷彿—仿佛"等。汉语中字和词关系的这种复杂情况,增加了汉字学习和语言文字规范工作的难度。

二、固定语[①]

固定语同词有相同之处,在语言中是一个独立运用的单位;但固定语在结构、意义、作用上同词又有不同。学者对固定语有不同的分类,名称也不一致。本书把固定语分为专门用语、简称、熟语、习用词组,下面分别说明。

(一)专门用语

指各学科各部门短语式的名称、术语、行业语。

名称 也叫专有名称、专名词语。如"中华人民共和国、美利坚合众国"等国名,"全国人民代表大会常务委员会、中国社会科学院"等机构名,"长江三角洲、云贵高原"等地名。

术语 术语有很多是词,但也有不少专门用语。如"精神分裂症、心脏起搏器、万有引力、能量守恒定律"。

行业语 行业语有很多是词,但也有不少专门用语。如"三资企业、一次性商品、电视新闻、快速专递"。

专门用语的特点:

1.其构成成分有词,有语素,也有语素组[②]。"中华人民共和国"的构成成分"中华、人民、共和、国",都是词。"血管收缩剂"的构成成分是"血管、收缩、剂",其中"血管、收缩"是词,"剂"是语素。"心脏起搏器"的构成成分中,"心脏"是词,"起搏"是语素组,"器"是语素。

2.专门用语作为一个整体来用,结构上中间不加入别的语言成分,如"血管

---

① "固定语"也称"固定词组""固定结构"。刘叔新在《汉语描写词汇学》中概称为"固定语",但他又区分出"常语",本书"固定语"也包括他所说常语(如谚语)的一部分。

② 语素组由两个语素组成,它只是合成词或固定语的组成成分,不能独立运用。

收缩剂"不说成"血管的收缩剂"。

(二) 简称

简称是把长的词语减缩或紧缩成短的词语。如：

  基本建设——基建
  扫除文盲——扫盲
  中学、小学——中小学
  多级运载火箭——多级火箭
  万有引力常数——引力常数

简称有的长期沿用，凝固成词，如"基建、扫盲"，有的还未凝固成词。生活中不断出现新的简称，在其凝固成词之前，我们把它归入固定语一类。

简称的方法和结构，后面有说明。

(三) 熟语

包括成语、谚语、歇后语和惯用语等。

成语 形式简洁而思想精练的一种熟语，一般出自古代作品语句或故事，多为四字。如"杯水车薪、世外桃源、水落石出、锦上添花"等。

谚语 多年民间流传、精练而形象的语句，不少是社会经验的总结，如"磨刀不误砍柴工""众人拾柴火焰高""麦子胎里富，种子六成收""看菜吃饭，量体裁衣"等。

歇后语 短小风趣、生动形象的语句，一般由两部分构成。如"刘备借荆州——有借无还""小葱拌豆腐——一清二白""瞎子点灯——白费蜡"等。

惯用语 表达一种习惯含义的固定词组，以三个字的居多，如"走后门、唱高调、敲竹杠、抱粗腿"等。

这些熟语的性质特点，本书第四章第九节有详细说明。

(四) 习用词组

不属于上面任何一类的固定语，我们称为习用词组。它不同于自由组合的词组，其构成成分组合次序固定，一般整体使用。如"总的说来""不是滋味""又好气又好笑""说什么也不"等。

三、词汇

"词汇"这个词首先指一种语言词语的总和，如汉语词汇、英语词汇，在运用中又可以指在某种范围、某个方面词语的总和，如书面语词汇、口语词汇、鲁迅的词汇、《红楼梦》的词汇等。词汇不能用来单指一个词。

语言词汇的数量是巨大的。据统计,世界上最发达的语言的词汇,现代的和历史的,加起来有几十万。《汉语大词典》收词语 37 万,《现代汉语词典》(1996 年修订本)收词语 56,000 多条,《现代汉语词表》(刘源主编,中国标准出版社,1984 年)收词语近 10 万,可以代表汉语和现代汉语词汇的丰富程度。

词汇的数量巨大,它们是否像沙子那样堆积在一起互不相干呢?不是的。在语言的运用和词汇的研究中,人们逐渐发现,它们之间是有各种各样的联系和关系的。学者用词汇系统来概括词汇成员之间的关系。

可以从不同层次、不同角度、不同方面来说明词汇系统。

语言中有同源词,它们语音相同相近而意义相关,有同一来源。这些词"常常是以某一概念为中心,而以语音的细微差别(或同音),表示相近或相关的几个概念"。① 如小犬为"狗"②,小马为"驹",小羊为"羔"。"取"(取得)和"娶"(娶妻)、"崖"(山边)和"涯"(水边)也有同源关系。

上古汉语以单音词为主,后来产生了双音和多音的合成词。以某一单音词为词根,可以构成大量的双音、多音合成词。如以"火"为词根构成的合成词就有"兵火、柴火、烽火、鬼火、篝火、炮火、军火、水火、救火、香火、烟火、战火、洋火、玩火、走火、火并、火夫、火海、火花、火炉、火器、火车、火炮、火山、火腿、火灾、火药、火坑、火烧云、火力网、火辣辣"等大批合成词。这些词叫作同族词,是以"火"的各个意义构成的。很显然,词汇中的同源词、同族词是有密切联系的。它们是词汇系统性的重要表现。

语言的合成词的结构一般都有共性,这些共性可概括为类型。如汉语合成词的结构有下列类型:并列、偏正、陈述、支配、重叠等。每一种类型都联系一大批词,相当多的词可以归入少数几个结构类型中。如:

并列	偏正	陈述	支配	重叠
语言	黑板	眼花	提议	妈妈
收集	牧民	性急	起草	弟弟
增加	重视	民办	担心	星星
永久	冷笑	国营	开幕	偏偏
渺小	飞机	自主	留影	刚刚

---

① 参看王力《同源字论》,见王力《同源字典》,商务印书馆,1982 年,第 3 页。
② "狗"在上古有小狗义,见《尔雅·释诂》。

词在结构上的规律性也是词汇系统性的一个表现。

词在意义上的联系和制约形成了词汇场①。词汇场中的词表示某一范围、某一方面的事物现象,它们可以形成上下位关系、同义反义关系等。如现代汉语表示冷、热的一组词,其间的上下位关系、同义关系、反义关系可说明如下:

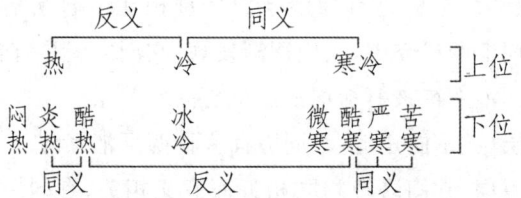

不同时期,一种语言表示某一方面事物现象的词汇场的成员关系是不相同的。如②:

古代	热	温	凉	寒
现代	热	温	凉	冷

不同语言表示某一方面事物现象的词汇场的成员关系也是不相同的,例如现代汉语"红"的下位词有"桃红、橘红、猩红、金红、枣红、粉红、血红、朱红、鲜红、绯红、大红"等。而英语 red 的下位词是 crimson(深红)、scarlet(绯红、鲜红)、pink(桃红),"枣红"是 purplish red,"血红"是 blood red,后两个词英语用词组表示。

第二节 词的构造

研究词的构造方式、创造方法可统称为构词法。学者对构词法的研究有不同的层次和平面。研究词的构成成分的性质、构成成分的意义关系,这是对词的构造的静态描写。研究词如何创造出来、用什么材料什么手段,一般称之为造词法。研究词的构成成分的意义同词义的关系,分析构成成分的意义在构词中的变异、构成成分表示词义的方式和信息量,这是从语义上对词的构造的分析,有助于说明词义的理据。这几个方面的研究角度不同,有交叉,可互相补充。下面分别说明。

---

① "词汇场"的概念是德国学者特里尔(Trier)1931 年提出来的,见 Ullmann, *Semantics*. Oxford: Blackwell, 1962: 7—8。

② 此例引自蒋绍愚《古汉语词汇纲要》,北京大学出版社,1989 年,第 282 页。

一、对词的构造的静态描写

上面我们说明,词的构成成分是语素,语素组成了词。从这个平面分析,汉语的词先分为两大类:一个语素组成的词叫单纯词,由两个或两个以上的语素构成的词叫合成词。单纯词既由一个语素组成,就没有内部构造问题;单纯词可以从语音形式上进行分类。合成词由多个语素组成,有内部构造问题。

(一)单纯词

现代汉语的单纯词有单音节的、双音节的、三音节及以上的,单纯词不管有多少个音节,各个音节都没有各自的意义,合起来才表示意义。一般把单纯词作如下的分类:

1.单音节的单纯词。如:

　　山　牛　叫　做　深　短　九　万　我　那　吗

2.双音节的单纯词。又分:

(1)联绵词

　　A. 双声　伶俐　秋千　参差　枇杷

这些词的两个音节声母相同。

　　B. 叠韵　逍遥　唠叨　骆驼　馄饨

这些词的两个音节韵母相同,或是主要元音、韵尾相同。

　　C. 非双声叠韵　垃圾　马虎　鹧鸪　嘀咕

这些词的两个音节声母韵母都不相同。

这些词传统上叫"联绵词",意思是这些词两个音节连在一起才有意义,不能分开去解释各个音节的意义。

(2)叠音词　蝈蝈　姥姥　奶奶　太太

这些词是相同音节的重叠,"奶奶""太太"中"奶""太"只起记音作用,这些词同语素重叠造成的词如"爸爸""姐姐"不同。

(3)译音词　吉普　沙发　里拉　马达

这些词虽然也有双声(里拉)、叠韵(马达),但它们是近代音译西方语言产生的词,一般不叫联绵词。

3.三个音节及以上的单纯词。如：

蒙太奇　布拉吉　盘尼西林　歇斯底里　布尔什维克　英特耐雄纳尔

这些都是音译西方语言得到的音译词。

(二)合成词的构造

合成词的组成成分有两种,一是词根,一是词缀。词根指有实在意义,能出现在合成词的前面、中间、后面的位置上的语素。如"水"能构成"水坝、水酒、水果、水彩"(出现在前面)、"湖水、开水、落水"(出现在后面)、"下水道、鱼水情"(出现在中间),"水"就是词根。意义没有充当词根的语素实在、位置较固定、只出现在词根前面或后面的语素叫词缀。词缀数量较少,如"阿姨、阿妈"中的"阿"、"桌子、胖子"中的"子"。

可以根据词根和词缀的组成情况及其间的意义关系分析合成词的类型。

1.词根加词根组成的合成词

(1)支配式　在意义上前一个语素表示某种动作行为,后一个语素表示动作行为的支配对象。如"司机、开幕、建议、刺眼、冒险"。

(2)补充式　在意义上前一个语素表示某种动作行为,后一个语素补充说明动作行为的结果或趋向。如"说明、证实、突破、超出、介入"。

还有一种补充式,在意义上以前一个语素为主,后一个语素原是前一个语素的计量单位,在这里只起补充作用。如"书本、马匹、船只、车辆"。

(3)陈述式　在意义上前一个语素表示陈述的对象,后一个语素表示陈述的情况。如"心疼、内疚、性急、眼花"。

有的陈述式前一个语素表示动作行为的主体,后一个语素表示某种行为变化。如"国营、地震、耳鸣、雪崩"。

(4)并列式　前一个语素和后一个语素在意义和作用上地位平等。如"依靠、爱护、美丽、泥土"等,这些词中的两个语素意义相同或相近。"老小、出入、呼吸、赏罚"等,这些词中两个语素意义相反。"笔墨、江湖、印刷、手脚"等,这些词中两个语素意义相关。

(5)偏正式　在意义上前一个语素修饰限制后一个语素。后一个被修饰限制的语素是"正",前一个起修饰限制作用的语素是"偏"。如"飞机、大衣、公审、壮观"。

(6)重叠式　语素重叠构成的词。如"妈妈、弟弟、星星、娃娃"。再如"形形色色、花花绿绿、断断续续、病病歪歪",这些是两个语素分别重叠合起来组成的词。

2. 词根加词缀组成的合成词

(1) 前缀加词根。如：

老～　老鹰　老鼠　老板　老三
阿～　阿姨　阿婆　阿大　阿毛
第～　第一　第十　第十一　第一百

这些合成词的意义主要是由词根表示的。附加的前缀没有意义或意义模糊,如"老鹰、老鼠"中的"老";有些表示一定的意义,如"第一"中的"第"表示次第、"老三"中的"老"表示排行。

(2) 词根加后缀。如：

～子　帽子　屋子　推子　拍子　疯子　胖子
～儿　盆儿　棍儿　画儿　盖儿　亮儿　短儿
～头　木头　砖头　想头　盼头　甜头　苦头
～然　猛然　杳然　寂然　泰然　欣然　贸然

后缀还包括一些有某些表义表情作用的重叠成分：

～乎乎　胖乎乎　圆乎乎　黑乎乎　热乎乎
～油油　绿油油　黑油油
～滋滋　甜滋滋　美滋滋

这些合成词的意义主要由词根表示。后缀有的没有意义或意义模糊,如"帽子、棍儿、木头"中的"子、儿、头";有的有时起些语法作用,如"盖"是动词,加"儿"变成名词,"短"是形容词,加"儿"也变成名词。

3. 合成词的多层结构

由两个以上的语素组成的合成词,不仅有结构关系问题,也有结构层次问题,它们是由多个语素按一定结构形式分层组合而成。如"照相机",其中"照相"和"机"之间有偏正关系,"照"和"相"之间有支配关系。根据最大一个层次关系,一般把"照相机"放入偏正式合成词。再如"大舌头","大"和"舌头"之间是偏正关系,"舌"和"头"之间是附加关系。根据最大层次的结构,一般也把这个词归入偏正式合成词。

4. 简称的结构

前面说过,简称是把长的词语减缩或紧缩成短的词语。简称的方法很多,常

见的有:

(1) 减缩　即截取原词语的部分词语。如：

　　中国人民解放军——解放军
　　三角学——三角

(2) 紧缩　即抽出原词语中有代表性的词语。如：

　　基本建设——基建　　　劳动模范——劳模
　　增加生产——增产　　　人民警察——民警

(3) 抽出原词语中的共同成分,加一个数词,或概括原来几个词语所表事物的共性,加一个数词。如：

　　废气、废水、废渣——三废
　　身体好、学习好、工作好——三好
　　稻、黍子、高粱、麦、豆——五谷

前二例是数词加原词语中的共同成分构成的简称,后一例是数词加词语表示的事物的共性构成的简称("稻、黍子"等都是"谷类")。

有一部分简称在长期使用中逐渐固定成词,它们就具有合成词的结构,如"基建"是偏正式,"增产"是支配式,"解放军"是多层结构,第一层次"解放""军"是偏正式,第二层次"解""放"是并列关系。

二、造词法[①]

按照构词法的分析,"银币""银耳"同属偏正结构,但"银币"是银制成的币,"银耳"不是银制成的耳朵,这种差别,从构词法的差别得不到解释,可以从造词法的不同得到说明。造词法研究用什么语言材料、用什么造词方法创造新词。

造词材料主要是语素,如"电灯""电流"中的"电""灯""流",也可以是音节,如"蜘蛛"中的"蜘""蛛"。已造成的词也可以充当构词成分再构成新词,如"办公室"中的"办公",单用是一个词。

造词法的类型主要有：

[①] 在现代汉语词汇的研究中,孙常叙首先在《汉语词汇》(吉林人民出版社,1956年)中说明汉语的造词法,任学良在《汉语造词法》(中国社会科学出版社,1981年)中作了专门的论述。以后有多位学者也将"构词法""造词法"分别研究。本节的说明多参考任学良的说明。

1. 词法学造词

运用词法中的手段和变化形式创造新词。如：

  附加 短—短儿(缺点) 盖—盖儿(盖子)

  重叠 哥—哥哥 刚—刚刚

  音变 好(hǎo)—好(hào) 种(zhǒng)—种(zhòng)

  转类 锁(名)—锁(动) 挑(动)—挑(量，一挑水)

2. 句法学造词

语素按类似于句法关系的组合组成新词，其类型跟构词法中"词根＋词根"组成的合成词的类型相同，如主谓式(地震、国营)、谓宾式(主席、将军)、补充式(说明、证实)、并列式(人民、朋友)、主从式(皮鞋、铁路)等。

3. 修辞学造词

运用修辞手法来创造新词。可以根据修辞方法的不同分为：

  比喻式 银耳 油水 走狗 栋梁

  借代式 须眉 巾帼 丹青 白宫

  夸张式 千古 万一 绝顶 冲天

  婉言式 后事 有喜 寿木 解手

4. 语音学造词

利用语音模拟、变化等方式创造新词。又有不同情况：

  单纯拟声 吧嗒 咕咚 嗡嗡 咿咿呀呀

  取声命名 布谷 蝈蝈 知了 乒乓

  取声表情 哎哟 哎呀 哈哈 嘿嘿

  合音式 不用→甭 早晚→咱

5. 综合式造词

运用两种以上的造词方式造成新词。又分：

  词法-句法综合式 急性子("急—性子"是主从式，"性—子"是附加式)

         洋娃娃("洋—娃娃"是主从式，"娃娃"是重叠式)

  语音-句法综合式 哈哈镜("哈哈—镜"是主从式，"哈哈"是拟声)

         打哈哈("打—哈哈"是谓宾式，"哈哈"是拟声)

  修辞-句法综合式 板鸭("板鸭"是主从式，"板"在这里是比喻用法)

         木马("木马"是主从式，"马"在这里是比喻用法)

造词法和构词法研究的平面不同,内容不同。如构词法不分析单纯词,造词法则说明单纯词是如何创造出来的(如上述语音学造词中的单纯词);构词法不分析词的构成成分如何表示词义,造词法则说明其表义的不同方法(如上述修辞学造词的内容)。但二者内容也有交叉,如造词法中的句法学造词,类型的划分同构词法的内容基本相同,只是说明这些方式作用的角度不同。构词法说明这是一种结构形式,造词法则说明这是一种造词方式。

以上说明的是造词法用于语言静态描写的情况。造词法也可以应用于从历史上说明词的创造、产生,属于历史词汇学范畴。

三、词的构成成分的意义与词义的关系

"白色""白头"构词形式同属于偏正式,"白色"是白的颜色,"白头"不是白的头,而是指年老。"白头"是用借代方法造出来的词。"白色""白头"的不同从造词法可以得到解释。"白面"是指小麦磨成的面粉,不是指一般的面儿。"白醭"是指醋、酱油等表面生长的白色的霉,不是指一般的白色的霉。"白面""白醭"这种意义上的特殊之处,不能从构词法、造词法现有的研究得到满意的解释。这需要分析词的构成成分表示词义的信息量。因此分析词的构成成分的意义和词义的关系就是必要的。这种分析包括构成成分意义在构词中的变异,构成成分表示词义的方式、表示词义的信息量等。这是从语义上分析词的构造。这种分析是说明词义理据[①]所必需的。

词义和词的构成成分的意义的关系很复杂,下面说明值得注意的几个方面。

(一) 由一个语素组成的单纯词,词义和组成它的语素义是一致的。如"人、水、蜘蛛、沙发、蒙太奇、盘尼西林"等都是如此。

(二) 由多个语素组成的合成词,词义同词的结构有关。同形的合成词,语素义相同,结构不同,合成词的意义不同。如:

  来信　寄信来或送信来。
  来信　寄来或送来的信件。

在这两个词中,语素"来""信"的意义相同,上一词为支配结构,下一词为偏正结构,因此这两个词意义不同。

[①] 有学者也用"词的内部形式"的概念来说明词义的理据。这个概念为苏联学者所用,指"词义的表现形式""用词表达概念的方式"。我国也有学者用这个概念来分析汉语。

藏书　图书馆或私人收藏的图书。
　　藏书　收藏图书。

在这两个词中,语素"藏""书"的意义相同,上一词为偏正结构,下一词为支配结构,因此,这两个词意义不同。

（三）同形的合成词,如果构造不同,构成合成词的语素义也不同,合成词的意义也不同。如：

　　平地　平坦的土地。
　　平地　整平土地。

上一词为偏正结构,下一词为支配结构,上一词"平"义为"平坦",下一词"平"义为"使平",这两个合成词的意义就不同。

　　打印　盖图章。
　　打印　打字油印。

上一个词为支配结构,下一个词为并列结构,上一个词"印"义为"图章",下一个词"印"义为"印刷",所以两个词意义不同。

合成词的结构类型有限,构成词的语素义多种多样,所以合成词的意义同构成它的语素的意义关系更加密切。

（四）合成词的意义同构成它的语素义的关系很复杂,常见的类型有：

1.词义是语素义按照构词方式所确定的关系组合起来的意义。如：

　　尘垢　灰尘污垢。
　　真诚　真实诚恳。

以上二词为并列式,语素义按照并列关系组合即合成词的意义。

　　浅见　肤浅的见解。
　　轻信　轻易地相信。

以上二词为偏正式,语素义按照偏正关系组合即合成词的意义。

　　畏难　害怕困难。
　　保健　保护健康。

以上二词为支配式,语素义按照支配关系组合即合成词的意义。

　　年迈　年纪老。

私营　私人经营。

以上二词为陈述式,语素义按照陈述关系组合即合成词的意义。

2.词义同组成它的两个语素义相同相近,这些都是并列结构的合成词。如:

哀伤　悲伤。（哀,悲伤;伤,悲伤。）
畏惧　害怕。（畏,畏惧;惧,害怕。）
降临　来到。（降,落下;临,到达。）
昂贵　价格高。（昂,高涨;贵,贵重。）

3.词义内容复杂,语素义表示词义的某些内容。动物、植物、矿物、机械、器具、日用品等的名称往往如此。因为这些事物有多方面的特征,如在形状、性质、习性、构造、作用上有不同的特点,用语言命名时,只能抓住少数特征。如:

水牛　牛的一种。角很大,作新月形,有的长达一米,毛灰黑色。暑天喜欢浸在水中。食物以青草为主,适于水田耕作。

按照上面词典释义说明的水牛的特征,它也可以叫"角牛""灰牛",现在叫"水牛"。语素"牛"表示它是牛的一种,语素"水"表示它喜欢浸在水中,适于水田耕作。这样语素"水""牛"表示了词义的某些内容,也可以说语素义提示了词义的某些内容。

拼盘　用两种以上的凉菜摆在一个菜盘里拼成的菜。

根据词典释义对这种菜的制法的说明,语素义未表示这是一种凉菜。语素义只表示了这种菜是"盘"装的,是由几种不同的凉菜"拼"成的。这个合成词的语素义只提示了词义的某些内容。

下列各词释义中画线的部分都是语素义未表示的内容:

平年　<u>农作物收成平常的</u>年头。
彩绘　<u>器物上的</u>彩色书画。
白面　小麦磨成的(白色的)面。
白醭　<u>醋、酱油等表面生长</u>的白色的霉。

这些词义中有语素义未表示的内容,不了解就会用错。

4.词义是语素义的比喻用法。如:

风雨　　　风和雨,比喻艰难困苦。

小鞋(～儿)　比喻施加的约束限制。

以上两个词各语素都是比喻用法。

帽<u>舌</u>　帽子前面的檐,形状像舌头,用来遮挡阳光。
<u>林</u>立　像树林一样密密地竖立着,形容很多。

以上两个词画线的语素是比喻用法。

5.词义是语素义的借代用法。如：

眉目　眉毛和眼睛,泛指容貌。
红领巾　指少先队员。

以上两个词各语素都是借代用法。

<u>嘴</u>碎　说话啰唆。
扒<u>手</u>　从别人身上偷窃财物的小偷。

以上两个词画线的语素是借代用法。

6.合成词中有的语素失落原义,又有两种情况：

(1)合成词中一个语素有义,另一个无义,这叫复词偏义。如：

国家("家"无义)　忘记("记"无义)

(2)合成词中有的语素意义模糊(原有义不能用在这里,也不能明确指出它的意义)。如：

江米　糯米。("江"义模糊)
高汤　清汤。("高"义模糊)

7.构成词的所有语素的原有意义都不显示词义。如：

东西　泛指各种具体或抽象的东西。
冬烘　(思想)迂腐,(知识)浅陋。

这些词性质接近单纯词,其中有的可以从历史来源上找到语素义和词义联系的说明。例如"东西"指称各种事物,有一说认为源于各种事物置于东西南北各方,故以所置地"东西"代称所置的事物。

了解词义和构成它的语素义关系的不同情况,有助于说明事物命名之由。如"礼拜"指星期日是因为基督教徒在这一天做礼拜。基督教《圣经》讲上帝创造世界人类,六天完成,第七天休息。西方国家以七天为一周,在第七天举行宗教活动,礼拜上帝,因此把这一天叫作"礼拜",这是用基督教宗教活动的名称称呼这一天。"礼拜"一词在中古汉语中已存在,原来可以应用于道教、佛教、伊斯兰教的仪式。19世纪后期,"礼拜"有了七天一周的意义,才用于专指礼拜日。再如"须眉"指男子,这是因男子一般胡子眉毛粗黑,就用这一特征来指称男子。"巾帼"则是用妇女头上佩戴的饰物来指称妇女。

第三节 词 义

什么是词义?词义有哪些方面的内容?这是哲学、心理学、逻辑学、语言学都关心的问题。从语言学的角度说,词义体现了语言符号的多种关系和作用。下面从不同的方面说明词义的内容和性质。

一、词的符号性

词有它的物质外壳,即它的声音形式;词又表示一定的内容、一定的代表对象。从词的声音形式和它所代表对象的联系上看,词有符号性。

什么是符号?甲为乙的代表物,甲就是符号,符号就是拿来代表某物的标记。符号有视觉符号(如交通信号灯、旗语)、听觉符号(如空袭警报、上下课铃声),还有其他种类的符号。符号的特点是它同它所代表的对象无必然的联系,它们的联系是人们赋予的(或约定俗成,或硬性规定)。

词的声音形式对它的代表对象来说就是符号。例如在现代汉语中,"huǒ"代表一种事物"火",声音"huǒ"就是符号。因为:第一,它是某个对象的代表物;第二,它本身同它所代表的对象没有必然的联系,这个联系是人赋予的,约定俗成的。对于这个事物,英语用语音形式 fire 来表示,俄语用语音形式 огонь 来表示。由此可以说明词的语音形式是一种符号,也可以说明词有符号性。

符号同其代表的对象发生联系,其所代表的对象就是该符号的意义。例如"不准通行"是交通信号灯红灯的意义,"可以通行"是交通信号灯绿灯的意义。同样道理,词的语音形式同其代表的对象发生联系,其所代表的对象就是词的语音形式的意义。现代汉语中"huǒ"这个语音形式代表"物体燃烧时所发的光和焰","物体燃烧时所发的光和焰"就是"huǒ"这个语音形式的意义,一般也就叫作"火"这个词的意义。

由此可见,意义构成有一定的条件。这个条件就是符号同它代表的对象的联系。离开符号,代表对象不是意义;离开代表对象,符号不成其为符号。例如

"红灯"表示"不准通行"这个意思时是一种符号,不代表任何意思的"红灯"本身不是符号。"不准通行"这个意思在"红灯"代表它的时候才成为"红灯"的意义,否则它只是语言中的一个词语。在现代汉语中,"huǒ"联系事物"火"时,事物"火"才是"huǒ"的意义,如果二者不发生联系,"huǒ"本身不是符号,它是人发出的一种声音,事物"火"本身不是意义,它只是一种自然现象。

符号代表的对象是各种各样的,有的代表某种事物,如"¥"代表人民币,"$"代表美元。有的符号代表某种含义,如"红灯"代表"不准通行","绿灯"代表"可以通行"。有的符号仍代表某种符号,如摩尔斯电码"·—"代表 A,A 仍是符号,A 可以代表具体语言中的一个元音。

那么,词的语音形式代表的对象是什么呢?它代表的是某种概念内容。上面我们说"huǒ"代表事物"火",那是为了表述的方便。实际上词的语音形式并不直接同具体事物联系,中间还插着反映该具体事物的概念内容。为了理解这一点,需要了解词和概念的关系。

二、词的概念义

了解词的概念义首先要认识概念。下面对概念作一个通俗的解释。概念是一种思维形式,是对客观事物一般本质特点的反映,属理性认识。例如轮船。现实生活中有各种各样的船,除了轮船外还有木船、帆船、橡皮艇等。轮船同它们有什么相同之处、不同之处呢?"在水上行驶""供运输"这是相同的;轮船一般体积较大,用机器开动,船体一般用钢板制成,这是轮船不同于一般船只的地方。综合人们对轮船一般本质特点的认识,人们形成了反映轮船的概念:用钢铁制成、体积较大、用机器开动、在水上行驶的运输工具。

轮船的概念内容需要用语音形式"lúnchuán"来标志,这样就构成了轮船的概念,如果没有语音形式"lúnchuán"来标志轮船的概念内容,轮船的概念便无从存在。而这种标志某种概念内容的语音形式,有相当多同时就是语言中的词。例如"lúnchuán 轮船"既是一个概念,又是一个词。轮船的概念内容"用钢铁制成、体积较大、用机器开动、在水上行驶的运输工具"也是"轮船"一词的词义。一般认为,实词的词义都是概念内容,词表示的概念内容就叫词的概念义。实词一般都有概念义。

但词和概念是不相同的,重要的区别是:1. 概念不仅用词来表示,也可用词组来表示,"工业的发展""农业的改革"等词组都表示一个概念。2. 一小部分词不表示概念,如语气词"吗""呀"、拟声词"叮叮""当当",它们是相应的语气和声音的代表。3.词有一定的附属色彩(如感情色彩、语体色彩),概念没有。如"嘴脸"的概念义是"面貌,脸色",作为一个词,它还有讨厌、贬的感情色彩。"吝啬"的概念义是"过分爱惜自己的财物,当用不用",作为一个词,它还有书面语的语体色彩。

词的概念内容既是一种理性认识,它就是对客观事物的反映。不同词的不同意义内容,就是对不同事物现象反映的结果。这种反映的差异是各色各样、纷繁复杂的,一般可分为三种类型。

1. 反映事物、性质、行为

反映事物的如:

　　山　地面形成的高耸的部分。
　　冰　水在摄氏零度或零度以下凝结成的固体。

反映性质的如:

　　绿　像草和树叶茂盛时的颜色。
　　硬　物体内部组织紧密,受外力作用后不易改变形状。

反映行为的如:

　　跳　腿向上用力,使身体突然离开所在的地方。
　　拧　控制住物体向里转或向外转。

2. 反映事物现象的各种抽象的关系和联系

　　结果　在一定阶段,事物发展达到的最后状态。
　　对比　(两种事物)相对比较。

3. 曲折、歪曲反映客观事物现象

　　神仙　神话传说中的人物,有超人的能力,可以超脱尘世,长生不老。
　　鬼　迷信的人所说的人死后的灵魂。

这些词的词义是人的主观对客观事物在幻想中进行加工改造产生的,这些词是对客观事物歪曲、曲折的反映。

总结以上的说明,我们可以给词义下一个完整的定义了:词义(狭义用法,指概念义)从构成上说,是词的语音形式联系的概念内容,从概念内容的本质上讲,是对客观事物的反映。

三、词的附属色彩

上面说过,词义内容中除概念义以外,还有附属色彩。一般认为,词的附属色彩主要有感情色彩、语体色彩和形象色彩。

(一) 感情色彩

感情是人们的一种主观意识活动。人们认识客观事物或作用于客观事物时产生的对客观事物的态度和体验,就是感情。喜欢一个人、一种东西,人们体验到对喜欢的人或物的感受,就是感情。讨厌一个人、一种东西时也是一样。感情一般分为两大类型:肯定的(一般叫"褒")和否定的(一般叫"贬")。人们经常不是用语言,而是用面部表情、手势、姿势来表示感情。例如高兴时眉开眼笑、手舞足蹈,伤心时紧皱眉头、无精打采等。语音的高低、快慢、强弱的变化,说话的不同语调,都可以表示不同的感情。例如,听某人唱歌,问:"唱得好不好?"答:"好。"如果回答的"好"字语音强度、高度正常或强,语调也正常,则表示称赞,是褒。如果语音不正常,有明显的变异,例如拉长了嗓门,还做鬼脸,则是反话,是贬。

语言中有一部分词附着有固定的感情色彩,同其概念义同时存在。词典一般只说明感情色彩鲜明的词。如:

  滑溜 光滑(含喜爱意)。
  花里胡哨 形容颜色过分鲜艳繁杂(含厌恶意)。

一般认为,词的感情色彩同词的概念义关系密切。词的概念义表肯定评价的有褒的感情色彩,词的概念义表否定评价的有贬的感情色彩;虽然词典并未说明它们"含褒(贬)意"。

下列各组词有褒的感情色彩。

1.对人或物作肯定评价的:

  英雄 模范 烈士 才子 珍品 杰作

2.对人的外貌、品性、精神、行为有肯定评价的:

  漂亮 秀气 壮实 精明 贡献 珍视

3.对人的物质创造物、精神创造物、对自然作肯定评价的:

  伟大 辉煌 雄伟 精巧 秀丽 好 棒

下列各组词有贬的感情色彩。

1. 对人或物作否定评价的:

    暴君　贪官　败类　财迷　赃款　私货

2. 对人的外貌、品性、精神、行为有否定评价的:

    丑陋　难看　粗野　懒惰　败露　葬身

3. 对人的物质创造物、精神创造物、对自然作否定评价的:

    渺小　低劣　笨重　冗长　荒芜　坏　差

大部分词不带固定的感情色彩,是中性词。

(二) 语体色彩

很多词能在不同的交际范围、不同的文体中通用,有一部分词只用于某一交际范围、某些文体而不用于另一交际范围、另一文体,这叫作词的语体色彩。语体色彩首先分为两大类:书面语体和口语体。有书面语体色彩的词一般用于书面写作,一些政治性、学术性、外交上的讲话和谈话也常用书面语词。口语体的词一般用于日常谈话。文艺写作、通讯写作也多用口语词。词典一般标出有鲜明语体色彩的词,如:

    空当[口]　　聊天[口]
    阑干[书]　　思忖[书]

有一部分书面语词和口语词有对应关系,如:

书面语	口语
散步	蹓跶
吝啬	小气
嗜好	瘾头
惊慌	发毛

有的词没有对应的书面语词或口语词,却有语体上通用的(也叫语体上中性的)词同它对应,如:

    浪头[口]　　潮流
    礼数[口]　　礼貌
    嫠妇[书]　　寡妇
    匮乏[书]　　缺乏

有的有语体色彩特征的词找不到对应的语体上中性的词,是独特的,如:

联袂[书]　　　　手拉着手
敛衽[书]　　　　整理衣襟
邋遢[口]　　　　不整洁
偏疼[口]　　　　对晚辈中某个人或某些人特别疼爱

(三) 形象色彩

由于表象、想象的心理活动,词语能刺激人在大脑中产生所反映的对象的形貌,有人把它叫作词的形象色彩。例如听到"山、火、草、蛇"这样的词,大脑中会出现"山、火、草、蛇"的形貌,这是表象,是过去感知的形象的复活。读或听小说中描写人物、景物的词句,大脑中会出现人物、景物的具体情状,这是想象,是感知所留下的表象重新组合得到的形象。

只有反映具体事物形貌状态的词,反映的对象有个体存在、有形貌状态表现的词才可能有形象色彩。如:

1. 山　火　草　蛇　香蕉　牡丹
2. 黑　红　蓝　甜　酸　辣
3. 汪汪　嘟嘟　嘀答　叮当　稀里哗啦
4. 热腾腾　明晃晃　红彤彤　软绵绵　光溜溜
5. 葱翠　耀眼　昏黑　鲜艳　明媚　盘旋

有学者认为,上述只有后三组词有形象色彩,因为组成后三组词的语素或者直接表示了某种形象(如3"汪汪"这一组是拟声词),或者以语素义描绘了某种形象(如4"热腾腾"组,5"葱翠"组)。应该承认后三组有鲜明的形象色彩,但从形象色彩的本质是词语刺激人脑产生的表象想象活动来看,前两组词也是有形象色彩的。一般来说,这类词在描写性语境中同别的词语结合在一起更能产生形象感。比较下列两个句子:

手是劳动的器官。
她有一双细白绵软的手。

上句只说了"手"的作用,下句则描绘了一双女性的手。"手"在下句中同描写性的词语结合更能产生形象感。

抽象程度高的词如"规则、组合、分析、统一、法律",不能直接自然地引起形象感,无形象色彩。

形象色彩在词典中无须注释。它在人的精神生活、文学创作及其他精神创造中起巨大作用。词无形象色彩,文学创作的形象思维、科学幻想都成为不可能,人们也无法感受语言创作的形象、幻想的图画、情状。

词的附属色彩也有人叫附属义。概念义的"义"和附属义的"义"所指是不相同的。概念义的"义"是指词所标志的客观事物现象一般本质特点的反映,各个词的概念义有千差万别的内容;词的概念义有特定的语音形式同它联系。附属义的"义"有不同的情况,但它们都不是客观事物现象一般本质特点的反映。形象色彩是词所标志的具体事物形貌的反映。感情色彩表示了词的运用者对所反映的事物现象的感情态度。语体色彩表示了词运用的交际场合。形象色彩是人的心理活动,无须用语言说明。感情色彩、语体色彩可以在词典中说明,只能分出主要的类型。

四、词的临时义

词的临时义指词在运用中临时获得的意义。词的概念义在运用中因上下文和语境的不同而显出的各种差别不是临时义。应该把这两种情况区别开。

词的概念义在运用中因上下文和语境的不同而显出的各种差别主要有:

(一) 表名物的词在不同的上下文中指示的范围数量不同,指示的部位方面不同,指示的具体对象不同。如"船"的概念义是"水上有舱的运输工具",下面的例句可以显示它在不同的上下文、语境中的差别:

1. 船真大。(侧重指体积容量)
2. 船真漂亮。(侧重指型式装饰)
3. 船真结实。(侧重指结构质量)
4. 海上的船很多。(指各种船:轮船、木船、帆船等)
5. 他要坐船去欧洲。(指大轮船)
6. 小河边树下有一条船。(仅指小木船)

1、2、3 的"船"所指部位方面不同,5、6 的"船"所指具体对象不同,4、5、6 的"船"所指数量范围也不同。

(二) 表行为、性状的词的同一意义在不同的上下文语境中表示的意义也有差异。如"提高"意思是"使位置、程度、水平、数量、质量比原来高",在下列例句中,"提高"的意义有差异:

1. 跳高的横杆提高了。(指位置向上移动)

2.他的学习成绩提高了。(指学习的分数多了,增加了)

3.老张家的生活水平提高了。(指生活比原来好了)

再如"刚劲"的意义是"(姿态、风格等)挺拔有力",在下列例句中,"刚劲"义有差异:

1.柳体字笔力刚劲。(指笔画硬直有力)

2.这套自由体操动作刚劲。(指动作屈伸有劲)

上面说的(一)(二)中的差别,一般认为是一个意义范围内的变化,词典把它们概括为一个意义单位。

词的临时义属于不同的情况,它指的是词在运用中临时获得的新意义。临时义主要是通过多种修辞手段的运用产生的。

(一)词通过比喻用法产生临时义

现在,我们祖国早已越过了漫漫的长夜,欢度着阳光明丽的春天。

(魏巍《路标》)

在这句话中,"长夜"不是"长长的夜晚"的意思,而是通过比喻产生了临时义:旧中国长期的反动统治;"春天"不是指"一年中第一个季节",而是通过比喻有了临时义:中华人民共和国成立后的幸福生活。

虽然每天落在纸上的不过是一二千字,可是我放下笔的时候……依然在思索,思索的时间长,笔尖上便能滴出血与泪来。

(老舍《我怎样写〈骆驼祥子〉》)

上句中的"血"和"泪",通过比喻用法产生了临时义,指感人肺腑的文字词句。

(二)词通过借代用法产生临时义

我最佩服北京双十节的情形。早晨,警察到门,吩咐道:"挂旗!"……各家大半懒洋洋的踱出一个国民来,撅起一块斑驳陆离的洋布。

(鲁迅《头发的故事》)

上句中的"洋布"并不是指"机器织的平纹布",而是通过借代用法产生了临时义,指当时的国旗。

一间阴暗的小屋子里,上面坐着两位老爷……东边的一个是马褂,西边的一个是西装。

(鲁迅《写于深夜里》)

上边的"马褂""西装"不是指服装,而是通过借代用法产生了临时义,分别指穿马褂、穿西装的人。

(三) 词通过改换词性产生临时义

　　好像失了东三省,党国倒像一个国。失了东三省只有几个学生上几篇"呈文",党国倒像一个国,可以博得友邦人士的夸奖,永远"<u>国</u>"下去一样。

(鲁迅《"友邦惊诧"论》)

上句中画线的"国",不是用它的名词义"国家",而是临时改换词性作动词用,产生了临时义,大略是"以国的身份存在下去"的意思。

　　大约那弹性的胖绅士早在我的空处,<u>胖</u>开了他的右半身了。

(鲁迅《社戏》)

上句中的"胖"在这里不是用它的形容词义"肥胖",而是临时改换词性作动词用,产生了临时义,是"伸展、胀开"之义。

　　运用其他一些修辞手段也能产生临时义,不再举例。

　　词能在运用中产生临时义,是人们灵活地运用语言的结果,大大增强了词语传情达意的能力。

　　在一定条件下,有一些临时义可以固定下来,成为一个稳定的概念义。例如"尖端"一词,原指"物的末端、顶端",中华人民共和国成立后,这个词常用来比喻"最先进的、发展最高的(科学技术)",这个意义后来广泛应用,为社会接受,《现代汉语词典》收录为这个词的一个义项。

　　在谈到词的临时义时,还应该指出一种重要现象,就是词在上下文和一定的语境中可以获得或者改变感情色彩。如:

　　达　(望望白露,又周围地望望)这几年,你原来住在这么个地方!
　　露　(挑衅地)怎么?这个地方不好么?
　　达　(慢声)嗯——(不得已地)好!好!

(曹禺《日出》第一幕)

这是方达生同陈白露分别多年后见面时说的话。方已看到陈所过的不正常生活,不满于她现在的生活环境。方在这里所说的"好!好!"是出于礼貌(不是讽刺反语,因为作者说明是"不得已地"),怕过分刺伤陈的感情。这个"好"已不会有饱满的赞扬口气了,它失去了原来的褒的感情色彩。再如:

　　黄　(犹疑半天)要是潘经理有工夫的话,我想见潘经理。先生,请你说一声。

福 （估量地）潘经理，倒是有一位。可是（酸溜溜地）你？你想见潘经理？

(曹禺《日出》第一幕)

"黄"指黄省三，被辞退的小职员。"福"指福升，旅馆茶房。"你"是中性词，这里福升酸溜溜地说的"你"带有蔑视鄙夷的态度口气，带上了贬的感情色彩。

这种现象可以出现在书面语中，更多地是出现在口语中。口语是词获得或改变感情色彩的重要领域。在口语交际中，人们可以用音高、音长、音强、语调，也可以用眼神、手势、表情使感情中性的词获得感情色彩，或者改变词原有的感情色彩。这些都依赖于一定的语境、上下文，这是同词的临时义共同的地方。

五、词义的单位

从上面的说明可以看到，词在运用中由于语境和上下文的影响，由于各种修辞手段的运用，词义表现出各种各样的差别。这种情况使有的学者甚至得出这样的结论："词没有一般的意义，我们每次都赋予同一个词以新的意义。"①我们认为词义本质上是一般的、概括的，可以根据个别和一般的关系的道理来确定词义。列宁说："任何个别（不论怎样）都是一般。任何一般都是个别的（一部分，或一方面，或本质）。任何一般只是大致地包括一切个别事物，任何个别都不能完全地包括在一般之中。"②这个道理也适用于词义单位的确定。词在运用中意义有异同，词义中共同的东西是可以确定下来的。词具有确定的意义和运用中表现出种种差别是正常的，因为一般和个别并不完全相等。确定下来的一个个意义就是词义的一个义项，这是词义的最小单位。

例如"船"，虽然在"船真大""船真漂亮""船真结实"中的所指各有侧重，但都指示船这一事物，所以确定为一个义项。在"跳高的横杆提高了""他的学习成绩提高了""老张家的生活水平提高了"中，"提高"的意义有差别，但有共同的特征，都表示比原来上升，所以确定为一个义项。

作为词义最小单位的义项有下列性质：

（一）它要以一定的语音形式作为它的物质外壳。如果是单义词，如"麦苗 màimiáo"（小麦、大麦、黑麦、燕麦的幼苗），则语音形式"màimiáo"是这个意义

---

① 福斯勒尔《语言哲学文集·论语言学和心理学的语言形式》，转引自《语言学译丛》1958 年第 1 期波波夫《词义和概念》一文。

② 列宁《谈谈辩证法问题》，见《列宁全集》第 55 卷，人民出版社，1990 年，第 307 页。

独有的物质外壳。如果是多义词,如"买卖 mǎi·mai"(①生意:～兴隆|做了一笔～。②指商店:他在城里开了家小～),则"mǎi·mai"这个语音形式是多个意义共有的物质外壳。因此语言中同音的义项比同音词多得多。

(二)它都有概括性,但其概括范围、概括程度有很大的差别。下列例子可以说明概括范围的差别:

  手 人体上肢前端能拿东西的部分。
  手掌 手在握拳时指尖触着的一面。
  手心 ①手掌的中心部分。

这几个词的意义相对来说,"手"概括的范围最大,是整体,后两个词概括的范围是手的一部分。"手掌"和"手心"比较,"手掌"又是整体,"手心"是部分。

下列例子可以说明概括程度的差别:

  食品 能吃的东西。
  面食 面制成的食品。
  饺子 一种半圆形的有馅的小面食。

这三个词的概括程度不一样。"食品"指的是一个大类,"面食"是其中的一类,"饺子"又是"面食"中的一类。概括程度高的词是大类,概括程度低的词是小类。

作为义项,它们的地位是相等的,都是词义的一个单位,都能使词以其所代表的意义在语言中起作用。①

(三)有某种程度的相对性。有些义项在一定条件下可以合并起来,用更概括的语言来表述,如:

  矮 ①身材短:～个儿。
    ②高度小的:～墙|～凳。(《现汉》)
    不高,低。例:矮墙|矮一头。(《四角号码新词典》)

《现汉》把"矮"的意义区分为①②,《四角号码新词典》把它们合并为一个义项,用更概括的语言来表述。又如:

  瘦 ①脂肪少;肉少(跟"胖"或"肥"相对)。
    ②(食用的肉)脂肪少(跟"肥"相对):这块肉太肥,我要～一点儿

---

① 义项还有语素义项,即只存在于合成词、固定语中的意义,其作用同词义项不同。

的。(《现汉》)

①脂肪少,肌肉不丰满。例:瘦肉|瘦弱。(《四角号码新词典》)

在上例中,《四角号码新词典》同样把《现汉》区分的①②义合并为一义。

(四)存在某个词义义项,表明某种语言把某个意义"词化"(lexicalize)。"词化"指某个意义用词表示,非词化指某个意义用词组表述。如:

词化	非词化
客饭	a meal specially prepared for visitors at a canteen
末代	the last reign of a dynasty
megalopolitan	特大城市的居民
idolize	把……当作偶像崇拜

我们说义项是词义的最小单位,但词典中分出的义项有不同的情况,主要有三种类型:

(一)词典经过细致分析后所确定的词义的最小单位,即义项。

年纪　(人的)年龄;岁数:～轻|小小～,懂得什么?

年头儿　①年份:我到北京已经三个～了。

②多年的时间:他干这一行,有～了。

③时代:这～可不兴那一套了。

④年成:今年～好,麦子比去年多收两三成。

(二)义项组,几个相近的意义排列在一起。

轻　③数量少;程度浅:年纪～|工作很～|～伤。

其中"年纪～""工作很～"的"轻"是数量少,"～伤"的"轻"是"程度浅"。

开　⑪写出(多指单据、信件等);说出(价钱):～价|～发票|～药方|～清单|～介绍信。

其中,"～价"的"开"是"说出(价钱)","～发票""～药方"等的"开"是"写出"。

(三)义项目,将某方面的意义概括说明,其下再分条说明不同的意义。

打　②指某种动作。(例)打(捉)鱼/打(买)油/打(收)粮食/打(织)毛衣/打(画)格子/打(捆)行李/打(发出)电报/打(做)短工。

(《新华词典》,商务印书馆,1980年)

由于学习、整理、研究的需要,人们对词的意义进行辨析,归纳出一个个意义单位。人们对词义单位划分的细致程度看来是有等级的。大型的详解词典、专门分析词义的论著,对词义单位的划分相当细致,普及型的小型的词典对词义单位不可避免地要多作概括,有去有留。词典对词义单位的划分概括是一个专门的问题,这里不作详细讨论。

六、词义的发展

在社会生活中,人们用词表达思想感情,进行交际。随着社会生活的发展、人的思想意识的发展、语言内部各个因素的相互作用,词义是会变化发展的。学者对词义发展作过深入的研究,从不同角度说明词义发展的规律性。我国传统训诂学多从意义引申说明词义的发展,这个方面我们将在多义词部分加以说明。词义发展也可以从发展出的词义和原义概念内容的比较中去说明,可分为词义深化、扩大、缩小、转移、感情色彩变化等类型。① 下面分别说明。

(一) 词义深化

表示最基本的自然现象、表示动植物的词,它们所指的对象古今基本上是一致的,但人们对这些事物现象性质的认识则随着人们的实践、认识的深入而发展,表现为词义内容的深化。例如:

  人 天地之性最贵者也。(《说文》)
    能制造工具并使用工具进行劳动的高等动物。(《现汉》)

"人"这个词古今所指对象是一致的,《说文》对"人"的解释反映了古人对人的性质的认识。《现汉》说明人属于"高等动物",最主要的特征是"能制造工具并使用工具进行劳动",反映了近代科学对人的本质特点的科学认识。因此"人"词义的发展表现为词义的深化。再如:

  电 阴阳激耀也。(《说文》)
    有电荷存在和电荷变化的现象。电是一种很重要的能源,广泛用在生产和生活各个方面。如发光、发热、产生动力等。(《现汉》)

《说文》的解释代表了古代人对电的认识,限于科学发展水平,只笼统地认为电是阴阳相激发出光亮。《现汉》对电的解释则反映了现代人对电的本质的认识和利

---

① 德国语言学家保罗(H. Paul,1846—1921)在《语言史原理》(1880)中首先把词义的发展分为缩小、扩大、转移等类型。我国学者广泛用这个分类来说明汉语词义的发展。

用的成果。"电"一词古今所指对象是相同的,但词义显然是深化了。

(二) 词义扩大

指词发展出的新义所指的概念内容比原义范围宽泛。又有不同的情况。表名物的词主要表现为词义从原指单一、部分发展到指示整体。如"河",古代是黄河的专名。《说文》:"河,水出焞煌,塞外昆仑山发原,注海。"现指一切河流。又如"脸",原指脸颊,《古今韵会举要》:"脸,目下颊上也。"今"脸"指整个脸面。

表动作行为的词词义扩大主要表现在动作行为关涉的对象有扩大。如"洗",原只指洗脚。《史记·黥布列传》:"淮南王至,上方踞床洗。"现"洗"的对象扩大到可洗一切物体。

表性状的词词义扩大主要表现在可修饰形容的对象扩大。如"好",原用于形容女子貌美。《说文》:"好,美也。"段注:"本谓女子,引申为凡美。"《战国策·赵策三》:"鬼侯有子而好,故入之于纣。""好"以后可以用来形容一般的人、事物。

(三) 词义缩小

指词发展出的新义的概念内容比原义范围小。也有不同情况。表名物的词主要表现为从原指整体发展为只指其中的一部分。如"脚",原指人和动物行走器官的整体。《墨子·明鬼下》:"羊起而触之,折其脚。"现只指人和动物行走器官的下端。又如"学者",原泛指求学的人。《论语·宪问》:"子曰:古之学者为己,今之学者为人。"现在"学者"指学术上有一定成就的人,范围缩小了。

表动作行为的词词义缩小主要表现为动作行为关涉的对象缩小,如"结婚",原可指两个国家结为婚姻之好,也可指男女结亲。《汉书·张骞传》:"其后,乌孙竟与汉结婚。"指的是两个国家结为婚姻之好。现在只指男女结亲了。

表性状的词词义缩小主要表现为可形容修饰的对象缩小。如"皑皑",指白色,可形容刀剑霜雪。《太公金匮·书刀》:"刀利皑皑,无为汝开。"《文选》班彪《北征赋》:"飞云雾之杳杳,涉积雪之皑皑。"现在"皑皑"一词只能形容霜雪的洁白了。

(四) 词义转移

分为词性不变和词性改变两种。词性不变,指原义和发展出的词义词性相同,只是所指是不相同的对象。如"主人公"一词,原指主人。《汉书·武五子传》:"主人公遂格斗死。"现在这个词指文学作品的中心人物。又如"发行"一词,原指启程。《汉书·匈奴传》:"搜谐单于立八岁,元延元年,为朝二年发行。"注:"欲会二年岁首之朝礼,故豫发其国而行。"今"发行"指报刊书籍等的批发发售。二义所指不同。

词性变化的转移是指词义发展中名词、形容词、动词互变。如"布告",原义为"对众宣告",是动词义。《史记·吕太后本纪》:"刘氏所立九王,吕氏所立三王,皆大臣之议,事已布告诸侯。"今义指"机关团体张贴出来通告群众的文件",是名词义。又如"粗",原指粗粮、粗米,是名词义。《左传·哀公十三年》:"梁则无矣,麤(同粗)则有之。"今义指"(条状物)横剖面较大",是形容词义。

(五)感情色彩变化

有些词在发展中感情色彩发生了变化,词义一般也有变化。如"爪牙"。爪牙是鸟兽攻击防卫的工具,古代用以指武臣,其感情色彩是中性的,甚而有些褒义。《诗·小雅·祈父》:"祈父,予王之爪牙。"现在这个词用来比喻坏人的党羽,感情色彩是贬的了,词义也有转移。又如"勾当",原义为办理,是动词。《北史·序传》:"事无大小,(梁)士彦一委(李)仲举,推寻勾当,丝发无遗。"现在这个词常指坏事情,感情色彩是贬的,词义也转移了。

一个词在历史上可以发展出多个意义,它的发展是曲折的,各义发展的类型可以不同。如"充实",原义为增加扩大,是动词义。《孟子·尽心下》:"充实之谓美,充实而有光辉之谓大。"后来发展出形容词义,义为"充足饱满"。汉班孟坚《公孙宏传赞》:"是时汉兴六十余载,海内乂安,府库充实。"后来这个意义从形容物质的东西发展到也可以形容抽象的东西(内容充实),意义可概括为"丰富充足",是词义的扩大。这个意义以后又发展为"使充足加强",是动词义,词义又转移了。

引起词义发展变化的原因是什么呢?

一般认为有三个原因:一是社会生活的发展,包括新事物出现,旧事物消亡;二是人的思想认识的发展;三是语言内部各个因素的相互作用。这三个方面是互相影响、互相联系的,但有时词义的发展又显出某个因素占主导地位。

"钟"一词词义的变化具体显示了新事物出现、旧事物消亡所引起的词义变化。"钟"古代原指一种打击乐器,中空,用铜或铁制成,悬挂在架上,用槌叩击。《说文》:"钟,乐钟也。"后又指佛寺悬挂的钟,这种钟的作用是报时。后来,西洋的一种精巧的计时器传入,人们也把它叫作"钟",如"挂钟、座钟"等。"钟"所表示的一种古代打击乐器的意义以后在社会生活中很少使用,这个意义也就被人们淡忘。而它所指的现代报时器却遍布各处,这个意义也就成为人们普遍了解的意义。又如"火箭"一词,原指引火物燃烧以攻敌的战具。《三国志·魏书·魏明帝纪》"诸葛亮围陈仓"注引《魏略》:"(亮)起云梯冲车以临城。(郝)昭于是以火箭逆射其云梯。""火箭"现在指"利用反推力推进的飞行装置,速度很快,目前主要用来运载人造卫星、人造行星、宇宙飞船等,也可以装上弹头制成导弹"。(《现汉》)"火箭"古今所指的事物是不同的,旧火箭早已消失,新火箭方兴未艾,其旧义消亡,新义成为唯一的意义。

人们思想认识的发展引起词义的变化表现在两个方面。第一是思想认识的发展。许多古今通用的词,主要是反映自然现象、动物植物的词,古今所指对象是一样的,但其概念内容已有了很大的发展。如上面所举的"人""电"例。第二是思维联想规律的作用。思维一般顺着相似性、关联性联想,使人们把一个指甲事物现象的词用到指乙的事物现象上去,使词产生新义,巩固下来,就成为词的一个固定的意义。如上面所举的"钟"例中,"钟"能指西洋传入的计时器,就是因为"钟"原可以指寺院报时之钟。二者作用相似,思维顺着相似性联系发展。再如"红领巾",原指红色的领巾,因为我国少先队员佩带红领巾,就用"红领巾"指少先队员。这是思维顺着关联性联想,使这个词从指示一种物品到指示佩带这种物品的人。

语言内部诸因素的作用对词义发展的影响也可以从几个方面来说明。

第一,语法对词义发展的作用。词在句子中位置作用的变化常常引起词义的变化。现在以动词义、名词义之间的变化来说明。如"交游"原有名词义,义为"往来的朋友"。《庄子·山木》:"辞其交游,去其弟子,逃于大泽。"后来用作动词,带宾语。如《汉书·息夫躬传》:"皆交游贵戚,趋权门为名。"此处的"交游"义为"结交(朋友)"。后来名词义消亡,动词义沿用至今。再如"功课",原义为"考核官吏的成绩"。如《后汉书·百官志》:"太尉公一人,……掌四方兵事功课,岁尽即奏其殿最而行赏罚。"后来这个词发展出名词义,指"学生学习的课程"。孙诒让《周礼政要·教胄》:"今宜于京师设官学堂,使宗室八旗王公大臣子弟一体入学,其功课亦由普通蒙学以升于师范专门。"今只名词义用,动词义消亡。

第二,语音变化对词义变化的影响。词义变化不一定以语音变化为条件,但语音变化可以产生或巩固词义的变化,有可能分化出另一个词来。如在古汉语中出现过词性变化声调也跟着变化的现象,名、动、形可以互相转化,转化出来的一般读去声。这种以声调区别词义、词性今天还存在的如"好",读 hǎo,义为"美、善",形容词,如"这本书真好";读 hào,义为"喜爱",动词,如"他好读书"。再如"种",读 zhǒng,义为"种子",名词,如"这些稻种是新培育的";读 zhòng,义为"栽种",动词,如"树苗种下去了"。"画",不儿化是动词义,儿化成为"画儿",只能指画出来的作品,是名词义。"公道"义为"公正的道理",是名词;若"道"读轻声,义为"公平合理",是形容词。两个"公道"已可视为两个语言单位了。

第三,汉字字形的变化,也往往使新发展的词义分化出来,成为一个新的语言单位。如"取"古有"收取、获得"义,如《诗·小雅·甫田》:"倬彼甫田,岁取十千。"又有"娶妻"义,如《诗·豳风·伐柯》:"取妻如何,匪媒不得。"后来为"取妻"义的"取"加上意符"女",这样"取""娶"就分化为两个词了。又如"益",本义是水漫出来。《说文》:"益,饶也。从水皿,皿益之意也。"后来发展出"增加""利益"等义。另造"溢"表其本义,其他义仍用"益"表示,这样,"溢""益"就成为不同的语言单位了。

第四,词义发展中也表现出互相影响、互相制约的关系。如"洋"原有一义指大海,文天祥《过零丁洋》:"零丁洋上叹零丁。"19世纪中晚期海禁打开,外国事物涌入中国,"洋"常用来标志外来的事物,如"洋枪、洋炮、洋油、洋纱",这是社会变化逐步使词义按照关联性联想发生变化。"洋"的词义变化引起了反义词"土"词义的变化。"土"原有乡里义,《后汉书·班超传》:"超自以久在绝域,年老思土。""洋"有了"外来的"意义("洋枪、洋油"之"洋")后,"土"就有了"本国的、中国的"意义("土生土长"之"土")。后来"洋"又有"现代化的、水平较高的"意义,"土"就有"水平较低的、较粗糙的"意义(如"土洋并举"中之"土"和"洋")。"土"的词义变化,很明显受到了"洋"的影响。

第四节　多义词、同音词、同族词

一、多义词

多义词指有多个意义的词,各个意义之间有各种联系。多义词在词典中表现为有多个义项的词。如:

难　nán

① 做起来费事的(跟"易"相对):～办｜笔画多的字很～写｜这条路～走。

② 使感到困难:这一下子可把我～住了。

③ 不容易;不大可能:～免｜～保。

④ 不好:～听｜～看。

目光

① 指视线:大家的～都投向发言者。

② 眼睛的神采：～炯炯。

③ 眼光；见识：～如豆｜～远大。

汉语单音节的多义词有的义项很多，例如在《现代汉语词典》中"打"有 25 个义项，"发"有 16 个义项，"好"有 14 个义项。

同多义词相对的是单义词，它在词典中只有一个义项。不少科学术语、鸟兽、草木、器物的名称都是单义词。如：

经脉　中医指人体内气血运行的通路。

喜鹊　鸟，嘴尖，尾长，身体大部为黑色，肩和腹部白色，叫声嘈杂。

旱稻　种在旱地里的稻，抗旱能力比水稻强，根系比较发达，叶片较宽，米质软，光泽少。

花镜　矫正花眼用的眼镜，镜片是凸透镜。

单义词在词典里只有一个义项，但仍可另有临时义（参看本章第三节"四、词的临时义"）。

（一）多义词的类型

多义词可以根据它的各个义项的性质来划分类型。多义词的各个义项可以分为词义和语素义两种情况。词义指可以作为词来运用的意义，语素义指只存在于合成词、固定语中的意义。不成词语素的意义都是语素义。如：

释　①解释：～义｜注～。

②消除：～疑｜涣然冰～。

③开放；放下：～手｜手不～卷。

④释放：开～｜保～。

"释"的①义"解释"不能作为词来运用，只存在于合成词"～义""注～"等之中，它的②义"消除"也不能作为词来运用，只存在于合成词"～疑"、固定语"涣然冰～"等之中。③④义情况一样。

成词语素的意义有两种情况。一种情况是既是词义又是语素义。如"海"是成词语素，它有"大洋靠近陆地部分"的意义，这个意义是词义，因为"海"的语音形式联系这个意义时，可以作为词来运用，如可以说："海很大""我爱海"。但同时这个意义又可以是语素义，因为它也存在于"海"所构成的合成词、固定语中，如合成词"海岸、海岛、海潮、海带"、固定语"海枯石烂、海角天涯"中的"海"也是"大洋靠近陆地部分"的意思。另一种情况是，成词语素的某些意义只是语素义，如"海"的"比喻连成一片的很多同类事物"的意思只存在于合成词"火海、林海"、固定语"人山人海"等之中,"海"的"大"的意思只存在于合成词"海碗、海量"等之中。

这样,多义词就可以根据它的义项中词义义项或者语素义义项的多少来划分类型。

1. 全部义项都是词义的多义词,如上面所说的"目光"。再如:

  扑 ①用力向前冲,使全身突然伏在物体上:孩子～到妈妈怀里。
    ②把全部心力用到(工作事业上):他一心～在社会主义事业上。
    ③扑打;进攻:直～敌人巢穴。
    ④拍打;拍:海鸥～着翅膀,直冲海空。

2. 一个义项是词义,其余都是语素义的多义词。如:

  垂 ①东西的一头向下:下～｜柳～｜涎。
    ②〈书〉敬辞,旧时用于别人(多是长辈或上级)对自己的行动:～念｜～询｜～问。
    ③〈书〉流传:永～不朽｜名～千古。
    ④〈书〉将近:～老｜～暮｜～危。

3. 词义义项多,又带语素义的多义词。如:

  火 ①(～儿)物体燃烧时所发的光和焰:～光｜～花｜灯～｜点～｜玩～自焚。
    ②指枪炮弹药:～器｜～力｜～网｜军～。
    ③火气:上～｜败～。
    ④形容红色:～红｜～鸡。
    ⑤比喻紧急:～速｜～急。
    ⑥(～儿)比喻暴躁或愤怒:～性｜冒～｜他～儿了｜你怎么这么大的～儿。

其中,①③⑥是词义,②④⑤是语素义。

区分词义义项和语素义义项,可以避免把一个词的语素义义项当作词义来使用的毛病。指导学习汉语的用法词典,最好标出这两种不同的义项,以帮助学习者正确使用汉语的词语。

(二) 本义、基本义、引申义、比喻义

1. 本义① 　本义就是文献记载的词的最初的意义。如"封",本义为"加土培植树木"。《左传·昭公二年》:"封殖此树。"其中的"封"就用本义。又如"走"的本义是"跑"。《汉书·项籍传》:"汉军皆南山走。"

不少词的本义已经消失,了解词的本义,可查考有关的工具书。也有不少词的本义仍在使用,"人、山、水、火"这些词的本义,至今广泛使用。有些词的本义已不能独立使用,只作为语素义存在于合成词、固定语中。如"兵"的本义"兵器",只存在于成语"短兵相接、秣马厉兵"等之中。"干"的本义是"盾",存在于合成词"干戈、干城"、成语"大动干戈"等之中。

2. 基本义　基本义是词在现代最常用最主要的意义。如"封"的基本义是"封闭","走"的基本义是"人或鸟兽的脚交互向前移动"。有不少词的本义和基本义是不一致的,"封""走"就是如此。也有一些词的基本义和本义是一致的,如"人、山、水、火"这些词。

3. 引申义　引申义是引申发展出来的意义。有的引申义是从本义、基本义发展出来的。如"铲",本义、基本义都是"铁制的用具,像簸箕或像平板,带长把"。后来从这个意义发展出"用铲取物或消除"的意义(铲煤、铲地)。有的引申义是从引申义再发展出来的。如"代表"的基本义是"代替个人或集体办事或发表意见的人"(小王是他们班的代表),从这个意义生出引申义"代替个人或集体办事或发表意见"(小王代表公司签约),从这个引申义再发展出引申义"人或事物表示某种意义或象征某种概念"(这几幅画代表了不同时期的画风)。

4. 比喻义　比喻义是词的比喻用法固定下来的意义。有的比喻义是从本义、基本义产生的。如"本钱",基本义是"用来营利、生息、赌博的钱财"。从这个意义产生出比喻义"比喻可以凭借的资历、能力等"(身体是革命的本钱)。比喻义也可以从引申义产生出来。如:

　　网　①用绳、线等结成的捕鸟捉鱼的器具:一张～|鱼～。
　　　　②用网捕捉:～着了一条鱼。

---

① 有学者区分本义和原始义。有些字(词)本义湮灭,另外的意义取代本义成为原始义。如"权",《说文》:"黄花木也。"这应该说是它的本义,但古书中找不到证例。而后"称锤"成了"权"的原始义。还要区分字的本义和词的本义。如"草"字的本义是"草斗",即栎树的果实。后来"草斗"的"草"写作"皁",又变作"皂"。"草"假借为"艸"。因此"草"作为一个词,本义是草木的"草",原用"艸"字表示。"草"作为一个字本义是指"草斗"。

③像网似的笼罩着:眼里～着红丝。

其中,①是本义也是基本义,②是从①产生的引申义,③是从引申义②产生的比喻义。

词典收录的多义词中可能还有另生义。另生义是不同时期人们用同一形式的语言单位表示不同意义内容而产生的。如"中人"在历史发展中有这些意义:

①平常的人。《论语·雍也》:"中人以上,可以语上也。"
②有权势之近臣。曹植《当墙欲高行》:"龙欲升天须浮云,人之仕进待中人。"
③宦者。《汉书·石显传》:"以显之典事,中人无外党……遂委以政。"
④为双方介绍买卖、调解纠纷并做见证的人。

(《辞源》)

"中人"这四个意义很难说有什么联系。①是本义,②③④都是另生义。另生义义项本身没有什么明显的联系,但其语素义是有联系的。

本义、基本义、引申义、比喻义是在历史发展过程中产生的。就一个词来说,这几个意义可以全有,也可以不全具有,可以某个方向有几个义项,也可以只有一个义项。在历史发展中有消有长,现时存在的意义就构成一个多义词的几个义项。

二、同音词

(一) 同音词的类型

声音相同的词是同音词,在现代汉语普通话中指声母、韵母、声调都相同的词。如:

溢—议—译(yì)　　　　　事物—事务(shìwù)
旱—汉—汗(hàn)　　　　报到—报道(bàodào)

在普通话中,下列各组词不是同音词:

银(yín)—蝇(yíng)　　　拥护(yōnghù)—用户(yònghù)
牛(niú)—留(liú)　　　　大意(dàyì)—大意(dà·yi)

普通话中的同音词数量较多。《汉语拼音词汇(增订稿)》(文字改革出版社,1963年)收词59,100多个,其中同音词5500多个,约占9.5%。

同音词可以分为两大类型:

1. 同音同形词

拐₁　转变方向:那人拐进胡同里去了。
拐₂　拐骗:他拐了钱就跑。
草₁　高等植物中栽培植物以外的草本植物的统称。
草₂　草率,不细致:字写得很草。
抄袭₁　把别人的作品或语句抄来当作自己的。
抄袭₂　(军队)绕道袭击敌人。
仪表₁　人的外表。
仪表₂　测量温度、气压、电量、血压等的仪器。

2. 同音异形词(不包括异体词)

(1) 形一同一异　尘世—尘事　势力—视力
　　　　　　　　正式—正事—正视　人氏—人世—人事—人士
(2) 形全异　　　填—田—甜　培—赔—陪
　　　　　　　　吉利—极力　叙述—序数　设置—摄制

此外还要注意,现代汉语还存在有词和不成词语素同音的,如:

井₁　能取水的深洞。　　　修₁　修理:修收音机。
井₂　形容整齐:井井有条。　修₂　长:茂林修竹。
答—达　富—馥　皮—疲

还有语素同音的,如:

乔₁　高:乔木。　　　　审₁　知道:审悉。
乔₂　假(扮):乔装。　　审₂　的确:审如其言。

附:异体词

异体词是同一个词的不同写法,不是不同的词。异体词需要整理,整理的方法一般是:1.通过废除异体字来整理,如废"弔"用"吊"(吊唁);2.选用,如选"仿佛"废"彷彿";3.分化,如"利害"有两义,一为利益损害,读 lìhài,另一义为猛烈剧烈,读 lì·hai,后义也可以写成"厉害"。可以考虑后义和后一种读法写作"厉害",前义和前一种读法写作"利害"。但异体词整理未普遍推行,下列异体词还在使用:

反照—返照　定婚—订婚　辨白—辩白　丰姿—风姿

(二) 同音词的来源及与多义词的区别

同音词的来源主要有三种情况。

1. 由于偶合而同音。语言的语音形式有限,词的数量巨大。拿北京话来说,全部音节414个,加上声调有1300多个,加上700个儿化音节,全部音节约2000个,而词的数量比音节多得多,必然会出现同音词。如"米(大米)—米(长度单位)""波澜—波兰(Poland)"。合成词是由原来的语素构成的,也会出现一定数量的同音词。如含有声母g的双音词就有下面这些同音词:

  公理—公里 功力—功利 公式—攻势 功用—公用
  归公—归功

2. 由于语音发生变化而同音。汉语的声韵系统从古到今有简化的趋势。普通话的声母、韵母比古汉语都减少了。就单音词来说(包括语素),由于音节减少,普通话同音的比古汉语多。下面几个现在读作 dì 的词,在中古是不同音的:的(端母锡韵入声)、帝(端母霁韵去声)、弟(定母荠韵上声)、地(定母至韵去声)。

3. 词义分化。多义词发展出不同意义以后,意义之间的区别可能越来越大,使人感到其间意义没有联系,而成为同音词。如"被"的本义是被子。《说文》:"被,寝衣。"由于被子是用来覆盖在身上的,所以又生出"覆盖"义。《楚辞·招魂》:"皋兰被径兮斯路渐。""覆盖"义发展出"遭遇"义,因"覆盖"包含有"接触、触及"的意思,从"遭遇"的意又发展出"表动作的被动"("被碰了"中的"被")的意思来。在现代汉语中,"被"的"被子""覆盖"和"表动作的被动"的意义,一般人已感觉不到其间的联系了。《现代汉语词典》把"被"分为三个:

  被$_1$ 指被子:棉~|夹~。
  被$_2$ 指遮盖:~覆。
  被$_3$ 用在句中表示主语是受事:那棵树~(大风)刮倒了。

其中,"被$_1$""被$_3$"是同音词,"被$_2$"是同音语素。

同音词和多义词都是一个语音形式联系多个不同的意义,区别它们的原则一般是:现时意义有联系的是多义词,现时意义没有联系的是同音词。如上面说的"被$_1$""被$_3$",虽然历史上意义有联系,但现时意义没有什么联系,就是同音词。而上面说明的多义词,其意义现时都有联系。

三、同族词

在现代汉语中,包含有同一语素的所有词组成了同族词,同族词是同一语素参加构成的所有的词。如语素"水"构成的"水坝、水笔、水兵、水彩、水草、水产、水车、水稻、水藻、水准、潮水、淡水、风水、洪水、活水、祸水、开水、口水、泉水、软水、水电站、水龙头、抽水机、落水狗、花露水、蒸馏水"等所有含有"水"的词是由"水"所构成的同族词。单音节词在古汉语中占优势,随着社会生活的发展,由于表达交际的需要,用原来的单音词作为语素构成的两个及两个以上音节的合成词逐渐增多,这样就产生了大量的同族词。

(一)同族词的组成

同族词的组成应注意下面几点:

1.不同语素构成的同族词数量相差巨大。如包含有语素"天"的同族词有"天边、天兵、天禀、天才、天车、天窗、天道、天敌、天地、天鹅、天赋、天公、天狗、天国、天空、白天、变天、参天、苍天、冲天、春天、伏天、归天、今天、蓝天、聊天、漫天、青天、暑天、西天、天花板、摩天楼"等150多个词。而语素"湍"只构成"湍急、湍流、急湍"3个词,语素"椭"只构成"椭圆、椭圆体"2个词。

2.语素的不同意义、语素的不同构词方式构成的词数量不一样。下面对"网"构成的同族词作一个分析,以见一斑。在现代语言中,"网"使用的意义有5个。《现汉》、《辞海》(修订本)(上海辞书出版社,1989年)、《常用构词字典》(中国人民大学出版社,1982年)收录的"网"的同族词有30多个。各义构成的同族词及其构词方式,可列如下:

①义 用绳线等结成的捕鱼捉鸟的器具。
构成的词:a. 并列式 网罗$_1$(捕鱼的网和捕鸟的罗) 罗网
　　　　　b. 偏正式 网兜 网纲 网目 滤网 拖网
　　　　　　　　　　围网 刺网 鱼网 渔网

②义 像网的东西。
构成的词:a. 偏正式 网巾 网篮 网膜 网屏 网球
　　　　　　　　　　网络 网状脉 电网 球网 蛛网 河网
　　　　　　　　　　水网 火网 流网 电力网 火力网
　　　　　b. 附加式 网子

③义 像网一样的组织或系统。
构成的词:a. 偏正式 法网 情网 文网
　　　　　b. 支配式 漏网

④义　用网捕捉。

构成的词:并列式　网罗$_2$(从各方面搜寻招致)

⑤义　像网似的笼罩着。

以上共列出"网"的同族词33个,其中"网"的①义、②义构词能力较强,④义仅构成1词,⑤义无构词能力。构词方式方面,偏正式有25个,占3/4强。这说明"网"在两个方面构词能力较强:一是指示一种事物,作中心语;一是指示一种情状,作修饰成分。

3．一个合成词可以同时分属于组成它的语素所属的不同的同族词。如"水笔"既属于"水"构成的同族词,也属于"笔"构成的同族词。这表现了合成词以不同的语素同词汇中众多成员发生不同联系。

4．同族词中包含一部分同素词。同素词是包含有相同的语素但出现位置不同的合成词①。如：

　　　　网罗—罗网　和平—平和　阻拦—拦阻　黄昏—昏黄

(二)同族词成员的意义关系

同族词成员之间的意义关系有不同情况：

1．同族词中存在上下位关系。上位表示的是大类,下位表示的是小类。如：

　　　　网(上位)—漉网、拖网、围网、刺网(下位)

2．同族词中有整体－部分关系。如：

　　　　网(整体)—网纲、网目、网眼(部分)

3．同族词中有同义关系。如：

　　　　网—网子—网罗—罗网

4．同族词中有反义关系。如：

　　　　长处—短处　高级—低级　上游—下游

5．同族词中有同位关系。同一大类下的地位平等、无同义反义关系的成员就属同位关系。如：

　　　　漉网　拖网　围网　刺网

---

① 有学者把同序同形的同音词也划入同素词,如"仪表$_1$—仪表$_2$、成年$_1$—成年$_2$"。

由此可见,同族词是体现现代汉语词汇构词系统和词义系统的一个重要方面。

第五节 同义词、反义词、上下位词

一、同义词

(一) 同义词的类型和来源

一般说意义相同或相近的词是同义词,从"词义"一节我们了解到,词义包含的内容并不单一。词有概念义、附属色彩,有许多词不止一个意义,词义相同或相近只可能是其中的一个义项。所以说得更确切一些,同义词除少数等义词以外,从词的关系来说,是有意义大同小异的义项的一组词;从义项的关系来说,是概念义大同小异,附属色彩、用法特点有差异的一组词。一般把同义词分为两大类型。

1. 等义词。又分为两类。

(1) 概念义、附属色彩完全相同,任何语境都可替换的同义词。如:

　　元音—母音　　　　公尺—米
　　吉他—六弦琴　　　剪刀—剪子

(2) 概念义相同,但不是任何语境都可替换的同义词。如:

　　暖壶(北方用)—热水瓶(南方用)
　　玉米—棒子(部分地区用)　水泥—洋灰(口语多用)

2. 同义词。概念义大同小异,附属色彩、用法特点有差异。如:

　　江—河　吞—咽　沉—重
　　毛病—缺点　怒吼—咆哮　表扬—表彰
　　沉寂—沉静—寂静　毁坏—破坏—损坏

同义词是在语言应用、语言发展中产生的,它的来源主要是:

1. 普通话中的词和普通话吸收的方言词构成同义词。如:

　　玉米—棒子　矮子—矬子　内行—里手　青蛙—田鸡

2. 书面语词、口语词和语体上通用的词构成同义词。如:

商贾—商人—买卖人　　致歉—道歉—赔不是
嗜好—瘾头　　　　　　单身汉—光棍儿

3. 本族语词和外来词构成同义词。如：

公共汽车—巴士　　　　汗衫—T恤
再见—拜拜　　　　　　塔—浮屠

4. 语言不断发展，新词新义和原来的词、词义构成同义关系，这是同义词产生的主要原因。例如"阻""拦"原来义近，它们在发展中构成了"阻挡、阻拦、阻止、阻挠、拦阻、拦挡"等词，这样，"阻拦—拦阻—拦挡—拦"又成了同义词，"阻挠—阻止—阻挡"也成了同义词。再如，"淡"原有一义是"冷淡、不热心"，它在发展中又产生出"淡漠、冷淡、淡然"等词，这些词成了同义词。

我国学者研究同义词有长久的历史。应该说，由于目的不同，认识水平不同，对同义词的认定是不同的。传统训诂学对同义词的确定比较宽泛。现代语言学中为指导语言应用而划定的同义词和在研究词汇系统、词义系统中确定的同义词也有差别，前者重在防止误用，后者重在说明系统差别，各有各的作用。

(二) 同义词的辨析

同义词的辨析是件很细致的工作，要分析得好，需要掌握相当的语言学知识，要具有相当的语言修养。这里只说明辨析的基本内容和方法。同义词的辨析包括从意义上辨析、从附属色彩上辨析和从用法上辨析三个方面。

1. 从意义上辨析

表事物现象的同义词表示的事物现象的特点有所不同，所指的范围有不同，有时是集合体和个体的差异。如"气候—天气"，"气候"指较大地区较长时间的气象情况(北方冬天气候干燥)，"天气"指较小地区较短时间的气象情况(北京九月的天气很好)。前一个词比后一个词指示的范围大。再如"船—船舶"，"船"指水上的主要运输工具，"船舶"是船的总称。前一个词可以用于集合体，也可用于个体(江上很多船/他有一条船)，后一个词只能用于集合体(海港码头供船舶停靠)。

表示动作行为的同义词，主要是表示的动作作为、动作行为的施事者、支配对象有差别。如"返航—返回"，"返航"指船、飞机等驶回或飞回出发的地方，"返回"指回到原来的地方。"返航"的施事者只限于船、飞机等，"返回"的施事者不仅可用于船、飞机，也可用于车、人等(连队返回了营地)。又如"领导—指导"，"领导"指率领并引导朝一定方向前进，"指导"义为指示教导。"领导"着重表示在整体上总的方面起引导作用,"指导"着重表示从理论、思想、行动上指点指教。二者的施事者可以是人(领袖、上级)、组织(党、政府),"指导"的施事者还可以是理论、方针(党的政策指导着各方面的工作)。

表性质状态的同义词表示的性状特征有不同,它们的适用对象往往有同有异。如"茂盛—旺盛","茂盛"指(植物)生长得多而苗壮,"旺盛"指生命力强,情绪高涨。这是它们表示的性状特征的不同之处。"茂盛"的适用对象一般是植物,"旺盛"既可用于植物,也可用于动物和人(精力旺盛)。

2. 从附属色彩上辨析

有些同义词概念义相同,只是附属的感情色彩、语体色彩不同。如:

老人(中性)—老骨头(贬)　战士(褒)—兵士(中性)
讽刺(中性)—挖苦(口语)　洗涤(书面语)—洗(中性)

有些同义词词义有差异,附属色彩也有差异。如"责备"(批评指责,通用于书面语和口语)和"数落"(列举过失加以指责,口语词)。

3. 从用法上辨析

(1) 结合的词语不同。词能结合的词语同词的语法性质有关,在同义词词性相同的条件下则和词义有很大关系。如"侵犯—侵占","侵犯"指侵入别国领域,"侵占"指用侵略手段占有别国领土,又指非法占有别人的财产。因此,"侵犯"常结合的支配对象是主权、领空、领海等,"侵占"常结合的支配对象是领土、土地、财产等。又如"繁荣—繁华","繁荣"指(经济或事业)蓬勃发展,"繁华"指(城镇、街市)繁荣热闹。因此,"繁荣"的修饰对象常是经济、市场等,"繁华"的修饰对象常是都市、街道等。

(2) 充当的句子成分不同。一般来说,词性相同的同义词都能充当相同的句子成分。如"懦弱—软弱",都表示不坚强、缺乏力量,都是形容词,它们都能作谓语、定语。有些词性相同的同义词,句法功能不完全相同。如"充分—充足",都有足够的意思,是形容词,它们都能充当定语、谓语。但"充分"还可以充当状语(充分利用资源),"充足"不能充当状语。

同义词的辨析是以义项为单位的,许多同义词是多义词,它们可能有一个义项相同相近而构成同义词,其余义项并不相同。如"黑"有三义:①煤的颜色,②暗,③恶毒的。"暗"有两义:①不明,②不公开的,隐藏不露的(暗杀、暗号)。"黑"的②义和"暗"的①义同义,其余意义并不相同。

二、反义词

(一) 反义词的类型

反义词是表示相反意义的一组词。如表示对立的事物现象的反义词"天堂—地狱、恩人—仇人、君子—小人",表示对立的动作行为的反义词"死—活、拥护—反对、建设—破坏",表示对立的性质状态的反义词"香—臭、高尚—卑鄙、正确—错误"。根据逻辑关系,反义词一般分为两种类型。

1. 肯定一方必否定另一方,反之亦然,没有第三种可能的反义词,如"真—假、动—静、男—女、合法—非法、出席—缺席"。

2. 肯定一方必否定另一方,否定一方不能肯定另一方,存在有第三种可能的反义词。如"黑—白、大—小、拥护—反对、上游—下游、先进—落后"。这些反义词表示对立的两个极端,意义有鲜明的对比。在它们表示的两个对立意义中间,有第三种可能。如"黑""白"之间有"黄、红、蓝……","大""小"之间有"中","拥护""反对"之间有"弃权"的情况等。

(二) 反义词的对应关系

反义词的对应关系也叫反义词的配对情况,了解这种关系对理解和运用反义词有一定的帮助。主要有下列几种情形:

1. 单义词对单义词,如"懒惰—勤奋、非法—合法、昂贵—低廉、出现—消失"。

2. 两个词的某一意义构成反义关系。如"买"只有"用钱购物"义,"卖"有"以物换钱"义,又有"背叛"义(卖国)、"尽量使出来"义(做这件事他很卖力气)。"买"只同"卖"的基本义构成反义关系,"卖"在后两个意义上同"买"不构成反义关系。又如"美"和"丑"都是多义词,"美"的"美丽、好看"的意思同"丑"的"丑陋、不好看"义构成反义关系。但"美"的"令人满意"义(日子过得挺美)、"得意"义(表扬了他几句,他就美起来了)同"丑"不构成反义关系。"丑"的"叫人厌恶或瞧不起"义(丑态、出丑)同"美"也不构成反义关系。

3. 一个词的不同义项分别同多个词的相应义项构成反义关系。如"呆板"在"死板"的意义上同"灵活"构成反义关系(这场球打得很呆板/灵活),在"动作不自然"的意义上同"自然"构成反义关系(她的表演很呆板/自然),在"不聪明、反应慢"的意义上同"机灵"构成反义关系(这孩子呆板,不如那个孩子机灵)。

4. 现代汉语同古代汉语反义词不一致。古汉语中的反义词,有许多保留在成语中。从下面例子的对比中,可以看到古代和现代反义词的不同:

古代	现代
苦尽甘来	忆苦思甜
只争朝夕	起早睡晚
去伪存真	真假难辨
推陈出新	旧的不去，新的不来

反义词是语言中反义表述的主要类型，反义表述除反义词外，还可用其他手段，如：

(1) 我们有些人的价值观念正在发生怎样的变化，原来终生追求的现在不屑一顾，原来可以株连九族的现在可以光宗耀祖，原来引以为荣的现在羞与为伍，原来躲之不及的现在趋之若鹜。

(陈祖芳《共产党人》)

(2) 今天你干这个经理，明天你下来让别人上去，是正常的。把不正常的东西变成正常的，就是改革。

(李士非《热血男儿》)

(3) 生命的泥委弃在地上，不生乔木，只生野草，这是我的罪过。

(鲁迅《野草·题辞》)

例(1)是用词组、成语(终生追求—不屑一顾、株连九族—光宗耀祖、引以为荣—羞与为伍、躲之不及—趋之若鹜)构成反义表述，例(2)是用加否定词的办法(正常—不正常)构成反义表述，例(3)是用修辞性说法，使词获得临时义("乔木"比喻宏伟的创造，"野草"比喻价值小的产品)，形成对立，构成反义表述。

三、上下位词

(一) 语言中的上下位词

上下位词是有类(大)和种(小)关系的词。"树"这个词对于"松树、柳树、杨树"来说，意义范围大，是这三个词的上位词，而这三个词对于"树"来说，意义范围小，是"树"的下位词。上下位关系是相对的，"树"这个词对于"植物"来说，意义范围小，"植物"又是"树"的上位词，"树"是"植物"的下位词。

语言中有众多的上下位关系的词。可以指出下列重要情况。

1. 严格的科学分类中的上下位词。很多学科都有对研究对象的严格的科学分类。例如植物的分类：

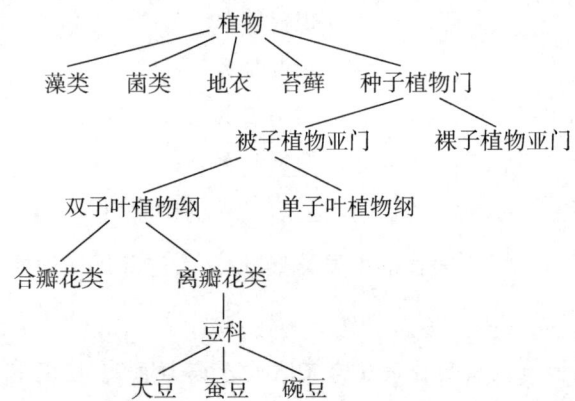

分类的名称中,"植物、藻类、地衣、苔藓、豆科、大豆、蚕豆、豌豆"等是词,"种子植物门"等是专门用语。整个分类中包含有词的上下位关系。

2.非严格的日常运用的上下位词,又可分为两种情况:

(1) 对学科中严格的分类作简缩和变通形成的上下位词。如:

$$
生物—植物—树—\begin{cases}松树\\柳树\\杨树\end{cases}
$$

又如:

$$
果子\begin{cases}浆果\begin{cases}桃\\李\\杏\end{cases}\\硬果\begin{cases}核桃\\栗子\end{cases}\end{cases}
$$

(2) 本无严格的科学分类,由习惯运用形成的上下位词。如:

$$
方法\begin{cases}\underline{烹调方法}—熬、炒、炖、红烧\\\underline{嫁接方法}—枝接、芽接\\\underline{治疗方法}—针灸、烤电、理疗\\画法—工笔、泼墨\\染法—卷染、轧染\end{cases}
$$

以上加线者为词组。这一情况最多,若以"人、器具、工具、活动、现象"等为上位词,其下位词数量是相当可观的。

3. 有多级的上下位词,有两级的上下位。科学分类中常见多级的上下位词,两级的上下位词多出现在日常运用中。多级的如上面举过的植物的分类,两级的如：

$$井\begin{cases}甜井\\苦井\end{cases} \quad 香\begin{cases}清香\\异香\\喷香\end{cases} \quad 饮\begin{cases}豪饮\\狂欢\\畅饮\end{cases}$$

4. 一个词在不同的联系上可以有不同（多个）上位词。如：

$$物—动物\begin{cases}家畜\\力畜\\役畜\\牲畜\\牲口\end{cases}马 \quad \begin{cases}动作\\行为\\行动\\运动\end{cases}跑$$

（二）上下位词的作用

在语言运用中,可以利用上下位词构成这样的表达方式：

下位词 是××××的 上位词

香蕉→ 是一种热带的水果

其中,"香蕉"对"水果"来说是下位词,"水果"对"香蕉"来说是上位词。"热带"是说明产地特征的。这种表达方式广泛用来说明解释各种事物现象,帮助人们认识下位词所表示的东西属于何种类别的事物现象（上位词表示）,有什么样的性质特征（上位词的修饰语表示）。如：

滩羊是生长在宁夏的毛质优良的绵羊。

清朝是我国最后一个封建朝代。

词典也常用这种表达方式解释词义。如：

花墙　上半段砌成镂空花样的墙。

眄视　斜着眼睛看。

词的上下位关系在构词中也有作用。可以利用表示某类事物现象的词作为词根,加上限制修饰它的语素,造出这个词的下位词。如"车—火车、汽车、大车、自行车""打—痛打、毒打、鞭打""黄—嫩黄、鹅黄、金黄"。这种构词方法是丰富词汇、使词汇更具体细致反映事物现象的重要手段。

第六节 现代汉语词汇的构成

人们对现代汉语词汇的构成有不同角度的划分,它反映了人们对词汇认识的深度和指导语言应用的需要。20世纪50年代以来,学者对词汇构成所作的划分主要是:

(一)从词在语言词汇构成的地位上所作的划分,即基本词汇、一般词汇、常用词。

(二)从词出现存在的时间上所作的划分,即古语词和新词。

(三)从词在两种最重要的交际领域的运用上所作的划分,即书面语词和口语词。

(四)从词运用的区域上所作的划分,即标准语词汇和方言词汇;从词在不同社会阶层的运用上所作的划分,即各种社会习惯语。

(五)本族语词汇和外来语词汇的划分。

这些划分,反映了人们对各种词汇的地位作用的不同认识。各种词汇在应用上也各有特点和限制。下面依次说明。

一、基本词汇、一般词汇、常用词

(一)基本词汇

基本词汇是词汇的核心部分,它长期存在,表示实际生活中必不可少的概念,为人们普遍使用,并且成为构成新词的基础。基本词汇一般包括下面这些词:

1.表示自然现象事物、人体器官的一些词,如"天、地、人、土、雨、牛、木、瓜、手、头"等。

2.表示生产资料、生活资料的一些词,如"车、船、刀、网、玉、布、丝、笔、门、窗"等。

3.表示最基本的动作行为、性质状态的一些词,如"走、飞、买、取、吃、白、高、细、香、美"等。

4. 表示时令、方位、数量、指代的一些词,如"年、月、日、东、西、上、下、一、三、我"等。

属于基本词汇的词有三个特点。第一，稳固性。它长期存在，上面引述的那些词，大多数在甲骨文、先秦古籍中就出现了。第二，普遍性。它在现代也是普遍使用的，因为它表示的都是自然界和社会的一般的事物或现象、人们在交际中使用的最重要的概念。第三，构词能力强，是构成新词的基础。例如"山"能构成"山冈、山河、山墙、山炮、冰山、火山、雪山、江山、山高水低、山穷水尽"等合成词和成语 200 多个。基本词汇中的代词、某些虚词构词能力不强。

（二）一般词汇

同基本词汇相对的是一般词汇。一般词汇数量比基本词汇大得多，有各种类别，各种来源。有从古汉语接受下来通用至今的大批传承词，有本属于古汉语词汇而在一定条件下还在现代运用的古语词，有各个时期创造的新词，有从各方言吸收来源于方言的词，有在不同学科、行业应用的术语、行业语，还有从其他民族语言中吸收的外来语词等。

基本词汇和一般词汇的界限也不是绝对不可逾越的，有些词原属基本词汇，由于社会生活和语言的发展，不再具有上面所说的特点，就不再属于基本词汇。如"君""神"在古代可以认为是属于基本词汇的，现在不再属于基本词汇了。又如"党"古代有"地方组织"义（五百家为党。《周礼·地官·大司徒》："五族为党。"）、"亲族"义（《礼记·坊记》："睦于父母之党。"郑玄注：党，犹亲也。）等，在古代它不属于基本词汇。在汉代，"党"已可指集团，是贬义。如《盐铁论·禁耕》："私门成党。"后来"党"发展成指政治党派，无贬义。这个意思成了基本义。在语言发展中，"党"构成了"党人、党羽、党祸、党禁、党员、同党、朋党、政党、入党"等词。在现代，"党"是"中国共产党"的简称，它是领导我国社会主义事业的核心力量，"党"成了人们运用的基本概念。这样，从普遍性、稳固性、构词能力三方面看，"党"已进入基本词汇。

（三）常用词

常用词是当代社会生活中最常用的词，它可以是基本词汇中的词，也可以是一般词汇中的词，它的确定完全根据词在一般书刊上运用的频率。中国文字改革委员会 1959 年制定《普通话三千常用词表（初稿）》，确定常用词为 3000 个。1979—1985 年，北京语言学院语言教学研究所、中国科学院语言研究所、邮电数据通信技术研究所等单位合作，利用计算机的帮助，完成了现代汉语词汇的统计分析，编成出版了《现代汉语频率词典》（北京语言学院出版社，1986 年），确定常用词为两个层次。第一层次 3000 个，以"的"为首，频率为 73,835 次，递降至 50 次。第二层次为 2000 个，频率从 50 次递降至 30 次。这个工作为语文教学、语言研究、中文信息处理、机器翻译等工作提供了重要的基础材料。

二、古语词和新词

(一) 古语词

古语词是古代使用过,在现代一般不再使用,只在一定场合一定条件要求下才使用的词语。古语词又分为两种:

1. 历史词语

历史词语是历史上出现过、现在不再存在,或者只是作为遗迹文物存在的事物现象的名称,也包括神话传说中的事物现象的名称。如:

鼎　　商周时期的炊器,多用青铜制成,圆形,三足,两耳。
笏　　古时大臣朝见皇帝时手中所执的狭长板子,用玉、象牙、竹片等
　　　制成,用以指画或记事。
司马　官名。春秋战国时这个官掌军政和军赋。
瑶池　古代传说中昆仑山上的地名,西王母所居。

古器物名称、古典章制度名称、古官职名称等都是历史词语。历史词语在说明历史现象、事件、文物时使用,在历史学术著作中用得多些。

2. 文言词语

文言词语是在古汉语中,特别是它的书面语中使用但现代一般场合不使用的词语。文言词语表示的事物现象或概念在今天社会生活中还存在,但现代已另有词语表示,这是它同历史词语不同的地方。

文言词语中有很多单音的,如"首"(头)、"言"(说)、"目"(眼睛)、"恭"(恭敬)、"固"(结实)等。还包括一批双音词,如"囹圄"(监狱)、"畏葸"(害怕)、"伶丁"(孤独)。还有一部分是虚词,如"之"(的)、"盖"(大概)、"均"(都)、"矧"(况且)等。

在一定场合、一定要求下使用文言词语有好的表达效果。用在贺电、唁电、重要声明中能表示庄重的感情态度,在文章中适当使用文言词语可以使文字精练生动。

(二) 新词

新词是语言中新产生的词。它用新的形式表示新的事物、新的观念。新词一般利用原来的语素,根据原有的构词方式来创造。新词出现后要经过一段时间的应用,为社会所接受,才能在语言中扎下根来。各个历史时期都会出现一批

新词。例如"红军、苏区、工贼、供给制"是中华人民共和国成立前国内革命战争时期产生的新词,"土改、三反、生产队、教研室"是中华人民共和国成立以后产生的新词。"四化、创汇、扶贫、铁饭碗、万元户"等是改革开放以后出现的新词;改革开放以后科技新词出现得更多,如"电脑、硬件、磁盘、鼠标、多媒体、互联网"等。

词在运用中产生新义不算出现新词。例如"起飞",原有"(飞机)开始飞行"的意思,现在有了"比喻事业开始飞速发展"的意义(如说"经济开始起飞")。这是"起飞"产生了新义,但"起飞"不是新词。

生造词不同于新词。生造词是任意改变原有词的形式或随意造出来的词。例如把"简明""扼要"简缩为"简扼",把"解除""免职"压缩成"解免",这是任意改变原有词的形式;把"太阳照射"说成"太阳照晒",把"盼(或等)了一天"说成"盼等了一天","照晒""盼等"都是随意造出来的词。生造词要加以规范,以维护语言的纯洁和健康。

三、口语词汇和书面语词汇

语言中有许多词通用于书面语和口语,如"山、水、火、人、生产、读书、跑、跳、长、短"等。但语言发展中出现了口语词汇和书面语词汇有明显差别的现象,有一些常用于口语(口说),有一部分多用于写作(供阅读)。它们有的有对应关系[①],如"道歉(书)—赔不是(口)、讥诮(书)—挖苦(口)"。有的无对应关系,却可以找到一个通用于书面语和口语的词作为它的对应物,如"料峭(书)—微寒(通用)、空当(口)—空隙(通用)"。有一些不仅二者无对应关系,也无通用于书面语、口语的词同其对应,如"阑干(书)"义为"纵横交错,参差错落","老好人(口)"义为"随声附和的人"。

口语词是人民群众生活工作中最习用的部分,为大众所熟悉,显得亲切,又有丰富生动的表述,除口头运用外,通讯、文学作品多用口语词。书面语词运用有不同的情况。有一部分为了简明和获得特定的修辞效果,在一定的文体中运用,如公文用语"呈报、事由、审阅、批复"等,外交用语"谨、致、致意、拜会、奉告"等。有一部分是政治、经济、学术用语,为说明政治经济问题、学术问题所必需,如"自治、舆论、抽象劳动、剩余价值、存在、同一性、旋律、形象性"等。有一批历代文学创作积累下来的词语,为文艺描写所必需,如"风景优美、清澄的湖水、变

---

① 参看第二章第三节"三、词的附属色彩"。

化奇幻、绚丽多彩的景象"。

四、标准语词汇、方言词、社会习惯语

（一）标准语词汇和方言词

标准语指一个民族的共同语,就汉语来说,就是指普通话。它以北京语音为标准音,以北方话为基础方言,以典范的现代白话文著作为语法规范。方言词有时指同普通话不同的各方言地区的方言词汇,有时又指为普通话吸收的源自方言的词,在一定的上下文中可以区分这两个意思。

普通话词汇和方言词汇的不同,主要表现是：

1.意义相同,说法不同(构成词的语素不同,反映在书写上是字不同,语音不同是显然的)。如普通话的"公牛",济南叫"犍子",西安叫"犍牛",苏州叫"雄牛",梅县叫"牛牯";普通话的"勤快",苏州说"勤力",厦门说"骨力",福州说"伶落"。

2.同一个词(构成的语素相同,书面形式相同),含义不同。如普通话的"饺子",武汉、双峰、梅县、潮州既可以指饺子,也可以指馄饨;"箫"福州指的是笛子,"笛"福州指的是箫。

3.方言有不少自己特有的词语。如吴方言把挨骂叫"吃排头",把洗脸水叫"面汤";粤语把聪明的女孩叫"精女",把漂亮的小伙子叫"靓仔"。

普通话以北方话为基础方言,也吸收其他方言中一些有用的、有表现力的词,这些词就进入普通话的词汇系统。如：

  把戏 货色 瘪三 尴尬 （从吴方言吸收）
  晓得 名堂 耗子 搞 （从西南官话吸收）
  冰激凌 雪糕 生猛 （从粤方言吸收）

（二）社会习惯语

社会习惯语指各种社会集团、职业集团内部使用的词语。其中既有词,也有专门用语[①]。又有术语、行业语、隐语之分。

1.术语 指各学科运用的专业术语。如：

  数学术语 立方 平方 微分 分数 质数
  物理术语 力矩 共振 比热 伏特 赫兹
  哲学术语 物质 存在 唯心论 辩证法 同一性

[①] 参看第二章第一节"二、固定语"部分。

语言学术语　音位　音调　主语　动词　复句

2.行业语(行话)　社会中某一职业集团(即行)所用的词语。它表示有关某行业的特殊的事物现象。如：

商业用语　盈利　盘货　推销　亏损　税率
交通用语　吨位　超载　晚点　调度　航空港
戏曲用语　脸谱　髯口　花旦　小生　西皮

3.隐语　社会秘密集团内部成员间使用的特殊词语。如：

大麻子得到了座山雕的眼色，突然，他像恶狼咬人一样一声吼叫："<u>天王盖地虎！</u>"(土匪黑话，意为"你好大的胆，敢来气你祖宗"。)

杨子荣懂得这句话，迅速反转回身，把右襟一翻，答道："<u>宝塔镇河妖。</u>"(土匪黑话，意为"要是那样，叫我从山上摔死，掉河里淹死"。)

(电影文学剧本《林海雪原》，曲波原著，刘沛然等改编)

术语和行业语有一部分在应用中会逐渐成为社会习用词语。如：

数学的　平行　倍数　平均　百分比
医学的　流产　近视　解剖　动手术
文艺的　上台　镜头　脸谱　腔调

这些词语成为社会习用词语后，有一部分既有术语义又有普通义。如：

近视　〈医〉视力缺陷的一种，能看清近处的东西，看不清远处的东西。比喻眼光短浅。

亮相　〈艺〉人物在舞台上由动的身段变为短时的静止姿势。比喻公开表示态度，亮明观点。

各学科的术语有一部分往往不统一。例如语言学中的"前缀—前附加成分—词头、后缀—后附加成分—词尾"，计算机科学中的"计算机—电脑—电算机、软件—软品—柔品、硬件—硬体—刚品"。"电梯"又称"升降机"，"激光"又称"镭射""莱塞"，科技术语的歧异是常见的。这要求进行术语的统一和规范。这个工作要由研究机关编制名词术语表，经过认真讨论研究，逐步达到规范和统一。20世纪80年代以来，我国术语学工作有了新的发展。国家设立了全国术语标准化技术委员会，积极开展各类专业术语的制定工作，已制定术语国家标准数百项。这方面的情况在本书第四章"现代汉语词汇的专题研究"第二节"术语问题"中有详细说明。

五、本族语词汇和外来词

本民族语言的词汇叫本族语词汇。从外国语言和本国其他民族语言中连音带义吸收来的词叫外来词。外来词也叫借词。

汉族人民在同国内其他民族和外国交往中吸收了不少其他民族语言的词语。这从汉代就开始了。例如"骆驼、琵琶、胭脂"是匈奴借词,"葡萄、琉璃、苜宿"是西域借词,"佛、刹那"是梵语佛教借词。从少族民族吸收的外来词如"站、戈壁"(蒙古语借词),"阿訇、冬不拉"(维吾尔语借词),"喇嘛、糌粑"(藏语借词)。近代和现代从欧美和日本吸收了相当数量的外来词。

汉语吸收其他语言词语的另一种做法是意译。意译词是根据原词的意义,用汉语自己的词汇材料和构词方法创造的新词。这种词也叫译词,译词只用其义,不用其音。意译词不属于外来词,如"民主、科学、电话、计算机、生产关系、经济危机"等等。

外来词主要有三种形式。

(一) 译音

如"哈达、戈壁、胡同、海洛因、巧克力、迪斯科"。这些词在译音时按汉语的语音特点对原词的语音形式作了改造。例如外语词的音节原来没有声调,音译词每个音节都有了声调。音节数量也有改变,例如"吉普"(jeep),原词是一个音节,音译词是两个音节。"布尔什维克"(большевик)原词是三个音节,音译词是五个音节。还有其他方面的调整。因此,音译词只是近似于原词的发音。

(二) 译音赋义

如"基因、绷带、维他命、乌托邦、可口可乐"。这些词声音同原词接近,各个音节也有意义,是人们赋予的同原词意义相关、多少有些联系的意义。如"基因"(gene)原词指生物体遗传的基本单位,存在于细胞的染色体上。"基因"发音既同原词近似,而"基"有基础义,"因"有原因义,同原词义也有关。再如"乌托邦"(Utopia),原词指理想中最美好的社会,是空想社会主义者理想中不能实现的幸福社会,后来泛指不能实现的理想、计划等。"乌托邦"同原词发音相近,"乌"义为无,"托"有寄托义,"邦"指地方、区域,这些音节也表示出同原词义有联系的意义。

(三) 半译音半译义

如"啤酒、卡车、乔其纱、卡宾枪、马克思主义"。这些词前一半是译音,如"啤酒"(beer)的"啤"、"卡车"(car)的"卡"、"马克思主义"(Marxism)的"马克思"。后一部分或是说明原词表示的事物的类,如"啤酒"的"酒"、"卡车"的"车",或是意译原词后一部分的意义,如"马克思主义"的"主义"。

近年来,西文字母加汉语语素组成的外来词语增加了。早期的"X光、X射线"就是这种形式的词语。这以科技方面的词语为多。后来出现的如"B超、BP机、CD盘、N型半导体"等。这类词语西文字母按西文发音,大多是西文的缩略语。它的意义要通过了解它表示的西文词语的意义才能了解。如"BP机"之"BP"为英语 beeper 的缩写,指发哔哔信号的装置;"CD盘"之"CD"为英语 compact disc 的缩写,指紧密(因用激光刻划信号,使有紧密刻痕)的盘。

汉语的日语借词是另一种情况。日语用汉语原来的词或语素去意译欧美的科学术语、一般用语,或记录日语词,有一部分为汉语所吸收,如"客观、团体、课程、广告、过渡、劳动、组织、场合、立场"等。这些词在汉语中只用其义,而按汉语的发音来读。

近代以来,汉语从欧美吸收的不少外来词逐渐为意译词所代替,如"德谟克拉西"换成了"民主","赛因斯"改成了"科学","德律风"为"电话"所代替。这是因为汉语的词音节较短,大部分是双音节,音译词大多是多音节词,不合汉语习惯;汉语用的是表意文字,人们习惯于文字本身多少表示一点意义,音译词不合这个要求。也有不少音译词广泛使用,保存了下来,如"逻辑、吉他、幽默、白兰地、歇斯底里"。吸收外来词应有利于语言的纯洁健康,目前有一种放弃沿用已久的意译词,不用本族词语而改用外来词的倾向,如不说"公共汽车",说"巴士",不说"聚会",说"派对",不说"好""棒",说"酷"。词汇规范工作对此应加以适当的引导。

六、对词群的其他划分

除以上说明的对词汇所作的划分外,人们还根据应用的需要按不同的标准把词汇分成不同的词群、系列、层次。主要有下面几种情况。

(一) 非语义词群

1.按拼音方案字母次序(a、ai、an 等)分的词群。如:

　　　　ba　八　巴　扒　疤　拔　跋　把　靶　霸

以及以它们为头一个语素构成的大批多音词等。按音序排列的词典,就是用这个办法编排词和语素的。

2.按韵分的词群。如：

qi 妻 夫妻 贤妻 荆妻 寡妻 梅妻 糟糠妻
凄 悲凄 惨凄 愁凄 凄凄
栖 幽栖 两栖 林栖 岩栖
欺 诈欺 不欺 相欺 可欺 自欺

韵书就是用这个办法编排词、词语、语素的。

3.按出现的频率分的词群。例如《普通话三千常用词表(初稿)》(文字改革出版社,1959年)把最常用的各类词汇集在一起,下引动词中"1.五官(眼、耳、鼻、口、舌)和头部的动作"收入的词：

看=瞧 见 看见 望 眨眼 参观 听 听见 听说 闻 呼吸
吃 吃饭 喝 吞 咽 嚼 咬 啃 吐 呕吐 喷 吸 抽 吹 舔
尝 亲 接吻 仰 点头 回头 磕头

(二) 语法词群

1.按词的结构类型划分的词群。如单纯词、合成词,合成词中的陈述、支配、补充、并列、附加等结构的词。(例词略)

2.按词类分的词群。如名词、动词、形容词,大类下还可有次类。(例词略)

(三) 主题词群

主题词群指意义上有共同的关系对象、关系范围的词组成的一个词群。下面是两个词群中部分词的举例。

表亲属关系的词群：

曾祖父 老爷爷 太公
曾祖母 老奶奶 太婆
祖父 爷爷
祖母 奶奶
外祖父 外公 姥爷
外祖母 外婆 姥姥
父亲 父 爸 爸爸 爹 老子 老爹 老爸
母亲 母 妈 妈妈 娘 老娘 老娘 老妈
丈夫 爱人 孩子他爹(爸) 老公 先生 老头子 老伴
妻子 爱人 孩子他娘(妈) 老婆 太太 夫人 屋里人

内人

表白颜色的词群：

白　白色　雪白　洁白　苍白　花白　鱼白　鱼肚白　银白

白皑皑　白净净　白光光　白亮亮　白花花　白晃晃　白茫茫

白生生　白森森　白蒙蒙　白不呲咧

20世纪70年代以后,西方词汇场、语义场理论逐渐为我国学者所了解,并应用于汉语的研究,从揭示词汇系统、词义系统的角度来研究词汇的构成,取得了一定成绩。这个内容我们在本书第六章"现代汉语词汇学发展的展望"第一节"同现代语义学相结合"部分中说明。

第七节　熟　语

熟语包括成语、谚语、歇后语、惯用语等,是汉语词汇的重要组成部分。熟语构造比词复杂,一般有词组或句子的结构;它们的格式和构成成分比较固定;它们的意义往往有整体性。我国先前把这些广为流传、言简意赅的词语叫谚语、俗语、鄙语、俚语等。用"熟语"来统称这些词语,是1949年以后的事。20世纪80年代以来,熟语的这种用法才为较多的学者所接受。

一、成语

成语是熟语中最主要的一种,形式简洁而意思精练,一般来自古代书面语言。汉语成语多数由四字组成,如"襟怀坦白、德才兼备、短兵相接、守株待兔、异想天开、弄巧成拙"等。也有一部分成语多于四字,如"既来之,则安之""树欲静而风不止""醉翁之意不在酒"等。多数成语成为四音节,有一个逐渐发展的过程。这同汉语双音节化有关,双音同双音结合,是汉语的一个重要节奏倾向,绝大多数成语都用了这种节奏。

(一)成语的来源

一般认为成语主要有三个来源：

1.来自古代书面作品的成句。如"流芳百世"语出刘义庆《世说新语·尤悔》："既不能流芳百世,亦不足复遗臭万载耶？""抱头鼠窜"来自《汉书·蒯通传》："常山王奉(捧)头鼠窜,以归汉王。"后人把"奉(捧)"字改为"抱"字,成语义为抱着头像老鼠乱窜一样逃跑。

2.成语是历史故事、古代寓言的概括。如"四面楚歌",据《史记·项羽本纪》记述,楚霸王项羽被刘邦围困在垓下,"但闻汉军四面楚歌",大为惊骇,以为汉军已攻占楚国,汉军中楚人才那么多。"四面楚歌"就成为这段历史故事的概括。后来用这个成语比喻四面受敌、孤立无援的处境。

"自相矛盾"来自《韩非子·难一》所写的一个寓言。这个寓言说,有一个卖盾和矛的人,夸他的盾非常结实,什么东西也刺不破,又夸他的矛非常锐利,什么东西都能刺穿。旁边有人问他:用你的矛刺你的盾怎么样?他回答不出来。"自相矛盾"成为这个寓言故事的概括,用来比喻语言行动前后自相抵触。

3.有一部分成语来自古白话写的语录和文艺作品。如"正大光明"语出《朱子语类》卷第八十一:"大雅非圣贤不能为,其间平易明白,正大光明。"后人用"正大光明"这个成语指办事理由正当,态度光明磊落。

"见景生情"语出宫大用《严子陵垂钓七星滩》杂剧第四折:"不由我见景生情,睹物伤怀。""见景生情"这个成语指由目前事物生出某种感情或联想。

中华人民共和国成立以后也出现了一些新成语,如"百花齐放、自力更生、古为今用"等。

(二)成语的结构

成语有多种多样的结构,有不少成语保留了古汉语的句法特点。成语的结构类型主要有:

1.主谓结构　奇文共赏　襟怀坦白　夸父逐日　呆若木鸡
2.述宾结构　横扫千军　步人后尘　别具匠心　异想天开
3.述补结构　重于泰山　逍遥法外　毁于一旦　问道于盲
4.兼语结构　引狼入室　请君入瓮　指鹿为马　令人生畏
5.偏正结构　世外桃源　丧家之犬　扶摇直上　侃侃而谈
6.并列结构

(1)两部分并列。从两部分的意义关系上又分以下几种。

A.重复　两部分意义基本一样,实际是一种重复性的强调:

欢天喜地　招兵买马　群策群力　郁郁葱葱

B.对比　两部分意义相对相反:

千钧一发　志大才疏　阳奉阴违　七上八下

C. 承接　后部分承接前部分而来,有时间的连续性:

　　落井下石　先礼后兵　水到渠成　过河拆桥

D. 目的　前一部分表示一种行为,后一部分表示行为的目的:

　　杀一儆百　守株待兔　削足适履　取长补短

E. 因果　一般是前一部分表示原因,后一部分表示结果:

　　曲高和寡　水滴石穿　药到病除　风吹草动

(2)四个构成成分并列。

　生老病死　青红皂白　麟凤龟龙　魑魅魍魉

(三)成语的意义

分析理解成语的意义要注意两个方面,一是成语各个构成成分的意义,一是成语的整体义,下面分别说明。

1.成语各个构成成分的意义,有两种情况。

(1)构成成分的意义在现代汉语中是常用义。如"古为今用、说长道短、粗心大意、目中无人"。

(2)有的构成成分是生僻的古义。如"恬不知耻"中的"恬"义为"安然","脱颖而出"中的"颖"指"(锥子的)尖儿","无稽之谈"中的"稽"义为"考查","旅进旅退"中的"旅"义为"共同"。

理解了成语各个构成成分的意义,有助于理解成语的整体义。

2.成语的整体义主要有三种情况。

(1) 构成成分意义的组合是成语的整体义。如"十全十美、一技之长、无价之宝、既往不咎"。

(2) 比喻义是成语的整体义。如"水落石出",苏轼《后赤壁赋》"山高月小,水落石出"写的是自然景色,后来用"水落石出"比喻除去迷障后真相完全暴露。"井底之蛙",《庄子·秋水》"井蛙不可以语于海者,拘于虚也",是说井底的青蛙局限于居住的地方,不可能同它谈论大海,后来就用"井底之蛙"比喻见识短浅的人。

(3) 成语的整体义是约定俗成的,要弄清来源和用法后才能清楚。如"韦编三绝",《史记·孔子世家》"孔子晚而喜读《易》。……读《易》,韦编三绝",是说孔子反复读《易》,使编联的皮绳断了好几次,后来就用这个成语形容勤奋读书。

"箪食壶浆",《孟子·梁惠王下》"箪食壶浆,以迎王师",孟子说的是用箪(圆形竹器)盛食物,用壶装了米汤去欢迎君王正义的军队,后来就用"箪食壶浆"表示犒劳欢迎军队。

成语或形象鲜明,或生动精练,有很强的表达作用,在写作和日常谈话中应学会善用成语表情达意。

二、谚语

谚语指多年流传、表达一定意义的简练而形象的语句,不少谚语是社会斗争经验或生产知识的总结。

(一)谚语的类型

谚语根据内容分类,主要有以下几种。

1. 农谚　　总结农业生产经验的谚语。如:

  麦子胎里富,种子六成收

  桃三杏四李五年

  深栽茄子浅栽葱

  旱耪田,涝浇园

2. 气象谚　　总结气候变化规律的谚语。如:

  燕子高飞晴天告,燕子低飞雨天报

  春天孩儿面,一日变三变

  清明断雪,谷雨断霜(北方用)

  黄梅无雨半年荒(长江以南用)

3. 讽颂谚　　歌颂光明正义或揭露黑暗丑恶的谚语。如:

  红军到,百姓笑

  吃水不忘打井人,翻身不忘共产党

  富人四季穿衣,穷人衣穿四季

  黑心做财主,杀心做皇帝

4. 规诫谚　　在为人办事方面提出劝告或警诫的谚语。如:

  活到老,学到老

  交人交心,浇花浇根

众人拾柴火焰高

磨刀不误砍柴工

5. 风土谚　概括地方风土景物特点或特产的谚语。如：

天无三日晴，地无三尺平（形容贵州旧时的自然环境）

苏州不断菜，杭州不断笋

东北有三宝，人参、貂皮、乌拉草

吐鲁番的葡萄哈密的瓜，库车的羊羔一枝花

6. 生活常识谚　总结衣食住行知识的谚语。如：

衣不差寸，鞋不差分

坐北朝阳，冬暖夏凉

伤筋动骨一百天

饭后百步走，活到九十九

7. 修辞谚　不表示知识经验，而是形象生动地表示某种感受意义的谚语。如：

雷声大雨点小

眉头一皱，计上心来

这山望着那山高

横挑鼻子竖挑眼

我国是个多民族的国家，各民族的谚语不少取材于有民族特色的事物，带有鲜明的民族特色。如：

绵羊渡过的河水，恶狼也要舔一舔（蒙古族）

红糖好吃不耐久，糌粑不甜能充饥（藏族）

好话要说在点子上，烤肉要穿在签子上（维吾尔族）

（二）谚语的结构

谚语一般都有句子的结构，主要结构可以分析如下：

1. 单句

无主句：不到水边不脱鞋

有理不在言高

主谓句：春雨贵如油

船到江心补漏迟

2.复句

并列句：尺有所短,寸有所长
　　　　金无足赤,人无完人

选择句：宁吃鲜桃一口,不吃烂杏一筐
　　　　与其病后求医,不如病前早防

条件句：小洞不补,大洞叫苦
　　　　只要功夫深,铁棒磨成针

因果句：笑口常开,青春常在
　　　　冬耕深一寸,春天省堆粪

转折句：心如天高,命如纸薄
　　　　竹竿虽长,空心无瓤

（三）谚语和成语的区别

谚语和成语都是定型的精练的词语,它们的区别表现在两方面。

第一,成语书面性强,谚语口语性强。例如"饮水思源"是成语,"喝水不忘挖井人"是谚语；"见异思迁"是成语,"一山望着一山高"是谚语；并举的成语和谚语意思基本相同,但成语多用书面上出现的文言词语,谚语则是通俗明白口语常说的现代词语。

第二,成语比谚语更定型化。成语的构成成分和格式一般不能变动,谚语的构成成分和格式有不少是可以变动的。如成语"孤掌难鸣"不能变动,谚语"一个巴掌拍不响"可以改说成"一个巴掌不响""一只手拍不响"等。

汉语谚语非常丰富,它生动形象,广泛用于记述说明。谚语还常用作说理的根据,证明某种意见的正确。

三、歇后语

歇后语[①]是一种短小、风趣、形象的语句,由前后两部分构成。歇后语前半一般是形象的表述,后半解释这一形象表述的含义,同时用比喻或双关的手法,表示其实际意义,有时,后半的解释直接表示这个歇后语的含义。可以用下表解释其间的关系：

[①] 关于歇后语得名之由,学界有不同意见。一般认为是歇后语有时只说前半,后半略去。但有学者作过统计,歇后语后说出的占绝大多数。有学者认为歇后语在说的时候,前后两部分之间有较长的停顿,是其取名为歇后的原因。

前半	后半		实际意义
(形象的表述)	(对形象表述的说明解释)		
瞎子点灯	白费蜡	比喻	白费功夫
一条绳拴俩蚂蚱	谁也跑不了	比喻	当事人不能幸免
墙上挂门帘	没门儿	双关	没有门路、办法
四两棉花	弹不上	双关	谈不上
大海捞针	无处寻		无处寻
诸葛亮皱眉头	计上心来		计上心来

好的歇后语要注意挑选构成形象表述的材料,并使对形象表述的说明解释能巧妙地表达一种含义。常用的构成歇后语的材料有:

(一) 日常习见的事物现象

芝麻开花——节节高

闺女穿娘的鞋——老样子

聋子的耳朵——摆设

秋后的蚂蚱——蹦跶不了几天

(二) 历史故事、传说

刘备借荆州——有借无还

董卓进京——不怀好意

司马昭之心——路人皆知

姜太公钓鱼——愿者上钩

(三) 虚构形象

猪鼻子插葱——装象

茶壶里煮饺子——肚里有倒不出来

床下放风筝——飞不高

阎王爷贴告示——鬼话连篇

歇后语形象风趣,文艺创作和人民大众口语中都常常运用。有些歇后语意思不大明确,内容不大健康,运用时要分析挑选。

四、惯用语

惯用语包括的范围学者认识不尽一致。一般认为,惯用语是一种表达习惯

含义的固定词组。惯用语以三字的居多,以述宾结构的居多,也有其他结构的惯用语。如:

  述宾结构 唱双簧 戴高帽 和稀泥 踢皮球 走后门
  偏正结构 空架子 风凉话 定心丸 马蜂窝 冷板凳
  主谓结构 鬼画符 翅膀硬 肝火旺 脸皮厚 驴打滚
  并列结构 一五一十 锅碗瓢盆

也有多于三字的惯用语,如上并列结构中的两个,再如"吃后悔药、捏一把汗、金字招牌、十万八千里"。

  在运用中,三字述宾结构惯用语的述宾之间可以插入词语,也可以颠倒其中成分的次序,但它表达的习惯意义不受影响。如"吃老本"可以说成"吃惯了老本了"或"有多少老本可吃?","吃老本"仍表达它的习惯意义:凭过去的功劳成绩取得好处。这显示了惯用语形式上的灵活性。

  惯用语形象精练,运用灵活,应用也很广泛。

第八节 词 典

  研究词典、词典编纂的是词典学,它同词汇学关系密切,历来在词汇学中有其基本内容的一般性介绍。词典编纂的内容一般包含:词典的类型、释义、选词、注音、引例、编排等。以下对这些方面的内容作一简要的说明。

一、词典的类型

  一般把词典分为两大类型,一是百科辞典,一是语文词典。它们都各有不同的类别。

  百科辞典一般分为综合性百科辞典和专科性百科辞典。

(一)综合性百科辞典

  也称百科全书。百科全书收录和解释自然科学、社会科学各学科的术语、词语,说明有关的专业知识。它的特点是:学科的系统性、条目的综合性、资料和数据的准确性,并有多种检索手段,卷帙浩繁。我国明代永乐年间编成的《永乐大典》(1403—1409)被认为是世界上第一部综合性百科辞典。现代意义的百科全书是1728年英国出版的两卷本《钱伯斯百科全书》。我国最早的现代意义的百科全书据认为是《时务通考》(1897)和《时务通考续编》(1901)。国外著名的百科全书有《不列颠百科全书》(1768年创编)和《苏联大百科全书》(1926年开始出版),都各有30卷。我国于1978—1993年编成出版《中国大百科全书》,共74卷。

(二) 专科性百科辞典

也叫学科百科辞典。这种辞典收集解释某一学科或数个学科的专门用语,如学说学派、名词术语、名人名著、古今地名等。下面是我国学者编成的有影响的一些专科性百科辞典。

《植物学大辞典》 杜亚泉、黄以仁等编,商务印书馆1918年出版。收词目近6000条,附图1000余幅。

《佛学大辞典》 丁福保编著,上海医学书局1929年出版,1984年文物出版社出影印本。收入与佛学有关的词语3万余条。

《法学词典》 中国社会科学院法学研究所编,上海辞书出版社1980年初版,1989年出增订第三版。收词目4500余条。

《中国人名辞典》 本书编辑委员会编,外文出版社和上海辞书出版社合作出版。分上下两卷,上卷收历史人物15,000余人,下卷收在世人物18,000人。上卷1989年出版。

《中国历史地名辞典》 复旦大学历史地理研究所该词典编委会编,江西教育出版社1986年出版。收中国历史地名3万余条。

语文词典是收集解释说明语言词语的词典。它说明词语的读音、书写形式、意义、语法特点、来源等。又有单语词典(解释一种语言的词典)和双语词典(用一种语言解释另一种语言的词典)之分。下面主要说明单语词典。

1. 现代词典 收集解释现代语言词语的词典。如《国语辞典》(中国大辞典编纂处编纂,1945年出齐)、《现代汉语词典》(中国社会科学院语言研究所词典编辑室编,1978年出版,1996年出修订本)。

2. 历史、词源词典 说明词语来源发展的词典。如修订本《辞源》(1979—1983年出齐)、《汉语大字典》(1986—1990年出齐)、《汉语大词典》(1986—1994年出齐)。

3. 方言词典 收集解释汉语各地方言词语的词典,如《汉语方言词汇》(北京大学中国语言文学系语言学教研室编,1964年出版,1995年出第二版)、《现代汉语方言大词典》(李荣主编,共41分卷。1998年出齐)。

4. 同韵词典 将词语按韵部同异编排的词典。如《中华新韵》(中国大辞典编纂处编纂,1941年)、《诗韵新编》(中华书局,1965年)。

5. **熟语词典** 包括成语、谚语、歇后语、惯用语词典等,收集各类熟语,说明各个熟语的意义、来源等。如《汉语成语词典》(甘肃师范大学中文系《汉语成语词典》编写组编,1978年出版,1986出增订本)、《汉语成语大词典》(上海辞书出版社,1987年)、《汉语谚语词典》(江苏人民出版社,1981年)、《歇后语词典》(北京出版社,1984年)、《汉语惯用语词典》(外语教学与研究出版社,1985年)。

此外,现代词典中还有用法词典、同义词典、反义词典、类属词典、频率词典等,它们服务于不同的应用目的。本书第五章"现代汉语词汇学和现代汉语词典"中有进一步的说明。

汉语还有所谓字典。字典以字为单位,不以词为单位。字典解释汉字的形体、读音、意义等。在古代汉语中,单音节词占大多数,字典也起到词典的作用;在现代汉语中,多音节词占大多数,字典也能起到解释语素的作用。我国古代著名的字典有东汉许慎《说文解字》、明梅膺祚《字汇》、清《康熙字典》,近代编的有《中华大字典》。中华人民共和国成立以后编成的《新华字典》(新华辞书社编,人民教育出版社1953年出版,多次修订)虽然也叫字典,但收入了不少多音节的词,已突破了字典的局限。

二、词典的释义

词典要对收入的词语意义作出解释。释义恰当、科学是词典质量好的重要表现。词的释义同词汇学关系密切,释义的方法很多,下面说明常见的释义方法。

(一) 用同义词、近义词

1. 用一个词来解释另一个词。如:

卬　我。
舛　下垂。

以上二例是用今语释古语。

屋里　〈方〉妻子。
罗汉豆　〈方〉蚕豆。

以上二例是用普通话释方言。

企慕　仰慕。
凭证　证据。

以上二例是用同义词解释普通话中的词,这样做的时候要用人们熟悉的词来解释人们不熟悉的词。

2.分别解释语素的意义。如:

  卫护 捍卫保护。(其中,"捍卫"解释"卫","保护"解释"护",下同。)
  要件 重要的文件。
  礼成 仪式结束。
  受贿 接受贿赂。

(二)用反义词的否定式或有关词语的否定式

  舒展 不卷缩;不皱。
  潦草 (字)不工整。
  拉杂 没有条理。
  沉默 不说话。

"舒展""潦草"释义是用它们反义词的否定式,"拉杂""沉默"释义用的是有关词语的否定式。

(三)定义式释义

用有逻辑学上所讲的定义形式的释义。它的构成是"种=种差+类",其中"种"是被解释的词,"种差+类"是解释词语,"种"属于"类",是"类"的一部分,"种差"说明"种"具有的特征。如:

  矿工 开矿的工人。
  靴子 帮子略呈筒状高到踝子骨以上的鞋。
  书评 评论或介绍书刊的文章。
  校规 学校规定的学生必须遵守的规则。

(四)具体说明词所表示的动作行为或性状特征

  抹 用手指顺着抹过去,使物体顺溜或干净。
  摸 用手接触(物体)或接触后轻轻移动。
  舒服 身体或精神上感到轻松愉快。
  狂妄 极端的自高自大。

(五)用"形容……""……的样子"等词语来帮助说明描写

  冷森森 形容冷气逼人。
  悠扬 形容声音时高时低而和谐。
  懒洋洋 没精打采的样子。

茫然　　完全不知道的样子。

（六）指明比喻义

这个方式专门用来解释比喻义,形式为"比喻……"。如：

　　靠山　　比喻可以依靠的力量。
　　两面光　比喻两方面讨好。

词语意义的解释要求正确、明白和简练。

释义正确指解释要合乎事实、合乎科学。例如"照会"，有的旧词典解释为"通知的公文"，不准确。《现汉》解释为："①外交用语。指一国政府把自己对于彼此有关的某一事件的意见通知另一国政府。②上述性质的外交公文。"这个解释又准确又全面。又如"哈达"，有的旧词典解释为"蒙古人用来敬佛和送礼的薄绢"，也不够确切。《现汉》解释为："藏族和部分蒙古族人表示敬意和祝贺用的长条丝巾和纱布。"添上使用哈达的最主要的民族藏族，又说明了它的形状和质料，要确切得多。

释义明白指的是解释词语要通俗易懂，不用生僻的词语。有本旧词典把"嫁"的一个意义解释为"推诿"，把"考"的一个意义解释为"稽查"，解释词语中出现的语素"诿""稽"比被解释的词还难懂。《现汉》把前者解释为"转移（罪名、损失、负担等）"，把后者解释为"考查"，既确切，又好懂。

释义简练指的是措词简明扼要，没有多余的词语。有本旧词典把"望风"释为"盗贼入人家盗窃时，留一人在门口探望外界的动静"，比较《现汉》的解释"给正在进行秘密活动的人观察动静"，旧的释义语句啰嗦累赘，内容也不够确切。

释义又有语文性释义和百科性释义之分。语文性释义只对词语意义作简括的说明，百科性释义则对词语表示的事物现象的各种特点作比较详细的说明。例如：

　　马　　动物，四肢强健，有蹄善跑。是供拉车、耕地、乘骑用的家畜。皮可制革。（《新编小学生字典》[修订本]，人民教育出版社，1992年）
　　马　　家畜名。学名 Equns caballus。哺乳纲，马科。草食役用家畜，耳小直立，面长。额、颈上缘、鬣甲及尾有长毛。四肢强健，内侧有附蝉，第三趾最发达，趾端为蹄，其余各趾退化。毛色复杂，有骝、栗、青、黑等。性温驯而敏捷。多在春夏发情，性周期21—22天，发情持续3—7天。3—4岁开始配种，妊娠期11个月，每胎产驹一头。寿命约30年。广布于世界各国，我国主要分布在东北、西北和西南地区。有

重挽、轻挽和骑乘三型,亦可兼作驮、乳等用。(《辞海》1989年版)

对"马"一词的解释,《新编小学生字典》限于篇幅和读者的理解能力,只说它是"动物""家畜",它的主要特征是"四肢强健""善跑""供拉车、耕地、乘骑用"等。这是简括地说明词的概念内容,属语文性释义。《辞海》是大型的语文兼百科的辞典,对"马"的解释是百科性的释义。它详细地描写了马的外貌特征(耳小直立……有骝、栗、青、黑等),说明它的性情(温驯而敏捷),说明它的发育、生殖情况(多在春夏发情……寿命约30年),分布地区(广布于世界各国……),功用(有重挽……驮、乳等用),还说明了它的学名和生物学分类(哺乳纲,马科)。在日常运用和语文教学中,语文性释义用得较多。百科性释义能提供丰富的知识,学术性的说明中常用。

三、词典编纂的其他问题

(一) 选词

词典选什么词、收多少词要根据所编词典的性质任务。以中型的现代汉语词典为例,它选词"以现代的普通话的词汇为主,文言词、方言词以及外来语的词看它和普通话的关系如何而决定选取与否"。① 所选收的"以词为主","兼收构词能力很强的词素,以及非词而经常使用的成语、词组"。② 取材一方面是现代普通口语,另一方面是"五四"以来的书面资料。一般不收人名、地名、土语、古语以及专门的术语。这同《四角号码新词典》(商务印书馆,1977年修订重排本)、《新华词典》(商务印书馆,1980年)有些不同。后两部词典收词都是"以语文为主,兼收百科"的,所以不少人名、地名、事件名、专门用语都收录了。而修订本《辞海》则是大型语文兼百科的辞典,它广泛系统地收录了各门学科的名词术语。各种词典选词中有很细致的问题,这里不详谈。

(二) 注音

各种类型的现代汉语词典注音以受过中等教育的北京人的语音为标准。北京话中某些词过土的读法不收。词典注音中的主要问题有:

1. 注音符号的使用。中华人民共和国成立以前编成的现代语言词典一般都用注音字母(1913年由中国读音统一会制定,1918年北洋政府教育部公布)注音。1958年制定"汉语拼音方案"后,词典都用汉语拼音字母注音。《新华字典》

---

① 参看郑奠等《中型现代汉语词典编纂法(初稿)》,《中国语文》1956年第7、8、9期。
② 同上。

则兼用注音字母注音。

2. 字有异读的,依照国家语言文字工作委员会、国家教育委员会、广播电视部 1985 年公布的《普通话异读词审音表》审定注音。如:

  片 piàn ～子 唱～ 画～ 相～ 影～ ～儿会
     piān (口语一部分词)～子 ～儿 唱～儿 画～儿 相～儿
        影～儿

3. 根据国务院有关单位颁布的《中国人名汉语拼音字母拼写法》(1976 年 9 月修订)、《中国地名汉语拼音字母拼写规则》(1984 年 12 月 25 日)拼写人名地名。如:

  汉语姓名分姓氏和名字两部分。姓氏和名字分写。(杨/立,杨/为民)
  复姓连写。(欧阳/文)[①]
  由专名和通名构成的地名,原则上专名与通名分写。(太行/山,松花/江)
  自然镇名称不区分专名和通名,各音节连写。(王村,江镇,周口店)[②]

(三) 引例

引例放在释义之后。引例的作用是帮助读者理解和证实所说明的词义,历史词典的引例有显示词义发展的作用。

引例可以是自造的词组、短句。如《现汉》的做法:

  暖和 ①(气候、环境等)不冷也不太热:北京一过三月,天气就～了|这
      屋子向阳,很～。
    ②使暖和:屋里有火,快进来～～吧。

引例也可以是典范白话文著作中的词语、句子。如《汉语大词典》的做法:

  暖和 ①温暖。谓不冷也不太热。……曹禺《北京人》第三幕:"这么大
      的一所房子,从东到西没有一块暖和的地方。"
    ②使之暖和。杨朔《征尘》:"你先烤烤火,暖和暖和。"柳青《创造
     史》第一部题叙:"是他衰老的身上的体温,暖和着那个孱弱的
     小女孩的。"

(四) 编排

词典的编排一般包含三个方面的内容。

[①] 见《国家语言文字政策法规汇编》,语文出版社,1996 年,第 104 页。
[②] 同上书,第 115、116 页。

1. 条目的编排。条目指收入的字、词、词语。编排的方法主要有四种。

(1) 按部首编排。中华人民共和国成立以前的词典字典一般采用梅膺祚编《字汇》时所定的 214 个部首编排。中华人民共和国成立以后编的词典字典对这个部首分类有调整。各种词典设立的部首和部首分合也有不同。例如《现汉》将"氵"和"水"、"灬"和"火"、"心"和"忄"、"扌"和"手"分立部首,修订本《辞源》仍将它们合并。《现汉》多据简化字形立部首,如"门"(門)、"讠"(言)、"龙"(龍)、"马"(馬)、"饣"(食)等,修订本《辞源》仍按繁体字立部首。1983 年,中国文字改革委员会、国家出版局颁布《汉字统一部首表(草案)》,确定的部首有 201 个,说明各种类型的辞书可以据之变通处理。

(2) 按笔画编排。以字的笔画数目结合起笔的形状(一般按横、竖、撇、点的顺序或点、横、竖、撇等的顺序)编排条目。按部首编排也要和笔画编排相结合,以部首为主,笔画为辅,各部首的字根据笔画多少从简到繁编排。按部首编排的词典字典一般附有部首难定的"难字表","难字表"一般也是按笔画编排的。

(3) 四角号码编排。把汉字四个角的笔形归纳为十类,每一类用一个阿拉伯数字代表,如"一"形用"1"代表,"丨"形用"2"代表,"、"形用"3"代表,"丶"形用"0"代表等等,按左上、右上、左下、右下四角的次序,每个字都可以用四个阿拉伯数字组成的号码来代表,然后按照号码的前后次序将字编排起来。除专用这个方法编排的词典字典外,其他词典字典往往也附有四角号码的查字表。

(4) 音序编排。按汉语拼音字母次序编排。过去也有按注音字母次序编排的。还有按韵编排的,同韵的字再按声母的不同排列。

一般的词典字典都以某种编排法为主,附有其他编法的查字表。

2. 条目下组成内容的编排。一般的次序是:(1)注音;(2)义项;(3)说明是书面语、口语或术语、方言词等;(4)释义;(5)说明感情色彩;(6)引例。各个条目下这些内容不一定全部具备,要由需要来决定。

3. 条目下义项的编排。一般的词典次序是先列基本义,次列引申义、比喻义等,词源性词典则按意义产生的先后,先列本义,后列引申义、比喻义等。

第三章　现代汉语词汇学的建立和发展

本书第一章中我们说过,现代汉语词汇学是汉语词汇学的一个组成部分,以现代汉语的词和词汇为研究对象。它主要因研究对象的不同、研究内容也有差异而同古代汉语词汇学相区别。汉语词汇学发展为一门独立的语言学科是在中华人民共和国成立以后。20世纪初至40年代,已出现了对现代汉语词汇的实际问题的探讨和理论研究。现如今,它已发展为相对独立的研究领域,积累了相当多的研究成果,在理论建设、实践工作中发挥着重要作用。下面分四个时期,说明现代汉语词汇学的建立和发展:

一、20世纪50年代以前的现代汉语词汇研究;

二、50年代至60年代中期现代汉语词汇学的建立和发展;

三、70年代末至80年代现代汉语词汇学的发展;

四、90年代以来现代汉语词汇学的发展。

第一节　20世纪50年代以前的现代汉语词汇研究

19世纪中晚期以后,我国社会发生急剧变化。西方各种新的学术思想传入,近代文明发展。不少学者从社会、教育进步的要求出发,运用新的观点来研究汉语,开拓出新的研究领域,《马氏文通》就是其中的代表。一些学者通过了解德国威廉·洪堡特、英国斯威特、法国房德里耶斯、丹麦叶斯柏森、美国布龙菲尔德等人的著作,了解了西方的语言学研究、语言学思想。这个时期,在传统训诂学的发展之外,出现了对汉语词汇新的研究要求和内容,一些学者从认识语言自身的性质、作用、发展等方面来研究汉语的语词。这集中反映在这一时期出现的普通语言学著作中(如胡以鲁的《国语学草创》,商务印书馆,1923年),反映在黎锦熙、王力、吕叔湘、高名凯等人的语法著作关于语词问题的说明中。

清末开始的"国语运动"促进了对现代语言的研究。"国语运动"提出"国语统一""言文一致"。"国语统一"要求以北京话为全国通用的国语,"言文一致"要求书面语用现代白话,不用文言。"国语运动"是促进民族共同语加速统一和规范的运动。"五四运动"批判封建文学,提倡革命文学,反对文言文,提倡白话文。它有力地促进了"国语运动"的发展。"国语运动"得到当时政府的支持,政府公布了"注音字母",训令全国改"国文"科为"国语"科。推行国语要求制定各方面的标准(包括语词的形音义、运用选择的标准),这就促进了对国语(即今现代汉语)语词单位、性质、构造、意义、用法、发展等的研究。现代语言语词成为研究的新课题。当时创办推进"国语运动"发展的刊物如《国语月刊》《国语旬刊》《国语周刊》等发表了不少研究国语语词的论文。30年代出现的"大众语运动"推动白话大众化,也对现代语言语词的研究起了推进作用。

这个时期,现代汉语词汇学未形成独立的学科,未出现标志现代汉语词汇学形成为独立学科的专著,未出现以这方面研究为重点的代表学者。现代汉语词汇学探讨的成果以三种形式出现:1.包含在语言学的论著中,如胡以鲁在《国语学草创》中关于词汇理论的论述;2.包含在语法学的论著中,如汉语构词法的研究包含在刘复、黎锦熙、王力、吕叔湘等人的语法著作中;3.单篇学术论文,如《国语月刊》等刊物发表的说明词的性质、字和词的区别等的论文。

这一时期,学者对现代汉语词汇的研究可分为六个方面来说明:

一、关于词汇理论的探讨;

二、关于字、词性质的探讨;

三、关于汉语构词法的探讨;

四、关于语词意义的分析;

五、关于译名的探讨;

六、关于基本字、基本语词的研究。

一、关于词汇理论的探讨

这一时期一些学者运用西方的语言学理论说明分析汉语。胡以鲁的《国语学草创》是其中最著名的一本。该书论述了国语的缘起、发展,国语的文字、语音、方言、标准语等问题,关于词汇的内容占相当分量。作者阐明的词汇学方面的理论,是传统训诂学所不了解的,是汉语词汇学形成过程中重要的理论成果。下面扼要介绍几点。

(一)对词的音义联系的说明

胡氏说:"言为心声,故言有二面,语音之形式方面与概念之实质方面是也。"①这里所说的"言",具体指的是语词,作者区分了语词的内容(概念)和语词的形式(语音),又说"表彰某思想当以某声音为代表,又无必也"。② 这是指出了语词音义的联系是自由的。

(二)对"事物命名"的说明

胡氏说:"感而为外界之认识则为感觉""更进而有知觉作用,经由神经,攫于脑而为表象,即初期之感觉留触痕于脑皮质回转物中,以与后来之感觉协同而为反应之活动。于是关于一事一物之观念,与该事物现实直接意识相混交,乃生辨别,乃起比较,乃相类推、悬拟,而起命名之作用。"③这是用现代心理学的知识,从认识过程说明人们受到外界的刺激,经过"感觉""知觉""表象""观念"等心理阶段,经过"辨别""比较""类推""悬拟"等心理活动,为事物命名。这种说明较荀子在《正名》篇中所说的"缘天官"(经感觉器官)去分析事物的同异,再经过"徵知"(理解、抽象认识)的作用,"然后随而命之,同则同之,异则异之",在理论性、科学性上已大大提高了。

(三)对词义发展的说明

胡氏说,对于"日趋复杂"的万事万物,"语言亦比喻转移,与之相应"。他强调"悬拟"的作用:"吾国语音之发达不及意者,此悬拟之特征尤为显著。""曰思想深远,曰度量宽宏,深所以度水,远所以记里,宽宏所以形状空中之器者,皆以有形形无形,而悬拟之也。"他强调"类推"的作用:"思想愈进于复杂,类推之用愈广。"④作者说明词义发展,主要强调心理作用,少谈社会原因,有片面性。词义发展的分析是传统训诂学的长处和重点之一,作者注入现代的新观念,无疑是对词义分析的重要补充。

(四)对词汇发展的说明

胡氏简要地分析了汉语词汇的发展:"抑吾国语之初发展也,以单节或双声叠韵之二节为范围,作意义之引申,为语言之化分,其差甚少,其辨甚微。而同音异义,同义异用语尤多……盖语言而不能精确指概念则语言失其用……无已,则惟加以订正耳。不废旧用之资料,使之分担专其职,或加以限定素以定其适用之范围,扩延之使其概念明确而丰富……,此品词分业而外二节复合或形式部附加

---

① 胡以鲁《国语学草创》第三编"说国语后天发展"。
② 胡以鲁《国语学草创》第二编"国语缘起心理观"。
③ 同上。
④ 同上。

之所以适用也。今者二节语固甚普通,学术语词且有进向三节以上之倾矣。"①这段话说明了上古汉语单音节语的发展及其局限,以后复合词产生,复合词利用原有材料,或复合或附加,双音节词日甚普遍,且向三音节以上发展。胡氏是最早明确总结汉语这一语词发展规律的学者。

二、关于字、词性质的探讨

传统的观念中汉语最重要的单位是"字"。古代学者已经注意到字并不都是表义的单位。《说文》通过词目的排列区分一个字的表义单位和两个字(各字无义)的表义单位,后者如:"蝃,蝃蝀,虹也。"这是说,"蝃蝀"合起来才是"虹"的意思。清代训诂大师指出"连语"不可单独解释其中字的意义,王念孙在《经义述闻·通说上》"犹豫"条中说:"夫双声之字,本因声以见义,不求诸声而求诸字,固其说之多凿也。"《广韵》《通雅》等辞书、明清俗语专书中收录解释了不少二字、三字的语言单位。由此可以知道,"字"和运用中有意义的单位并不相等这个事实大家都感觉到了,究竟给这种单位以什么名称,如何说明它同"字"的区别,是这个时期学术界探讨的一个重要问题。

1898 年出版的《马氏文通》把字分为"实字""虚字",把句子成分称为"起词""谓词""加词"等,"词"并不具有后来的意义。从看到的材料来看,章士钊 1902 年出版的《中等国文典》第一次清楚地区别了今天使用的"字"和"词"的概念。章氏分析《孟子》中"齐宣王见孟子于雪宫"这句话说:"自文法视之,则'孟子''齐宣王''雪宫'皆名词,'见'是动词,'于'是介词……是一字可为一词,而一词不必为一字。"但他又说,"句,集字成者也",上面《孟子》中的话是"共九字为一句"。从这里又可看到他仍未把语言应用中组成句子的有意义的单位和书写单位的"字"明确划开。

"国语运动"推动学者对汉语字、词性质进行研究。"国语运动"以"国语"(后来称普通话)作为民族共同语。要把国语作为社会交际交流的工具、普及教育的工具,就要求国语在语音、词汇、语法上有明确的标准,要求学者"用科学的精神和方法,从事理上或事势上研究国语"(《国语月刊》发刊辞,《国语月刊》1922 年 2 月 20 日 1 卷 1 期)。于是不少学者对字、词性质问题作了探讨。周辨明的《词的界说》(《国语月刊》1922 年 1 卷 11 期)是其中的代表。周氏说,区别词和字是教育上的重要问题。中国向来不讲词,只讲字,近年来许多人觉得在教授上讲字是

---

① 胡以鲁《国语学草创》第四编"国语后天发展心理观"。

根本的错误,所以就提倡讲词,这种醒悟是我国教育界一个最可喜的现象。他认为字是"印刷连缀之图形",而词是"具有单纯观念而文法上有词类关系的独立作用的语素"。"词不一定是连写的图形""只是它的观念要单纯,它的作用要归一"。他根据代表一个单纯观念的标准,不但把"学者""自来笔"看成词,而且把常搭配在一起说的"拿过来""举不起来"也看成一个词,沿用的成语"岂有此理""山珍海味"也看作是一个词。

在以后的语法研究中,字和词的性质和区别得到进一步的说明。王力在1943—1944年出版的《中国现代语法》中说,"每个音节都代表的语音成分,叫作字""语言最小意义单位,叫作词"。说明单音词由一个字构成,复音词由两个及两个以上的字构成。他在《字和词》(《国文月刊》1944年31、32期合刊)一文中提出一个辨认词的方法:"若要辨认两个以上相连接的字是否一个词,有一个最简单的方法,就是试用另一个字把它们隔开,看它是否失掉或不符原来的意义。""老妈"被"的"隔开,成为"老的妈","妻子"被"和"隔开成为"妻和子",都不符原来之意,它们都是词。这就是中华人民共和国成立后有学者提出的鉴定词的"扩展法"的发端。这个时期对词性质的认识主要是要根据意义,词的定义都是从意义方面概括的。除上述看法外,重要的如黎锦熙认为"词就是说话的时候表示思想中一个观念的语词"(《新著国语文法》,1924年)。吕叔湘不认为词都是最小的意义单位。他说,"院子"是最小的表现单位。"院"是最小的意义单位,称为"词根"。"子"本身没有丰富的意义,只有帮助造词的作用,称为"词尾"。单纯词同时兼为意义单位和表现单位,复合词只是词最小的表现单位,不是最小的意义单位。(《中国文法要略》第一章"字和词",1947年)关于现代汉语字、词的性质,是中华人民共和国成立后学者们一步步达到比较一致的认识的。

三、关于汉语构词法的探讨

一种语言的构词法表示词汇成员的结构,又显示了词的构成成分之间的关系,所以为词汇学和语法学所关注。我国古代关于词的构造只有朴素的认识。1898年出版的《马氏文通》,没有专章讨论构词法,但不少地方涉及构词法。以后我国学者对西方语言学有了较多的了解,学者开始借鉴印度、欧美词语结构的分析来分析汉语。薛祥绥、胡以鲁都试用梵语的"六合释"来说明汉语词的构造。以后刘复、黎锦熙、王力、吕叔湘等在有关的语法著作中分析了汉语的构词法,其中以黎锦熙的分析最细致、最有系统。详细的说明见本书第四章"现代汉语词汇的专题研究"中第七节"构词法和造词法"部分。

四、关于语词意义的分析

传统训诂学分析语词的意义重在分析字的形音义的关系,对象主要是古代的文献语言材料。这个时期在语词意义分析方面出现了新的内容,一是出现了分析现代语词在运用中的意义的论文,一是一些学者用现代语言学观点说明汉语语词意义的发展变化。

刘复注意从现代语词的用法中分析其意义。他在《释"吃"》(《国语周刊》1931 年 12 月 19 日 16 期)一文中,结合"吃"的用法分析它的作用和意义,要点如下:

1. "吃"为外动,如言"吃饭""吃酒",或为内动,如言"有吃有穿""坐吃山空"。
2. 人非吃不能活,故举一吃足包括生活之全部,故言"吃饭问题"。问题不仅吃饭也,衣住行三者亦赅焉。言"此人吃党饭",党之所以不仅供其吃饭也,仰事俯蓄之资皆赅焉。"吃教""吃祖产"用法同此。
3. "吃"亦作"受"义,如言"他这一来我吃不了",言受不了也。
4. 吃馆子中之酒饭曰"吃馆子",此新语也。然亦有可比拟者,"听梅兰芳"谓听梅兰芳之戏,"写黄山谷"谓写黄山谷体之字,语言求简,故取其重而舍其轻也。

这种通过观察语词的现代用法,分析它的意义并探讨原因的分析,已是现代语言学对词义的描写了。

刘复 1926 年写成《"打"雅》,罗列了"打"的各种用法,归纳出 100 个以上的意义,称"打"为"混蛋字"。陈望道写成《关于刘半农先生的所谓"混蛋字"》(《太白》1935 年 1 卷 9 期),提出了不同的分析方法,要点如下:

"打"字的普遍用法不过三种,把"从"字解的一种也算在内,不过四种。1. 作"打击"解,就是所谓"打鼓骂曹"的"打"。2. 作"作为"解,形成动词,没有实质观念,用来代替种种有实质观念的动词,如"打水"=取水,"打鱼"=捕鱼,"打印"=盖印,"打牌"=玩牌,"打稿"=起稿……这样去代,可以代到无限。"打电话""打电报"之"打"也属这一种……3. 用作动词添头,添在单字的动词前头用来构成复字的动词,"打"本身可说没有意义,加上这个添头不过略为增加了那个字的动词性质,如"打消、打扫、打搅、打量、打算"等。陈望道认为"'打'字的用处虽然极多,用法仍极有道理"。陈氏分析"打"的意义,显示了在细致分析基础上的高度综合的方法,是很有见地的。

此外,关于语词意义在历史上的发展,西方学者一般分为扩大、缩小、转移等类型,这个时期也有学者结合汉语的例子作了介绍。如高名凯在40年代发表的《中国语的语义变化》(《天文台》1947年第2期),就介绍了语义变化的三大规律。这些新的观点,是对传统训诂学分析意义的重要补充。

五、关于译名的探讨

这个时期,西方各种事物的名称、各学科的名词术语大量吸收引进,报刊书籍上充满了各种译名。译名的采用和译法引起许多学者的关注。孙几伊在《论译书方法及译名》(《新中国》1919年1卷2期)一文中叙述当时译名的分歧情况说:民国二年,上海某报两名记者争论音译、意译之短长;Deductive 原译演绎,Inductive 原译归纳,严复先生改译成内籀外籀。作者认为音译、意译皆有好处与坏处,主张分别对待。他重视译名的统一,提出"全国的学者,应从事于统一译名的事业"。胡以鲁在《国语学草创》中立"论译名"作为专章。他力主义译。他从正名谈起,认为"译必从其义,若袭用其音,则为借用语,音译二字不可通也"。再从语言习惯上说明"借用外语非其所习,亦非其所好也"。再从历史上说明译名的采用情况,佛经翻译,"音译用者无多"。"征服于蒙古者百年而借用歹以代不好……殆为仅有之例。征服于满洲者亦几三百年,语言则转以征服之"。说明汉语历史上借用外语(音译词)是很少的,吸收外族语言主要是义译。对地名、人名、金石、化学之名等,他也仍主张音译。胡氏正确地区分了义译名和借用语,从理论上和汉语历史上论证了应发扬以义译为主这个传统。关于译名的探讨,本书第四章第二节"术语问题"、第六节"外来词研究"中还有论述,可以参看。

六、基本字、基本语词的研究

由于初等教育和民众教育的需要[①],有些学者进行了"基本字""基本语词"的调查工作。陈鹤琴在20年代发表了《语体文应用字汇》(1928),洪深在30年代调查制定了《一千一百个基本汉字》(1938)。因为汉语应用的单位是词不是字,这种调查统计的作用是有限的。黎锦熙在20年代发表的《国语中基本语词的统计研究》(《国文学会丛刊》1922年1卷1期)就指出,"要作一番客观的统计研究工作,必须先从国语的本质上找出我们语言中表示整个观念的真正单位来。

[①] 这个工作理论上受到英国学者奥格登(Ogden)提出的"基本英语"的影响。奥格登是世界主义者,为使殖民地人民易于掌握英语,他确定了850个基本英语词,其他英语词的意义都可用这些基本词的组合来表示。

这单位,有时用上就是'单字',有时却是数字联成的复音词(如'逍遥、聪明、太阳、老头'等)"。黎指出,把一个个汉字统计起来,解决基本的词汇问题,所得数目很少,也同语言运用的词类不相符。

第二节 50年代至60年代中期现代汉语词汇学的建立和发展

一、概说

现代汉语词汇学在中华人民共和国成立以后,50年代至60年代中期这段时间发展为独立的学科,这有着深刻的社会原因和文化学术上的条件。

中华人民共和国成立以后,由于政治、经济、文化建设的需要,国家政府很重视语言在社会生活中的作用。1951年6月6日《人民日报》发表《正确使用祖国语言,为语言的纯洁和健康而斗争!》的社论,批评文件、报刊中用词错误、文理不通以及篇章结构的毛病,其中词汇规范是论述的一个重点。1955年又召开"全国文字改革会议""现代汉语规范问题学术会议",《人民日报》为此发表题为《为促进汉字改革、推广普通话、实现汉语规范化而努力》的社论(1955年12月26日),号召语文工作者为实现这三大任务进行深入的学术探讨、从事各项实际工作。现代汉语词汇的研究是实现三大任务的重要的一环。当时文字改革工作提出了文字拼音化的探索,拼音文字需要确定现代汉语中的词,制定词的连写规则,这需要对现代汉语词的性质、构造进行深入的研究。推广普通话的工作要求研究普通话词汇的范围、性质,同方言词、古语词、外来词的关系,而汉语规范化则以词汇规范为其重要组成部分,要求全面展开对现代汉语词汇构成、性质、用法等的系统研究,以便恰当地解决规范化工作中的各种问题。

中华人民共和国成立后,政府对语文教育进行了重大的改革。大学中文系普遍设立"现代汉语"课和相关的课程,其中词汇学占有重要位置。中小学的语文教育也安排了系统的适合需要的现代汉语语音、语法、词汇、修辞的教学。语言教学的需要和加强是推进现代汉语词汇研究发展的常新的动力。

马克思列宁主义经典著作在中华人民共和国成立后大量出版,马克思列宁主义、唯物辩证法的哲学观点,关于语言的社会本质、关于语言和思维关系的论述,成为我国语言研究工作的理论指导。斯大林在《马克思主义与语言学问题》一书中对语言问题的论述,特别是关于基本词汇、语法构造稳固性、词汇跟社会变化密切联系等观点,成为当时我国学者分析汉语词汇的指导理论。与此同时,苏联学者哲学、逻辑学、语言学、文学、心理学的论著大量介绍进来,我国学者从中受到理论、方法的指导和影响。

传统训诂学、文字学、音韵学积累的丰富成果始终是我国汉语研究的一个基础。词汇研究也一样。新的理论观点给学者以新的启发,但新的理论观点要同汉语语言事实相结合,其应用要注意汉语的特点。就现代汉语词汇的研究来说,一方面,我国学者注意借鉴国外学者的观点方法,调查分析汉语的词汇材料,另一方面,我国学者又从传统训诂学中整理、吸取众多成果,充实词汇研究的内容。

这个时期,周祖谟、张世禄、孙常叙发表出版了第一批综论或主要论述现代汉语词汇的论著,它们是周祖谟的《汉语词汇讲话》(《语文学习》1955 年第 4 期—1957 年第 10 期,1959 年结集成书出版)、《词汇和词汇学》(《语文学习》1958 年第 9、11 期),张世禄的《词汇讲话》(《语文知识》1956 年 1 期—6 期)、《普通话词汇》(新知识出版社,1957 年),孙常叙的《汉语词汇》(吉林人民出版社,1956 年)。这些论著全面论述了现代汉语的词、词义、词的构造、词的同义反义关系、同音词和多义词、词汇的构成、发展变化、词汇的规范等问题。它们标志着现代汉语词汇学的建立,标志着现代汉语词汇学成为相对独立的研究领域。

此后,先后出版的专著有何霭人的《普通话词义》(1957)、崔复爱的《现代汉语词义讲话》(1957)、张静的《词汇教学讲话》(1957)、许威汉的《词汇》(1959)、张国庆的《词汇》(1961)、葛本仪的《现代汉语词汇》(1961)等。这些著作大都为适应大学教学的需要或普及词汇知识而作,各有重点和特色,论述的范围不超出周祖谟、张世禄、孙常叙等人之作。王勤、武占坤 1959 年出版的《现代汉语词汇》(湖南人民出版社)广泛采撷新的语言学理论和研究成果,对现代汉语词汇各方面的问题作了较深入的探讨。这个时期,陆志韦写成的《汉语的构词法》(科学出版社,1957 年),高名凯、刘正埮写成的《现代汉语外来词研究》(文字改革出版社,1958 年)开拓了现代汉语词汇专题研究的领域,两书也代表了现代汉语词汇专题研究取得的重要成果。

下面扼要评述有代表性的综论现代汉语词汇的专著。涉及基本词汇、词汇规范化、构词法、同义词、反义词、外来词等问题的内容,本书一般放在第四章"现代汉语词汇的专题研究"部分论述,在这个部分也作一定的交代照应。

二、重要论著

（一）周祖谟《汉语词汇讲话》

周祖谟(1914—1995)，字燕孙，北京人，1936 年毕业于北京大学中文系，曾在辅仁大学任教，中华人民共和国成立后任北京大学教授，治学广博，音韵训诂学论著尤丰，主要著作有《问学集》《语文文史论集》《汉语词汇讲话》《唐五代韵书集存》，又完成《广韵校本》《方言校笺》《尔雅校笺》《释名校笺》《洛阳伽蓝记校笺》等书。

《汉语词汇讲话》先于 1955 年 4 月至 1957 年 10 月的《语文学习》上连载，1959 年由人民教育出版社出版。全书共五讲：1. 词和词汇；2. 词义；3. 同音词、同义词和反义词；4. 现代汉语的词汇和词汇的变化；5. 汉语词汇规范化问题。该书虽为普及现代汉语词汇知识而作，却是第一部系统地、全面地论述现代汉语词汇的著作。该书确定了现代汉语词汇研究的基本范围，全书说明的词汇学知识，奠定了现代汉语词汇研究的良好基础。下面扼要评介该书对几个问题论述的内容。

1. 关于词和词汇的说明

作者将词定义为："词在语言中是具有一定意义的语音形式，它是最小的能够独立运用的语言单位。"这个定义指出了词在语言中是以语音形式存在的，它有意义，又有独立运用的语法特点，比单纯从意义、单纯从语音所作的定义或只讲语法特点的定义要周密得多。作者说明了词和概念的关系：词是用来表示概念的，但并不跟概念平行，有时一个概念用一个词来表示，比较复杂的概念则用两个或多于两个词（即词组）表示。作者特别说明了汉语中字和词的区别：有的汉字代表一个词，有的汉字在现代汉语里只是词的组成部分。例如，"事业"的"事"单用是一个词，"事业"的"业"在古汉语里是一个词，在现代汉语里只组织在"事业、业务、工业"等词里。汉字可以单独使用的，才是词；凡是不能单独使用的，就不是词。作者还提出"词素"的概念，指出单纯词"只包括一个词素，不能再拆成更小的单位"，如"车、马、大、小、走、人"等。引入"词素"的概念，才真正区分了作为书写单位的"字"和作为语言最小单位的"词素"，这对于认识词的性质、分析词的构造有重要作用。

关于词汇，作者明确提出要区别"词"和"词汇"，指出"词是指语言里一个个的词来说的"，"词汇"是指语言中所有的词来说的。当时这两个概念在运用中常有混淆，明确区分是必要的。作者还对词汇的系统性作了论证：词汇的系统性就表现在基本词汇与词汇间的内在联系,不但构词方面有其体系,就是词义方面也有一定的关联。作者还在《词汇和词汇学》一文中着重论述了词汇构成一个统一体系的观点。它表现为:(1)古代就有的词作为词素构成了一大批词(如"工"构成了"工人、工业、工整、工致"等),这些词不仅在构词的成分上有关系,而且在词素的意义方面有联系,如"工整、工致"中的"工"是工巧之义,有别于"工人、工业"中的"工"。(2)每种语言的所有构词类型是成系统的,如汉语的构词有两大类型,即词根复合法("运动、展开"等)和附加法("第一、麦子"等),有别于俄语的改变重音、在词干上加前缀后缀、词干复合。因此整个词汇构造上也就有了系统。此外,词义的发展、词素与词义方面的关系也表现出词汇是一个统一的整体。作者是较早用语言事实说明词汇系统性的学者之一。

2.关于词义的说明

作者说明词的意义"是说的人和听的人联系着现实中某种事物现象或关系的共同了解的词的内容"。了解词义要了解词在使用上的一般意义和应用范围、伴随词义产生的修辞色彩等。作者结合汉语的特点说明了语音和语义的关系:声音和词所表示的事物之间没有必然的联系,但当一个意义在某种语言中确定用某一声音表示以后,这个声音在这一语言系统中就与这个意义发生了关系。特征相类似的事物在命名时声音可能相同或相近。例如树的细梢称为"树杪",谷穗上的细芒作"秒"。"杪""秒"声音相同,都有细小微末的意思。作者着重论述了"词的多义性"的问题,指出一词多义"是一个词有几个不同的意义,这几个不同的意义互相有联系,这样的词叫多义词"。多义词的意义可分为"基本意义"和"转义"。前者指词在长期使用中固定下来的最常见、最主要的意义。后者又分引申义和比喻义。引申义的产生跟意义内容相类似相接近有关。比喻义是由于比喻而产生的意义。作者对多义词的这些说明,成为后来词汇教学的基本内容之一。

3.关于现代汉语词汇组成的划分

作者把现代汉语的词汇分为古代继承下来的基本词、普通词,从古代传下来的文言词,外来词,从方言吸收来的词,专门用语等五类。

作者根据斯大林的语言学说,说明了现代汉语的基本词汇有三个特点:全民性、稳固性、是构成新词的基础。

文言词是指有生命、有作用的从古代书面语传下来的一些词,包括书面上用到的(若干、宏伟、充沛、明晰)和一批虚词(之、以)。文言词仍是现代汉语的一部分。

外来词指从其他语言中吸收的词,有译音的(吨、伏特、凡士林、奥林匹克),有译音又加表义成分的(卡车、法兰绒)。作者认为两类词不是外来词,一类是词形、读音是汉语固有的,只是增加了新义或改变了原义(教授、助教);另一类是根据外国词的意思,按照汉语的构词方式用汉语的构词成分创造的新词(民主、电话)。

方言词是某一方言区流行的词。方言是民族共同语的源泉,共同语要不断从方言中吸收新鲜的富有表现力的词,但不能滥用方言词。

专门用语包括专门术语(原子、放射、归纳、演绎)和行业语(如"车间、车床"是工业用语,"密植、保墒"是农业用语)。随着科学的普及,术语会变成全民语言内的东西。行业语也有丰富全民共同语的作用。

作者指出现代汉语的词汇应该包括成语。成语是"沿用已久、约定俗成的具有完整性的词组或短句"。成语有言简意赅、生动有力的表达作用。

作者还说明了现代汉语词汇风格色彩上的多样性,如带有种种不同的感情色彩、有口语书面语的不同等等。

作者第一次系统地说明了现代汉语词汇的构成,各部分词语的性质、作用,这些成了以后进一步研究的基础。

该书还对同义词的性质、作用作了深入具体的论述,对现代汉语的构词法也作了系统的分析,这些内容对以后这方面的研究都有重要的影响。本书第四章"现代汉语词汇的专题研究"有关部分将评述这方面的内容。

(二) 张世禄《词汇讲话》《普通话词汇》

张世禄(1902—1991),字福崇,浙江浦江人,1926年毕业于南京国立东南大学,中华人民共和国成立前曾在暨南大学、云南大学、中山大学、重庆中央大学等多所大学任教,中华人民共和国成立后历任南京大学、华东师范大学、复旦大学教授,广泛研究古汉语音韵、文字、训诂,现代汉语语音、词汇、语法和普通语言学,主要著作有《中国音韵学史》《语言学原理》《广韵研究》《音韵学》《中国古音学》《语音学纲要》《词汇讲话》《普通话词汇》《张世禄语言学论文集》等。

张世禄在50年代撰写了多种论述现代汉语词汇的论著,其中重要的有《词汇讲话》(收入《张世禄语言学论文集》,学林出版社,1984年)和《普通话词汇》。《词汇讲话》讲述下列问题:1.词是什么;2.词和词组的分别;3.语音和词义的关系;4.同音词和同义词的产生;5.反义词在语言当中的运用;6.多义词产生的原因。《普通话词汇》包括下列内容:1.普通话,普通话词汇;2.基本词,基本词汇;3.文言词,怎样对待文言词;4.方言词,怎样对待方言词;5.外来词,怎样对待外来词;6.专门用语,怎样对待专门用语;7.成语,怎样运用成语;8.词汇的发展、变化及其规律。张世禄论述汉语词汇学中的问题,说理清晰、透彻,有微观的分析,尤注意宏观上一般规律的概括,又注意指导语言应用,为词汇学的发展和语文基础教育做出了贡献。下面扼要说明他对几个问题的论述。

1. 词的性质

作者在同"字"的比较中指出,词是由一个或几个音节构成的用来表明一定意义的。在现代汉语里双音节占多数。字代表的不一定是词,可以是词的一部分(如"语""言"是"语言"这个词里的两个部分),或是构成词的一个成分("着"依附于"说"构成"说着","着"是构成"说着"的一个成分)。多数词可以独立表明意义,作为词里的部分或构词的成分不能独立地表明意义。词是语言组织运用的材料,有些词是依附于语言组织而存在的(如"为、和、不但、而且"等虚词),虽然自己不能独立地表明意义,仍然是作为语言组织的独立运用的材料;而只是依附于单个的词作为构词成分的,就不是语言组织独立运用的材料,也就不是词了。

2. 词和词组

作者根据三方面的现象来划分词和词组。(1)实际意义方面的特殊化现象。例如"吃饭"在"你要吃面要吃饭?"中是个词组,在"你要吃饭,就得劳动"这个句子里就是词。因为后者是和"生活"的意义相联系的,具有它的特殊意义。(2)语言组织定型化现象。词是定型化了的,它的各个部分是固定的、不能分离的,词组不是这样。定型化有发展成熟程度不同之分。"抓着"中间可以插进"得、不、他"等,例如说"抓他不着",而"加强"中间不能插入任何词。这反映了"使成"式词组逐渐凝固成动词,发展成熟程度上有差别。(3)声音形式双音化现象。双音化现象,一方面是单音扩充为双音;另一方面是从多音缩成为双音。很多意义上类似的词语,往往把构成双音的认为是词,把三音四音的看作词组。如"劳模"是"劳动模范"的略语,"土改"是"土地改革"的略语,都有凝固作词的趋势了。

3. 语音和词义的关系

作者说明语音和词义的联系不是必然的、永远固定的,而是偶然的、可以移动的,批评了有学者根据拟声词("哗啦、鸦、雀"等)、音近义通的同源词("刚"和"强"、"柔"和"弱")、用相同的声音表示词的形态变化("清楚—清清楚楚",是重叠的变化),认为声音和词义有固定联系的观点。他从三个方面批评这些似是而非的看法。(1)从语言这种交际工具的性质来说,声音和意义是假定关系,容许用任何声音表示任何意义。(2)从社会对语言的作用来说,拟声词起源于模拟声音的词语,但所用的声音形式受社会、历史上所形成的语言体系的制约,同一客观事物的声音在各种语言中模拟结果不一样。各民族语言里,各自有语源学上词语的类属,也各有词语形态变化的形式。(3)就语言内部发展规律来说,语言的构成要素声音和意义有发展变化,但发展快慢、变化多少相互错杂,很不一致。如有些词意义上变化不大,读音上相差很远("人""手"等),有些词读音上相差不远,意义上变化很大(如"能",原指熊属,后指才能)。

4. 同音词在拼音文字中的处理问题

汉字改革应走上拼音文字的道路是当时多数学者的共识。在探讨这个问题时,有学者认为汉字可以在字形上分辨,在拼音文字里看不出来,因而要更好地研究同音词在拼音文字里如何解决的问题。作者不同意这种观点,认为同音词问题不应该在拼音文字中去解决。因为拼音文字只代表语言、记录语言,不是为了给语言做注解。解决这个问题,要由语言自己去做。一方面,在语言环境中、上下文中、词跟词的相互搭配关系中,可以得到解决;另一方面,语言可以用改变说法的办法来解决(如"初诊"和"出诊"音同,"初诊"有人说成"初次诊")。且据学者研究[①],在2196个同音词中,应加区别的有246个,其中判定必须区别的仅20多个,不必为此在拼音文字里用特殊的区别法。

(三)孙常叙《汉语词汇》

孙常叙(1908—1994),又名孙晓野,吉林人,东北师范大学教授,曾从罗振玉、高亨研习古文字学,致力于古文字学、词汇学研究,主要著作有《汉语词汇》《文字学》《古汉语文字语言词汇》等。

《汉语词汇》分三大部分。第一部分"词",包括三篇:1. 词的性质和结构;2. 词义;3. 造词法。第二部分"词汇和基本词汇",包括五篇:1. 词汇;2. 词在词汇里的几种相对关系;3. 几种特殊性的词汇;4. 基本词汇;5. 基本词汇的累积、传承和发展。第三部分"词汇音变"。该书运用斯大林的语言学说,苏联学者关于语言、思维等方面的理论,分析汉语词汇各方面的问题,以讨论现代汉语词汇为主,但也广泛涉及汉语词汇发展中的问题,所以书中引述不少传统训诂学研究成果。此书尝试用新的观点解释汉语词汇各个问题,提出不少有价值的观点,或作了有益的探讨。但由于分析鉴别不精,一些地方显得粗疏,重点有时不突出。在汉语词汇学创建的初期,作者以很大的热情,做了相当的准备,写成这部长篇

---

① 陈文彬《拼音文字中的同音词问题的初步研究》,《中国语文》1953年2月号。

著作,对发展我国汉语词汇学的研究,起了相当的作用。①

下面扼要介绍书中论述的几个问题的内容。

1. 对造词法的说明

汉语造词法是该书论述最充分最详细的内容。在五六十年代汉语词汇的论著中,该书最早提出并探讨这个问题。作者认为造词的语言基础是构词素材和造词方法,汉语原有的词汇是汉语造词的基础,造词也有语法基础。作者把汉语的造词法分为三大类:(1)语音造词方法;(2)语义造词方法;(3)结构造词方法。本书在第四章"现代汉语词汇的专题研究"有关部分具体评介这方面的内容。

2. 对词、词素、词根的说明

作者能从多角度阐述词的性质。从语言单位角度说明词是"语言的最小单位,是语音形式和意义统一起来的一个不可分割的整体"。从词和概念的关系上说明"词是概念的名称"。又介绍了巴甫洛夫的条件反射学说,从而说明"词是一种现实的条件刺激物"。这样从不同的联系引导人们认识词的性质,在当时是不多见的。

作者在分析词的结构中,提出"词素""词根"的概念。词素是"汉语词的结构单位""是构词的素材""是有意义的音节"。又认为词素有现代汉语的和古代汉语的之分,如"警惕""警惕性"中,前一个词中的"警""惕"、后一个词中的"性"是古汉语词素,后一个词中的"警惕"是以现代汉语的词作为"以词成词"的词素的。作者理解的词素并不是音义结合的最小单位。这反映了在学术探讨中的不同认识。作者所说的"词根"是指这样一些词素,它作为造词的"生长点",和其他词素组织起来,造成以它为基本意义的另一些新词,因而成为"词结构上的根本部分",如"良心""诚心""粗心""疑心"中的"心"。此外加前缀后缀的词("阿桂、架子")有词根,"夏季、原委、落花生"等词没有词根,它们是词组结构。在分析词根时,作者又超载共时的分析,作了汉语语源词根的探讨,认为[m-]是"眉、米、莫、苜"等十多个词的词根,因为这些词都有蒙蔽、覆盖、模糊不清的意思。又认为"胞、袍、抱、苞"以"包"为词根,因为都有"包"的"包裹"的意思。探讨语源上的词根,要确定同源词,再据之构拟词根。作者所列是否同源词就需进一步研究,更难据之指某一声母或某个词是词根了。作者将共时分析所得的词根同语源上分

---

① 参看张志毅《中国第一部词汇科学专著》,《烟台大学学报》1989年第3期;张志毅、张庆云《词和词典》,中国广播电视出版社,1994年。

析的词根并论,不作明确的区分,反映了学者初始使用一些语言学概念易生模糊的情况。

3. 对几种特殊性词汇的说明

作者也着重论述了现代汉语词汇中几种特殊词汇的性质内容,主要有:

(1) 方言词汇。作者说明了方言词汇的错杂情况,"研究方言词汇时,不要认为它只是些个别单词的问题,要知道还有它的词汇系统和语法系统"。方言词有一类是全民语词的地方音变,如"风",各地的说法不同。另一类是同一概念使用不同词素、不同方法和结构的地方造词,如冰棍,四川说"冰棒",广东说"雪条"。

(2) 专业词汇、同行语词汇。专业词汇指职业词汇,如渔业用的"亮子、箔、明水"等。同行语词汇指阶级习惯语(如旧时官绅的应酬语"台甫、令尊、贱内"等)和秘密词汇(如"一"说成"旦底"、"二"说成"挖工"等)。

(3) 外来语词汇。作者把借词和译词都叫外来语词汇。借词有两种,一是从语音形式借取的,如"吨"(ton)、"扑克"(poker)、"芭蕾舞"(ballet)、"坦克车"(tank),后二者是在译音的音节外,附注物类或性质;另一种是借取书写形式的,这是指我国从日本借入的新名词术语,如"手续、取缔、引渡、仲裁"等。这是因为日语原来整个地借用了汉语的词汇和书写符号,后来日语造词在词素、方法和结构上往往符合汉语造词规律。汉语借用这些词是直接取它的汉字形式,而用现代汉语的读音代替日语的读音。上述"手续"等词就是这样。但"拔河、道具"等原是汉语词,就属汉语词了。

作者的这些说明丰富了现代汉语词汇各构成部分的内容。

(四) 张静《词汇教学讲话》

张静(1929—),河北乐亭人,1953年毕业于东北师范大学中文系,任郑州大学教授、河南新乡师范学院教授,致力于现代汉语语法、词汇的研究,主要著作有《词汇教学讲话》《汉语语法问题》《语法比较》《古今汉语比较语法》(合著)等,又主编《新编现代汉语》。

《词汇教学讲话》共十一讲:1. 词汇教学概说;2. 词;3. 词的构成(造词法);4. 词汇和基本词汇;5. 词汇的来源(组成);6. 词义的类型;7. 词汇的风格;8. 语音、语法、文字和词汇的关系;9. 汉语词汇的特色;10. 解词应注意的事项;11. 词典和字典。该书的特色是:注意为中学的词汇教学服务,每讲都有教学说明;注意联系语言运用的实际,以具体丰富的语言材料说明基本知识。下面简介该书论述的几个问题的内容。

1. 字、词、词组

作者指出实词和字是有区别的,标准是:在现代汉语中能够自由运用的音节是词,不能自由运用的是字。不同意把词说成是"表示一个观念的语词""是意义的单位""表达一定概念的语言形式"等观点,而认为"词是有一定声音的最小的自由运用的意义单位"。作者主张严格区别词和词组,这样对语法分析、词典编纂、汉字拼音化等都有好的作用。

2. 词的构造

作者把词的构造叫造词法。单纯词、合成词的划分,合成词类型的划分同一般的区分基本一致。名词中的"家家户户"、动词中的"说说笑笑"、形容词中的"整整齐齐"一般看作词的变化形式,作者也归入造词法。作者把"揭穿""改进"等一般看作动补结构的也归入偏正词。作者对联合式合成词的意义作了比较细致的分析。如指出在反义联合式合成词中,有的是一个成分占了优势,另一个失去原义,只剩下形体:"忘记(忘)、死活(死)、好歹(歹)"等;有的是两个成分都消失了原义,构成一个既不是甲也不是乙的新意义:"东西(物品)、开关"等。在分析词的构造时也提出了"词素"的概念:"词素是有一定声音和意义的构词单位。"单纯词由一个词素构成,合成词由两个或更多的词素构成。有的词素可以独立成词,有的不可以独立成词。作者还说明了变化语音造词的作用。变化音素的如"称 chèn—称 chèng";变化声调的如"劈(阴平)—劈(上声)""钉(阴平)—钉(去声)";变化重音的如"兄弟",重音在"弟"上指哥哥弟弟,重音在"兄"上,则指弟弟。儿化音节造词的如"勾—勾儿"(钓鱼勾儿,动词变成名词),"口—口儿"(大门口儿,儿化后变了意义),"刀—刀儿"(小刀儿,儿化后表小)等。

3. 词汇的组成和风格

作者着重讨论了现代汉语词汇中的文言词汇、方言词汇、外来语词汇,说明了吸收使用这些词的原则。作者把古语词统称为文言词汇,如"帝、王、君、臣"等历史词语看作文言词的一种。作者认为意译词不应看作外来词,因为这些词是把别人形成的概念用自己的词语给予命名,再拿到我们汉语来,并不是把别人用以表达这种概念的词也吸收过来。

关于词汇的风格,作者主要说明了口语词汇和书面语词汇。他主要根据苏联学者的观点把前者又分为一般的口语词汇和粗俗的口语词汇(带有冒昧、粗野、开玩笑、轻视等附加意义,在一般文章中不使用),把书面语词汇分为书籍词汇、专门词汇(指各学科的术语)和公文词汇等。

4.语法和词汇的关系

作者着重谈了词的词汇意义和语法意义。词汇意义指表示事物概念的那个意义,语法意义指"起某种语法作用的意义"。如"虎"的语法意义是名词,可以做主语、宾语、表语等。作者指出二者有密切关系。词的词汇意义指出了词本身所代表的概念,对于恰当地用词造句、理解词的语法意义有很大的帮助。词的语法意义指出词的功用、词与词之间的关系,对于我们确切地理解词的词汇意义也有帮助。词汇教学中说明某个词的含义和用法,就是把二者结合起来的表现。在词汇学著作中明确讨论词的词汇意义和语法意义的关系,该书是较早的一本。

5.词汇教学和解词

作者充分论述了词汇教学的意义。他从词汇在语言中所处的地位、语言教育的任务、汉语规范化工作等几个方面强调了词汇教学的作用,指出"词汇教学起着启发学生智慧和提高学生对客观世界的认识能力的重大作用"。词汇教学本身是促进汉语规范化的一个重要手段。

词汇教学中如何解词是一个重要的问题,该书是第一本讨论词语意义的解释的现代汉语词汇学著作。作者说明在语文教学中解词要围绕主题,不要照抄词典。他说明了解词的几种方法:注释法,即用等义词、同义词互相注释;反说法,用反义词比较说明(晦涩:不明晰);比喻法(棘手:比喻事情难办)。

(五)王勤、武占坤《现代汉语词汇》

王勤(1929—),吉林长春人,1955年东北师范大学现代汉语研究生班毕业,湘潭大学教授,长期从事现代汉语教学研究工作,尤致力于现代汉语词汇研究,主要著作有:同武占坤合写的《现代汉语词汇》《现代汉语词汇概要》,独著《谚语歇后语概论》《北京语音常识》《修辞说略》,同他人合编《分类汉语成语词典》等。

武占坤(1926—2009),笔名戈戈、伍占昆,吉林农安人,1955年东北师范大学现代汉语研究生班毕业,河北大学社会科学研究所教授,长期从事现代汉语教学研究工作,尤致力于现代汉语词汇研究,主要著作除同王勤合著者外,有《汉语修辞新论》《中华谚谣研究》等,又主编《现代汉语》《汉语熟语大词典》等。

《现代汉语词汇》(湖南人民出版社,1959年)在老一辈学者耕耘的基础上,广泛采撷新的语言学理论(主要是当时苏联语言学者的理论)和新的研究成果,对现代汉语词汇各个方面的问题作了比较深入的探讨。该书重视理论的阐述,又注意分析语言事实,不乏细致的论证,注意联系语言应用,出版后受到学术界的欢迎,有关评论指出该书的优点是:"尽可能吸取国内外有关现代汉语词汇著述的精华""密切联系实际,配合汉语规范化"。① 全书包括下列内容:绪言,第一章"词",第二章"词汇",第三章"基本词汇",第四章"现代汉语词汇的来源",第五章"现代汉语的构词法",第六章"词义",第七章"词与词间的几种关系",第八章"成语",第九章"词典和蓄词"。下面扼要说明该书对几个问题的论述。

1. 词的性质

作者在比较了从意义、从句子结构、兼顾意义和句子结构给词下的定义后,认为:"语言里具备着能够作为造句材料的,并且意义固定的这样一些属性的语言单位(从语音角度看是一种语音形式),我们把它叫作词。"这个说明力图概括当时学术界对于词的性质的认识。作者据此提出了确定词的三个办法:(1)看它能否作为造句材料;(2)看它是否是最小的能够自由独立运用的语言单位;(3)看它在结构上是否是统一的整体。

在论述词和概念的关系时作者指出,词代表概念,但二者不相等。同一概念可以用不同的词来代表(如"长江"又叫"扬子江"),一个概念可用数个词来表达(如"巨大的力量""粗黑的手"都代表概念),同一个词可以代表不同的概念(如"杜鹃"代表一种鸟,又代表一种花)。词和概念的发展、变化也不同。这些说明概括了当时学者在这方面的认识。

2. 词汇

作者认为现代汉语词汇可以从不同角度分出不同类型。先从修辞角度分为庄严词汇和俗语词汇,又从使用范围、地域角度分为行业语词汇、阶级习惯语词汇(各阶级特别的词汇,不限于统治阶级)、隐语词汇(秘密语、黑话)、方言词汇、公文词汇、历史词汇(代表某一历史时期已经消亡的一些事物的语词,如"皇帝、租界")、古语词汇(古人给事物命名的语词,如"目、首"等)。这种划分,层次不够合理,反映了当时学者的一种探索,而明确地把历史词语和其他古语词区别开则是有意义的。作者说明现代汉语词汇的来源是:(1)古汉语词汇的继承;(2)创造新词;(3)方言词汇、外来语词汇、行业语词汇的吸收等。

3. 词义

作者说明了词义的社会性、客观性(对客观的反映,"神""鬼"这样的词是对客观的歪曲的、不正确的反映)。说明了词义的演变方式:(1)词义的深化,有的由于人们认识的深入、观点的改变造成,有的由客观事物本身的变化引起认识上的变化造成,如"工人""电"的词义,过去和现在的认识不同。(2)词义的变迁,又

---

① 刘凯鸣《读〈现代汉语词汇〉》,《人文杂志》1960年第2期。

分扩大(包括单义变多义)、缩小(包括多义趋于单义)、转移等类型,作者具体说明了这些变化的复杂性。就一个词来说,可以由扩大到缩小,再到扩大,也可以有别的类型。

作者也说明了多义词的形成、本义和转义的关系,区分了多义词的常用义、非常用义。吸收别的学者的观点①,分析了多义词的自由义(该词用这种意义时可以不靠其他词的帮助来实现)和非自由义(该词用这种意义时只有和为数有限的词相结合或执行一定的句法职务才能实现)。如"车"的"用于陆地带轮的交通工具"是自由义,在"用水车车水"中"车水"的"车"是"吸引"义,只有作谓语时才能实现,是非自由义。

作者对词义的这些分析论述,在当时的学术条件下,是相当系统深入的,丰富了这方面的成果,也推进了这方面的研究。

4. 同形词、同素词

作者对同形词、同素词作了具体的分析。作者说明音义不同、只是书写形式相同的词是同形词,如"真假"的"假"和"放假"的"假"。同形词产生的原因是:(1) 汉语词汇有音变造词,新词、派生词在书写形式上保持同一形式,如"降雨"的"降 jiàng"和"降龙伏虎"的"降 xiáng";(2) 有由于书写形式偶然相同造成的,如"他很生气"的"生气"和"很有生气"的"生气";(3) 有由于"借形变读"造成的,如"一打铅笔"的"打 dá"和"打人"的"打 dǎ"。还有由于汉字简化造成的,如"头发"的"发"和"发电"的"发"。

作者所说明的"同素词"是词素相同而结构次序相反的词,如"离别—别离"。同素词形成的原因有:(1) 由于创造新词时用相同的词素而采取了不同的结构方式,如"水井—井水";(2) 有由于修辞、押韵的要求而改变词素次序的,如"长久—久长"。同素词有意义不同的,如"文明—明文""力量—量力";有意义相同的,如"伤感—感伤""讲演—演讲"。

(六) 崔复爰《现代汉语词义讲话》

《现代汉语词义讲话》(山东人民出版社,1957 年)以现代汉语词义为说明对象,包括八章:1. 词义概述;2. 词义演变;3. 多义词;4. 同音词;5. 同形词;6. 同义词;7. 反义词;8. 偏义词。该书以词义为论述的中心,从词义的性质谈到词的各种意义关系,内容相当集中,不少章节分析较深入。该书丰富了现代汉语词义分析的内容。下面简介其中论述的几个问题的内容。

---

① 参看李友鸿《词义研究的一些问题》,《西方语文》1958 年第 1 期。

1. 对词义、词义演变的说明

作者对词义作了通俗的说明,认为词义是词的内容,词义必须是人们共同理解的,词义是通过声音表达的。词义有概括性、客观性等性质。作者把词义的演变分为词义的扩大、缩小、转变等类,其次类的划分包含有作者自己的理解。词义的扩大不仅包括新义代替旧义、新义比旧义范围大这种情况(如:"脸",古代指面颊,后指整个脸部;"河"古代专指黄河,后指一切河),也包括引申比喻产生之义。如"运动"本指物体转动,现指体育活动、社会活动,哲学上的含义是物质不断发展,是一种词义的扩大。词义缩小,不仅包括新义代替旧义、新义比旧义的范围小这种情况(如"金",古代指一切金属,现专指黄金),也包括吞并和偏指,如"国家","国"的意义占优势,"家"义吞并;"质量","质"的意义占优势,"量"的意义被吞并了。又如"类名偏指"的现象,"类名"是一类的总名,在一定的语言环境里,可以指从属的一个。如"爱人"包括丈夫、妻子,在一定的语境中,可偏指丈夫或妻子;"笔"在一定的语境中可偏指钢笔、画笔、毛笔等。词义的转变,既包括新义代替旧义,二义所指不同(如"错",古代指磨石,现指过失),又包括意义变好变坏等情况。作者对词义发展的分析相当细致,但有时把义项的增加看作词义扩大(如"运动"例),有时未区分语言现象和言语现象(如"类名偏指"说的是言语现象)。

2. 对比喻义的说明

传统上讲词义由引申而生出多个意义,统称引申义。比喻义是区分了新义和原义联系的不同情况下提出来的概念。作者用这个概念分析汉语多义词,反映出比喻义有不同的情况:(1)有的只有比喻的本义,如"铁拳、苦海、邪风、黑心"这些词;(2)有的是用比喻代替事物的名称,如"雀舌(茶名)、狮子头(菜名)、佛手(果名)、猫儿眼(宝石名)";(3)有的是其中一个词素是比喻,修饰另一个词素,如"雪白、笔直、冰凉、瓜分";(4)有的由本义构成比喻,构成后本义就不用了,如"领袖、阶级、根源、薪水"。说到比喻义和引申义的界限时,作者认为,为了使抽象的事物、道理形象化,必须用具体的事物或动作来打比方,所以,比喻义用的应该是名词和动词。认为表性质状态的形容词在这种用法上显得软弱无力。实际上,比喻义产生于相似性的联想,引申义产生于关联性的联想,这是二者的根本区别。作者也承认"睡得很甜""手段很辣"中的"甜、辣"是比喻,而这两个词是形容词。作者指出:"一个词具体运用起来,它的现实内容总比词的原来意义广阔得多。严格说来每个词都有多义性。"这是个深刻的见解。

3. 对偏义词的说明

作者对偏义词的说明是一般词汇学著作中所少有的。"一个词偏重于其中一个词素的意义叫偏义词",如"动静"偏重于"动"的意义,另一个词素的意义较轻些,甚至被吞并了。作者把偏义词分为两大类:等列偏义词,如"国家、质量、妻子"等;对举偏义词,如"忘记、睡觉、褒贬"等。这些词,有的可以孤立地表示偏义,如"国家、人物、窗户";有的在一定语言环境中表示偏义,如"大小"在"芝麻大小的事"中偏指"小","人马"在"手下有许多人马"中偏指"人"。作者分析汉语中这种偏义词现象,丰富了对汉语构词、词义变化的描写。

第三节 70年代末至80年代现代汉语词汇学的发展

一、概说

这个时期是现代汉语词汇研究得到恢复并获得较大发展的时期。70年代,一些学者因教学和指导语言应用的需要,写出了一些通俗性强、联系实际的现代汉语词汇学著作,这可以以华中师范学院中文系现代汉语教研室编写的《现代汉语词汇知识》(1973)和李行健、刘叔新的《词语的知识和运用》(1979)为代表。80年代以后,由于解除了"文革"对思想的束缚,社会安定,学术文化研究活跃,出现了一批内容较充实、有新的分析新的探讨的论著。重要的有朱星的《汉语词义简析》(1981),张永言的《词汇学简论》(1982),孙良明的《词义和释义》(1982),武占坤、王勤修订出版的《现代汉语词汇概要》(1983),徐青的《词汇漫谈》(1983),葛本仪的《汉语词汇研究》(1985),郭良夫的《词汇》(1985),符淮青的《现代汉语词汇》(1985)等。语文刊物也发表了较多的分析词、词语的论文。同前一阶段比较,这一时期研究现代汉语词汇的论著的特点是:(一)继承了前一阶段研究的基本内容和成果,论述更加细致;(二)在一些问题上有新的开拓,有较深入的分析,如关于词的内部形式、词义理据的探讨,关于词义分析的探讨,关于构词法、造词法的探讨等。也有学者吸收借鉴当代语义学的理论观点,分析词汇词义问题,写出了研究汉语的语义学著作,不限于研究词义,但词的语义分析是其重要内容。这可以以王德春的《词汇学研究》(1983)和贾彦德的《语义学导论》(1986)为代表。王的著作除包含有词汇学、词典学的一般内容外,还联系汉语介绍了西方语义学的观点和分析方法。贾的著作对语义研究的历史作了简要的总结,以汉语语言材料为分析对象,系统地说明了语义单位、义素分析、语义场等内容。作者后来将该书补充修改成《汉语语义学》(1992)。关于词汇学同语义学相结合的问题,本书放在第六章第一节中去说明。

下面扼要评述有代表性的综论现代汉语词汇的专著,同前一节的做法一样,关于基本词汇、词的规范化、同义词、反义词、构词法等问题的内容,一般集中在本书第四章中去说明,必要时在这里作一些交代和照应。

二、重要论著

(一) 李行健、刘叔新《词语的知识和运用》

李行健(1935—),四川遂宁人,1958年毕业于北京大学中文系,教育部语言文字应用研究所研究员,致力于汉语词汇、词典、方言等方面的研究,合著《词语的知识和运用》,有论文集《词语学习与使用述要》《语文学习论集》《语文学习新论》。主编《现代汉语规范字典》。

李行健、刘叔新曾合写《怎样使用词语》一书,后修订改名为《词语的知识和运用》(天津人民出版社,1979年)。这本书系统地说明了现代汉语词汇知识,注意指导语词运用。在当时学术著作很少出版的情况下,这本书对普及词汇学知识起了积极作用。全书共八章:1.现代汉语词汇的构成和发展;2.词和词义;3.同义词和近义词及它们的使用;4.反义词及其使用;5.成语、惯用语及其他;6.词语使用的准确性、鲜明性、生动性;7.词语的规范问题;8.怎样积累词语。

该书对词义作了通俗的说明,并具体分析了词义发展的不同情况。作者说明词义是人的意识对事物对象加以反映的东西,词义有抽象的特点。如"湖",不是反映某个具体的湖,而是概括地反映各种各样的湖的特点,如"四面有陆地包围的水",水深的程度和水面宽阔的程度超过池塘而比不上海洋。指称某一具体对象的专有名词(如"北京、天津"),也是对事物的概括反映,"神、鬼"等词是一种虚构的、歪曲的反映。

关于词义的发展,作者说明有两种性质不同的情况,一是被说者或写者暂时加以改变,一是历史演变。前者包括:

(1) 特指 词被转用来指某个具体的、特定的事物对象,词义变成这个具体对象特征的反映。如"湖"可以用来指某个湖,"老汉"可以用来指某个上了年纪的男人。

(2) 引申 由引申而形成的新义,在未被社会采用的时候是主观的、临时的。如"这热力温暖了每个文化工作者的心"中的"热力",指的是鼓舞文化工作者战胜各种困难的思想和精神,原义是指由热能产生的作功的力。

(3) 比喻 用一个词的客观意义比喻出新的意义。如"人人的脊梁上又都吐出汗粒"中的"吐",指的是冒汗的"冒"。这是一种形象的写法。

(4) 代替　表示人物某个特征的词,有时可以用来直指这个人物。如"秃头"可以指某个秃头的人。

(5) 承受　为了表达的简洁,话语中已经提示清楚的被修饰限制成分可以略掉,它的意义被修饰、限制它的成分所承受。如"银的""铜的"在一定条件下可以指"银的钱""铜的钱"。

作者说明,这些词义的暂时变化,有可能成为历史的变化而被社会所承认。

词义历史变化是另一种情况。客观事物演变发展,人们的认识不断变化、提高,反映到词义上来,都可以引起词义的历史变化。其方式是:扩大、缩小、转移(作者把感情色彩的变化也归入此类)。又提出"深化"的方式,认为随着人们对事物认识的加深,指称某事物的词会在意义上深化。如"原子",到19世纪后期,人们还认为原子是物质的最小的质点,是不可分的。后来,人们认识到原子是由电子和原子核组成的微粒。

作者对词义发展的分析,特别是词义暂时改变的不同情况,暂变有可能成为历史演变的分析,丰富了词义发展内容的说明。

李行健还发表了多篇关于词汇学的论文,其中《概念意义和一般词义——从"国家"的词义是什么说起》(《辞书研究》1981年第2期)讨论了如何认识概括词义的问题。作者指出,"国家"的含义可概括为:"①在一定历史阶段中由固定的土地和人民组成,有一个进行管理的组织的共同实体。②指由军队、警察、法院、监狱等组成的阶级统治的工具。"前者指明国家同其他事物不同的区别性特征,后者指明的是国家的本质。而《现代汉语词典》、修订本《辞海》和1977年修订重版的《四角号码新词典》都未为①义设立恰当义项,因而"我们的祖国是一个富饶美丽的国家""大家都应努力为国家四化多做贡献"中的"国家"的意义就得不到解释。作者据此提出,词典释义要进一步解放思想,辞书注释的词义应该是广大群众共同理解的、一致使用的意义,不能把专门术语的概念意义当作一般的意义。作者的论述,有助于消除当时辞书编纂中一些人用政治概念代替一般词义的不良倾向,也引导人们进一步认识词义的性质。

(二) 张永言《词汇学简论》

张永言(1927—2017),四川成都人,1950年毕业于四川大学教育系,四川大学教授,致力于训诂学、词汇学、汉藏语的研究,主要著作有《词汇学简论》《训诂学简论》《语文学论集》等。

《词汇学简论》(华中工学院出版社,1982年)共六章:1.序论;2.作为语言单位的词;3.词的意义;4.词汇体系中词的类别;5.同义词、反义词、同音词;6.熟语。该书是"文革"后国内较先出版的系统而简明的词汇学论著。作者参考国外学者有关著作①,多说明普通词汇学观点,书中以分析现代汉语词汇、汉语词汇的语言材料为主。下面扼要介绍书中论述的几个问题的内容。

1.词义和概念的关系

作者全面地说明了词义和概念的关系:(1)词是概念产生和存在的必要条件,但不是每一个词都有概念作为基础,而每个词都有意义,如感叹词,它表现的不是概念而是说话人的感情意志。(2)概念是一种思维范畴,不带感情色彩,许多词的意义不仅反映客观事物,还带有感情色彩。(3)概念一般说来各民族是共通的,词义则具有明显的民族特点。比如汉语跟英语 brother 相当的是"哥哥""弟弟"。(4)一个概念可由词组表达,几个彼此有联系的概念可以由一个词来表示,如多义词。(5)一个词的意义跟其他相关的词的意义共同形成一个意义体系,各义互相制约。由于各个词义互相制约,一个词的意义范围可能跟相应的概念的外延或内涵不一致。如现代汉语里"短"这个词的意义就不完全包罗"长度小"这个概念,人的"长度小"这个特征不包括在"短"的词义范围中。(6)许多概念界限分明,表达概念的词却可能把这些界限打破,使词义模糊。如"尖"表示触觉(刀锋很尖),也表示视觉(眼尖)、听觉(耳朵尖)、嗅觉(鼻尖)等。作者这里对词义和概念的说明,吸收了 1949 年以来关于这个问题探讨的成果,也吸收了当时模糊语言学对词义分析的成果(如上述[6]的说明),是对这个问题相当完整而深入的论述。

2.词的理据、词的内部形式

作者说明词的内部形式指用作命名根据的事物的特征在词里的表现,又叫词的理据。事物现象具有多种特征标志,人们给事物命名只能选择它的某一特征标志作为依据。作者认为除了一些"原始名称"外,语言中的词大多有内部形式可寻。用词根复合法、词根派生法构成的词内部形式明显,如"毛笔、钢笔、作家、画家"等。语义构词法(由一个词的语义分化形成新词的方法,如"倚→倚[椅]"),语音形态构词法(利用语音手段,如音素交替、变音转移、声调改换等造成词形变化,产生新词,如上古的"内→内[纳]")内部形式隐晦,运用必要的语言学方法可以阐明其内部形式,如"鹤"得名于白色,与它的同族词"確"(鸟之白)、

---

① 张永言在《语文学论集·后记》(语文出版社,1992年)中说,《词汇学简论》原有简短后记,说明该书"采撷苏联阿尔诺里德(И. В. Арнолъд)《现代英语词汇学》(1959),粗定纲目"。这个后记在该书出版时未刊出。

"犐"(白牛)、"骍"(马白额)等比较之后可以得出这个结论。词的内部形式会消磨掉,有时会跟词的现实意义发生矛盾,如"红墨水、绿粉笔"。

"内部形式"是国外学者提出的概念,苏联学者常用"词的内部形式"分析词义的理据。作者是应用这种观点对汉语语词进行较多探讨的学者之一[①]。作者认为还可由此认识语言里词与词之间的联系,认识词义演变、词汇发展的一些规律。这无疑是有待进一步开拓的领域。

3. 关于词汇体系

关于词汇体系,作者也作了具体的分析。认为语言词汇的词不都是同一种类,具有不同的特征,但存在"隐藏在外表的纷乱背后的系统"。把词汇当作体系来研究,可以按照词的语义联系进行语义的分类。可以有联用的分类,如"信、邮局、邮票、寄"等在言语里常同时出现,可按联用分类法归为一类。可以有逻辑的分类,即按概念种属关系的分类,如名词可分为生物名词、具体的无生物名词、物质名词,生物名词中又可分出更小的类别等等。作者认为,由于词汇体系里各个单位在语义上是彼此联系、互相制约的,所以只要词汇里一有新的成分出现,或旧的成分消失,就会导致词义的重新分配。例如"跑"的出现引起"走"和"行"意义的变化,"跑"取代了"走","走"又取代了"行"。"觉"的"睡醒"义在口语里消失,促成"醒"的意义由"酒醒"扩大到"睡醒"。词汇体系和词汇体系中词义相互制约的观点来自西方语义学理论,它开拓了人们的眼界,引出新的研究方法和思路。作者的说明有助于在这方面进行新的探索。

(三)孙良明《词义和释义》

孙良明(1927—),河南安阳人,1952 年毕业于北京师范大学中文系,山东师范大学古籍整理研究所教授,长期从事汉语词汇学、语法学研究,词汇学论著尤多,重要论著有《词的多义性跟词义演变的关系和区别》《同义词的性质和范围》《汉语词法研究中的几个问题》《汉语构词法中的几个理论问题》《词义和释义》等。

《词义和释义》(湖北教育出版社,1982 年)全书分词义、释义两大部分。词义部分包括:1. 词义的定义及范围;2. 词义的概括性和具体性;3. 词的本义和转义;4. 词的义场;5. 词的语法义;6. 词的原义、后义、古义、今义、新义;7. 词义的演变和分化;8. 词与词的音义关系。释义部分包括:1. 释义的任务;2. 释义的原则;3. 释义方法;4. 释义应注意处理的几种关系。该书对词义的分析细致深入,释义

---

① 作者另写有论文《关于词的"内部形式"》,《语言研究》1981 年创刊号。

的说明系统实用,这在现代词汇学的著作中是不多见的。作者的说明丰富和推进了这方面的研究。下面扼要介绍该书对两个问题的说明。

1. 词的义场

作者把词义存在的场合和使用的范围称为"义场",把词的概念义称为"义心"。属于词汇方面的叫词汇义场,属于语法方面的叫语法义场。"义场"可用专门性文字说明,最好用括号括起来。作者说的词汇义场重要的有:

(1) 语词表示特定的人或事物的行为。如(皆引自《现汉》,下同):

奔驰　(车、马等)很快地跑。
凋零　(草木)凋谢零落。

(2) 动作语词以特定的人或物为支配对象。如:

阐明　讲明白(比较深奥的道理)。
昭雪　洗清(冤枉)。

(3) 状态性质语词以特定的人或事物为形容修饰对象。如:

刚健　(性格、风格、姿态)坚强有力。
粗野　(举止)粗鲁,没礼貌。

(4) 语词的概括义有特定的范围。如:

出处　(引文或典故的)来源。
典雅　优美不粗俗(多指文辞)。

(5) 语词的概括义用于特定的方面。如:

观礼　(被邀请)参观典礼。
灰心　(因遭到困难失败)意志消沉。

作者说的语法义场主要指语词或语词的某些义项用于特殊句式或作特定的句子结构成分。如:

(1) 某些语词多用于否定句式:

打紧　要紧(多用于否定句式)。
断断　绝对(多用于否定句式)。

(2) 某些语词或语词的某些义项只充当偏正结构的正项,或前边需要修饰语,或后面必带补语:

　　　　为生　（以某种途径）谋生。
　　　　愁　　②使担忧。只用于"愁死、愁坏了"等动结式。
（3）某些语词或语词的某些义项在动词前作修饰语或作连动式第一动：
　　　　加意　特别注意（用作状语）：～保护。
　　　　合股　几个人聚集资本（经营工商业）。
（4）某些语词或语词的某些义项作宾语：
　　　　见证　可以作证的人或事物。……常用作"是"的宾语。
　　　　意外　在意料以外发生的不幸事件。……常作宾语。跟动词"有、没
　　　　　　　有、发生、防止"等在一起使用。

作者认为，"义场"不属词的概念义，但同概念义有不可分割的联系，为分析描写词义所不可遗漏。

2.词的释义

作者说明词的释义的原则、方法和语文教学中词的释义。

释义的原则是：观点正确、科学性、针对性、正确的文风。

释义的方法有：

（1）义界　用直述的文字对语词作界说。说明语词所标志的概念特点。如：

　　　　旭日　刚出来的太阳。
　　　　朦胧　月光不明。

（2）互训　利用词跟词的同义关系释义。被释者难懂，释者易懂。又可分今语释古语，普通话释方言，通用语释书面语、口语等。如：

　　　　炫目　耀眼。
　　　　小囡　浙江方言，小孩子。
　　　　永诀　〔书〕永别。
　　　　估摸　〔口〕估计。

（3）描绘　用比喻形容的方式说明语词意义。如：

　　　　明灯　比喻指引群众朝光明正确方向前进的人或事物。
　　　　森森　①形容树茂盛繁密：松柏～｜树影～。

② 形容阴森岑寂。

(4) 探源　指出语词的来源,又指出语词的原义。如:

请缨　《汉书·终军传》:"南越(粤)与汉和亲,乃遣(终)军使南越说其王,欲令入朝,比内诸侯。军自请愿受长缨,必羁南越王而致之阙下。"后世用来指请求杀敌。

作者又说明语文教学中语词释义应注意处理变义和词义的关系、字面义和用法的关系、概括义和具体义的关系等。如"殉职",有关课文中说"这里指为革命工作而牺牲生命",这是具体义,其概括义是"(在职人员)为公务而牺牲生命"。"樯橹",有关课文解释为"这里指曹操的水军",还应指出其概括义:樯,桅杆,引申为帆船或帆;橹,一种用人力推进船的工具,外形略似桨,但较大,支在船尾或船旁的橹担上。

(四) 武占坤、王勤《现代汉语词汇概要》

《现代汉语词汇概要》(内蒙古人民出版社,1983年)是在作者合写的《现代汉语词汇》的基础上,经过较大的补充修改写成的。全书共十章:1.词汇概说;2.词的形式和内容;3.构词法;4.词与词的几种联系;5.几种词汇类型;6.熟语;7.简称、数词缩语、偶发词语;8.现代汉语词汇的发展演变;9.现代汉语词汇的规范化;10.词典。该书保持了原书以共时说明为主、适当联系历史发展的优点,对不少问题又作了新的探讨论证。下面扼要介绍该书补充的一些新内容。

1. 关于词汇体系

作者认为词汇是一个体系,其表现可以从不同角度来说明。整个词汇成分可以分为词素、词、熟语三个等级。词汇成分间有层递联系性,这是词汇体系性的一个重要的侧面。词汇成分在总的方面存在着共同的特点,服从于共同规律的支配,这也是词汇体系性的一个重要表现。如外来词进入汉语,是"民族化"了的,这就体现了这种总规律特点的制约。词汇体系性也表现在词汇成分间在历史的发展演变中彼此相互作用、相互影响上,如词和词之间存在词义互相影响而语义界限调整、同化、异化等现象。词汇类聚成分在共时的"类"的联系中存在有上下逐级隶属的现象,这是词汇系统性在词的类聚上的表现。词的称谓功能是词汇成分的基本功能,因此由称谓内容(语义内容)同一和对立形成的级的逐层隶属、横的相互对待的大大小小的词汇组系,当然成了词汇系统中的根本现象。词汇系统是一种历史现象,它也有民族性。

作者还指出,词汇是数以万计的词汇成分的聚合体,它的组织形式和语音、语法相比,要松散得多。个体符号之间的制约性比较弱,松散的词汇系统给个体符号的增减以较大的自由,因此,词汇反映社会的各种变化必然是敏感的、经常的。

作者上面的论述是到当时为止对词汇体系性问题的相当深入而有根据的说明。

2. 关于词的色彩

作者系统地探讨了词的色彩问题,把词的色彩分为下列几类:

(1) 情态色彩　词表达人们对事物的概括认识的同时,也表达人们对该事物的爱憎意味和褒贬评价。除了中立型的以外,又有:A. 敬重礼貌的(导师、首长);B. 喜爱褒奖的(祖国、伟大);C. 厌恶贬斥的(市侩、骗子);D. 委婉讳饰的(长眠、太平间)。

(2) 格调色彩　词的构词理据、寓意背景、所在语体等因素的不同形成特定的意趣风格,叫格调色彩。又分:A. 意趣格调,指词所有的含蓄意境或抒情韵味(并蒂莲、鸳鸯枕);B. 语体格调,又分书面语格调和口语格调。

(3) 形象色彩　词的理据是描绘性、比喻性的,多义词用于比喻义,都给人以具体的形象感。又分为:A. 动态感(翻飞、漫卷);B. 形态感(莽原、水晶宫);C. 色象感(彩霞、金灿灿);D. 音象感(萧萧、噼里啪啦)。

词的附属色彩不易分析,词汇著作中的说明一般比较简单,作者上述分析比较细致,推进了这方面的研究。

3. 关于现代汉语词汇的发展

作者系统地分析了现代汉语词汇的发展。先从理论上说明词汇发展演变的内在根据是词汇内在诸矛盾,起重要作用的是词汇的社会功能和词汇符号系统这对矛盾。社会的历史变革是汉语词汇发展演变的社会基础。作者具体阐述了鸦片战争以后、"五四"以后、1949年以后现代汉语词汇的发展情况。

一方面是新词的产生。作者列举了各种结构的新词。主谓结构的如"国营、厂办、自修";修饰结构的如"铁路、火车,电子琴";并列结构的如"汇兑、买办、老大难";支配结构的如"整党、转业";因果结构的如"推广、落实";附缀结构的如"党性、无产者";等等。在新词中,句法构词中的修饰格、支配格的构词能力有所增强,附缀造词是新兴的能产的造词格式,还出现了一批新的成语(意气风发、吐故纳新),新的谚语(一花独放不是春,万紫千红万园春),新的歇后语、惯用语等。

另一方面是旧词的消亡。这有两种情况:一是反映旧的社会制度、旧的事物、旧的思想观点的词语消亡,如"科举、吏部、牙行、堂倌";一是有碍语言规范、纯净的词语消亡,如"洋油、千里镜、水师、烧夷弹"。

词汇发展还表现在吸收了一部分外来词、方言词,表现在词义内涵的消长、外延的伸缩转移、多义的减项、基本词非基本词的互相转化等方面。

作者还认为,现代汉语词汇的发展具有速度快、范围广、规范化、双音化、三音化的特点。

(五)徐青《词汇漫谈》

徐青(1934—),浙江省湖州师范学院教授,从事汉语教学研究工作,主要著作有《语言趣谈》《古典诗律史》《字典和词典》《词汇漫谈》等,主编师专用《现代汉语》。

《词汇漫谈》(浙江人民出版社,1983年)全书共十三节:1.字和词;2.词的声音形式;3.词的意义内容;4.词义的种类;5.词的意义容量;6.词义的相互关系;7.词的构造;8.词的组合;9.词汇组成;10.古今词汇的异同;11.方言词汇;12.外来词;13.语言美和词汇规范。作者用轻快活泼的文笔说明词汇学的基本知识,又有相当的系统性和深度,多见简明切要的分析和敏锐独到的见地。下面简介作者论述的两个方面问题的观点。

1. 关于词义

作者说明词义问题的下列观点值得重视:

(1) 词义的概括性 作者说明词义的概括性是"指它所反映的是一般的东西,而不是特殊个别的东西"。如"人"的词义就是舍弃了男人和女人的区别、大人和小孩的区别、中国人和外国人的区别、工人和农民的区别,只剩下区别于其他动物的特点。由此作者说明公孙龙所说的"白马非马"的论断,若从词义和概念的概括性这个角度来看,并不是毫无道理的。

(2) 词义的模糊性 在综论词汇学的论著中,该书是较早地讨论词义模糊性的一部。作者说明了"长、短""轻、重""深、浅"等词义的模糊性。长、短、深、浅的标准,词义本身没有表明,需要通过某种非语言因素的帮助,才能确定。"青年""中年"是逐渐过渡的,两者之间的界限不是十分明显。作者认为客观存在各种类型的连续体或连续系列,其间界限不清,用词和概念去反映,自然就产生了模糊性的特点。

(3) 词的临时义 作者说明一个词本来没有某项意义,用到某一个特定文句中却可以表达一项意义。在毛泽东所著的《党委会的工作方法》中有这样一段话:"划清两种界限。首先是革命还是反革命?是延安还是西安?"这里"延安、西安"有了比喻义。临时义产生的根据是:词所包含的意义和现实生活有多方面的联系，人们可以通过联想发掘出许多潜在的间接关系来，将它突出出来，使本似无关的事物在某方面有了关联。在特定的历史时期中，延安、西安所指的地方有革命政权、反革命政权存在，在特定的条件下使用，就有一定的政治色彩了。这种表达方法，必须有相应的语言环境、有上下文才能应用。

(4) 词义结构　这是指合成词说的，合成词虽然造词模型数量有限，但造出来的词义结构是丰富多彩、各具特色的。例如"马铃薯、土豆、山药蛋、洋芋"是同一事物的名称，虽然都是偏正式，但其词义内部组合的情况不同。作者把合成词词义和词素义的关系分为两类：一类是各个词素义相加而直接表达词义，如"蜂窝煤、鹅卵石、香水、皮椅"等；另一类是各个词素义相融合而较曲折地表示词义，如"动气"指人生气，"断气"指人死。合成词由于造词时着眼点不同，选用词素材料各异，表达方法有种种差别，词义的结构是千姿百态、丰富多彩的。

(5) 词义的解释　作者指出同一个词在不同词典上解释不一样，词的义项多少也有差别。如"好"，《现代汉语词典》中有 14 个义项，《辞海》中有 7 个义项。作者说这是由于词在造句时具体意义各有差异，十分纷繁，词典对词的具体义加以概括提炼，去异求同。由于编写人员提炼概括不尽相同，也由于词典的性质、任务、对象不同，对义项的概括也就有了广狭之别。词的意义虽是客观性的，但归纳和解释词义时是带有主观色彩的。该书是词汇学著作中较早地讨论词的义项的提炼和概括问题的一本。

2. 关于词汇、词义的发展

作者说明了多种词汇、词义的发展现象，有两个问题论述较充分：

(1) 词汇的双音化　作者说明古汉语单音词占优势，现代汉语则是双音词占优势。双音节化的趋势表现在：A. 单音词在今天一般不再产生；B. 古代的单音词逐渐失去它的生命力，或正在缩小着它的使用价值，代之而起的是把这些单音词双音节化，构成大量意义相近的合成词；C. 反映新时代新事物新现象的双音词大量产生；D. 许多新产生的多音词，受双音节化的影响，也双音化了，如"生产物—产物、纸卷烟—纸烟"；E. 大量反映新事物的词语由于使用频率高或其他原因而减缩成双音词，如"土地改革—土改、基本建设—基建"。

(2) 古今通用词的义变　作者说明古今通用词包含着多种多样的复杂情况。有许多词，尤其是单音词，从上古一直通用到今天，也有从近代通用到现代的。词义内容有古今相同的，如"山、水"之类；也有意义变化的，如"新鲜"，《水浒传》第一回中"换了一身新鲜布衣"一句中的"新鲜"，词义同今天已有差别。有的差别较大，但结构形式未变，如"出色"，原指出力，《水浒传》第三十回："刘高差你来,休要替他出色。""出色"古今义差别较大,用法也不同了。

(六)朱星《汉语词义简析》

朱星(1911—1982),字星元,江苏宜兴人,历任河北天津师范学院、河北北京师范学院、河北师范学院、天津师范学院等校教授,对现代汉语、古代汉语、普通语言学等都有研究,主要著作有《普通话小史》《语言学概论》《汉语语法学的若干问题》《古代汉语》(主编)《汉语词义简析》等。

《汉语词义简析》(湖北人民出版社,1981年)全书说明五个问题:一、词义原理,包括词和义的关系、词义系统、词义的组织等问题;二、词义分析,包括词的概念义、语法义、修辞义的分析,以及从各个不同角度对词义所作的划分,如单义、多义、本义、初义、主义、次义、词内义、词外义,还有各种语言单位词义的分析,如复合词词义分析、成语义分析、译词义分析等;三、词的变化,包括词义变化规律、原因、趋向、影响等;四、词义教学,包括词义教学原则、释义方法等;五、古代训诂注释和外国语义学简介。专以词义作为研究的对象,联系日常应用、文学作品分析、语文教学,作理论的说明和应用的分析,该书是较早的一本。作者的探讨推进了这方面的研究。

该书简明地说明了一般的词义理论。如说明了词本身"所称"与"所指"并非一回事。比如"人"这个词词义与所指的对象并不全同。"人"这个词所称的是抽象的人、固定的人,而所指对象的人是具体的变动的。作者也提出了词位、义位、义素的概念。一个词称为"词位",词的一个意义称为一个"义位",一个义位可以包含一个或一个以上的"义素"。如"国民"有两个义素,"无产阶级"有三个义素。

从不同角度分析词义的内容、作用、性质是该书的优点。作者的说明帮助人们具体认识词义的复杂性。例如关于词内义、词外义的分析。科学语言所用词义都是词内义,文学语言追求词外义。词外义也可以说是修辞义、含蓄义、深层义、言外义。它的义不在字面上,而在字面外。中国古典诗词讲炼字,这个字往往有词外义。如杜甫诗句"风含翠筱娟娟净",句中"净"字暗写雨,这是字外义。又指出词有一般义,为一般人所了解,词又有特殊义,指不同阶级、不同文化程度、不同职业的人理解不一致的词义。如"革命"一词,从古至今其实质义(特殊义)不断变化,而它的一般义"用暴力或激烈手段推翻旧政权、旧事物"没有大变。

作者对复合词词义的分析也比较细致,认为词义在复合词这一组织中有特殊情况。类别有:二字(词素)义同并列合成一义,如"土地、法律";二字义近并列合成一新义,如"姓名、图书";二字义相反并列合成一新义,如"动静(情况)、呼吸(气息)";二字义相反并列只择一表义,如"缓急(只表'急'义)、好歹(只表'歹'

义)";二字相合分主从成一新义,如"工人、铁路";二字相异由动宾短语、动补短语、主谓短语成一新义,如"种地(动宾)、打倒(动补)、头疼(主谓)"等。

该书所立术语过多,如引申义又称变义,假借义可称假变义,又称兼义。又说本义、初义是主义,变义后是次义,还可有再次义、更次义等。

(七)葛本仪《汉语词汇研究》

葛本仪(1933—   ),山东潍坊人,1955年毕业于山东大学中文系,山东大学教授,长期从事汉语的教学研究,尤致力于汉语词汇研究,主要著作有《现代汉语词汇》《汉语词汇研究》,主编教材《语言学概论》《新教学语法概论》,又主持完成了《信息处理用现代汉语三万词语集》《现代汉语三万词语微机处理系统》《当代汉语流通频度词典》等。

葛本仪在60年代曾写有《现代汉语词汇》(山东人民出版社,1961年初版,1975年修订再版)。这本书简明地阐述了现代汉语词汇的基本知识,虽是普及性著作,但一些问题阐述较深入。如作者把词与概念的关系和词义与概念的关系分开讨论。概念和客观事物有必然的联系,词和客观事物没有必然的联系。同一概念在不同语言里用不同形式的词来表示,同一个词也可以表示不同的概念。词义与概念和词与概念的关系不同,广义地说,词义就是词所表示的概念。概念作为人类的思维形式,它须表现出客观事物的本质和一般的特征,词义作为人类的交际工具,只要求表现出与别的事物能够区别开来的那些特征就可以了。在交际的过程中,对同一个词词义的理解,也可以随着人们对客观事物认识程度的不同而有所差异。

《汉语词汇研究》(山东教育出版社,1985年)一书分四个部分:1.词、词素、词汇;2.造词与构词,包括造词和造词法、构词和构词法等;3.词义,包括什么是词义、词义的类聚、词义的演变和发展等;4.词汇的发展,包括词汇发展的原因、词汇发展的概况。下面扼要介绍该书论述的两个问题的内容。

1.词的确定

如何确定现代汉语的词,既是语法学关注的问题,也是词汇学特别关注的问题。作者吸收了这方面的研究成果,在全面地说明了现代汉语词的性质以后,提出了细致辨识的10项标准:

(1)单音节、有意义、能独立运用造句的成分是词,如"山、水、飞、走、红、黄、一、二、再、很、并、或"等。

(2)两个或两个以上不表示意义的音节组合,能表示特定的意义,并可独立地用来造句的是词,如"蜘蛛、玲珑、吧嗒、尼龙、托拉斯"等。

(3) 一个或一个以上不表示意义的音节,和一个表示意义的音节组合在一起,表示着特定的意义,并可独立地用来造句的结构是词,如"啤酒、酒吧、霓虹灯、高尔夫球"等。

(4) 表意的成分和已虚化的成分组合,表示特定的意义,并可独立用来造句的结构是词,如"阿妹、合乎、黑乎乎"等。

(5) 一个不能独立运用造句的表意成分,重叠后可以独立运用造句,这一重叠后的新结构是词,如"弟弟、悄悄、茫茫、匆匆"等。

(6) 一个表示意义的成分重叠以后,表示了新的意义,可以独立运用来造句,这样重叠的结构是词,如"区区、熊熊、济济、奶奶"等。

(7) 两个表示意义但不能独立运用造句的成分相结合,形成一个新的结构,表示新的意义,并能独立运用造句的是词,如"牺牲、丰茂、参赞、疏急"等。

(8) 一个有意义又可独立运用造句的成分,和一个表示意义但不能独立运用造句的成分组合在一起,形成了新的结构,表示新的意义,并能独立运用造句的是词,如"学习、人民、简短、反击"等。

(9) 一个表意的但不能独立运用的成分,在具体的语境中如果被独立运用造句时,也应该认为是词,如"爱民如子"中的"民""子"。

(10) 两个表示意义又可独立运用的成分结合,形成新的结构,表示新的意义,并能独立用来造句的是词,如"白菜、马车、书本、说明书"等。

对一些有争论的语言单位,作者根据是否表特定的意义、能不能扩展这两点来确定它们是不是词。如认为"江湖"在"走江湖"中是词,在"江湖多美好"中是词组;"羊肉""抓紧"等在实际应用中一般不扩展,或具有一定程度的定型性,是词。

作者把以上类别用数字表示(数字就按上述排列顺序),用来分析课文中词的单位,如:

<pre>
它 没有 婆娑 的 姿态, 没有 屈出 盘旋 的 虬枝。
1 10   2   1 2   10   10   8   1   8
</pre>

汉语的词缺乏形态的标志,作者从构成词的成分的特点、功能;整个结构的特点、功能上细细地作了分析,找出认识现代汉语词的具体方法,对词汇教学和研究是很有价值的。其中的(9)类,还应区分是固定结构中的用法、文言句式,还是现代汉语的一般用法;(6)中"熊熊"的"熊"看作有意义的音节,也不尽合理。

2. 词汇系统

作者用"词汇系统"的理论说明了词汇发展中一些有规律性的现象,认为词汇系统内部的矛盾调整,有时会出现连锁反应的情况。如"爱人",原指相爱而未婚的一方,后来指已婚的男女中的一方,原义则出现了"朋友"的新义项,和"对象"的新义项来互相代替。"朋友""对象"的新义形成了等义。但两个词在色彩用法上又出现了区别,"对象"口语色彩重些。二词有时可换用,如"那是他朋友(对象)"。但"搞对象"中的"对象"则不能换成"朋友"。"爱人"同原来的"丈夫""妻子"形成同义词,但又有了差别。"丈夫""妻子"更具有庄重的书面语色彩,"爱人"则有亲昵的感情色彩。这种对词汇词义系统的说明很有价值,作者的分析给人以有益的启发。

作者在该书中对造词法和构词法的范围和分类作了探讨,在本书第六章第七节有说明。

(八) 郭良夫《词汇》

郭良夫(1916—2010),山东巨野人,1947年毕业于清华大学中文系,商务印书馆编审,致力于词汇学和词典学的研究,主要著作有论文集《词汇和词典》《词汇》等,主编《应用汉语词典》。

《词汇》(商务印书馆,1985年)全书共七章:1.绪论;2.语素和词;3.复合词和简称;4.词义;5.同义、反义、异义和偏义;6.词汇的发展;7.词汇的规范和词典。该书主要说明现代汉语词汇的基本知识,不少章节有作者较深入的观察和新鲜的见解。下面扼要介绍作者对几个问题的论述。

1. 词的性质和词的确定

作者从不同角度说明词的性质。根据布龙菲尔德的见解说明"词是最小的自由单位",所谓最小,就是不能再分出单说成句的部分来,所谓自由,就是单说可以成句。作者指出,这个定义对于汉语来说太严格了,因为汉语的黏着单位,虽不自由也不能不说是词,如助词("我是昨天到北京来的"中的"的")。作者又据梅耶的观点说明"词是音义的结合体",指出这个定义过于宽泛。作者赞同赵元任的观点,即"用停顿跟可能的停顿作词的记号",认为这个办法可以把词跟词的界限划分开来。实际上用停顿确定词也难以普遍应用。

作者根据现代汉语词的实际情况,提出确定复合词(两个及两个以上的词根组成的词)的方法是:

(1) 复合词的组合成分可以是自由语素(F),可以是黏着语素(B),只要一个成分是黏着的,整个结构就不会是词组:

FB　报刊　考察

BF 蚁酸 喜酒

BB 驱逐 特殊

(2) 在后的音节读轻声,整个结构就是复合词,如"烧饼、打听、挑剔、合同"。

(3) 不能扩展的是复合词,如"红花(一种药材)、山水(中国画)"。

作者又指出,复合词的意义多半是字面以外的,即词汇意义。如"大衣"指寒冷天气穿的外衣,"小气"是吝啬的意思。

作者提出的确定复合词的方法,吸收了语法学的成果,简明实用,丰富了这方面的内容。

2. 词义的分析

作者认为复合词的意义有多个层次:

(1) 底层意义 底层意义是一种起码的字面意义,如"鸡眼"(指脚上的一种皮肤病),它的底层意义是"鸡的眼睛",已经不用了。

(2) 词汇意义 是凭字面难以猜出来的字面之外的意义,复合词的意义多半就是词汇意义。如"惊闺",是贩卖针线脂粉时用作叫卖工具的小鼓儿。

又说明复合词的意义也可以是字面的。如果是字面意义,它总是外在底层,如"茶房",原本是指地方,元杂剧中有很多证据,如"在此棋盘街井底巷开着座茶房"(关汉卿《王闰香夜月四春园》第三折),这样的意义有时要发掘出来。又认为字面意义中有"具体意义",这是对概括而言的。如"打倒"的概括意思是"推翻",它的具体义是"打翻在地"。

作者的上述分析能引导人们注意到复合词的意义同组成它的语素义关系的复杂性,注意到词义和语素义在历史上的变化。

作者对偏义复合词意义的分析也很细致。偏义复合词中无意义的成分本来是有意义的,后来磨损了,只起陪衬作用。作者把陪衬语素区分为以下几种情况:

(1) 固定的 陪衬语素本来就有,如"有意见当面提,别在背地里褒贬人"中的"褒贬",只是"贬","褒"是陪衬语素,位置在前。

(2) 选择的 陪衬语素位置不固定,说话人依据自己要表达的意思自由选择,如"独生子女","子女"必有一个陪衬语素。

(3) 附带的 如说"润之以风雨",意思只是"雨","风"不能润物,它是附带的。

作者这些细致的观察和分析,加深了人们对偏义复词表义特点的认识。

3.词汇的发展

关于词汇的发展,作者下列说明值得注意。

(1)汉语的词在双音节化的过程中,常常出现不稳定的过渡形式。其表现是:

A. 单、双音节词自由变用。如元代杂剧中"剥""削"与"剥削"的意思、用法一样,可以说"削了职""剥官职""剥削了官"。

B. 双音节可以插入其他成分。如"挑战",《国语·晋语》:"公令韩简挑战。"注:"挑晋求战,以广大民心,示不惧也。"这里"挑""战"分开用。这说明许多复合词有一个从组合松散到紧密的过程。

(2)旧词消亡的不同情况,作者分为下列四种:

A. 废弃 不适应社会需要,就被废弃。如说"回族",不说"回子",说"苗族",不说"苗子",这有法令的依据。

B. 淘汰 这指自然而然地不用了。如旧时含有轻蔑之意的称谓"下人""老妈子"等。

C. 替换 指陈旧的称谓被新的称谓代替。如"邮差"换为"邮递员","厨子"换为"厨师"等。

D. 消失 这指自然消失,但并不消灭,如"洋药、洋烟"等。

(九)符淮青《现代汉语词汇》

符淮青(1936—),海南文昌人,1959年毕业于南开大学中文系,北京大学教授,致力于汉语词汇学、词典学、语义学的研究,主要著作有《现代汉语词汇》《词的释义》《词义的分析和描写》《汉语词汇学史》以及全国高等教育自学考试教材《现代汉语》(合著)、北京大学中文系现代汉语教研室编《现代汉语》(合著)等。

《现代汉语词汇》(北京大学出版社,1985年)全书共十章:1.绪论;2.词和词义;3.词的概括性;4.多义词和同音词;5.词义的发展;6.同义词、反义词、上下位词;7.现代汉语词汇的构成;8.成语、谚语、俗语、歇后语;9.词义和构成词的语素义的关系;10.词典。作者在词义的说明分析方面进行了比较细致深入的探讨,下面扼要介绍这方面的内容。

1.词义的性质和义项的性质

作者从两方面说明词义的性质:一方面,从词的符号性这一点,说明词的语音形式同它所代表的对象联系的条件下,其代表对象就是词的语音形式的意义,也就是该词的意义。词的语音形式联系的一般是概念内容。另一方面从概念内容的本性讲,词的概念义(概念内容)是对客观事物的反映。作者给词义的总括说明是:词义(狭义用法,指概念义)从构成上说,是词的语音形式联系的概念内容;从概念内容的本性上讲,是对客观事物的反映。

义项性质是词汇学著作少有说明的问题。作者对义项的性质作了分析。词义在运用中有种种差别,可以根据概念义适用对象的一致性、同类性,概念义表示的对象特征的共性,确定一般的词的义项。义项在词典中的确定和归并受词典性质、任务的影响而有复杂的情况。作者指出义项的性质是:

(1)概括性　不同的词的不同义项都有概括性,但概括的程度(如"山"和"黄山")、概括的范围(如"宇宙"和"粒子")有很大的差别。

(2)是词义的单位　不同义项的概括程度、概括范围虽然不同,但作为义项,它们的地位是平等的,都是词义的一个单位,使词能用义项所表示的意义在语言中起作用。

2.词义和构成词的语素义的关系

作者根据《现代汉语词典》的释义,分析了双音合成词的词义和构成词的语素义的关系,主要有五种类型:

(1)语素义直接地完全地表示词义,又有词义是语素义的组合的(平分:平均分配),词义、两个语素义三者相同相近的(哀伤:悲伤,"哀、伤、哀伤"义同)。

(2)语素义直接地但部分地表示词义。如"平年",义为"农作物收成平常的年头","平"义为"平常","年"义为"年头","农作物收成"的词义在语素义中完全没有,但却是词义所包含的。

(3)语素义和词义是间接联系,词义是语素义的引申义、比喻义。如"铁窗"借指监狱,"风雨"比喻艰难困苦。

(4)部分语素在构词中失落原义。如"忘记"中的"记"、"船只"中的"只"原有语素义失落了。

(5)所有语素意义完全失落,语素的现有意义同词义没有联系。如"东西"泛指各种具体的或抽象的事物,"二百五"讥讽有些傻气、做事莽撞的人。这些词的词义和语素义的联系,有的可以从词源上找到说明。

在上述分析的基础上,作者又分析了语素义在构词中的变异,分为:

(1)意义上的变异　在合成词中语素义除有同有关义项一致这种情况之外,又有种类关系、关联关系、借代比喻关系等。

(2)作用上的变异　语素在不同的词中所处的语法地位不同,表义作用不同("尘封",主谓式,"尘"相当于主语,表示"封"是"尘"造成的;"尘肺",偏正式,"尘"修饰限制"肺",指出病源性质),这是一种情况。另一种情况是,在语素所构成的同类型(如同为偏正式)的结构中,由于结合的语素不同,所构成的词反映的事物现象不同,因而语素的表义作用也不同("电池""电车"同为偏正式,"电池"中的"电"表示生出来的电,"电车"中的"电"表示所用的能源是电)。

(3) 特殊的变异　一是语素义完全消失("忘记"中的"记"义完全消失),一是语素义完全改变("淡竹"中的"淡"已不用原义,又不能说没有意义)。

作者指出,这种分析的实践意义是通过恰当地分析语素义来说明词义,其理论意义是有助于说明语素义和词义联系的某种规律。

3. 词的释义方式

作者对词典中所用的词的释义方式作了系统的归纳、分析,提出了新的分类。把释义方式分为下列几类:

(1) 普遍性较大的三种释义方式　A. 用同义近义词释义(白镴:焊锡);B. 用反义词或有关词语的否定式释义(冷落:不热闹);C. 定义式释义(绿肥:把植物的嫩茎叶翻压在地里,经过发酵分解而成的肥料)。

(2) 表动作行为的词的释义方式　作者说明这类词内容复杂,有的以一词表示两个或两个以上的动作,有的包含有特定的施动者,有的包含有动作行为特定的关系对象,有的包含有对各个动作行为、施动者、关系对象的各方面的限制,有的包含有动作行为进行的一定的原因、条件或目的、结果等。表动作行为的词的释义要注意说明词所包含的上述有关因素。作者区分了不同情况。如"抿:嘴唇轻轻地沾一下碗或杯子,略微喝一点",这个词的词义包含有两个动作行为"沾""喝","沾"有程度"轻轻地"和数量"一下"的限制,"喝"也有数量"略微""一点"的限制,还包含有动作行为特定的身体部位"嘴唇"、动作行为特定的关系对象"碗或杯子"。

(3) 表性质状态的词的释义方式　有多种,主要有:A. 直接指示(红:像鲜血或石榴花的颜色);B. 说明描述(萧条:寂寞冷落,毫无生气);C. 加"形容""的样子"等词语(油汪汪:形容油多;蹒跚:腿脚不灵便,走路缓慢、摇摆的样子)。

(4) 其他　有指明比喻对象、用同义或有关词语加修饰限制词语又非定义式释义等。前者如"热血:比喻为正义事业而献身的热情",后者如"原理:带有普遍性的、最基本的、可以作为其他规律基础的规律"。

以前对词的释义方式的说明比较笼统,上述分析对进一步认识词的释义规律有重要作用。

第四节 90年代以来的现代汉语词汇研究

一、概述

90年代以来的现代汉语词汇研究成绩很大。社会经济发展,学术研究繁荣,青年学者成长,信息科技迅速发展,这些对词汇学的研究都有重要的影响。现代汉语词汇研究范围明显扩大,对问题的探讨重视在充分占有材料的基础上作系统深入的分析。主要表现是:(一)有较多的学者从语义学角度出发,或在语义学范围中研究词义,而且取得重要成果;(二)出现了文化语言学对词义分析探讨的热潮,取得了令人注目的成果;(三)科技界和语言学界学者更自觉地相互合作,探讨词汇研究如何为汉语信息处理服务,解决信息处理中的重要问题,在这方面有了重要的成果;(四)有学者开始了汉语词汇学史的研究,有了初步的成果。出版的专著主要有:刘叔新的《汉语描写词汇学》(1990),许德楠的《实用词汇学》(1990),许威汉的《汉语词汇学引论》(1992),苏新春的《汉语词义学》(1992)、《文化的结晶——词义》(1994)、《当代中国词汇学》(1995),周荐的《同义词语的研究》(1991)、《汉语词汇研究史纲》(1995),黎良军的《汉语词汇语义学》(1995),杨振兰的《现代汉语词彩学》(1996),符淮青的《词义的分析和描写》(1996)、《汉语词汇学史》(1996),詹人凤的《现代汉语语义学》(1997)等。

下面对代表性的论著作简要的评述。专题研究的内容在本书第四章中评述。词汇学和语义学相结合的内容、词汇研究为汉语信息处理服务的内容在本书第六章中论述。

二、重要论著

(一) 刘叔新《汉语描写词汇学》

刘叔新(1934—2016),广东惠州人,1957年毕业于南开大学中文系,南开大学教授,长期从事汉语词汇学、词典学、语言理论的教学研究,主要著作有《词语的知识和运用》(合著)《词汇学和词典学问题研究》《汉语描写词汇学》《语义学和词汇学问题新探》《同义词语和反义词语》(合著)《现代汉语同义词词典》(主编)《刘叔新自选集》《连山壮语述要》等。

《汉语描写词汇学》(商务印书馆,1990年)包含下列内容:1.导论;2.词汇的构成单位(上);3.词汇的构成单位(中);4.词汇的构成单位(下);5.词和固定语的形式;6.词和固定语的意义;7.各种词汇单位类集;8.词汇的范围;9.结构组织(上);10.结构组织(中);11.结构组织(下);12.现代汉语词汇的体系性。

作者有感于"对语言的研究大多注重于语音和语法,词汇则似乎被漠视"的现象(该书"序"),多年来致力于对现代汉语词汇作一个全面共时的描写,以促进词汇学的研究。该书综合了作者多年来的研究成果,对现代汉语词汇的描写作了多方面的探索。对一般研究过的问题往往另辟蹊径,提出新的见解、新的说明,又能在深入思考中外学者观点和调查分析语言材料的基础上提出新的问题,探讨新的研究方向。这是一部有开拓精神的论著。

下面扼要介绍该书对几个问题的论述。

1. 词汇的构成单位

作者对词汇和相关的概念、词汇的构成单位作了明晰的辨析,要点如下:

（1）词汇和语汇　主张"词汇"用来指一种语言词语的总和,其中包括大量的词和词的等价物,即"词的固定组合体"。不同意用"语汇"代替术语义的"词汇",理由是"词汇"沿用已久,"语汇"中的"语"指语言,它突出了"语",而不是数量多得多的词,这一点使它比"词汇"逊色。

（2）词汇的构成单位　包括"词"和"词的固定组合体",后者简称"固定语"。

（3）提出"词位"的概念　"词位"在使用上、认识上可以等同于"词",但从概念内涵上讲,词位是"包含有不同变异状态的、统合的单位",它可以有语法变体、词汇变体、词汇－语法变体。

语法变体　形态变化是词的一种最明显的语法变体,如"干净—干干净净、红—红红、尝—尝尝"。同一个词在不同语流中表现出来的不同词性,也是词的语法变体。如：

说明　a. 他想说明这个道理。

　　　b. 这种说明不能完全消除她的疑惧。

a 语流中的"说明"是动词,b 语流中的"说明"表现为动名词。两处的"说明"几乎没有差异,唯独词性不同,成了同一个词的两个语法变体。形动词(心里直慌—心里一慌)、形名词(心情烦闷—心里的烦闷),都是同一个词的语法变体。

词汇变体　多义词的不同意义,是同一个多义词的不同词汇变体。如"日"有三义:①太阳,②白天,③一昼夜二十四小时。三个意义是同一个词的意义变异,是同一个多义词的不同词汇变体。

词汇－语法变体　词的变体有时兼有词汇性和语法性。如:

谋₁——名词,指主意、计谋、计策:此人足智多～。
谋₂——动词,表示想法求得:应该为人类～福利。
明了₁——动词,表示清楚地了解或懂得:我～你的意思。
明了₂——形容词,表示明白而清晰:这段话写得简单～。

这里每一对的1、2两个单位,语音形式和写法一致,彼此不同的意义有源生和联想的关联,是一个多义词在词汇性质上的不同变异;但"谋₁"是名词,"谋₂"是动词,"明了₁"是动词,"明了₂"是形容词,在词性上有区别,因此它们又是同一个多义词在语法性质上的变异。因此把这些单位看作词的词汇-语法变体。

(4) 划定固定语的范围 固定语包括成语、惯用语、歇后语,还包括专名语、专门用语和准固定语。

作者所说的固定语中的成语、惯用语、歇后语的范围,本书在第四章"现代汉语词汇的专题研究"第九节"熟语研究"中说明。

作者所说的固定语中的专门用语,指反映各行各业中比较基本的、大体上为一般受过普通教育的人所知悉或留意的事物、概念。其中一部分同学科有关,其意义体现着科学概念。如:

农业的   电力排灌   人造平原   大秋作物   起圈   排涝   保墒
工业的   劳动保护   工业用水   金属切削   电子   计算机
军事的   航空母舰   洲际导弹   化学武器   小口径步枪
物理学的 万有引力   无线电波   原子反应堆 能量守恒定律

作者所说的固定语中的专名语指包含不止一个词的重要地名、行政区划名、国名、大的机关社团名、著名的书文报刊作品名、名人的姓名称谓职衔等。例如:

辽东半岛   长江三角洲   台湾海峡
广西壮族自治区   延边朝鲜族自治州
中华人民共和国   美利坚合众国
最高人民检察院   中国社会科学院
《本草纲目》《光明日报》《人民文学》
孙中山   周总理   西哈努克国王

作者所说的固定语中的准固定语指一如其他固定语,意义所体现的是个概念,结构形式上采用句法结构,是个有定型性的词的组合体;但结构成分的稳定程度较低。如"小意思、小玩艺儿、小日子、一阵子、不消说、不景气"等。

2. 词位的确定标准

作者认为一般所说的"词是语言中最小的能独立运用的单位"基本上是词的句法定义。"独立运用"不大清楚,不明确。作者认为词首先是词汇单位,"词的词汇性比之于词的语法性,不能不占优势","词最根本的性质……表现在它是完整的、定型的最小的语言建筑材料单位"。作者根据这个认识来确定现代汉语的词。

作者所说的完整性是指能独立作为一个整体被人们理解,独立同别的建筑材料单位组合,并且这个单位可能有的各个变体都被结合起来成为一体。例如"荒谬",它能独立地被人们理解其含义,又可以作为独立的单位同"透顶""非常""十分"等组合;另外,它包括了读音为 huāngmiù 和 huāngniù 的两个变体,它们被人们结合为一个单位,这些便表明了"荒谬"的完整性。作者所说的定型,是指有稳定的形式和意义,如"大""好""吃""隧道""工程兵"等以同样的语音形式和意义重现,可以不走样地出现在许多词组和语句中,因而具有稳定性、定型性。但光有完整性、定型性的语言建筑材料还可能是固定语(居心叵测、风马牛不相及),词还必须是一种最小的完整定型的材料。在语流中分词,根据的是语音形式的情况和意义的情况。现代汉语中的词,以其语音形式起止处都有停顿区别于构词成分,可以根据语音形式当中没有停顿而同固定语区别开。意义方面,词的意义是明晰的,有单纯而非并合的特点。作者还认为,运用上述方法可以同时作语法方面的观察,不过这只是协助性的。

3. 词汇体系、结构组织问题

作者曾在《论词汇体系问题——与黄景欣同志商榷》(《中国语文》1964 年第 3 期)中提出,就"目前所能看出的词汇内部的组织关联"说,"不可以认为词汇是一个体系"。在《汉语描写词汇学》中作者认为"以前的结论须要大大修改"。作者在这本书中分析了 11 种"真正词汇本身内部的词语结构组织情况"。"既然全部词语都被相互的意义结构关联安排在一定的结构组织中,而且各种结构组织既各有不同的特点,各自拥有一定数量,又彼此这样那样地联系着,因而可以认为,现代汉语词汇形成一个体系。"作者分析的 11 种结构组织是:同义组、反义组、对比组、分割对象组、固定搭配组、特定搭配组、互向依赖组、单向依赖组、挨连组、级次组和同素组。下面简要介绍其中的几种。

分割对象组 两个词或更多的词语单位,若各别的意义把一样事物整体的各个不同部分分别加以反映,相互之间就在意义范围上彼此制约着,其中每一个词语单位的意义范围被其他相关词语的意义所限定,彼此互相对立又互为条件,

它们形成一种结构组织,仿佛各成员共同把一个对象加以分割。如:

  树根—树干—树枝—树叶
  公猪—母猪—小猪
  教授—副教授—讲师—助教

挨连组 同一序列中的词语单位,不仅由于意义上同属一种事物范畴,又互相有别而彼此平行并列,而且每一个在意义上都处于和序列中别的特定词语单位相挨连的地位。其中任何两个相邻接的单位之间是互相限制、互为条件的。如:

  春/夏/秋/冬
  星期日/星期一/星期二/星期三/星期四/星期五/星期六
  宫/商/角/徵/羽

级次组 不同的事物形成严格的级次,一类是另一类若干单位之和,或倒过来说,一类隶属于并组成了另一类。如:

  军＜师＜(旅＜)团＜营＜连＜排＜班
  里＜丈＜尺＜寸＜分＜厘

同素族(全称是"同语素词语族") 成群的或若干个不同的词语单位由于含有同样一个语素,即含有同一材料的共同意义成分,而彼此在意义上互相因应。尽管聚合起来的诸单位之间的因应关联只具有微弱的结构关系的性质,仍可勉强造成一个结构组织。如:

地	地面	地底	地下	地道(dào)	
地洞	地窖	地坪子	地段	地衣	地府
地铁	地产	地皮	地堡	地坪	地势
低地	高地	谷地	盆地	山地	大地
脚踏实地	一败涂地	五体投地	死心塌地		

  作者认为,词汇作为一个体系,"并不很完善或充分""层次上面又不很明显"。作者对词汇体系问题的认识有一个发展过程,上面所述是作者的新探索。探讨词汇体系性问题应该鼓励不同学者从同方面、不同角度去研究,研究成果多了,对这个问题的认识也就会一步步深入了。

  刘叔新在《汉语描写词汇学》中对同义词、反义词问题也作了深入的分析,对汉语构词法、造词法的探讨自成体系,本书将在第四章"现代汉语词汇的专题研究"有关部分中加以评述。

刘叔新在90年代还出版了论文集《语义学和词汇学问题新探》(天津人民出版社,1993年),收入作者八九十年代发表的重要论文。其中作者关于语义学和词汇学的关系和联系的观点值得注意。作者认为,近二十年来语义学异军突起,成为一个很有发展前途的语言学部门。它不能再从属于词汇学,同时也非语法学的组成部分,而是一个平行于词汇学、语法学及语音学的独立部门。在研究对象上,不限于词汇单位的意义,而及于词汇、语法之外的句意现象。作者主张,现代汉语词汇学研究的重点应该是"词汇的结构组织""词汇单位的一些问题",[①]而不宜在词汇学中装进语义学的内容。作者认为学科应有明确分工,集中重点有利于词汇学、语义学的发展这个观点,值得重视。但由于学科仍在发展中,学者对词汇学、语义学关系的理解并不相同,应该允许学者的研究有不同的侧重、不同的联系。

(二)许德楠《实用词汇学》

许德楠(1932—　　),北京人,1955年毕业于北京大学中文系,北京语言大学教授,长期从事现代汉语教学和研究,主要论著有《实用词汇学》《词语的文化内涵与信息性的若干关系》《现代汉语语法》(合著)等。

《实用词汇学》(北京燕山出版社,1990年)主要从语义学、语用学的角度研究汉语词汇学。一般词汇著作中说明了的,该书从略,其他词汇著作未详细讨论的,则详加论述,是一本多具新意、提出不少值得进一步探讨问题的著作。全书共二十六章,内容大体上可分为三个方面:1.词汇学著作中讨论的基本问题;2.词在同别的词语结合中的语义问题;3.词在应用中,传递、节奏、汉字等对词语及其意义的影响。下面扼要评述该书两个方面问题的论述。

1. 关于语素的分类

作者从不同角度对语素进行分类。从语法性质上把语素分为:黏着语素(不能直接构成单音词,只能与其他语素一起构成双音多音词),半黏着语素(不能直接构成单音词,可与其他语素构成双音词,还可以有条件地组成黏着性词组,然后进入句子,如"椅",可组成"椅背、椅腿、竹椅、大椅"等黏着性词组),自由语素(可以直接构成单音词,又能与其他语素构成双音词)。又从意义上把语素分为

[①]　参看刘叔新《语义学的对象问题》《对准词汇的重要问题》,见《语义学和词汇学问题新探》,天津人民出版社,1993年。

类称语素(如"员",有较强的逆引构词能力,如"学员、病员、伤员、服务员"等,表示类别和范畴;非类称语素(缺乏逆引构词能力,如"巍"等)。又根据语素出现的位置把语素分为前置语素(畸—畸形、畸零),终结语素(于—善于、乐于)。语素是音义结合的最小单位,作者从不同角度所作的分类有助于了解语素的性质。

2.关于词义的分析

作者注意分析词语在同别的词语结合中的语义问题。重要的有:

(1)词语在上下文中"偏离原义"的情况 作者把这叫作"倾斜表义"。如"眼睛"可表示"眼力"的意思,如"这孩子眼睛真尖";"脑子"可表示"脑筋",如"动脑子";"人"可具体特指,如"我家的孩子没人照顾,想找个人","人"指保姆。许多名词在"有+N"的格式中可向褒贬义、积极消极义倾斜。如:

  味儿　这菜有味儿。("味儿"表褒义)
  　　　这鱼有味儿了。("味儿"表贬义)

作者指出这些词义的变异出现于频率高的口语词,且多在习惯搭配中。作者的观察使词义的分析更加细致了。

(2)词语的羡余表义 词组包含的词,至少一个词与另一个词的意义显得重复,从语用学来看,又是习惯的。如:

  全满足　("全"和"满足"羡余表义)
  小儿郎　("小"和"儿郎"羡余表义)
  除夕夜　("除夕"和"夜"羡余表义)

作者认为,这种格式在定语中重复了中心语最主要的语义特征,使中心语的语义实指得到了加强。

(3)"领属性"和"属性"的区别 "警察的制服"和"警察制服"不同,前者"警察的"表领属,后者"警察"表属性,这借助于名词作另一名词的定语,中间加不加"的"来体现。再如:

  中国的画展　孩子的衣服　(领属性)
  中国画展　　孩子衣服　　(属性)

(4)词语的递进表义 形式为"N+的+N","N"受自身修饰,中间有"的"。这个格式可以表递进性。如:

  深谷的深谷　套间的套间　(表空间的递进、连续)

昨天的昨天　未来的未来　（表时间的递进、连续）
老师的老师　朋友的朋友　（表人际关系的连续、延续）
关键的关键　　　　　　　（表示特别重要）
批评的批评　　　　　　　（表示往复）

词在同别的词语组合中的语义变化，关注者少，作者上述分析观察细致，给人以有益的启发。

（三）苏新春的词汇学论著

苏新春(1953—　)，江西南昌人，1985年华南师范大学中文系硕士研究生毕业，曾任广州师范学院中文系副教授、教授，现为厦门大学中文系教授，致力于汉语词汇学、词义学研究，主要著作有《汉语词义学》《文化的结晶——词义》《当代中国词汇学》《汉字语言功能论》《汉字文化引论》（主编）等。

苏新春从事词汇学研究，能够沟通古今，注意发掘训诂学中有价值的东西，又能从现代语言学中汲取营养，提出新的问题，作有新意的分析。对词义问题作了多层面、多角度的探讨，对词语文化义的分析尤见系统、细致，多有前人未发之见。下面主要评介他在词义分析方面的几个问题的论述。

1. 词的表层义和深层义

作者主要在《汉语词义学》（广东教育出版社，1992年）中探讨这个问题。作者认为词义成分的研究必须多层次多角度进行。把词义分为表层义和深层义是他对词义划分的一个特色。词的表层义是词的有确定的指称对象（包括纯客观的指物义和凝结在其中的主体意识）、有独立使用价值的意义。如"人"的"能制造工具并能使用工具进行劳动的动物""人的品质、性情""人的身体健康"等义。词的表层义与词的语法形式、语音形式的联系具有直接的、专用的、独立的特点。现代的词义研究主要是就词的表层义范围展开的。

词的深层义是指没有具体指称对象、深含在表层义之中、暗示着词义的某种隐指对象的意义。它没有独立的交际价值，却对表层义的指称、派生、引申发挥着潜在的制约作用。深层义有一个最显著的特点——类型义特征。这是指有某种词形联系纽带或标志的、在一群或一类词身上共同体现出来的词的意义要素或词义特征。一个类型义不是只寄托在一个具体的词形上，而是在一类有相同结构的词形中均体现出来。深层义在以下四类词中体现得较充分：

（1）同源词的深层义　同源词的深层义指来自一个源头的词语共同具体的词义成分。这种词义成分一般由源头词表现出来，并往往就是源头词的表层所

指义。例如"背""倍""北""负":

"背,脊也。"脊在人之后,故"背"与"正""前"相对,而有"反""后"之义。

"北,乖也。"即二者相左为"北",故字形上取两人以背脊相反的形象。故"北"引发出的"败走"义也有"背""反""后"的意义特征。

"倍,反也。""倍"的本义与"背""北"两词相当贴近。

"负,恃也。"恃,依靠义。人要有所凭借时总是以背部托之。故"负"也有与正面、前面相对的反面、后面及背叛义。

"背""倍""北""负"有共同的深层义,其特征就是"相反""相左""反面"。

(2)同类词的深层义 同类词指的是词义基调基本相同或某些词义成分相同的一组词语,这个词义基调往往就是深层义的呈现。这种同类词一般在历史上有过同训的经历。例如:

初哉首基……,始也。

这是《尔雅·释诂》的第一条。作者根据《说文》说明这些词如何具备"始"义:

初,裁衣之始也。段注:引申为凡始之称。

哉,言之间也。段注:引申为凡始之称。

首,头也。段注:引申之为始也。

基,墙始也。段注:引申为凡始之称。

作者指出,这些词的原始义相差很远,有的从专指的原始义向泛称的方向发展,但仍有较固定的运用范围。这些词所具有的"始"义大多没有实用的交际价值,但又能让人感到它的存在。这种特征的"始"义,实质就是它们共有的深层义。

(3)同素词的深层义 可以用"管"字同素词的深层义来说明。"管"字最初的词义凝集着两个特点:一是长的圆状物,二是调节制约的作用。这两个特点在带"管"的复合词中部分保留下来。"保管、监管、经管、看管、掌管、管理、管束"等复合词保留了"调节、制约"的深层义,"导管、气管、管道、管见"等复合词则保留了"长的圆状物"的深层义。

(4)古今字中的深层义 作者分析了"臧藏赃脏"这一组古今字,它们的表层义是差别很大的具体事物,仔细分辨它们的相通之处时,可清楚体会到它们都具有"在里面""隐含着"的词义特征,这是它们相通的深层义。

作者强调研究深层义的作用,认为深层义的结构能反映词义系统的内在结构,对汉语词的发展有制约作用,能反映古代汉民族的文化观念,增强人们对表层义的识别和记忆。

将词的孳乳、词义发展中意义的联系、意义的共同特征归结为深层义,不失为一种概括,可把握其中的共性;在具体分析中,注意其中的不同情况、不同层次,也仍是重要的。

2. 对词语的文化义的分析

随着文化语言学的兴起和发展,作者致力于将文化语言学的理论应用于语词文化意义的分析。《文化的结晶——词义》(吉林教育出版社,1994年)一书可作为作者这方面研究的代表。作者在研究中努力把原来的研究重心"语言结构有什么样的文化意义"转变为"在文化氛围的影响下语言会表现出什么样的结构特征",目的是"建构起符合汉民族文化内涵的汉语词义新理论"。作者主要从下列三个方面阐释词语文化义的表现。

(1) 词义单体的文化呈现

作者分析了下列几种情况:

A. 文化因素决定词语的产生和消失　例如在汉语中,古代农业、畜牧业生产的发展促使这方面词汇的发展。在畜牧社会时期,关于牲畜颜色、年龄、大小、性别的词语特别发达。据查寻,古人对"鸟、猪、马、鹿、狼、羊、牛"都有分别称呼它们公母雄雌的词语。特别是羊,黑羊白羊都有表示各自性别之词。《说文》"马"字部首收了115字,其中分辨马颜色的词有22个,分辨马形体的词有30余个。这些词大都随着社会的发展而消失了。又如虽然汉语中早已有"气"字,但古代这方面的词汇很贫乏。《说文》只有"气""氛"二字。化学科学在近代发展起来以后,汉语中才出现了大批表示各种气体的词,如"氖、气、氘、氰、氯、氦、氮、氧"等。

B. 词义残留的心理因素　词语在消失中会以一种顽强的方式留在词汇体系中,它会化解为一个个部件,充任新词语的构成要素。例如"心灵手巧"中的"心"本应是"脑"。"马"在现代战争中所起的作用愈来愈小,并不妨碍人们仍经常用"人仰马翻"一词。其中心理因素起着重要的联结作用。

C. 词语命名中的文化内涵　词的命名在命名方式的取向上总是表现出与某种抽象文化观念或思维方式相联结的独特价值。以具体实在、表象可触的客观事物作为心理延伸的基点,作为蕴含丰富内涵的词义的外形,是汉语造词的主要特色之一。如汉语里有很多直接出现喻体的比喻词:"活菩萨"指心肠慈善、待人宽和的人,"菜篮子"从家庭主妇的手中之物变成指称牵涉广大市民副食品生产、销售、消费、运输且富有政治内涵的代名词等。

  D. 词义演变中的文化内容 由于人们认识水平、认识角度的不同,同一事物会在词义中形成不同的概念义内容。如"水"这个词,《说文》的解释是"准也",这是从水止则积、水平如镜的状态而言的。现代对水的解释是"氢和氧的最普遍的化合物,化学式 H_2O。水在自然界中以固态、液态和气态三种凝集存在"(《辞海》)。"准也"的概念义是从水的外部最浅层的停留状态入手,是对事物的物理属性进行观察的结果。"氢和氧的最普遍的化合物"的概念义则是对水的物质结构进行准确分析后的认识结果。概念义的变化反映出人们主观认识世界的一种量与质的变化。

  E. 词义引申比较与文化差异 对不同语言之间词义的引申作比较可以发现文化的差异。不同的文化环境决定各自语言中的词语容纳不同的词义含量,在词义演变中进行着方向、途径、方式各不相同的运动过程。例如汉语的"头"同英语的 head 和 poll 比较,head 的本义和引申义(首脑、首长、头脑)和汉语的"头"差不多,但 poll 发展出的引申义同"头"相去甚远。Poll 的引申义有"人头税""选举投票""计票及数投票记录""投票数""投票处"等义。Poll 一词源自中古荷兰语,原义指头的顶部,因此在选举中统计选票时就用上了它。西方社会实行选举制较早,在实施过程中多以点人头数来统计选票的多少。Poll 有了这样用的方便之处,并扩大开来表示一系列与选举有关的意义。

  (2) 词义类聚的文化内容

  作者分析的下列几种情况值得注意:

  A. 基本词汇反映的文化内容 作者通过基本词汇的构成来看先秦时战争的水平和方式。作者分析《说文》的汉字字根,与武器有关的主要有"弓、矢、盾、斤、刀、刃、戈、矛、殳、戊"等,它们构成了当时的基本武器库。战争基本上是在"弓"与"矢"、"矛"与"盾"、"刀"与"戈"之间进行的。它们的应用构成了古代战争的基本模式,反映了古代战争的规模和水平。

  B. 词汇系统的文化内容 作者将汉语和英语的亲属词汇系统作了对比,认为英语亲属称谓词是求粗不求细,合称的多(如 uncle,指"伯父、叔父、姑夫、舅舅、姨夫"),细分的少。区分得清楚的有两种情况:一是对男女的区别,二是对辈分的区别。而像汉语中最为讲究的脉系之分(如父系与母系之分)以及确保父系中男性地位而分出的"叔伯"与"姑"、"堂亲"与"表亲",对父系中的长幼的分别,在英语中基本不可见。这种差异在于两个民族有着不同的社会组织方式与历史文化传统。

C. 词义系统开放性反映的文化内容 作者认为词义系统有开放性。他分析了汉语吸收外来词的情况。汉语历史上曾出现过三次吸收外来词的高潮。一是汉唐的西域借词,主要是生活类词语,如"葡萄、师(狮)子、玻璃、骆驼";二是汉魏的佛教借词,主要是印度梵语的佛教用语,如"菩提、阿弥陀佛、禅";三是近代西方和日语的借词,主要是政治哲学和科学技术词语,如"费厄泼赖、德谟克拉西、德律风、场合、取缔"等。不同时期传入某一领域词语的现象反映了当时文化交融的内容。

(3) 词义形式的文化内容 作者所说的词义形式,指一个词义组合、存在、表达的形式,包括词形(字形)、语音(单音词、复音词)、语法(单词素词、复合词)等方面。其具体分析有启发性。其中所引程家枢、张云徽《并列式双音复合名词的字序规律新探》(《云南教育学院学报》1989 年第 1 期)中的说明很有说服力。汉民族社会中尊卑之分、年龄辈分之分、人际关系主从之分、事物大小之分、美丑之分等异常清晰。这种观念影响人们的礼仪、行为、言谈。这也反映到联合式复合词内部的字序规律上。如:

尊卑长幼之分	帝王	亲戚	兄弟	夫妻	
男女之分	父母	公婆	夫妇	子女	
主次之分	都市	枝叶	纲目	骨肉	
大小之分	军师	师团	国家	岁月	斤两
好坏之分	是非	利害	好坏	荣辱	优劣
先后轻重之分	秦汉	古今	旦夕	首尾	

作者对词义文化内容的分析,从单个词到词群,从词的内容到词的形式,结合共时和历时,相当系统而细致,是词汇学词义分析的新收获。

(四) 周荐的词汇学论著

周荐(1957—),天津人,1988 年南开大学中文系硕士研究生毕业,南开大学中文系教授,致力于汉语词汇学研究,主要著作有《同义词语的研究》《汉语词汇研究史纲》《同义词语和反义词语》(合著),论文集《词语的意义和结构》《词汇学问题》等。

周荐的词汇学研究重点在词语的结构意义分析、同义词语分析和熟语。他在研究中注意作周遍性的调查,在接受前人成果中能够揭露矛盾,提出问题,开始新的探讨。下面着重介绍对词语结构意义的分析和表达色彩的分析。他对同义词语等的研究本书在第四章"现代汉语词汇的专题研究"有关部分中评述。

1. 关于词语的结构和意义的研究

作者的研究成果主要反映在《复合词词素间的意义结构关系》《几种特殊结构类型的复合词》《复合词构成的语素选择》(收入论文集《词语的意义和结构》,天津古籍出版社,1994年)等论文中。其要点可说明如下:

(1) 对词的结构方式的分析

作者调查研究的方法和内容可概述为如下几步。第一步,从《现代汉语词典》(1978)所收的56,000多个条目中选出全部双音节复合词32,346个。第二步,把受句法模式影响的词归入定中(人祸、蛛网)、状中(路祭、函购)、支配(怀古、守岁)、递续(拔取、请教)、补充(压倒、荡平)、陈述(肠断、官司)、重叠(伯伯、弟弟)、并列(原委、牙齿)8类中,无法用句法模式解释的归入其他类(共1109个,约占3.4%,如"弱冠、天牛、的话")。第三步,根据语素本身的性质特点对所分出的8个一级类进行二级分类,得出30个二级类。例定中格中分出"n+X"(X代表被限定的成分,如"王后、火星")、"v+X"(蛀虫、猎人)、"a+X"(黑人、少妇)、逆序(下江[指长江下游])等。第四步,根据语素的概念类属对30个二级类进行三级分类,分出95个三级类。如定中格"n+X"进一步分为"领有者+所属者"(己任、蛛网)、"处所+事物/动物"(沪剧、山猎)、"人/动物/事物+处所"(使馆、药铺)等。第五步,根据前后两个语素(AB)的表义特点对95类复合词中的一些类别进行四级分类,得出121个四级类。如"领有者+所属者"下分出7个小类:①A表示人,B表示A领有的人或事物现象(自身、己任);②A表示人,B表示属于A的亲属(弟妇、姑丈);③A表示人或动物,B表示A造成的或具有的事物现象(人祸、蛛网);等等。

(2) 复合词构成的语素选择的探讨

作者在上述研究的基础上探讨了复合词构成的语素选择的条件,认为有语法、语义、语音、风格上的原因。语法上的表现是,两个语素有无像两个词一样搭配在一起的可能,有两种情况,一是在词化过程中,短语的句法格式被凝结在复合词的词根与词根之间(国家、天下、草创、润色),二是人们把句法结构规律应用到构词中。语义上的表现是语素能否搭配得拢,是否合乎情理,不能是荒谬的,如有"狐臭"无"狐香",有"烈日"无"烈月",有"泪珠"无"泪球",有"奸徒"无"忠徒"等。语音上的表现,据学者研究,两个语素的声调若一为平声一为仄声,以前平后仄为常;两个语素若同为平声仄声,而有阴平、阳平、上声、去声之分时,则以前为阴平上声,后为阳平去声为常。风格上的表现为两个语素风格上要协调一致,如有"食品、用品"无"吃品、玩品","吃、玩"有口语风格,与"品"不协调。重叠构词似常取决于习惯,如有"刚—刚刚",无"才—才才",有"平平",无"凡凡"等。

(3) 特殊结构类型复合词的分析

作者具体分析了他认为不属于传统所说构词模式的复合词的结构,把它们归为三类:

A. 递续式

拆洗(拆而后洗)　　　　教练(甲教乙练)

指正(甲指乙,以使乙正)　请教(甲请乙教甲)

作者指出,这些词不同于一般的支配式、并列式、补充式,两个语素之间的意义关系有自己的特点。

B. 意合式

天牛(天上飞的,牛形状的[昆虫])

木耳(长在木材上的,耳朵形的[食用菌])

弱冠(语出《礼记·曲礼上》"二十曰弱,冠")

皮傅(典出《左传·僖公十四年》"皮之不存,毛将安傅?")

作者认为,这些词是人们将两个语素捏合在一起表示一种事物现象,故称之为意合式。

C. 逆序式

宅院(带院的宅)　韭黄(黄色的韭菜)

卧病(因病而卧)　冲喜(用喜事来冲[晦气的事])

作者还指出"着呢、来着、的话、罢了"这样的词是由虚词素构成,或由虚词素加实词素构成。这些虚词素都不是词缀,具有词根的资格。

2. 关于词的表达色彩显映方式的探讨

作者认为,学者对表达色彩的形式特征挖掘不够,他对表达色彩的显映方式作了分析,分出三种类型:

(1) 自显式　一些词语的表达色彩不是依凭同其他词语表达色彩的比照,而是依靠自身的形式特点来实现的。如"英豪、躺柜"。

(2) 对显式　一些有表达色彩的词语依赖同其他有表达色彩的词语或无表达色彩的词语的比照而使其本有的色彩得以加强。如"絮叨"与"啰唆"各自所带的语体色彩靠这两个词与相应的有书面语语体表达色彩的词的对照而显现出来。

(3) 从显式　一些词语表达色彩的显映既不是靠自身的形式特点,也不是凭借同其他有/无表达色彩的词语的比照,而是在词与词的固定搭配组合中受与之搭配组合的词所具有的表达色彩的感染而实现的。如"肉眼"的贬损的感情色彩靠其与"凡夫、凡胎"等词的固定搭配而显现出来。

(五)黎良军《汉语词汇语义学论稿》

黎良军(1939—),湖南芷江人,1962年毕业于湖南师范大学中文系,广西师范大学教授,主要从事汉语教学工作和方言的研究,主要论著有《汉语词汇语义学论稿》《"A里AB"新论》《"宁宁"的源流》《螳螂异名的理据》《邵阳(南路)话中的"那"文化成分》等。

《汉语词汇语义学论稿》(广西师范大学出版社,1995年)全书共九章:1.词义的性质和汉语词汇语义学;2.词的认定;3.词义体系;4.词义关系;5.词语的理据;6.词义变化和词汇消长;7.合成词的语义结构;8.词义考释和文字参校;9.汉语传统的语义理论。该书是少数以词汇语义为研究对象的专著,作者沟通古今,注意运用现代语言学观点分析语义现象,多有独到分析和新鲜见解。下面扼要评述该书论述的几个方面的内容。

1.关于词汇语义学的论述

作者认为"词义是凝固在词中的社会意识",因此,对词汇语义性质的研究是意识的自我研究。在词汇语义的层面上,存在着五光十色的极端复杂的现象。单词内部的意义要素与结构,是一个研究得很不充分的大千世界。作者认为词义研究的方法论原则是:跳出语言的圈子去研究词义的性质和演化,深入词汇的内部去研究词义的层级、关系与结构,把语言内外与词汇意义有关的各个方面的研究结合起来。认为汉语词汇语义学是现代的汉语语义学的一个分支。作者论述汉语词汇语义学的作用是:它是整个语义学的基础,其研究有助于民族文化史特别是汉语史的研究,有助于认识其他领域的语义现象。

2.词义系统框架的探讨

作者主张把汉语词义作为一个系统加以研究,分析其各个层级的子系统及其意义关系。词义系统框架包括两个方面:词义层级系统和词义成分的关系系统。

作者据音义联系的方式、词义在语言活动中的作用来说明词义的层级系统,把词义分为7种:

(1)摹声义 这类词的语音形式同外界的声音有直接的联系,它们的语音形式颇不稳定。因此其义往往含混不清,一个"砰",可能是炮声、枪声、踢门声;同样是雨声,可能作"哗啦、劈啪、滴答"。从形式和意义结合的稳定性来说,它们是语言中词的资格最差的一类词。

(2)指别义 指别词"这""那"的意义就在于初步的识别。"这""那"没有独立的意义,它可以指一切事物,其内容非常稀薄空泛,必须与手势共用,才能表达确定的意义。

(3) 命名义　命名义是语词中最重要的一种意义,命名义的本质是人们用语言符号给事物命名,它实质上是一种认知义。作者把命名义分为"具体事物名""抽象事物名""时间方位名""人体动作名""自然变化名""社会行为名""事物关系名""事物属性名""数目单位名""心理活动名"等。

(4) 情态义　情态义是表示说话人的衡断、情绪、态度的词义,不属于认知领域。汉语的语气词表达交际意向,助动词"应该、可以、必须"表达的都是情态义。情态义和命名义不属于同一层面。因此当一个语句由命名义和情态义组成时,把它们放在一个层面进行一维的线性分析,对于正确理解语句不会带来任何好处。

(5) 状貌义　状貌义有所指,却不是给所指命名,而是对所指状貌加以描摹形容,以唤起人们对所指状貌(感性形象)的回忆和联想。如"拂拂",形容风轻轻地吹动;"寂然",形容寂静的样子。这种词义具有丰富的感情形象色彩。它是与"理性义"并重的"感性义"。

(6) 标志义　它是一类特别的意义,它反映的或者是说话人在思路上对语词、语句的处理,或者是语言里边动作义与事物义的关系,或者是动作行为的体态。作者分别称之为思路标、格标和体态标。思路标包括一般的连词、关联词语,有单个的,也有成套的(因为……所以……)。格标表示动作义与非主宾的名物义之间的格关系,如动作的处所、方向、起点、终点等,一般用介词表示。体态标如"着、了、过",其体态义是动作的附加因素。

(7) 关联义　关联义与语句的组织结构无关,它纯粹是在意义方面使前后文有照应关联。如"也"表示类同性关联,"又"表示重复性关联。

关于词义成分的关系问题,作者认为研究词义关系,要研究一切不同性质、不同类型的意义关系,不能只限于意义类型相同的词之间的意义关系,也要研究不同意义类型的词之间的意义关系。作者把词义关系分为两大类:一类为同类相关,即意义类型相同的词之间的意义关系,如同义关系、反义关系、类义关系、同征(语义特征)关系、上下义关系等。另一类为异类相关。异类词之间的联系不是必然的,出现了必要的条件,联系便可建立起来。作者认为系统地说明异类词义相关十分麻烦,他初步说明了"摹声义和命名义""指别义和命名义"等9种情况。如对"摹声义和命名义"的关系说明如下:

(1) 声音与发声物　驼铃叮当　闹钟滴答
(2) 声音摹拟与命名　哐啷声　沙沙(的)响声
(3) 声音摹拟与发声命名　呱呱而泣　哈哈大笑

(4) 摹声义与时间义或数量义　叽咕了半天　呼的一声

作者对于词义的分类,是对不同类型词义性质的深入解剖,这是我国学者少有探索的问题。作者的剖析很有见地,令人耳目一新。对于词义成分关系的说明,也体现了作者新的探索,可以促进这方面的研究。

3. 词语理据问题的说明

作者对词语理据问题作了系统的说明,认为词的理据问题,可以包括词的音义联系、词素义和词义的联系两方面的内容,前者主要是对单纯词而言,后者主要是对合成词而言。他强调研究词语理据的重要性,认为这是准确掌握词语音义、揭示词汇系统性、书面词形规范工作以及探索语词变化规律的需要。作者把汉语词语理据的类型分为 4 种:

(1) 摹声性理据　拟声词、一些名词、动词是用摹声的方法创造的。如动物名称"鸡、鸭、鹅"、人呼动物声"咩、哞"、人的生理发声"咳、吹、喘"等。

(2) 派生性理据　派生词是在根词的基础上,通过改变根词的某个语音特征创造出来的。派生词的意义与源词也有密切关系。如"好 hǎo—好 hào""笼 lóng—笼 lǒng""保 bǎo—抱 bào"等。

(3) 合成性理据　合成词由两个或两个以上词素构成,其理据义是合成性的。又有词素义融合、词素义综合概括、词素义提示等不同情况。

(4) 借贷性理据　这种理据是来自非汉语的词的理据。如"姑苏",苏州的古称,因吴王阖闾所建姑苏台而得名,又作"姑胥"。"苏、胥"在古越语为美、少女,姑苏台即收藏美女之处。有一些合成词的词素既有汉语的,又有非汉语的,如"啤酒、拖拉机"。

作者还说明了词语理据的丧失和俚俗词源的情况。

(六) 詹人凤《现代汉语语义学》

詹人凤(1929—2009),1955 年毕业于北京大学中文系,哈尔滨师范大学教授,致力于现代汉语、语言学的教学研究工作,主要论著有《现代汉语语义学》《反义词聚的共性、类别及不均衡性》(合著)《试论现代汉语中的"于"》等。

《现代汉语语义学》(商务印书馆,1997 年)全书分三篇。一为通论篇,含五章:1. 语义的层次性;2. 词义、事物、概念;3. 词义的分离与同一;4. 语义单位;5. 语义构成。二为聚合篇,含五章:1. 同义聚合体;2. 反义聚合体;3. 类属聚合体与对义聚合体;4. 方位聚合体、处所聚合体、时间聚合体;5. 颜色聚合体与声音聚合体。三为组合篇,含四章:1. 语素义的组合;2. 词义的组合;3. 歧义与歧义的识别;4.分句间的语义组合。作者借鉴西方的语义学理论,努力同汉语实际相结合,重视词义,又研究语素义、短语义、句义,在聚合关系和组合关系方面都作了有分量的分析,创立了一个现代汉语语义分析的系统,为现代汉语语义学的建立做出了贡献。下面简要说明书中对几个问题的论述。

1. 对语义层次性的说明

作者认为,一般根据结构功能把语言单位分为句群、句子、短语、词和语素五个层次,语义也可以相应地分为句群义、句义、短语义、词义和语素义五个层次。各个层次的语义特点如下:

(1)句义 主要特点是现实性,它总是与某种现实相联系,提倡、促使、判断、呈现、肯定、否定、禁止、劝告、歪曲……都是为说话者影响某种现实事件服务的。因此,句子的语义内容总是与交际的时间、空间、事件、发讯者、收讯者等因素有关。另一特点是句义组织的自由性和临时性。自由性指它由更小的单位(成分)自由组合而成。现实的变化不可预期,句义总是临时组成,这就是句义的临时性。

(2)句群义 句群义也有句义所具有的现实性、自由性和临时性。语义结构同复句相似。

(3)词义 词义没有现实性,却具有与相关的事物或关系的对应性。词义边界往往不清楚,这就是词义的模糊性。句子根据现实性的要求,对词义的模糊性可以有不同程度的控制。词义也有社会性,这是指词义是由使用该语言的社会集团决定的。词义在语义中占中心地位。

(4)短语义 短语义也没有现实性。短语始终是作为一个单位在句中起作用,短语义也只是表明与某种单一的事物相对应的性质。短语义也有模糊性,这是它同词义相近之处。短语义也同句义一样,有结构组合上的自由性和临时性。

(5)语素义 语素义不能直接作用于句义,语素义也不都直接构成词义。语素义具有词义的与事物的对应性,这种对应性在语素义成为词义之后才更为明确。语素义也有模糊性和社会性。

这里作者把语义性质作为分析的对象,分出层次,探讨各层次语义的性质和其间的关系,给人以新的启发。

2. 对词汇聚合体的分析

作者分析的词汇聚合体有同义聚合体、反义聚合体、类属聚合体与对义聚合体,方位、处所、时间聚合体,颜色聚合体与声音聚合体。下面简介他对几个聚合体的说明。

(1) 对义聚合体

作者说明,从不相容关系出发,只考虑语义对立,不受双项性的限制,就可以形成种种对义聚合体。广义而言,它包括一切属于同一上位词的各个子项,但又有语言特征。它可以由两项构成,如"父—母、儿—女、红男—绿女",三项构成的如"松—竹—梅、日—月—星、桌—椅—板凳、天时—地利—人和",四项构成的如"兄—弟—姐—妹、诗—词—歌—赋、瓜—果—梨—桃、酸—甜—苦—辣",五项及五项以上构成的如"金—木—水—火—土、金—银—铜—铁—锡、红—橙—黄—绿—青—蓝—紫、柴—米—油—盐—酱—醋—茶"。

对义聚合体要求结构整齐,音韵和谐,在这方面四字格(四个音节)占有明显的优势。它经常出现在习用的语境中,它突出地表现了汉民族的文化特点。

(2) 声音聚合体

作者考察了汉语中象声词构成的聚合体。作者说明象声词有民族特点。象声词受模拟的对象的影响,只是相对的,并无必然性。各种语言的象声词并不相同。如水的冲击声在汉语中是"潺潺"或"哗哗",在英语中是 splosh－splosh,在俄语中是 буль-буль。汉语的象声词也有时代的特点,如古代表示鸟鸣声的"嘲啾、嘲哳、呴呴、交交、关关"等都消失了。现代汉语的象声词有自己的特点,例如表打击声的象声词开头多用[p'][t],如"砰砰、乒乒乓乓、噼啪、嗒嗒、叮叮咚咚、笃笃、咚咚"等。发气流移动声的开头多用[x],如"呼呼、哈哈、呼哧、轰隆、哗哗"等。现代汉语的象声词中重叠起重要作用。

受词汇场语义场理论的影响,90年代词汇学对汉语词群的分析逐渐深入。作者对聚合体的分析,因聚合体的特点不同,分析的方法也不同,丰富了这方面研究的内容。

3. 对语素义组合情况的分析

作者用自指、转指、短语简缩、语素增益的概念来解释语素义组合的不同情况。

复合词中,词义和语素组合义一致的为自指,如"高大、美好、新潮、密植、站岗、裁军、革新、打倒、地震、年轻"等。复合词词义同语素组合义不一致或无法从语素组合义直接解释的为转指,如"虎口"(大拇指与食指相连的地方)、"犬齿"(人的门牙两旁的牙,上下各有两颗)。

复合词的语素及其组合关系源于短语的简缩,语素组合义与词义一致的为自指,如"简要、书报、健美、鲜美、临别、迷航、签发、提审"等。这类比较多。

语素增益指在古汉语中占绝对优势的单音节词上加上另一些语素变成双音节复合词。这些增益的语素自身的意义在词义构成上往往并非必需,从而使语素组合义同词义产生种种差异,有不少属于转指。其中又分同义单指(道路、价值、奔跑)、类义偏指(窗户、退让、人物、国家)、类义概指(湖泊、车船、砖瓦、迟早)、名量概指(车辆、纸张、枪支、马匹)。它们都属转指。

(七)杨振兰《现代汉语词彩学》

杨振兰(1963—),江苏徐州人,1987年山东大学中文系硕士研究生毕业,山东大学教授,主要从事汉语教学、研究工作,主要论著有《现代汉语词彩学》《试论词义与语素义》《形容词的重叠构形试析》《色彩意义的语用分析》《色彩意义的类型、特点和作用》等。

《现代汉语词彩学》(山东大学出版社,1996年)共分九章:1.绪论;2.感情色彩;3.形象色彩;4.风格色彩;5.时代色彩;6.外来色彩;7.民族色彩;8.地方色彩;9.色彩意义的语用分析。该书从多角度、多层面对词的色彩义进行了分析,是我国第一部比较全面系统地论述词的色彩义的著作。下面简介该书对几个问题的说明。

1.关于词的色彩意义的性质、类型的说明

作者把词的色彩意义简称"词彩",指词中所蕴含的某种独特的格调、韵味、倾向、气息等。它是客观对象的种种性质特点、形态特点、时代特点、外来特点、民族特点及词的运用中所表现出的倾向和格调的总和,它既和词表示的客观事物、现象有关,也与词的构造及应用紧密相连,所以色彩意义赖以形成的基点是广范围和多方面的。

作者认为色彩意义可分为两大类:内蕴色彩和外围色彩。内蕴色彩指色彩意义渗透于词汇意义之中,与词汇意义紧密融合在一起,形象色彩、感情色彩绝大部分属于这一类。如"雪白",义为"像雪一样洁白",既是词汇意义的概括,人们又可以从中感受到鲜明的形象色彩;"美貌"义为"美丽的容貌",词所标记的对象的属性即透出赞美的感情倾向。外围色彩附着于词汇意义之上,与词汇意义呈现附着与被附着的关系。时代色彩、风格色彩、外来色彩、民族色彩、地方色彩等属于这一类。如"走资派",带有明显的"文革"时期的时代色彩,但它和这个词的具体含义没有必然的联系,而取决于这一概念产生的历史时代;"梦呓"一词有鲜明的文艺语体色彩,它也不取决于该词的词汇意义(梦话),而决定于该词长期以来运用的交际环境、场合等因素。

作者说明色彩意义的特点是:(1)附着性,指渗透或依附于词汇意义,或由词汇意义边缘地带显示;(2)空灵性,指它表现在主体头脑中的只是一种感觉,一种体验,一种回味,不便也无法进行再分解;(3)体味性,由于色彩意义的空灵性,需要凭借感觉体验获得。

作者上面的论述相当全面,自成系统,是词彩研究理论上的新收获。

2. 对形象色彩的分析

作者对词的形象色彩作了细致系统的分析,要点如下:

(1) 什么是形象色彩

作者把词分为具象词和抽象词。标志有形有声有色等具体实物的词为具象词,标志无形无声无色的不具备可视可感的客观对象的词为抽象词。抽象词只有抽象义,具象词既有抽象义又有形象义。词的形象色彩就是在词的形象意义的基础上形成的一种感性联想色彩。如"瓜子脸",使人想到一种上宽下窄像瓜子形状的脸型。这种想象是以主体对客观对象日积月累形成的感觉、表象的储存为基础,以词的形式中某种特点为诱因综合完成的。

(2) 形象色彩形成的基础

作者认为形象色彩形成的基础有三:(一)客观基础;(二)语言基础;(三)心理基础。下面介绍作者对客观基础、语言基础的说明。

A. 客观基础 具象词所表达的对象是形象色彩形成的客观基础,可分为复合式、单纯式两种。复合式由两种事物、现象的特征凝结在一起形成。又有显性、隐性两种。显性的如"剑麻、雪白",每个词都同时关涉两种事物现象。有的是事物与事物复合,如"剑麻",有的是事物与性状复合,如"雪白",词一般是前偏后正,前一词素修饰后一词素。隐性的如"鸡胸",词面指"鸡的胸脯",实际指人病态的一种胸脯症状,词反映的客观对象存在于词的背后。单纯式的形象色彩由某一事物现象的形象特征独自构成,也有显性、隐性之分。显性的如"转椅、喷泉"。隐性的指某些抽象的意义自身无从获得形象色彩,凭借某种客观存在得到形象色彩。如"包袱",比喻影响思想行为的负担,是抽象概念,但因有"用布包起来的包儿"作间接隐形的客观基础(按:此处指语素义所表达的事物的形象)而具有形象色彩。

B. 语言基础 作者详细分析了造词法、构词法、构形方式鲜明体现形象色彩的情况。

a. 造词法 有比喻法,用明喻的如"塔松、蝴蝶结",用暗喻的如"佛手、鸡胸",用借代法的如"菜篮子、乌纱帽",用说明法的如"转椅、摇篮"。

b. 构词法 句法构词中偏正式较能负载形象色彩,因词的形式中含有形容、修饰、描绘的成分,如"冰凉、鸟瞰、狂欢"。联合式中有些词用相关词素说明动态强的动作或某种情景,也有形象感,如"号啕、汹涌、皎洁"。派生构词中某些后缀构词能体现形象色彩,如"酸溜溜、灰溜溜、滴溜溜"等等。

c.构形法　有些单音节词重叠前没有形象色彩,重叠后有了形象感,如"胖—胖胖、红—红红"。

作者还对语境中几种表现特殊的形象色彩作了细致的分析,如对单音动词的说明。单音动词在静态时不易具有形象色彩,到了动态的语境中有时可以变得很形象生动(春麦的心猛地拎起来,猛地又坠下去)。量词本身不直接标记有形可感的具体事物,孤立静态存在时不表现任何色彩,但进入语境中与具体的事物形象相结合时,就表现出形象性来(这樱花,一堆堆,一层层,好似云海似地……)。

作者从多角度对形象色彩作了细致的分析,既吸收了前人的研究成果,又融入作者的新认识,促进了对这个问题的深入研究。

三、现代汉语词汇学史的研究

上面我们分析评述了现代汉语词汇学建立和发展的历史。90年代以后,也有学者开始研究汉语词汇学建立和发展的历史。这一方面是学科继续发展本身的需要,经过了多半个世纪的探索积累,需要对学科发展走过的道路作一个回顾,总结经验,认清方向。另一方面是成长起一批青年学者,他们不满于汉语语言学研究的现状,对中国整个语言学研究的发展从多角度作了回顾,深感词汇作为语言基础的地位和词汇学研究相对落后的境况很不相称,分析其中的社会历史等种种因素,剖析研究中存在的种种障碍。重要的论著如周荐的《汉语词汇研究史纲》(语文出版社,1995年)、苏新春的《当代中国词汇学》(广东教育出版社,1995年)和符淮青的《汉语词汇学史》(安徽教育出版社,1996年)。本书上述对现代汉语词汇学建立和发展的说明同符著的观点基本一致。周著和苏著的分析说明,下面作一个概括的介绍。

周也认为现代汉语词汇学是中华人民共和国成立以后建立起来的。他把现代汉语词汇学的发展分为四个时期。"五四"前后到40年代末是萌芽草创时期,词汇学的问题多在语法著作中讨论,个别学者如薛祥绥、黎锦熙等有探讨词的结构的单篇论文。50年代初至60年代中叶是初步发展时期,研究的学者增多,出版了以孙常叙《汉语词汇》、周祖谟《汉语词汇讲话》为代表的多部现代汉语词汇论著,研究领域日见拓展,研究方法愈益新颖。"文革十年"是停滞时期。70年代末至90年代是走向成熟、开始繁荣的时期,研究的领域和取得的成果超出以前任何一个时期,出现了许多有影响的专著,包括王勤、武占坤、张永言、刘叔新、葛本仪、马国凡、符淮青等的论著。论文则数以千计。研究朝着多元化方向深入发展。

周认为现代汉语词汇学的建立一方面受传统语文学的影响,另一方面,普通语言学理论对现代汉语词汇的研究也起指导作用。他认为现代汉语词汇学的发展有两大趋势,一是分工越来越细,一是不断借鉴吸收相关学科的研究成果。他认为通过几代学者的不断努力,词汇学必有光辉的明天。

苏新春在综论性的著作《当代中国词汇学》中对汉语词汇学的产生和发展作了分析评述。在现代汉语词汇学的范围中他的主要观点有:

1. 认为汉语词汇研究有四种类型:传统派的词汇研究(指继承传统训诂学以古汉语词汇为主要研究对象的研究,在现代主要致力于历史语源的研究)、社会功能观的词汇研究、结构观的词汇研究和人文观的词汇研究。后三种类型都注重当代语言的研究,可以认为是属于现代汉语词汇研究的不同派别。

2. 社会功能派的特点是,从语言的交际功能来认识语言,认识词汇;从使用功能来对词汇体系作出划分,研究的目的是提高词语的使用功能。孙常叙的《汉语词汇》、周祖谟的《汉语词汇讲话》、张世禄的《普通话词汇》等50年代至60年代中期出版的词汇学论著,都属于这一派别。在社会功能派手中,汉语词汇研究才作为一门独立的语言学分支学科分立出来。他们的研究工作提高了全民的语言运用能力,促进了汉语词汇的规范化。

3. 以陆志韦等的《汉语的构词法》为代表的研究属于结构形式派的汉语词汇研究。他们侧重研究词语的结构特征和规律,在词义研究中关心概念义、指称义、语法义、搭配义,对词的社会义、文化义态度冷淡。

4. 人文观的词汇研究在中华人民共和国成立以前和20世纪50年代属萌芽时期,主要体现在古文字研究、古语词考释、有关社会、文化内容的探讨中。50年代罗常培的《语言与文化》是第一部成体系的论述语言与文化关系的著作。80年代以来,词汇研究的一个重要趋势就是人文化,一批论著注意探讨汉民族传统思维特点在汉语中的表现、传统的平衡对称美感在汉语中的体现以及传统价值观在汉语中的体现。

5. 当代词汇研究的另一趋向是词义化,对词义进行新的切分和定义,对词义进行定量分析,对词义本体进行多层面多角度的探讨,其中有关人文的内容占有重要位置,在这方面取得巨大的进展。

苏认为汉语词汇学决不是语言研究中的浅学,它作为语言学的基础学科、综合学科,应该得到它应有的重视程度。

随着学者视野的进一步开阔,对问题的开拓会更加深入,汉语词汇学史,包括现代汉语词汇学史的研究必将有更加丰富的内容,获得新的进展。

第四章 现代汉语词汇的专题研究

第一节 词汇规范化问题

一、概说

词汇规范化是现代汉语规范化的重要组成部分。中华人民共和国成立以后,党和政府十分重视语文规范工作,毛泽东同志曾多次发出指示,要人们注意学习语言,学习语法修辞。1951年6月6日,《人民日报》发表社论《正确地使用祖国的语言,为语言的纯洁和健康而斗争!》,批评当时报刊在词汇、语法、篇章、标点等方面存在的混乱情况,号召人们"应当坚决地学好祖国的语言,为祖国语言的纯洁和健康而斗争"。《人民日报》同时还连载了吕叔湘、朱德熙合写的《语法修辞讲话》,引导群众学习语言、正确运用语言。《中国语文》等刊物也开辟专栏,评改文章,对报刊用词规范起了积极的引导作用。

随着规范化实际工作的展开,汉语规范化的理论研究也越来越受到重视。1955年10月"现代汉语规范问题学术会议"召开,罗常培、吕叔湘所做的《现代汉语规范问题》的报告,对以后的现代汉语规范化工作具有重要的指导意义。

这期间,学者也发表了专论词汇规范问题的论文,重要的有郑奠的《现代汉语词汇规范问题》、林焘的《现代汉语词汇规范问题》等。

"文革"期间,语文规范化工作遭到严重破坏,社会上语言运用又出现混乱局面。打倒"四人帮"之后,现代汉语规范化问题重又受到政府、语文工作者、各界人士的关注,复刊后的《中国语文》等刊物发表多篇论文,论述进一步开展汉语规范化工作的重要意义。

1980年10月,中国语言学会成立,"语言污染问题"被提了出来,大会强调"语言工作者有责任做些切切实实的工作,为祖国语言的纯洁和健康而努力"。1985年12月,中国文字改革委员会改名为国家语言文字工作委员会。1986年召开全国语言文字工作会议,会上确定,做好现代汉语规范化工作是新时期国家语言文字工作的重要方针。

这一时期,论述汉语规范化、词汇规范化的重要论文有许宝华、颜逸明的《进一步促进汉语规范化》,羡闻翰的《有关现代汉语规范化的几个问题》,吕冀平、戴昭铭的《当前汉语规范工作中的几个问题》以及郭良夫论述词汇规范的多篇文章。

90年代以来,现代汉语规范化研究着重对规范化的本质、原则、标准等基本理论问题进行探讨,对异体词、新词语、方言词等词语的规范问题也展开深入的讨论。重要论文有吕冀平、戴昭铭的《语文规范工作40年》、陈章太的《普通话词汇规范问题》等。这一时期还出版了我国第一部研究汉语规范问题的理论专著《规范语言学探索》(戴昭铭著,上海三联书店,1998年),深入、系统地分析了汉语规范化的诸多理论问题,大大深化了现代汉语规范化问题的研究。

二、五六十年代的词汇规范工作

1955年10月,中国科学院哲学社会科学部主持召开了"现代汉语规范问题学术会议",罗常培、吕叔湘的《现代汉语规范问题》报告指出,语言随着社会的发展而发展,社会的发展要求语言的发展能同它相适应。新中国需要一个统一的、普及的、在书面语形式和口头形式上都有明确规范的汉民族共同语。汉语在近几百年的发展中,逐渐形成了一种民族共同语,这就是以北方话为基础方言的"普通话"。然而汉民族的共同语"普通话"还不够普及,汉语语言分歧也十分严重,共同语在语音、词汇、语法方面的规范标准还不十分明确,因此迫切需要明确的语言规范来指导语言教学和语言运用。报告指出,"规范化的主要对象是书面语",词汇和语法规范的标准是"现代有代表性的作品的一般用例"。

报告具体分析了词汇不规范的情况,指出规范不明确的情况在词汇方面相当严重。一个是同义词繁多,如"洋灰、水泥""讲演、演讲""替代、代替";另一个是一些意义比较抽象的词用法不确定,如"解决、克服、掌握、基本上"这些词。此外还有生造词、滥用简称等问题。报告提出编写一部比较满意的详解现代汉语词典、用法词典、小型同义词典以及各种专科词典等作为具体规范工作中的重要项目。

郑奠在《现代汉语词汇规范问题》(收入《现代汉语规范问题学术会议文件汇编》,科学出版社,1956年)中指出,普通话词汇应该以"官话区"方言为基础,包括汉民族已经共同使用和逐渐发展为共同使用的词。现代汉语普通话的词汇还要不断地从非官话方言、古汉语、外语中吸收适用和需要的词。词汇规范应该依照词汇发展的客观趋势和内部规律加以适当的人为规范。规范化工作应当通过细密的调查研究,避免主观的硬性规定。词汇规范化工作的阶段性总结是一部规范性的词典。作者认为,普通话对它的基础方言的关系主要在于怎样去掉某些词,对于旁的方言的关系主要在于吸收某些词。例如东北的"非……不解"(不行)、山西和陕西一带的"地板"(地)等方言色彩很强的词可以不作为普通话词汇看待。有些词有特殊意义,在北方方言中没有习用的同义词,应当列入普通话的词汇,如"垃圾、尴尬、噱头、名堂"等。在吸收文言词时应该考虑语言环境和文体的需要,吸收各种不同的近义词,如与"添、加"同义的"增、益"、与"思想"近义的"思考、思维"等;一些文言虚字,在现代书面语里用得很广,还渗入到口语中,成为现代汉语的构成成分,如"你所穿的""多则十来天就回来"等。外语词的吸收要注意音译词,因用字不同而产生的大量同义词,应该由专家进行整理,制定汉字和各种语言的音节对译表。作者还分析了词语的简缩、破词、生硬地造词、词素颠倒等词汇规范问题,提出了相应的规范原则。

林焘在《现代汉语词汇规范问题》(《语言学论丛》第三辑,上海教育出版社,1959年)一文中分析了词汇规范的主要根据,指出语言发展得越快,词汇规范问题也就越突出。中华人民共和国成立以后,中国社会处于飞速的发展之中,汉语词汇也处在前所未有的变化中,对词汇的发展加以明确的规范是刻不容缓的事。作者认为"对词汇的规范不能提'标准',只能提'基础',也就是说在一定的基础上对它的经常变动加以适当的规范","词汇规范的主要根据应该是'以北方话为基础方言'的普通话"。作者认为,方言词的规范应该把握好"吸收"和"排斥"两项原则,处理好三种情况。(一)基础方言之外的各方言词汇的处理。特殊情况外,这些方言的特殊词一般不为普通话吸收。吴语区方言词较为特殊。(二)基础方言内各方言词汇的处理。如果普通话里已有普遍使用的词,就不必吸收了(如东北的"黑瞎子");如果北京话里有和它完全同义的词,一般应该吸收北京话的,如"啥、什么""咋、怎么""馍、馒头"等等,都应该以北京话为准。(三)北京方言词汇的处理。北京方言的词汇主要不是应该吸收哪些词,而是应该排斥哪些词。古代词语的规范应该根据不同的文体和不同的修辞作用来确定如何处理,而不能一味地否定或一味地肯定古代词语。

殷焕先在《谈词语书面形式的规范》(《中国语文》1962年第6期)一文中提出了词语书面形式规范的五项原则。(一)语音原则:应注意词语的书面形式读起来要跟话音相接近,如"稀稀拉拉"比"稀稀落落"好些;方音应当服从普通话,"红腾腾"是方音,应当服从普通话的"红通通"。(二)分化原则,即不干扰原则:

选定一个规范形式要注意尽可能让它不干扰别的词语,如"那""哪"分开比较好。(三)通用原则:有些词语的形式已经通用开了就应当中选,如"合适"目前已经占优势,就不抬出"合式"来。(四)语源原则:这一原则常跟通用原则相矛盾,不可以拘守。(五)舍繁从简原则:包括减少笔画和减少字数,如取"丁丁当当"而舍"叮叮珰珰"。但不单纯地追求笔画少。

这一时期关于词汇规范的重要论文还有萧璋的《略谈现代汉语词汇规范问题》(收入《现代汉语规范问题学术会议文件汇编》),提出应该把初步规范了的普通话词汇编成一个常用词表,用以调查方言。

三、"文革"后至 80 年代的词汇规范问题的研究

"文革"期间,现代汉语规范化工作遭到极大破坏,语言也遭到严重污染。粉碎"四人帮"以后,语言学界一件重要的事情就是恢复并认真开展汉语规范化工作。

许宝华、颜逸明在复刊后的《中国语文》发表文章《进一步促进汉语规范化》(1978 年第 2 期),论述了如何进一步促进汉语规范化的问题。关于词汇规范,作者指出应该进一步研究普通话同北方话、北京话词汇有怎样的异同;普通话应该如何吸收方言词、古语词和外来词;研究中华人民共和国成立以来普通话词汇经历了哪些变化,弄清它的面貌。希望在《现代汉语词典》的基础上编出一部大型的现代汉语词典,为汉语规范化服务。

羡闻翰在《有关现代汉语规范化的几个问题》(《中国语文》1979 年第 1 期)一文中从理论上论述了汉语规范化的意义,主要讨论了三个问题。(一)语言规范化同语言发展的关系。汉语发展的主流是朝着更精密、更丰富、更适合时代要求的方向发展;但发展中也有非主流的一面,对这些不符合主流的、病态的东西,要在正确认识语言规律性的基础上进行人工调节,进行规范化,这样有利于语言发展。(二)规范化对运用语言是不是一种"约束"?这种"约束"会不会影响语言的生动,限制风格的多样化?作者认为语言规范化是一种"约束",这种"约束"不会影响语言的生动,而是语言生动的前提。规范化并不限制风格的多样化。(三)有人不赞成汉语规范化,主要觉得把语言写通顺,可以自己摸索,用不着语法、逻辑、修辞那些条条框框。作者认为自己虽然能摸索到一些语言规律,但需要较多时间,有时要走弯路,而且未必全面。有理论的指导比光靠自己摸索学得快,学得全面。

郭良夫专门对现代汉语词汇规范问题作了研究,发表了多篇论文,重要的有

《汉语词汇规范问题》(《语文研究》1981年第2期)、《关于词语规范》(《中国语文》1987年第1期)、《词典和词语规范》(《语文建设》1991年第6期)。在《关于词语规范》一文中,作者提出:"词语规范,其实就是一种规定","是根据语言事实及其内在规律得出来的"。作者从《人民日报》等重要报刊上收集例子,具体分析了用词不合逻辑、生造杂凑词语、滥用简称缩略语、滥造新词等词语不规范现象。例如把"表演、导演"简称为"表导演",生造出"指戳、嘴喙、和舟共济"等复合词、成语等。在《词典和词语规范》一文中,作者指出促进汉语规范化,切实有效的办法是编写规范性的词典。语言有变化,语言规范也应有相应的变化,因此规范性的词典应该不断修订。修订词典时,删除和增补同样重要,甚至更加重要。除规范性的词典之外,记录性的词典对所收条目有足够的描写和指示,也有促进语言规范化的作用。

其他重要论文还有王铁昆的《新词语的规范与社会、心理》(《语文建设》1988年第1期)等。这一时期,《中国语文》《语文建设》等重要语言刊物经常刊登各类语文评论文章,对重要书刊报纸上的各种不规范现象进行评论分析,对现代汉语规范化工作起到了积极作用。

四、90年代以来词汇规范问题的研究

90年代以来,学者们史论结合,对语文规范化工作的历史、规范的本质、标准等,展开了广泛深入的讨论,深化了规范化理论的研究。

吕冀平、戴昭铭原来撰有《当前汉语规范工作中的几个问题》(《中国语文》1985年第2期),又发表《语文规范工作40年》(《语文建设》1990年第4期)。两篇文章回顾了现代汉语规范化的历史,总结规范化工作已经取得的成绩,指出语言规范工作本身存在的一些亟待解决的问题。要点是:(一)语言学家应该在深入研究的基础上为语言规范提供标准,施加积极影响,发挥主观能动作用。(二)应该分清语言问题和非语言问题的界限,集中研究语言规范的原则和标准。(三)规范是在发展中的规范,发展是在规范下的发展。肯定有益的突破,否定无益的突破。(四)根据准确经济传递信息的效率原则,确定辨别两种"突破"的标准,按照标准对"词语搭配""词性转变""拆离词语"等语言现象进行具体分析,提出处理不同"突破"应采取的不同方式。作者的分析对词语规范有指导作用。

陈章太《普通话词汇规范问题》(《中国语文》1996年第3期)一文论述了普通话词汇规范的原则、依据和做法,分析了词汇规范的几个具体问题。作者认为普通话词汇规范的原则是"约定俗成,逐渐规范"。对普通话词汇既要按照一定的标准进行控制和规范,又不可以脱离语言应用的实际,过急地实行"主观规范"。要确立"宽容对待"和"重视动态"的观点来对待复杂、灵活、多变的词汇,进行普通话词汇规范。作者论述了现阶段判断和规范普通话词汇的依据:(一)《现代汉语规范词表》中所收的词汇,以大量题材多样的语料为基础,按词的使用频率分为最常用、次常用和一般通用等几级。(二)规范性、权威性语文词典所收的词汇。(三)语言比较规范的现代、当代重要著作使用的一般词语。(四)全国性重要传媒使用的一般词语。(五)北方话地区普遍使用的一般词语。作者具体分析了改革开放以来大量产生的新词语、缩略语、港台词语、外来词语的规范问题,认为对待新词语宜持热情、谨慎的态度,必要时加以说明、引导,适当进行干预和规范,少作批评、指责,更不宜轻易判处"死刑"。

干预、规范新词语的重要而有效的办法是权威机构定期或不定期公布经过认真研究、严格选定的普遍话新词语表,向社会推荐使用。新近产生的缩略语,从词形、词义看,多数合乎规范,如"不争"(不必争论)、"博导"(博士生导师)、"打假"(打击假货)等,也有缩略不太好的,如"过负"(过重负担)、"考任"(经考试合格而任命)等。对待缩略语,同样应持宽容、谨慎的态度,不宜简单判断它不合规范。对于港台词语,应当热情、宽容、冷静对待。港台词语的进入,从总体看是有益的,但也会有负面作用,吸收港台词语不可太快、太滥,对那些不可以吸收的词语应当加以排斥。作者提出了吸收港台词语的几条标准。

这一时期,学者们还围绕着异体词规范问题展开了讨论。

高更生发表多篇论文探讨异体词的规范问题,重要的有《谈异体词整理》(《中国语文》1966年第1期)、《再谈异体词整理》(《语文建设》1993年第6期)、《异体词整理问题》(《山东师范大学学报》1994年第1期)等。作者在《谈异体词整理》一文中指出,词语的书面形式中有一种并存并用的现象,如"交代"也写作"交待",这类同音同义而异形的词语叫作异体词。在分析研究几百组异体词的基础上,他对异体词的定义、性质、类型、整理的原则和方法等问题作了分析。作者在《再谈异体词整理》一文中指出,异体词的整理是同一词语在书面形式上有分歧的规范问题,基本上同异体字的整理属同一范畴,属于汉字规范化范围内的问题。整理异体词一般应掌握在从俗的前提下兼顾音义明确和从简的原则,采用取舍和分化两种方法。在《异体词整理问题》一文中,作者对异体词研究概况、异体词的性质、名称、选用等问题又作了进一步的论述。

侯敏在《异体词的规范问题》(《语文建设》1992年第3期)一文中分析了异体词的范围、产生、规范原则等问题。作者提出异体词的界定有宽严两种。宽的认为异体词就是词形不同而含义相同,并在同一语言环境中可以换用的一组词语,是同义词中的等义词。严的认为只有口头上是一个词,书面上却写成不同的形体的才是异体词。异体词要具备三个条件,即同音、同义和异形。作者基本上同意严的看法,但认为"音同""义同"还需进一步阐释清楚。汉语里异体词多,词形差别大,情况更复杂。异体词的存在增加了学习者和使用者的负担,必须在深入调查研究的基础上进行规范。作者提出了异体词规范的四项原则,即"从俗""从简""义明"和"音准"。如"思维—思惟"中,取常用的"思维"作标准词形;"人才—人材"中,取字简的"人才"为标准词形;"酒盅—酒钟"中,取义明的"酒盅"为标准词形。

有关规范化的其他重要论文还有龚千炎、周洪波、郭龙生的《发展链:语言规范的本质——兼谈汉语规范化工作》(《语文建设》1991 年第 5 期)、刘叔新的《现代汉语词汇规范的标准问题》(《语文建设》1995 年第 11 期)等。

这一时期,戴昭铭出版了《规范语言学探索》一书(上海三联书店,1998 年)。这是我国第一部汉语规范化的理论专著,是作者十年来探讨汉语规范化问题的总结性成果。该书分"导言""理论编""史论编""应用编"四大部分,深入探讨了语文规范化的性质、对象、标准,探讨了我国语文规范化的历史发展及具体语言应用中的规范问题,提出建立规范语言学的构想。作者的探讨对词汇规范有指导意义。下面简介他论述的几个方面的内容。

(一) 语言规范化工作的性质和任务

作者认为,语言具有可变性,语言规范也具有可变性,语言发展就是要不断突破旧规范、进入新规范。语言发展和语言规范的关系是:规范是在发展中的规范,发展是在规范下的发展。"不规范的语言现象"不是语言规范化的对象,因为这是一个内涵不明、所指难定的概念,它所代表的是一些性质未明、范围不清、价值不等的东西。这些东西的共同特征是对旧规范的突破,可以统称为"语言的变化"。语言规范化的对象是"语言的变化",语言规范化工作的性质是对语言变化的评价和抉择。对语言的变化作出评价的总标准是包括"准确"和"经济"两项内容在内的"效率原则"。

通过对语言规范化工作性质和任务的分析,作者否定了传统上"匡谬正俗"的语言规范化工作模式,提出了动态规范的工作模式。

作者详细分析了语言规范同语言习惯、约定俗成、语言描写三者之间的关系,认为语言规范存在于语言本身之中,是从整个语言社团的共同习惯中产生的,语言习惯在制定语言规范过程中占决定性地位。语言规范的基础是语言描写。"从根本上说,所谓语言体系只不过是语言惯例的集合,作为规范标准的语言规则,只能是对该语言集团言语实践现状的准确描写","要想有规范,必须具有描写性"。

作者吸取国外学者的观点,把语言规范区分为"客观规范"和"主观评价规范"。客观规范是语言系统本身存在的规范,主观评价规范是语言学家提供的规范。语言学家应该尽可能减少语言描写中的主观因素,使主观评价规范尽可能接近客观规范。

(二) 从中国语文规范化的历史发展方面论述规范

中国古代语文理论中没有"规范"字样,但有规范观念,这种规范观念形成了一种规范准则,就是"雅正"。"雅正"是中国古代语文一脉相承的传统,是古代语文形式的理想目标。

"雅正"一词用于指称语言文字的规范标准,首见于《后汉书·舆服志上》:"汉兴,文学既缺,时亦草创,承秦之制,后稍改定,参稽六经,近于雅正。""雅"指言语体制在总体或宏观方面合乎规范标准;"正"指文字的形音义方面的正确标准。秦始皇统一中国,实现"书同文",产生了众多用雅言写成的经典著作,如《史记》《汉书》等史学巨著。"雅正"规范观在魏晋南北朝时代继续发展,到明清时代走向僵化。受"雅正"规范观的约束,汉语书面语逐渐成了脱离口语、缺乏生气的僵死的语言。

中国现代语文规范活动表现为一系列与社会革命相联系的社会活动,具有以"言文一致"为目标的通俗化和以普及教育、方便民众为宗旨的大众化这两个特点。从清末开始,具有维新思想的知识分子发起了"切音字运动"和"国语运动",创制中国拼音文字,辅助汉字认读,提出"普及教育,统一国语"的"统一国语办法案"。"国语运动"具有比较明确一致的规范标准,为白话文奠定了语言基础。

"五四运动"前夕,胡适和陈独秀等发起反封建的"白话文运动",与"国语运动"彼此呼应,形成语文改革的高潮。1934年,鲁迅、郭沫若等人在上海开展了大众文艺的讨论,掀起了"大众语运动",要求白话文写得更加接近大众口语。"大众语运动"彻底击退了复兴文言的逆流,促进了白话文的通俗大众化,把中国现代的语文改革和语文规范工作推进到一个新阶段。

中国当代语文规范活动继承了现代语文规范运动以通俗化、大众化为宗旨的优良传统,一改过去主要由学者专家从事的局面,成为由党和政府直接发起、组织和领导加上专家配合指导的群众运动。

在理论探讨、历史回顾的基础上,作者对语言运用中出现的语言文字规范问题作了具体分析。根据"无罪推定"原则,作者对"涉及到""认为是"等7种含有重复出现的语义成分的"叠加形式"的规范问题作了裁定。作者从信息革命、信息化处理的高度,对80年代以来汉语语言文字规范问题进行了论述,严肃批评了文学作品中滥用方言的倾向,对汉字运用中繁体风盛行和"识繁写简"理论作了分析和批评。

现代汉语词汇规范问题是我国语言学界一个重要的研究领域。半个多世纪以来,从具体工作到理论建设,学者们做了大量研究,取得了很大成绩。在新的世纪里,应该进一步加强这方面的工作,以更好地解决词典编纂、词汇教学、词语应用、计算机自然语言处理等诸多方面的问题。

第二节 术语问题

一、概说

术语的统一和标准化是语言规范工作的一个重要方面。术语标准化工作和理论研究对科技发展、文化交流、知识传播等都具有重要意义。罗常培、吕叔湘在《现代汉语规范问题》中指出:专科术语最需要有严格的统一的标准,需要编纂各种专科词典,以汇集术语、统一术语;需要国家机构和科学家一起来规范术语、统一术语。

我国术语工作历史很久。近现代学术名词绝大多数是通过翻译产生的,术语的统一和标准化原则最早也是在翻译实践中提出的。唐代翻译佛经,玄奘提出过"既须求真,又须喻俗"的翻译标准,还制定过"五不翻"原则[①]。明清时代,西方大批科学技术著作被译介到我国,各科新名词新术语大量涌入。严复翻译西方新术语时提出"信、达、雅"标准,一方面选用意译词,另一方面又创造了不少音译词。胡以鲁在《论译名》中,力主义译,但也提出有条件的音译。南京国立编译馆专门负责管理全国科学术语审定工作,从1933年到1949年年底,先后出版各类专科名词术语草案共五六十种。

[①] "五不翻"是:(1)秘密故,如"陀罗尼";(2)含多义故,如"薄伽梵",具六义;(3)此无故,如"阎浮树",中夏实无此木;(4)顺古故,如"阿耨菩提",非不可翻,而摩腾以来,常存梵音;(5)生善故,如"般若"尊重,"智慧"轻浅。

中华人民共和国成立后,术语工作进入了一个新阶段。1950年,国家成立学术名词统一工作委员会。1956年,学术名词统一工作交由中国科学院负责,成立中国科学院自然科学名词编订室。五六十年代,学者讨论术语的理论问题,先后发表论文七八十篇。粉碎"四人帮"以后,特别是80年代以来,我国术语工作和理论研究有了更大发展。1985年4月成立全国自然科学名词审定委员会,负责审定自然科学各学科名词术语的统一工作,并予以公布施行。审定公布了天文、物理等22个学科的术语。1985年10月国家还设立全国术语标准化技术委员会,负责术语的标准化工作。1990年成立计算机辅助术语工作分技术委员会,1994年又成立少数民族术语分技术委员会,先后制定一系列国家标准,大大推进了我国术语标准化工作。这一时期,术语学的理论研究更加系统深入,重要论文有刘涌泉的《略论我国的术语工作》,理论专著有冯志伟的《现代术语学引论》。

二、20年代至40年代关于译名的讨论

20年代至40年代,学者关于译名问题有较多的讨论。1914年,胡以鲁撰《论译名》(《庸言》2卷1、2期合刊),是较早探讨外国名词翻译问题的论著。后又在专著《国语学草创》"论译名"专章中提出义译主张,而对地名、人名、金石、化学之名等,作者仍主张音译。孙几伊在《论译书方法及译名》(《新中国》1919年1卷2期)一文中针对当时译名的分歧情况,指出音译、义译皆有好处与坏处,主张分别对待。他重视译名的统一。

幼雄在《译名商榷》(《开明》1931年30期)一文中较系统地说明了译名产生的方法,具体有:1. 在中国固有名称上加一个接头字,如"番茄、洋灯、胡琴、西洋参"等。2. 特制一个新字。多用于化学元素、矿物和度量衡等,如"氩、钠、锌、呎"等。3. 意译。选择适当的名称,或取用适当的文字,组成合成词,前者如energy译作"能",logic译作"名学";后者如tennis译作"网球",telephone译作"电话"等。4. 音译。意译有时不能概括原语的意味,这时就需要音译,如logic又音译作"逻辑"。5. 音义兼有,一半音译,一半意译,如"冰淇淋"。6. 音义合一。这种译法最难,如Utopia译作"乌托邦"。

王了一发表《论汉译地名人名的标准》(《今日评论》1939年1卷11期),指出目前的地名人名翻译有失真、不统一的毛病。失真的原因是方音作怪和不懂原文的读音,最常见的错误是拿英文的读音应用于一切语言。作者认为音译的改良应该在汉字本身上想办法。国音不够用,可以略采方音。作者提出"代数式

的统一"的译音标准,如用"希"代 hi 等。每一个汉字不得对译两种外国语音,每一个外国语音也不得对译两个汉字。

三、五六十年代科学译名问题的讨论

中华人民共和国成立以后,经济文化的发展使科技术语的规范和统一显得更加迫切,这方面的研究也有很大发展。在五六十年代,学者们主要探讨了科学名词的译名问题。

曾昭抡《科学名词中的造字问题》(《中国语文》1953 年第 8 期)讨论了翻译和制定科学名词时创造新字的问题。作者总结了汉语造成新字的几种方法,指出物理名词大多赋予单个常见的方块字以新义的办法,如"克、米、力、能"等字,或将常见的方块字凑在一起,成为复合词,如"电话、混凝土"等。化学物质名词主要采用创造新的方块字的办法,如"氢、氧"等,或将新造字与常见字结合在一起,成为复合词,如"活性碳、咖啡糖"等。作者认为不能说造新字完全没有必要,但今后应着重反对滥造新字,对现有科学新字应该加以整理。

刘泽先《从科学新名词的翻译看汉字的缺点》(《中国语文》1953 年第 8 期)主张科学名词应该国际化,这样有利于国际间的文化交流,翻译起来也简单。作者认为用拼音字母写外语可以使学术名词逐渐统一,使名词翻译工作简单、快捷。

袁翰青《从化学物质的命名看方块字的缺点》(《中国语文》1953 年第 4 期)指出,化学物质的汉文译名困难大,且不断改变,如"养气(1882 年)→酸素(1910 年)→氱(1926 年)→氧(1932 年以后)",这主要是汉字的缺点造成的。作者主张用拼音给化学物质命名,开辟一条新路。

这一时期,重要的论文还有钟兆琥的《外来学术名词在什么原则上统一起来》、陆志韦的《外国语人地名译音统一问题》、周有光的《音译地名正字法的技术革新》等。

四、八九十年代术语学的理论研究

八九十年代,术语学研究更加受到重视,开拓了研究的广度和深度,出版了多种系统研究术语理论问题的论著。

刘涌泉《略论我国的术语工作》(《中国语文》1984 年第 1 期)回顾和总结了我国术语工作的发展和成就,讨论了术语学的基本理论问题。

关于术语的概念和特征。作者指出术语是用来正确标记生产技术、科学、艺

术等各个专门领域中的事物、现象、特性、关系和过程的词语,可以是词,也可以是词组。术语有专业性、科学性、单义性和系统性四个特点。

关于术语的产生、移植和发展、规范化、标准化。作者认为术语的产生和移植是自然的,导致术语混乱也是必然的,需要语言学家和科技工作者共同努力解决术语规范化问题。作者指出,应加快术语数据库建设,为术语工作现代化铺平道路。

1988年12月10日,国家技术局颁布国家标准GB/T 10112—1988《确立术语的一般原则与方法》(主要起草人粟武宾),这是参照国际标准ISO 704—1987《术语学原则与方法》制定的,主要说明了"概念""定义""术语"三方面的内容,简介如下:

(一) 概念

概念是反映事物特征的思维单元。概念的特征可分为内在特征(如形状、尺寸、内在结构、材料、颜色等)、外在特征(如来源、位置、发现者、发明者等)、本质特征、非本质特征等。概念间的关系有层级关系、属种关系、整体部分关系、非层级关系等。一组概念构成概念体系。

(二) 定义

术语工作中最常用的定义是内涵定义和外延定义。下定义应遵守一定的原则。

(三) 术语

说明了术语的结构和构成形式、构成方法。现代汉语通常采用语音构词、语义构词、句法构词、形态构词、吸收外来词(音译、意译)等方法构成术语。

冯志伟的《现代术语学引论》(语文出版社,1997年)是我国学者撰写的第一部现代术语学专著。作者长期从事计算语言学的研究,亲自参加了术语标准化的实践工作和术语数据库的设计和建造工作,该书总结了作者长期的研究成果和工作经验。全书共分十四章,第一章至第七章分析了术语的性质、类型,概念和概念系统,下定义的一般原则和方法,术语编纂,术语标准化和术语数据库等问题;第八章至第十四章论述了中国的术语工作、中文单词型术语的结构、术语形成的经济律、潜在歧义论等。下面扼要介绍该书几个方面的内容。

(一) 术语、概念

1. 术语的性质和理论模型

作者指出,术语就是"通过语音或文字来表达或限定专业概念的约定性符号"(该书第1页)。术语跟其他语言符号的区别是术语的语义外延是根据所指

（概念）的关系而不是根据能指（音响形象）的关系来确定的。选择术语应遵守有关原则，如准确性、单义性、系统性、语言的正确性、简明性、理据性等。作者介绍了奥地利术语学家维斯特提出的术语模型理论，认为任何一个语言体系中的概念都是由意义和符号构成的，意义是由表达个别实体的个别概念所共有的属性构成的集合，符号是表达意义的各种语音或文字书写形式的特征的集合。术语又分为单义术语、同音术语、异形术语、缩略术语、借用术语等。

2. 概念和概念系统

作者指出，概念具有抽象性，是知识的基本单元，是思维的最小单元，是全人类性的。任何一个概念都有内涵和外延。概念的内涵和外延存在反比关系，概念的外延越大，概念的内涵越小；概念的外延越小，概念的内涵就越丰富。作者分析了概念的组合方式：限定，如英语的 machine tool（机床）；合取，如英语的 smoke（烟）+fog（雾）→smog（烟雾）；析取，如英语的 boy 和 girl 这两个概念，通过析取形成复合概念 child；联取，如英语的 Austro-hungary（奥匈帝国）这一复合概念，由 Austria（奥地利）与 Hungary（匈牙利）这两个不同的单独概念通过联取而成。概念组合方式的分析有利于阐明构成复合概念的各个单独概念在语义上的关系，对研究术语学有价值。作者指出，概念系统是通过逻辑关系或本体论关系联系起来的概念的集合。概念的逻辑关系有同一关系（"机器翻译"和"自动翻译"）、属种关系（"交通工具"和"汽车"）、交叉关系（"作家"和"教授"）、全异关系（"小麦"和"玉米"）、否定关系（"加压"和"减压"）。概念的本体论关系有整体一部分关系、时间上的连续关系等。

（二）术语的标准化和术语数据库

作者阐述了标准化的性质和有关原则，指出术语标准就是由标准部门公布的规范化的术语系统。术语标准化应遵循四条原则：1. 术语标准化应先于技术标准化；2. 术语标准化应以语言简练为目的；3. 术语标准化必须是灵活的，根据科学技术的新发展作适当改变；4. 术语标准化要以集体工作的方式进行。术语标准化还有级别之分，分为地区级、次国家级、国家级和国际级四级。作者还介绍了国内外的标准化组织的组成、任务和工作。

关于术语数据库，作者主要介绍了术语数据库的一般知识和术语数据库概况，分析了术语数据库系统的基本要求和建立术语数据库的基本过程。由于术语数量与日俱增，概念体系越来越复杂，人们在编排、查找、出版术语和术语词典时越来越不方便，于是产生了建立术语数据库的要求。目前世界上主要的术语数据库有 LEXIS、TEAM、EURODICAUTOM 等。我国国家语言文字工作委员会语言文字应用研究所开发了"应用语言学术语数据库""计算语言学术语数据库",机械部机械科技信息研究院开发了"机电工程术语数据库",农业部科技信息研究所开发了"农业叙词数据库"。中国标准化与信息分类编码研究所当时正在建立标准化术语数据库,拟收录国家术语标准中的术语条目以及其他一些国家的标准化术语。

作者还用相当大的篇幅,分析了单词型术语和词组型术语的类别、结构、内部语义关系、句法功能,阐述了术语系统的经济规律,并从结构功能的角度分析了词组型术语的歧义结构、歧义类型、歧义消除等,建立了"潜在歧义论",提出了判定词组型术语歧义结构的原则和方法。

我国术语学的研究同国际的交流合作目前很活跃。随着科学技术的发展,我国术语学的研究和实际工作必将取得更大的成绩。

第三节 基本词汇研究

一、概说

语言中存在基本词汇是斯大林在《马克思主义和语言学问题》一书中论述的重要观点。50年代以来,我国学者结合汉语的情况对这个问题作了较多的探讨。以周祖谟《汉语词汇讲话》中的说明为代表,确定基本词汇的三个标准是:(一)全民性或普遍性;(二)历史稳固性;(三)构成新词的基础或能产性。在学者们最早探讨基本词汇问题的讨论中,有人认为汉语的基本词汇大约就是 3500 个常用的可以写各地方言的汉字,有人则认为不能把斯大林所说的"词汇"改成"字汇",根词才是基本词汇的核心,不能混淆了字和词、词根和词的差异。一些学者则在虚词是否归入基本词汇的问题上产生了分歧。

在论述确定基本词汇的三个标准时,有些学者强调普遍性的标准,有些学者认为历史稳定性是其核心,有些学者又指出构词能力是最重要的一个标准。进入 90 年代以后,学者们更多地对这三个标准进行了质疑,并从方言与普通话的关系、民族共同语等其他角度进行了定量和定性的分析。

总的来说,基本词汇理论研究是一个历史现象,在当时对说明词汇的性质、特性有一定的价值,并吸引了不少学者的注意力。但用抽象的标准分析词汇的成员,则有许多复杂的现象一时不易说清。我们承认探讨这个问题对五六十年代的词汇学研究有一定促进作用,但其理论上的局限性也是明显的。

二、五六十年代关于基本词汇的研究

50 年代初斯大林的《马克思主义和语言学问题》发表并被介绍到中国,立即引起了学者们的关注。书中关于基本词汇的观点是:"大家知道,语言中的主要东西就是基本词汇,其中包括所有的根词,成为基本词汇的核心。基本词汇是比语言的词汇窄小得多的,可是它的生命却长久得多,它在千百年的长时期中生存着并给语言构成新词的基础。"[①] 当时我国学者热烈而深入地学习了斯大林的理论,用它来分析语言、思维、社会的基本理论问题。

李荣《汉语的基本字汇》(《科学通报》1952 年 3 卷 7 期)最早运用基本词汇学说分析汉语问题,他认为:(一)基本词汇是日常用字;(二)基本词汇生命长久;(三)基本词汇是语言构成新词的基础。李向真《关于汉语的基本词汇》(《中国语文》1953 年第 4 期)对李荣所总结的第一点提出了不同意见,他认为"基本词汇所包括的是词,不是词根,基本词汇的核心'根词'也是词,而不是词根"。稍后,李荣写成《字汇和词汇》(《中国语文》1953 年第 5 期)回答李向真的驳难,主要意思还是认为,汉语各方言中日常口语仍然以单字词为主,多字词整体的意思和其中单字意义没有关系的很少。伯韩《李荣、李向真两位先生关于基本词汇的论文读后感》(《中国语文》1953 年第 7 期)认为,两人争论的焦点是在于"李荣先生对汉语基本词的看法不同,他认为基本词就是最小的意义单位,它是单字词或双字词等的词根,也就等于单音节的汉字",并批评李荣"没有分清汉语中字和词的界限"。其实问题倒未必出在字和词的界限上,更进一步的原因是汉语这类孤立语和俄语这类屈折语有本质的差异。这一点很多学者有意无意地已经涉及,林焘《汉语基本词汇中的几个问题》(《中国语文》1954 年第 7 期)指出:"要把斯大林这些原则性的指示具体运用到汉语里去并不是一件简单的事。"林焘就汉语的虚词、单音词和根词三方面指出了一些值得注意的现象,得出的结论是:(一)虚词纵然最常用,但是只能在"语法构造"的范围内来研究,不能归入基本词汇。不过当他分析汉语虚词的范围时,又发现差不多每种词都包含虚、实两种性质,到底应该如何划分虚词、实词是值得考虑的。是目前划分汉语词类的标准值得重新考虑呢,还是汉语的特性规定了有些词类根本不可以分成实、虚两种呢?(二)汉语的基本词汇里大部分是单音词的说法是绝对不能成立的。在论述了古汉语中存在一个汉字缩减多音词和一个汉字可能代表多音节的现象之后,指

[①] 斯大林《马克思主义和语言学问题》,见《斯大林文选》下卷,人民出版社,1962 年,第 535 页。

出"无论是古代汉语还是现代汉语,都不是单音节语言"。(三)汉语的基本词汇里除了作为根词的一般单音词以外,还包含着大量的多音词,它的数量一定要比单音词大得多。该文一再强调:研究汉语要从汉语的具体情况出发,应该按照汉语自身的特点找自己的形态。"我们不但要根据汉语的特性研究出汉语自己的规律,而且还应该进一步根据这些规律来充实普通语言学的内容"。

赵振铎在《虚词不能归入基本词汇吗?》(《人文杂志》1959年第3期)中认为,虚词仍然是词,有词的特点,也是语言中最小的能独立自由运用的单位。虚词也有一定的意义,既有词的形式,也有词的内容,把虚词说成是语法成分不妥,对虚词的成员要根据基本词汇的标准划入基本词汇。

周祖谟《汉语词汇讲话》(《语文学习》1955年第4期—1957年第10期连载)说明了汉语词汇发展和社会发展的关系,说明了现代汉语基本词汇的三个特点,并据此对词汇的系统性作了论证:"词汇的系统性就表现在基本词汇与词汇间的内在联系,不但构词方面有其体系,就是词义方面也有一定的关联。"例如"胜",可以构成"胜利、战胜"一类词,又可以构成"名胜、形胜"一类词。两类的意义是有关联的。这样从研究基本词汇入手,可以找到从词义上分析整理词汇中"词族"的方法,因而可以了解词汇发展的规律(包括由单音词向多音词的发展)。这样做对词义的了解、对词汇系统的了解就会更明确。

孙常叙《汉语词汇》(1956)花了相当大的篇幅来全面论证汉语基本词汇的性质、地位,探求现代汉语基本词汇的主要线索,说明了基本词汇的发展。他的绝大多数论述其实属于汉语词汇史的范畴。他提倡从词汇的观点来看词的地位,批评了基本词汇研究中的词义主义倾向,并认为不能把基本词汇的性能(稳定性、全民性和现实性)作为判定基本词汇的标准。他所提出的从现代汉语词汇中推导基本词汇的标准是:在现代汉语词汇里,不依存于其他现代汉语词的词是基本词。具体地说,"基本词汇的问题不是每个词自身的问题,而是一个词和词之间的词汇关系和地位的问题","词汇的内部关系主要是依存和被依存的关系。这个关系使它所汇总的一切词发生地位上的分化,分化出主要的和次要的两个部分。例如"水银",拆开之后是"水"和"银",不能再依语法关系说明那一矿物。有了它,我们就能反映出那一客观存在和依靠它而构成的一系列更多的词,例如"水银灯、水银柱、水银软管";没有它,这一些主要的事物就不易说出。有些词就不这样,它们是依存于现代汉语词汇里的另一些词也就是前一类词而存在的,没有前者,就没有后者。

作者所提出的"基本词的辨认必须放在词汇里来考虑"是正确的,但依据他所提出的标准,"水、火、人、马"是现代汉语的基本词汇没问题,"恍惚、掣肘、续弦"也是现代汉语的基本词汇却很难被人接受。这说明他的标准所依赖的基础本身就有不完善的地方。

王勤、武占坤《现代汉语词汇》(1959)则认为,"基本词的构词能力的强弱是由该词所代表的事物与新生的事物在性质、状态、来路、功用各方面的瓜葛大小所决定的",所以要把"构词能力的特征放在基本词汇整体之上"。作者又认为"电车、电影、爱人、战士"等近百年来产生的词或被赋予新义的旧词,可以根据它们所代表的客观事物能长久生存下去,断定它们可以取得历史稳固性的属性,从而判定它们是基本词。

潘允中《汉语基本词汇的形成及其发展》(《中山大学学报》1959 年 1、2 期合刊)把汉语的基本词汇按性质分为八大类:(1) 关于自然现象、自然物的名称;(2) 关于方位的名称;(3) 关于人和人体部分的名称;(4) 关于近亲的名称;(5) 关于生产劳动(渔猎、畜牧、农业、工业)的词汇;(6) 关于物质文化(宫室、衣服、家具)的词汇;(7) 关于行为的词汇;(8) 关于事物的性状的词汇。他分别对这八大类词的形成和发展进行了历史的描述,得出的结论值得注意的有:一般词汇也可以转入基本词汇;基本词汇的发展,是和社会的发展密切联系着的。研究古代汉语的学者倾向于通过语义分类来研究基本词汇的构成,这样做容易按照语义类别来搜集整理古汉语词汇,使之更有系统性和条理性。

三、八九十年代关于基本词汇的研究

80 年代以来对基本词汇问题的研究基本上是沿袭旧有的说法,只是把三个标准作了相应的变通。

符淮青《现代汉语词汇》(1985)提出要分清基本词汇中的词和常用词;对代词、虚词不能用构词能力的标准来确定;对于一般实词,确定其是否是基本词汇的成员,在三个标准中,构词能力是最重要的一个标准。周荐《基本词汇与一般词汇划分刍议》(《南开学报》1987 年第 3 期)认为,三个标准在很大程度上存在着难以调和的矛盾,相当一部分词语并不同时具有这三个特性。周荐提出的调和方案是看词语是否历史悠久,经得住时间的考验,又在一个时代的横断面上使用范围广泛。他认为:"用历史悠久和使用范围广泛这样两个标准划分出来的词语,不但覆盖面大,而且这相当数量的词语也确实是语言词汇稳定性的一个基本因素,能够成为共时平面上的词汇的基础。"这个标准其实就是对"历史稳固性"和"全民性"标准的一种解释。

刘叔新《汉语描写词汇学》(1990)比较赞同周荐的意见,并把现代汉语基本词汇的成员定义为如下几类词语:(一)标示常见的自然现象、普通的动植物、人体及其各主要组成部分、亲属及有社会联系的人、宅舍场院、基本的劳动工具及生产设备、基本的劳动对象、基本的交通工具、基本的生活必需品等的词语;(二)标示事物现象基本性质的词语;(三)标示基本活动行为的词语;(四)标示精神文化活动和政治经济活动的基本范畴、基本方式和基本成果的词语;(五)标示基数、序数、月份、一月内和一周内的日序以及节日、节气的词语;(六)各种副词和无文言色彩的代词。单音的基本词构成基本词汇的核心,是典型的基本词。刘叔新对"历史悠久"有一个较为明确的界限,即"只要存在至今有七八十年,即民国初年'五四时期'便存在而现今仍沿用的词语,便可以认为具备了历史悠久的特征"。

综上所述,自从学者总结出基本词汇的"历史稳固性""全民性"和"能产性"三大特征后,几十年来,对基本词汇的研究理论上没有多少进展。这不得不使人怀疑"基本词汇"理论的可行性。词汇是语言发展中最活跃的因素,探讨在词汇发展中一些稳定的因素是有价值的,但这是历时的研究范围。如果要在一个共时层面筛选出所谓的基本词来,从表面上看是在共时研究中参照历时研究的成果,但其实质却是破坏了一个词所处的共时词汇系统,把很多不属于一个词的共时属性的东西强加到这个词身上,造成的后果就是在理论上产生矛盾,在实践上无法达成共识。在共时词汇系统中,使用频率的高低产生了常用词和非常用词的对立,构词能力的强弱造成词根和非词根的对立,使用者的特定范围不同带来专业词汇和一般词汇的对立,非要在这一系列的对立中找出一个交集命名为"基本词汇",其实并没有太大的实用价值,反而打乱了词汇系统本身的完整性。

崔荣昌、王华《从基本词汇看北京话同普通话和汉语诸方言的关系》(《语文建设》1999年第2期)以及陈瑞端、汤志祥《九十年代汉语词汇地域分布的定量研究》(《语言文字应用》1999年第3期)则代表了基本词汇研究的另外一种更为可行的趋势。

崔荣昌和王华通过北京话与普通话及汉语诸方言基本词汇的同异比较,说明作为官话代表和普通话基础的北京话与作为民族共同语的普通话之间存在距离,用数据消除人们对于北京话与普通话关系的误解;同时也说明北京话与汉语其他方言的远近亲疏关系。他们依据《汉语方言词汇(第二版)》所收录的20个方言点的1230条词语材料,将北京话的1227条与普通话及19个方言点逐条进行同异比较。经过比较发现,"北京话与普通话基本词汇相同的为649条,占

52.89%,相异的为 578 条,占 47.11%,其中部分相异的为 276 条,占 22.49%,完全相异的为 302 条,占 24.62%"。在各方言点词汇的比较统计数字中发现,有些词目是各方言点都相同的,如"风、雪、火车、喷、摸、弹、坐、大、短、甜、香"等共 49 个。这些词全部集中在名词、动词、形容词中,量词、副词、代词、介词、连词则没有 20 个方言点及普通话全部一致的;尤其是代词,几乎没有一个词条能够有 10 个以上的点相同,每个方言点与北京话代词相同的比例不超过 50%,就是普通话也只有 22 个代词与北京话相同,为代词总数(44 个)的 50%。

陈瑞端和汤志祥的研究则以香港理工大学《中国大陆、台湾、香港汉语词库》的 600 万字语料为基础,通过检索和统计,对 90 年代通行于整个汉语汉文化区域的汉语词汇进行定量分析,着重考察当代汉语词汇的"共同底层"和三个区域之间的"地域差异",从数量特点及其分布角度,对流通于整个汉语区域的"基本词汇集"和仅在各自区域或者其中两个区域之间流通的"子词汇集"作一个初步的定性分析。他们所统计出的"三区域共用词语"几乎包括所有的单音节词语和四音节词语,而且都是相对高频的词。单音节词(按频率递降的前 20 个)有"的、在、一、是、有、不、了、十、和、人、上、年、为、个、者、之、他、队、将、与",双音节词(按频率递降的前 20 个)有"经济、公司、政府、问题、表示、他们、国家、我们、发展、市场、工作、没有、今年、社会、投资、认为、目前、企业、世界、进行"。从中可以看出,单音节词的频率受社会发展影响较小,而双音节词的频率则充分体现了社会发展的热点,像"经济、公司、市场、发展、企业"等等,无一不有当今社会关注经济发展的烙印。

这两篇论文虽然不是从正面描述基本词汇的问题,却从定量比较的角度反映出基本词汇研究中的一些误区。从整个汉语方言区来看,显然没有这样一个基本词汇集可以覆盖各方言点的词汇分布;就同是使用国语的京、港、台三地而言,"共同词语"无论在数量上(占 90%以上)、使用频率上(在高频段和中频段),还是在累计频率上(覆盖率达到 95%),都占了绝对优势,但我们如果把这个"共同词语"看作"基本词汇集",显然跟以前的讨论大相径庭了。

总的来说,我们认为基本词汇这个概念是一个相当模糊的概念。我们从各个角度来探讨词汇的分类,都能够得出一个边界大致清晰的范围;而如果要论证哪些词属于基本词汇的范围,则面临很多自相矛盾的标准。

第四节 同义词研究

一、概说

汉语同义词的研究在我国有着悠久的历史。古代学者为了理解古籍中词义的异同就进行过同义词分析。这就是以我国现存的最早的词典《尔雅》为代表的、以"×××,×也"形式对词义共同内容所作的概括。其中有的确实是同义词,有的则只是概括了被解释的几个词的共同意义内容或上位词。到了清代,同义词辨析更加细致,而且形成了初步的理论,如段玉裁的"浑言""析言"理论。

20世纪40年代以后,现代汉语的同义词现象逐渐引起学者的注意,张世禄(1947)提出了"同义词"概念,并把它定义为"同样的意义而用不同的词语来表达"。[①] 陈望道的《修辞学发凡》也有类似的说明。但总的来说,当时的同义词研究主要是从修辞学角度进行的。

真正词汇学意义上的同义词研究是中华人民共和国成立后才展开的。50年代以来,随着社会和学术的发展,现代汉语词汇学成为一门独立的学科。为了指导汉语教学、促进汉语规范化和满足语言应用的需要,同义词在中国的词汇学界一直是研究热点,学者们对现代汉语同义词的性质、判断标准、分类、同义词与词性的关系等问题进行了大量的研究,取得很大成绩。理论的说明逐渐由粗转精,积累了不少辨析材料。80年代以后,编出了几部有一定影响的同义词词典。这时由于较多考虑了指导语言应用的需要,确定同义词的标准较宽松,不同的同义词词典确定的同义词群有较多差异,在辨析方法、理论说明方面也存在种种分歧,不尽完善。

90年代以后,随着同义词研究的逐步深入,出现了在词汇、词义系统中分析同义词的研究,但是自觉地、明确地在词汇系统中从组合、聚合关系两个角度来分析同义词现象,仍处于进一步的探讨之中。

二、五六十年代的同义词研究

50年代后期,随着现代汉语词汇学的建立和发展,对同义词的研究也开始热烈起来。这个时期的同义词研究主要集中在以下几个问题上:

---

① 张世禄《语言变化与"同义异词"的现象》,《学识》1947年2卷1期。

(一) 同义词的性质

同义词的"同"指什么? 这是同义词研究中首先要解决的问题,也是讨论最多的一个问题。概括起来,有以下三种提法:

1."义同义近"说

伯绰的《"同义词"例解》(《语文学习》1951年第2期)最早明确提出:"在意义上相近的词叫同义词。"持这种观点的学者很多,如高名凯曾提出"同义词就是意义相近的词"①,张世禄也认为,"只要意义相近,也就可以属于同义词"②。

另有一些学者持有不同的意见,与上述的"义近说"截然相反,王力等学者就认为"同义词,就是意义相同的两个词或更多的词"③,张志公也表示,同义词应是"父亲、爸爸、爹爹、爹"这些"意义完全相同"的词④。

但更多的学者主张同义词包括两类:一类是意义完全相等的词,一类是意义不完全相等的词。如周祖谟指出,同义词是"意义完全相同或意义极其相似的词"⑤,与此同时,君朴也表示"同义词有意义完全相同的和意义不完全相同的两类"⑥。持此说法的人还有杨欣安、崔复爰、许威汉以及王勤、武占坤等。这种观点为当时和后来的现代汉语和语言学教材所采纳。

"义同说"过分强调了词语意义相同的一面,忽视了它们之间相异的一面,而这些不同点恰恰是同义词存在的根本价值所在。相反,"义近说"只强调词语意义之间的不同点,忽略了它们之间的共同点,把同义词与近义词混为一谈,显然不符合语言实际。相比而言,"义等义近说"明显前进了一步,既看到了同义词语之间有意义相同之处,也看到了词义之间的细微差异,因而被大家普遍接受。但这种观点也有它的问题,即同义词的"义近"与近义词之间的界限不易区分。

60年代以后,陆续有一些学者对"义等义近说"提出质疑。王理嘉、侯学超两人率先提出"同义词只是意义相近的词,可是意义相近的词并不一定是同义词","究竟意义相近到什么程度才能叫同义词?"⑦张志毅也指出,确定同义词不能只根据"有一点共同的地方或某种关联(即所谓'有相近意义')",因为那样一

---

① 高名凯《普通语言学(增订本)》,新知识出版社,1957年。
② 张世禄《词义和词性的关系》,《语文学习》1956年第7期。
③ 王了一《语文知识(一)》,《语文学习》1953年第8期。
④ 璟一《谈同义词》,《语文学习》1953年第8期。
⑤ 周祖谟《汉语词汇讲话(八)》,《语文学习》1956年第2期。
⑥ 君朴《同义词和非同义词》,《语文学习》1956年第2期。
⑦ 王理嘉、侯学超《怎样确定同义词》,《语言学论丛》第五辑,商务印书馆,1963年。

来,"许许多多的近义词就一齐涌进同义词的队伍"。因此,他主张"近义词一分为二","差别较小而共同处较大的词才属于同义词","仅有一点点共同处或有某种关联的词"应归一般所谓的近义词。[①] 这些探讨把同义词的研究从50年代的水平大大提高了,表明学者们对同义词的意义相同的认识由粗到细,对同义词的根本性质有了比较清楚的认识。

2."概念同一"说

此种观点认为,同义词是同一概念内具有各种细微差别的词。较早提出概念标准的是苏联语言学家,如布达哥夫认为:"同义词最主要的作用,就在于同义词能表达概念的种种不同意味","各种不同的同义词是各以不同的方式表达了概念的细微差别"。[②] 这一观点为我国语言学界不少学者所接受,如崔复爰提出:"同义词是在同一个概念内具有各种细微差别的词。"[③]石安石更是对此作了进一步的发挥,他认为,"同义词,正确地说,应该是概念相同但词义有所不同的词。同义词间意义的差别,不能大到概念的差别。……如果意义的差别超出了一个概念的范围,那么它们的意义无论怎样相近,也不是同义词"[④]。周祖谟也持此观点。

3."对象同一"说

与上述情况不同,另有一些学者从词语的意义所反映的对象是否一致来谈同义与非同义的问题。如孙常叙就曾指出,"判别同义词,唯一的依据就是它们是不是概括同一对象"[⑤]。20年里响应者不多,直到70年代中期以后,李行健、刘叔新等人开始赞同此观点,认为"两个词,若意义相差不远,却并非反映同样的事物现象……并不存在同义关系。它们是近义词,不能看作同义词"[⑥]。80年代以后,刘叔新又进一步发挥了这种观点,并把它作为区别同义词与近义词的唯一依据:"两个词无论意义上差异如何,如果指同样的对象,就必然构成同义词。反之,两个词尽管意义很接近,如果并不指同一对象,便只是近义词,不能看作同义词。"[⑦]武谦光也持相似观点:"如果两个词,它们可以用来指称同一个客观事物,

---

① 张志毅《确定同义词的几个基本观点》,《吉林师大学报》1965年第1期。
② 布达哥夫《语言学概论》(中译本),时代出版社,1956年。
③ 崔复爰《现代汉语词义讲话》,山东人民出版社,1957年。
④ 石安石《关于词义与概念》,《中国语文》1961年第8期。
⑤ 孙常叙《汉语词汇》,吉林人民出版社,1956年。
⑥ 李行健、刘叔新《怎样使用词语》,天津人民出版社,1975年。
⑦ 刘叔新《现代汉语同义词词典·导论》,天津人民出版社,1987年。

或用来描述一个客观事物或现象的某一特点,那么,在这两个词之间就存在着同义关系:换句话说,它们就是同义词。"①

(二) 同义词的判断标准

由于同义词的"同义"各人理解宽窄有别,确定的同义词往往不一致。为了在意义的标准之外寻找形式上的标志来检验同义词的共同性,50年代提出了"替换法"。该方法是指在某个给定的语言单位中,如果一个词可以被另外一个词替换而不改变语言单位的基本意义或所指的对象,那么,这个词与原来替换的词便构成同义关系。如高名凯在1957年提出,有些词"在任何地方都可以互相替代,而保持其同一的意义"②。在这一点上,孙常叙的表述更加周到:"同义词是一些在同一个原句或意义相近的上下文里可以彼此替代,表达同一对象而感觉不到有什么意义上的差别的"一组词。③ 王理嘉、侯学超则进一步认为:"两个词如果在同一个上下文中可以互相替换,而不改变句子的基本意义,那么它们就有意义上的共性,就是同义词","词之间含义上的共同性和使用上的可替换性是确定同义词的两个共同的必要条件"。④ 对多义词来说,同义的替换是指其中的一个义项。何霭人等学者赞同这一观点。

但也有不少学者认为"替换"是有限制的,如周祖谟就曾指出:同义词在同一个句子里或意义相近的句子里固然有时可以互相换用而感觉不出差别,但一般来说,这种可能性往往受到一定的限制。⑤

张志毅也提出:"替换并不是同义词的本质特征,专门从替换角度给同义词下的定义,当然不能概括同义词的本质。而专用替换法来判断是否是同义词,当然也不免有不妥当的地方。有些非同义词被确定为同义词,有些同义词反而被排除了",不能互相代替的"在根本意义上有细微差别的同义词,正是同义词的精华"。⑥ 刘叔新更是对替换法持完全否定态度,他认为用替换法来检验同义,完全不符合实际,绝对行不通。

(三) 同义词辨析的基本方法

同义词辨析有助于正确表述和准确理解语言。早在1951年,朱文叔在具体

---

① 武谦光《语义学导论》,湖南教育出版社,1988年。
② 高名凯《普通语言学(增订本)》,新知识出版社,1957年。
③ 孙常叙《汉语词汇》,吉林人民出版社,1956年。
④ 王理嘉、侯学超《怎样确定同义词》,《语言学论丛》第五辑,商务印书馆,1963年。
⑤ 周祖谟《汉语词汇讲话》,人民教育出版社,1959年。
⑥ 张志毅《确定同义词的几个基本观点》,《吉林师大学报》1965年第1期。

辨析"深"和"浅"的不同意义时,就指出了"每一组头尾不同或者尾同头不同的双音节的各个词,粗看起来,意义很近似,仔细体味,意义又有分别。如果我们不知道它们的分别,往往容易用错"①。同义词辨析在语言应用、语文教学中受到了广泛的关注。

张瓌一认为,辨析同义词可以从来源、用处、意义三方面来分析。意义的不同又可以从以下几个方面来分别:1.范畴大小(房屋—房子—屋子);2.语义轻重(不错—优良—优异);3.具体和概括(树—树木);4.好意与坏意(赞美—奉承)。后来,张静对此作了进一步的补充,指出辨析同义词,除了要注意上述几方面的不同之外,还可以加上动作对象、方式以及表示的语气、态度的不同。

周祖谟在《汉语词汇讲话》一书中综合了以前的研究成果,提出了一个较为完整的同义词辨析框架。他从三个方面入手:1.词义上的差别(如注意词义的交叉、范围大小、词义轻重、褒贬等);2.风格色彩的区别(如注意普通词、特殊色彩词、书面语、口头语、普通话、方言的区别等);3.用法上的区别(如注意应用范围、词和词的配合关系等)。他对同义词辨析方法的说明相当全面和细致,成为以后汉语词汇教学的基本内容。后来的学者强调了不同的侧面,分析越来越细致。

同义词的辨析工作推动了同义词语工具书的出版。《语文学习》杂志社把历年在该刊发表的"同义词例解""同义词辨析"选编成《词义辨析》(人民教育出版社,1958—1962年)一书,南开大学中文系语言学教研组编写的《同义词分析》(河北人民出版社,1958—1962年)代表了这个时期的成果。

(四)同义与词性的关系

词语之间有同义关系,是不是一定要伴随着词性一致,这是汉语同义词研究中的一场更大的争论,从50年代一直持续到90年代。

最早提出这个问题的是周祖谟,他认为同义词应该词性相同。半年后,张世禄则表示了相反的意见,认为"不同词类的词,只要意义近似,也就可以属于同义词",理由是"词汇上的意义分析和语法上的区分词类并不是一回事"。② 周祖谟接受了张世禄的意见,并修改了自己原有的看法。这些意见发表后,在学术界引起了强烈的反响。许多学者都参加了进来,大家各抒己见。归纳起来,主要有以下三种看法:

1.一致说

这种观点认为,同义词的词性必须相同。代表者主要有高庆赐"同义词一定

---

① 朱文叔《"深"和"浅"》,《语文学习》1951年10月创刊号。
② 张世禄《词义和词性的关系》,《语文学习》1956年第7期。

要按照词类来划分"①以及洪梦湘、贡仁年、张弓等。

2. 不一致说

此种观点认为,同义词的词性可以不同。代表者主要有陈炳迢:"同义词的同,是意义上的同,而不是语法上的相同"②,高名凯:"只要在词的词汇部分上有意义的某种共同之处,不论其语法意义如何,就可以构成同义词"③。

3. 折中说

此种观点认为,同义词最好是词性一致,但也承认词性不同的词可以同义。代表者主要是周祖谟和方文一,但缺少充分解释。

三、70 年代后期至 80 年代的同义词研究

70 年代后期,特别是 80 年代以后,现代汉语同义词的研究呈现出两种新趋势:一是在传统的同义词研究的基础上继续深化,联系同义词词典的编纂,注重解决实际问题;二是以现代语义学为理论指导,对同义词进行了新开拓。就发表的论著而言,无论在广度上还是在深度上,都比五六十年代有了很大的进步。但也出现了一些新问题,引起了不少争论。

(一) 同义词的性质

对同义词性质的认识反映在对同义词的定义上。经过五六十年代的争论,80 年代以后,大家的意见基本统一在"义同义近说"上,认为意义相同或相近的词叫作同义词。这个时期,对同义词的意义的研究开始逐步走向深入、细化。

第一,同义词的"意义"指整个词的意义还是词的某一个义项的意义?叶根祥明确指出词的多义性使得一个词的意义很难和另一个词完全相同或相近,"一方面各个词所具备的意义的多少往往不一致;另一方面,一个词的某一意义可能跟另一个词的某一意义相吻合,却很难,甚至不可能跟这个词的所有意义相吻合"④。与此观点类似,张永言也把同义词定义为"语音不同但是有一个或几个意义相同或相近的词"⑤。刘叔新更是进一步指出,同义词的"义"是"指词的一个意义"⑥。从笼统的"意义"到"词的一个意义",表明学者们对同义词性质的认

---

① 高庆赐《同义词和反义词》,新知识出版社,1957 年。
② 陈炳迢《汉语的同义词是不是一定要词性相同》,《语文知识》1958 年第 6 期。
③ 高名凯《语言论》,科学出版社,1963 年。
④ 叶根祥《试论词的同义现象》,见《语言学和语言教学》,安徽教育出版社,1984 年。
⑤ 张永言《词汇学简论》,华中工学院出版社,1982 年。
⑥ 刘叔新《同义词和近义词的划分》,《语言研究论丛》,天津人民出版社,1980 年。

识向精确化方向迈进了一步。

第二,这个意义仅指词的理性意义,还是包括感性意义?这直接关系到词义上褒贬色彩不同甚至截然相反的词是否可以构成同义词。学者们的意见是不一致的。

50年代主张褒贬不同的词可以构成同义词的意见是主流,占了压倒的优势。他们认为,词语之间是否有同义关系,主要取决于其理性意义是不是一样,词的色彩属于次要意义,它们的不同不足以影响词语的同义关系。因此,褒贬色彩不同甚至对立的词,如"大力—大肆、成果—后果、鼓舞—煽动"都被视为同义词。[1]

60年代,认为褒贬不同的词不能成为同义词的意见逐渐占了上风。王理嘉、侯学超首先提出:"褒义词和贬义词可以分别跟中性词构成同义词,但褒贬对立的词则不能组成同义词。"[2]张志毅也在文章中表示:"'含蓄'和'含糊'、'详细'和'啰唆'、'赞美'和'奉承'是一种虚假的同义现象。因为词的色彩截然对立已经破坏了它们同义的基础,……这种对立甚至都要使两个词成为反义词,哪里还有什么同义可言?""在这里,反义是主要的,同义是次要的。"[3]80年代,反对把褒贬相对的词看作同义词的学者更多了,他们认为感情色彩也是词义的一部分,一个词的感情色彩十分强烈会对整个词义产生影响。如徐志民清楚地指出,褒义词和贬义词之间的实际意义相差很远,在具体语言应用中,它们不作为同义词用,反而常出现在反义对举的场合,如"这不是团结,是勾结",因此,褒义词、贬义词只能分别与它们的中性词构成同义词,但"一褒一贬的两个词,是不能构成同义关系的"。[4] 谢文庆同意这种观点:"褒贬对立的词不应该看作同义词,因为色彩意义是语义中的成分,两个词在意义上渗透了相反的、对立的因素,哪怕是次要的,也难以构成同义关系。"[5]

第三,这个"意义"仅指词汇意义,还是包括语法意义?也就是说,词性不同的词能否构成同义词?这是50年代就开始争论的问题。70年代末期以后,不但问题又被重新提起,而且主张词性不同的词可以构成同义关系的人似乎更多了,认为词汇意义的分析和语法上的词类划分不是一回事,词性不同只是同义词用法不同的一种表现。如蔚群、濮侃以"勇气—勇敢""充满—充分"为例,说明了

---

[1] 北京大学中文系汉语教研室《现代汉语》(中册),高等教育出版社,1959年。
[2] 王理嘉、侯学超《怎样确定同义词》,《语言学论丛》第五辑,商务印书馆,1963年。
[3] 张志毅《确定同义词的几个基本观点》,《吉林师大学报》1965年第1期。
[4] 徐志民《褒贬词能组成同义词吗?》,《语文教学通讯》1980年第2期。
[5] 谢文庆《同义词》,湖北人民出版社,1982年。

同义词可以在词性和语法功能上不一致①。胡裕树、谢文庆、郭明、贾启明、梅立崇、邢福义、林祥楣等学者也纷纷发表文章论述"基本意义相近而词类不同的几个词,当然应该视为同义词"②。

与此同时,坚持相反意见的也大有人在,如张永言认为:"词类不同,词的语法特点和用法也就有较大的差异。"③刘叔新也明确地指出,词的意义包括词汇意义和语法意义,词类意义是高度概括的语法意义,词类"规定了词从什么角度或何种方式来反映对象",而这对"词的整个含义来说,显然成为一种有重大影响作用的因素",因此,"两词的含义反映的对象表现不同,彼此间的差别当然就是不小的,它使得两词之间不能有同义关系"。④柯仪在编纂《同义词反义词对照词典》时,也表达了类似的看法:"构成同义词和反义词的条件,除了以词义为基本原则之外,还应有词类一致的原则",这是因为,"语法功能同词义有着密切的内在联系,人对客观事物从怎样的角度去抽象概括便会形成怎样的概念,用词来表示,概念便表现为词义,而不同的抽象概括的角度实际上便已约束了一个词同其他词的搭配能力以及它能够充当句子成分的范围"。⑤

(二) 同义词的义素分析法

义素分析法(seme analysis)又叫"语义成分分析法(component analysis)"。20 世纪 40 年代丹麦语言学家叶尔姆斯列夫(L. Hjelmslev)首先提出了义素分析的设想,50 年代美国人类学家 F. G. Lounsbury 和 W. H. Goodenough 在分析亲属词的关系时,提出了义素分析法,70 年代末被介绍进我国。利用义素分析法,可以把浑然一体的词义分解成若干独立的小单位,使词义描写深入到微观层次,从而人们可清楚地对词语意义的异同进行观察和分析,鉴别不同的词语之间是否有同义关系,为同义词研究开辟了一个新途径。

80 年代,学者开始利用这种方法进行汉语同义词的分析,如贾彦德通过对比"鞋"和"靴子"的词义,得到下面一个义素结构式子⑥,清楚地表示出了二者意义上的共同点与不同点:

鞋:(东西)(穿在脚上)+(走路时着地)-(有筒)

---

① 蔚群、濮侃《同义词及其辨析法》,《山西师院学报》1979 年第 3 期。
② 谢文庆《同义词》,湖北人民出版社,1982 年。
③ 张永言《词汇学简论》,华中工学院出版社,1982 年。
④ 刘叔新《论同义词词典的编纂原则》,《辞书研究》1982 年第 1 期。
⑤ 柯仪《同义词反义词对照词典编纂研究》,《辞书研究》1986 年第 2 期。
⑥ 贾彦德《语义学导论》,北京大学出版社,1986 年。

靴子:(东西)(穿在脚上)+(走路时着地)+(有筒)

该书还利用义素分析法对同义词辨析作了初步的尝试,如"餐厅、饭庄、饭店、饭馆、饭铺"这几个词的词义,既有明显的共同点,又有细致的差别:

餐厅:规模大、新式、可以只经营西餐
饭庄:高级、中式
饭店:高级、新式、可以经营西餐
饭馆:规模一般、中级、中式
饭铺:规模小、大众化、中式

刘叔新也提倡采用义素分析法研究同义词,并将其运用于他主编的《现代汉语同义词词典》中。但他的"义素分析"与一般所说的"义素分析"不同,他首先把义素细分类:"义素分理性义素和感性义素两大类,理性义素又分主要的和次要的两种。两个词义,只要有一个主要的理性义素不同,就说明在外延和内涵上都不一致,即各反映不同的对象。""次要理性义素是'意味'的成分,只反映事物的一般特点,不造成外延的差异,感性义素就是表达色彩,与意义的内涵、外延无关。"①如:

义素		词		
		行为	行径	行动
理性的(主要的)	1.人所发生的	+	+	+
	2.有动作性	±	±	+
	3.做出某种事情	+	+	−
	4.已表现出来而为人所知	+	+	±
	5.在进行中	−	−	±
感性的	1.贬的感情色彩	−	+	−
	2.感情色彩上中性	+	−	+

从表中可见,"行为"和"行径"主要的理性义素完全相同,只有感性义素的差别,因此,它们是同义词;而"行动"与"行为、行径"则没有同义关系,因为它们的理性义素不同。

义素分析法的优点是可以细致地辨别词语意义的组成要素,但"不足的是,

---

① 刘叔新《论同义词词典的编纂原则》,《辞书研究》1982年第1期。

义素分析法完全建立在个人对词义的了解和剖析的基础上,有一定的主观性,并不是验证式的,因此,它不可能给检验提供客观的、形式的标志"①。

(三) 同义词词群的研究

80年代,汉语同义词研究的另一个比较大的成就是对同义词词群的探讨。张志毅在全面总结编写《简明同义词典》的经验的基础上,提出了"同义词群"的概念②。他认为,同义词群有系统性、共时性,其存在的逻辑基础是"概念内涵相同或大部分相同"。处于同一个同义词群中的词"能够归结出一个主要的共同意义",而且其中有一个成员处于核心地位,是核心词。如"看、盯、瞧、望"这个同义词群中,"看"是核心词,它的意义是该组同义词共同具有的,意义所概括的范围比其他成员更广,色彩一般是中性的。确立核心词有三个作用:1.可以限定本组同义词的范围,加入同义词群的成员应当和核心词有同义关系;2.解释或辨析同义词时,可以用核心词为基点,跟其他同义词比较,更加条理清楚、主题突出;3.在同义词群的排列中,可作为该组同义词的领头词,便于检索。

刘叔新不同意每个同义词群都有一个核心词的观点,认为一个同义词群中的核心词必须符合以下三个条件:1.各成员有一个共同的语素;2.这个共同语素要能独立成词;3.这个词和词群内的各词都有同义关系。但很多词群显然不符合这样的条件,因而没有核心词。在确定同义词群的领头词时,可以从常用性和使用范围大小来考虑。

同义词群及其核心词的确定是一项开拓性的研究,有待于进一步的探索。

本阶段,符淮青对同义词词群的研究也很有价值。通过对汉语中表示"红"的颜色词群的具体分析,他指出,现代汉语中表示"红"的颜色范畴的是一个由不同词性、以上下位层次关系为主的词群③。这个词群可表示为:

$$
颜色\begin{cases} "红"组——"通红、嫩红、绯红"等 \\ "大红"组——"朱红、橘红"等 \\ "红艳艳"组——"红丹丹、红橙橙"等 \\ "红色"组——"绛色、茜色、肉色"等 \end{cases}
$$

在这个词群中确定同义关系,不能不根据更严格的标准,可以看作同义的,应该是表示的红色的浓度、亮度相当、词性又相同的词,如:

---

① 刘叔新《同义词和近义词的划分》,《语言研究论丛》,天津人民出版社,1980年。
② 张志毅《同义词词典编纂法的几个问题》,《中国语文》1980年第5期。
③ 符淮青《汉语表"红"的颜色词群分析》(上、下),《语文研究》1988年第3期、1989年第1期。

色浓的	通红—大红　绛色—茜色　红丹丹—红乎乎—红通通
色淡的	粉红—桃红—洋红—品红
色明的	绯红—嫣红—鲜红—艳红
含多色的	红褐色—酱红色
贬义的	红巴渣—红不棱登

对于多数表示的浓度、亮度都属中等,但有不同色调的词,由于它们的产生就是为了表示差别,就不能看作这个词群中严格意义上的同义词了。[①]

这种在一个词群内部对同义词进行比较分析的做法,显然比以前笼统地说同义词应该意义相同或相近要细致准确得多。更为重要的是,从整个汉语的词汇词义系统角度来研究同义词的这种研究方法,为汉语同义词研究提供了一个新视角、新思路。

这一时期,除了以上几方面的研究进展以外,谢文庆对同义词的发展以及修辞同义词也进行了相当深入的研究。他根据对汉语具体语言材料的分析,说明了正是社会的发展推动了同义词的发展,"每一组同义词都是共性与个性的矛盾统一"[②]。这种关系使同义词之间得到平衡,当一组同义词中的某一个词失去了共同意义成分时,或者某几个词的意义、色彩、用法变得完全相同时,平衡状态就被破坏了。由于词义互相制约,便产生了内部调整,促进了同义词的发展变化,如非同义词和同义词互相转变、等义词演变为近义词、同义词色彩意义发生变化等等。

修辞同义词是两个或几个意义本不相同的词,由于修辞的需要,在一定的语言环境里能够互相代替,形成"临时同义词"。它们与词汇同义词不同的是,后者具有明显的社会性、全民性、稳定性,前者则有很高的灵活性、创造性。修辞同义词也有可能转化为词汇同义词。

四、90年代以来的汉语同义词研究

进入90年代以后,通过对汉语同义词研究方法与成就的回顾,学者们更加自觉地采用现代语言学和语义学理论来指导自己的研究实践,开始为研究词汇、语义系统而进行同义词分析。考虑把同义词纳入词汇词义系统的框架中,是本阶段同义词研究的重要特色。

[①] 符淮青《汉语表"红"的颜色词群分析》(下),《语文研究》1989年第1期。
[②] 谢文庆《同义词》,湖北人民出版社,1982年。

(一) 同义词的性质

经过 50 年代至 80 年代的讨论,对同义词性质的认识基本上可归纳为"义同义近"或"概念同一""所指对象同一"等。符淮青从现代语义学的观点出发,指出上述三种观点实质上都只是简单地把词义的构成要素"二分",把词的语音外壳和所指内容对立起来。他吸收了英国语言学家 J. Lyons 的理论,把词语的意义细分为:词位意义(sense)、词位指示的客观对象(denotation)、应用中词语的具体所指(reference)和应用中词语所指的客观对象(referent)。比如,"书"这个词的 sense 是"装订成册的著作",客观世界中所有的书是其 denotation。"我去买书"中的"书"则是应用中的词语,它可以有定指、不定指、单称、普称的区别,这是 reference 的变化,referent 是指与它应用中的词语对应的客观对象。

同义词只是不同的词的词位意义(sense)相同,应用中词语的词义内容是可以有变化的。如"边境""边陲"词位义都是"靠近边界的地方",因而是一对同义词,但它们在下面的语句中出现的可能性却不同:

(1) 战士守卫着祖国的边境/边陲

(2) 中缅边境/*边陲

(3) 祖国*边境/边陲

句(2)与(3)中"边境"与"边陲"不能互相替换。这是为什么呢？仅从词位意义来看,无法解释这种现象。但如果考虑到它们的具体所指(reference)的变化,则很好理解了。原来,在(2)中,"边境"是指"两国靠近国界的地方",而在(3)中"边陲"指"靠近国界的本国领土"。[①]

由此可见,把词义内容由原来的"二分"改为"多分",认识应用中的词语的词义内容可以发生变化的观点,可以加深我们对同义词性质的理解,并且可以方便地说明为什么同义词有时可以互相替换,而有时却不行。

(二) 同义词聚合的结构组织

1990 年,刘叔新明确提出了同义组是一种"结构组织"的观点,体现了从词汇、词义系统中分析同义词的要求,无疑是汉语同义词研究的一大进步。

他认为:"由若干个词汇单位聚合而成的同义组,不是简单的集合体,而是一种结构组织。……彼此同义的词语单位,……互相形成同中有异的对照,而且各自以自身的特点在共同的聚合体中占有特定的位置,从而互相制约着意义特点

[①] 罗曼玲《现代汉语同义词的词义分析和组合分析》,北京大学中文系硕士论文,1998 年。

或意义的内涵。这样的对照、制约关系,使牵连着的有关词汇单位密切相聚,形成一种聚合结构。"①从结构组织出发,可以更加清楚地区分同义词和近义词。因为,同义关系是一种聚合关系,互有同义关系的词语可形成一个同义组,但近义词语却并不成为结构组织。在同义组内,每个成员之间都存在同义关系,而近义关系联结起来的词语却不是如此,往往甲与乙相近,乙与丙相近,而甲与丙之间却相距甚远,甚至互不相干。如:

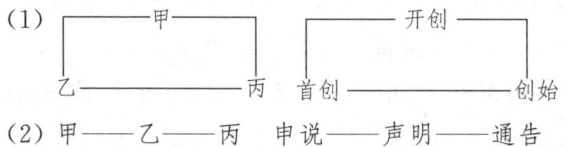

第(1)组是同义词,第(2)组则是近义的类集,成员之间递相接近,但甲"申说"与丙"通告"则相差很远。

他在书中还指出,同义组总是包含着确定的、数目有限的成员,在一个共时平面上,是完整、稳定、封闭的结构组织。现代汉语中大约有2800个同义组,而近义关系的词语类集,则往往难以有完全确定的成员,是一种开放的、不定型的集合。因此,同义组是汉语词汇内部结构状态描写的对象,而近义类集却不是。

这些观点虽有可争议之处,却无疑给人以许多新的启发,把同义词作为一个整体结构来考察,从词汇词义系统角度进行分析,对汉语同义词研究具有重要的价值。

(三)在组合中分析同义词

与在词汇词义系统中的同义关系的聚合分析同样重要的是对同义词的组合关系进行分析。其实这并不是一个新课题,早在五六十年代同义词辨析的研究中,就已有不少学者提出要考察同义词之间在用法与搭配特点上的差异。这实际上就是把一组同义词放在具体的组合环境中进行比较分析。90年代末,学者更加自觉地把这种方法系统地运用于同义词研究中。符淮青在这方面做了有益的探索。他通过对同义词意义进行细致分析后指出:"同义词的同异,包括词位义、应用中的词义变化、用法的不同等,都是在组合中实现的。在组合中分析同义词至关重要。"②他对以下三个问题进行了深入的探讨:

---

① 刘叔新《汉语描写词汇学》,商务印书馆,1990年。
② 符淮青《同义词研究的几个问题》,《中国语文》2000年第3期。

1. 组合中词的词义范畴有变化

形容词"红"和名词"红色",二者词性不同,语法功能差别很大,但它们在下面的语句中却可以自由替换,替换后的所指也完全相同:

(1) 她穿一件红/红色(的)上衣
(2) 衣服镶上了红/红色(的)边

显然,在定语位置上,"红"与"红色"原来所表示的语义范畴的对立消失了,表示指称意义的"红色"变成表示性状的,与"红"一致了。这说明不同词性的词,在一定的组合中可以因为语义范畴对立消失而成为同义词。

2. 显示同义词组合的差别

同义词是一种聚合词群,但其中的成员并不是都可以出现在相同的组合关系之中,其间的差异是各种各样的。同义词的辨析正是要说明这些细微的差别。如"看见"和"见"词位义相同,都是"看到",因而是一对同义词。但它们在下面的语句中却不能互相替换:

(1) 她抬头看,看见/*见了云层中的飞机。
(2) 他坐在前排,应该能看见/*见台上的演出。
(3) 只见/*看见水静如镜,岸柳如丝。

由此可见,与"看见"相比,"见"的基本义的不少用法都受到了限制,"见"多用于书面语色彩浓的组合中。

3. 在组合中辨析词的词位义

通过组合分析,可以更清楚地说明词的词位义,对某些有争论的问题做出更合理的解释。比如"改良"和"改善",它们是不是同义词呢?学界对此一直有争论。如果从组合关系的角度来分析,可以看到:

(1) 地方同军队的关系必须改善。
(2) 群众的生活这些年来大大改善了。
(3) 改善工作条件,改善投资环境,促进经济发展。
(4) 技术的改良有助于提高产品质量。
(5) 经过几年努力,我们改良了果树的品种。
(6) 改良社会,改良文学,开发民智。

在这六个例句中,"改善"与"改良"都不能互换,表明它们的客体对象要求不同,其词位义可说明为:

> 改善：改变关系、生活、条件等的原有情况,使更好。
> 改良：改变品种、土壤、技术、环境等的不足之处,使更良好。

由此释义可以看到,这两个词虽然在"改而变好"这一点上意义相同,但"改"的对象却有明显的差别,因而,它们在使用中不可互相替换。这样的分析自然比只是简单地说它们是不是同义词要准确得多。

在组合中分析同义词,为同义词研究提供了一个全新的视角。这方面还有待于更深入的探索。

第五节 反义词研究

一、概说

汉语有着悠久的发展历史和极为丰富的词汇,作为客观世界中矛盾、对立的事物和现象在语言中的反映,反义词是大量、普遍地存在着的。恰当地运用反义词,可以正反对照,增加语言的表达色彩,提高语言的表现力。对于这一点,古人很早就意识到了,训诂学与修辞文论中都有不少关于词语意义对立的论述。

晋代郭璞在给《尔雅》作注时几次提到了这种现象,如：

> 徂、在,存也。注："以徂为存,犹以乱为治,以囊为曏,以故为今,此皆诂训义有反复旁通,美恶不嫌同名。"

> 治、肆、古,故也。肆、故,今也。注："肆既为故,又为今,今亦为故,故亦为今,此义相反而兼通者。"

《尔雅·释诂》

这不仅表明了汉语中有一些词可以具有两种相反的意义,同时也指出了汉语中确实存在一些成对出现的反义词,如"徂—存、乱—治、囊—曏、故—今"等等。

古代文论修辞对"对偶"(尤其是"反对")的说明中,也包含不少对反义词的认识。如汉代刘勰在《文心雕龙·丽辞》中分析对偶类别时说："故丽辞之体,凡有四对:言对为易,事对为难,反对为优,正对为劣。"其中对"反对"的说明："反对者,理殊趣合者也",指出了反义词之间既互相对立("殊"),又有共同的性质("合")。

后代文论中谈对偶的很多,近人陈望道在《修辞学发凡》中有论述。

但所有这些都只是训诂学与修辞学中的内容,还称不上真正的词汇学意义上的对反义词的研究。

直到 20 世纪 50 年代,随着现代汉语词汇学的建立和发展,人们对反义词的认识才逐渐系统化,反义词研究成为词汇学研究中的一个重要内容。五六十年代出版的综论现代汉语的著作以及词汇学专著中都有专门章节讨论反义词,对反义词的定义、性质、作用等方面都作了探讨,为现代汉语反义词研究打下了良好的基础。

80 年代是汉语反义词研究迅速发展并取得很大成绩的时期。学者们充分利用西方现代语义学的理论思想,从新的角度来考察分析汉语反义词,提出反义是一种聚合关系的观点,并基于此对反义词的定义、分类、形成条件与界定方法等方面都进行了科学、细致的研究,编写出版了几部有分量的、面向不同需要的汉语反义词词典。

进入 90 年代以后,汉语反义词的研究又进一步发展,对反义词内部的结构关系、分布不平衡现象、修辞作用以及言语反义词等方面都作了深入的分析。

二、五六十年代的反义词研究

50 年代中期以后,随着汉语词汇学的建立和发展,词之间的反义关系开始引起学者们的关注。孙常叙在《汉语词汇》一书中提出:"彼此含义相反或相对的词是反义词。"反义词可以分为两类:一类是"可以逆用的",如"直—曲、完整—残缺",另一类是"不可逆用的",如"肥—瘦、开头—结尾"。何霭人接受了这个观点,进一步明确提出把反义词分为"绝对反义词和相对反义词",并对各自的特点作了具体说明:绝对反义词"不论先肯定哪一方面,或是先否定哪一方面,都可以构成反义关系,没有中间性的第三意义存在",而相对反义词的特征是,"先肯定一方面,能否定另一方面;若先否定一方面,却不能肯定另一方面。就是说它们之间有不这不那的中间性存在"。①

张拱贵对反义词的分类又有新的角度:"可以把反义词分为三类:第一类是特征相对立的反义词,例如'好'和'坏'、'聪明'和'愚笨';第二类是带'不'的反义词,例如'好'和'不好'、'聪明'和'不聪明';第三类是在一定的上下文中用对比、互相对照的手法构成的反义词,例如'拥护、保卫'和'反对'。"②

---

① 何霭人《普通话词义》,新知识出版社,1957 年。
② 张拱贵《反义词及其在构词上和修辞上的作用》,《中国语文》1957 年第 8 期。

这个时期,高庆赐对反义词的性质、作用作了较为全面的研究。首先,他从意义特征和构词方式两方面探讨反义词的性质,认为表示概念之间的对立关系或矛盾关系的词一般属于反义词,如"骄傲—虚心、男—女"等。这些词有以下几种构词类型:

1.词根不同而意义对立,如"冷—热、前进—后退、平坦—崎岖、敌人—朋友"。

2.词根部分相同而意义对立,如"主观—客观、上级—下级、进步—退步"。

3.词根相同而辅助成分不同,如"革命—反革命"。

4.用否定的附加语表示,如"爱者—不爱者",但"好"与"不好"不是反义词。

5.在同一个词里包括相反的意义,如"乖"本来是"背"的意思,可是说小孩听话也叫"乖",说人顺从叫"乖乖的"。这样,在这个词里就有了"顺"和"不顺"相反的两个意义。①

作者在分析反义词的修辞作用(使两种相反的情形突出,增强语言的表现力量,表达思维的周密性和精确性)的同时指出,在语言中运用反义词,也有比较大的灵活性和创造性,一个词可能有许多不同的意义和不同的用法,因此,一个词也就可能有许多不同的反义词。比如,"开"就有"关、闭、封、合、谢、落"等反义词,"老"就有"幼、少、小、弱、嫩、新"等反义词,这必须看它们用在什么样的上下文里,表示哪一种意义。

作者还分析了汉语中哪些词类有反义词,认为汉语里名词、动词和形容词里的反义词比较多。如"天堂—地狱、前—后、来—去、服从—反抗、大—小、诚实—虚伪"等。此外,"自己"和"人家"是代词中的反义词,"暂时"和"永久"是副词中的反义词。

三、80年代的反义词研究

进入80年代以后,随着越来越多的国外语言学理论的传入以及汉语词汇研究的不断深入,学者们对反义词的研究有了更多的进展。汉语反义词的聚合性质、形式上的整齐对称、语法功能的一致性及反义词的多种类型划分都成为研究的重点。本时期汉语反义词研究的另一个重要特点是,研究视野更加宽阔,语言应用中广泛存在的言语反义词问题得到探讨,反义词的词义系统层次应该相同,语用意义则应相反相对的观点逐步得到大家的认可。下面我们从三个方面详细

---

① 高庆赐《同义词和反义词》,新知识出版社,1957年。

论述。

(一) 反义词的性质

50年代,学者们普遍认为"反义词是意义相反或相对的词"。80年代初期,学者们则认为这种说法不够确切,于是进一步从聚合关系的角度去研究反义词,如石安石、詹人凤明确提出:"通常说某词与某词是反义词,严格地说,应称反义词聚。"①

文中把反义词聚的性质概括为以下两条:

1. 两项词义间的关系必须是逻辑学概念间的可比较关系中的不相合关系,"是A则非B,是B则非A",而且具有同一个上位概念,如"真—假"都指真实性,"东—西、南—北"都是同一维度上的方向。

2. 两项词义必须在某一个语义成分上相反,而且只在某一个语义成分上相反。如"哥哥"在指同胞亲属关系这个前提下,在性别上与"姐姐"形成对立,构成反义关系,而它与"嫂嫂"则不存在唯一的对立,不能形成反义关系。

此外,反义词聚的形成,还有语言自身的条件,要求风格上的一致,如"昼—夜、白天—黑夜"。

谢文庆同意上述观点,认为:②

1. 反义词必须建立在同一个意义范畴上;

2. 反义词是成双成对、互为依存、互为前提的;

3. 反义词相互对立的关系总是在比较中显现出来。

作者还从其他方面细致地描写了汉语反义词的特点,如反义词常用于对举对比、形式上尽量整齐对称、表达色彩(包括语体色彩、感情色彩、形象色彩等)一致等。

刘叔新也认为"反义词聚合的基本条件是聚合的两项之间语义相反,以逻辑上的概念矛盾关系或反对关系为前提",并具有下列性质:③

1. 互为前提、彼此制约。如"水"和"火",两个词的意义不互为前提,就不能构成反义词。

2. 只有一个理性意义成分相反,而其他理性意义成分都一致。

---

① 石安石、詹人凤《反义词聚的共性、类别及不均衡性》,《语言学论丛》第十辑,商务印书馆,1983年。

② 谢文庆《现代汉语反义词的不均衡性》,《世界汉语教学》1988年第3期。

③ 刘叔新《论反义聚合的条件和范围》,《语言研究论丛》第五辑,南开大学出版社,1988年。

3.褒贬色彩可以不一致,因为褒贬色彩的词也可同中性词构成反义聚合,如"伟大(褒)—平凡(中)、平庸(贬)—突出(中)"。

4.能出现在同一种风格或语体的话语中,风格色彩和语体色彩不一定完全一致,但要互相协调。如"迅速"与"迟缓、缓慢、慢腾腾、慢吞吞、慢"可以分别形成不同的反义聚合。

5.不一定要音节一致,如"坐—站立、退—前进、节省—费"都可以构成反义词。

6.有同样的词性或语法功能,同属于一个语言系统。

他还认为,一个词还可以与不止一个语言单位形成反义聚合,组成一个开放的、复杂的反义组。如"平静"在"环境安定、无动荡"义上同"动荡、骚乱"分别形成反义聚合,在"内心安稳正常,无情绪起伏"义上同"激荡、激动"分别形成反义聚合。

这一时期,张志毅、张庆云对汉语反义词的研究也取得了重要的成果。1986年他们编成出版了《汉语反义词词典》,词典共收近 3000 组反义词,近 10,000 条词语。词目后有注音、词性说明、释义、例句,必要时加词语的语体、学科说明,是中华人民共和国成立后第一部贯穿科学精神、有分量的汉语反义词词典。

他们在《反义词词典收的应是词的最佳反义类聚》(《中国语文》1989 年第 4 期)一文中,从词汇的系统性、逻辑意义、词汇意义、语用意义、语法意义、音节形式等六个方面全面论述了汉语反义词的性质及所受的条件限制,其中的不少分析很有见地。文中观点简介如下:

1.反义词的词汇系统应该是一致的。古代汉语和现代汉语、共同语和方言,应在各自的词汇系统内组成反义词,而不宜交叉。如:

古　媸—妍
今　丑陋—美丽
方　砢碜—俏式

即使在普通话词汇系统内部,术语词汇系统内自相构成反义类聚,一般不能跟普通话词汇系统交叉。如以下两组词内,不同行的都不宜看成反义词:

数学　奇数—偶数
普通　单数—双数
军事　开拔—进抵
普通　起程—抵达

此外,反义词的词义系统应该具有一致性。如:

  A. 雄—雌

  B. 男—女

  C. 公—母

  D. 牡—牝

  E. 叫—草

  F. 儿—骒

  G. 乾—坤

A—G组的反义词,都是区分性别的,但处于词义系统中的不同层次上。最高一层A组是泛称系统,通用于人和动植物,B组只用于人,C组只用于动物,D组只用于禽兽,E组只用于某些家禽、家畜,F组只用于马,G组只用于属于男性和女性的某些物品。

  2.反义词的逻辑意义应该是概念的不相容。在逻辑范畴相同的前提下,矛盾概念、对立概念、对偶概念(买—卖、父—母)和某些并列概念(方—圆、饭—菜)都是构成反义词基础的逻辑意义。但这四种逻辑意义仅仅是构成反义词的必要条件,而不是充分条件。

  3.反义词的词汇意义应该相反、相对,如"高—低、教—学"。

  4.反义词的语用意义应该相反、相对。如"热—凉、暖—冷、手—脚、红—绿"等虽然在语义系统里不算反义词,但是由于它们可以在同一语境里出现而显示出相对意义,因此在语用意义上却成了反义词。反过来说,"丑—美丽、快—缓慢"在语义系统里是反义词,但在语用意义上却不作为反义词用。一个词有几个语用意义,往往就有几个反义词。如"稳定"用于局势时,跟"动荡"构成反义词,用于人心方面时,跟"浮动"构成反义词,用于物价方面时,则跟"波动"构成反义词。

  5.反义词的语法意义应基本相同。语法意义主要包括词性、构词结构与语法功能。对于反义词的判断来说,主要依据的是以下三条语法功能:

  A. 处于某种语法类别词的前后

  B. 跟某种逻辑或语义类别的词联系

  C. 进入同一语法结构或同一语句的相应位置

如"希望—失望",看上去好像是反义词,但是它们的上述三项语法功能基本不

同,因此不宜看作反义词:

词	语法功能				
	带谓词性宾语	很+～+宾	很+～	带结果补语	带趋向词
希望	～到海滨去	很～下雨	—	—	—
失望	—	—	很～	～不了	～起来

6. 音节整齐相对,是汉语反义词的形式特点。音节不同的反义词,在汉语里只是少数,如"有—没有、吃亏—占便宜"等。

这些研究以丰富的资料、细致的分析,系统地论述了汉语反义词的性质及其构成条件,把汉语反义词的研究提高到了一个新水平。

(二) 反义词的类型

50年代,学者们一般只把反义词分为绝对反义词与相对反义词两大类。进入80年代以后,石安石、詹人凤吸收西方现代语义学的概念和分析方法,对反义词意义关系的说明深入了一步,提出反义词聚可分为三类:①

1. 极性对立:如"长—短",两个词处于同一轴线的两极,两极中间存在着中间状态。

2. 互补对立:如"真—假",两个词义间具有逻辑学中的矛盾关系,否定此一方即意味着肯定另一方。"这类反义词聚的特点在于不存在一个非A非B或不A不B的中间状态,尽管有时候对立面间的界限是模糊的。"

3. 反向对立,包括三小类:

(1) 方位和时间上的反向对立

公式是:甲在乙的A↔乙在甲的B。例如,"中国在日本之西",则"日本在中国之东";反之,"日本在中国之东",则"中国在日本之西"。

(2) 社会关系上的反向对立

公式是:甲是乙的A↔乙是甲的B。如"老张是小于的师傅",则"小于是老张的徒弟";反之亦然。

(3) 行为活动进程上的反向对立

涉及双方的同一进程,在甲为A,在乙则为B。例如,付出货币以换进商品

---

① 石安石、詹人凤《反义词聚的共性、类别及不均衡性》,《语言学论丛》第十辑,商务印书馆,1983年。

是"买",付出商品以换进货币是"卖"。

(三) 言语反义词

50年代,学者在讨论反义词类型时已经注意到,有些词虽然在词义上没有相反或相对的关系,但可以"在一定的上下文中用对比、互相对照的手法构成反义词,例如'拥护、保卫'和'反对'"①。对于这种现象,80年代初,符淮青称之为"言语反义词",明确把它与语言反义词区别开来:"有不少非语言反义词,它们只有在一定的上下文中,在一定条件下,才表示了相反的意义,构成了反义关系。我们把这一种叫作言语反义词",②如"不作风前的杨柳,要作岩上的青松"中的"杨柳"和"青松","不在沉默中爆发,就在沉默中灭亡"中的"爆发"与"灭亡"。这些词表示了现实生活中非此即彼的对立。这些言语反义词是怎么产生的呢?作者认为常见的有三种情况:

(1) 词的比喻用法使相关的词成了言语反义词,如"杨柳"和"青松"。

(2) 词的借代用法使相关的词成了言语反义词,如"我终于还不知道分别铜和银,还不知道分别布和绸"(鲁迅)中的"铜—银、布—绸"。

(3) 相关的词反映了现实生活中尖锐对立的双方,成了言语反义词,如"妥协还是抗战?腐败还是进步?"中的"妥协—抗战、腐败—进步"。

张志毅、张庆云对这种"在语用环境里被用作反义词,但在语义系统里却不是反义词"的现象作了进一步的分析,认为以下四种情况"只是修辞性的反义词语,只在言语中临时使用或固定场合里使用"③,不能看作反义词。主要有:

1. 临时词,如:

A. 阴谋	文化	内战	功劳	纠正
|	|	|	|	|
B. 阳谋	武化	外战	苦劳	纠歪

其中B类词是瞬息新词,是临时造的形式,还没有进入语言词汇系统。

2. 组合的临时词语,如:

    和平战士—战争贩子 自己的幸福—别人的痛苦
    热爱和平—反对战争 保卫和平—煽动战争

---

① 张拱贵《反义词及其在构词上和修辞上的作用》,《中国语文》1957年第8期。
② 符淮青《言语反义词》,见《语文知识丛刊》,地震出版社,1981年。
③ 张志毅、张庆云《反义词词典收的应是词的最佳反义类聚》,《中国语文》1989年第4期。

3.个别或偶然性的语用环境里出现的单音临时词(或是语素)构成的反义关系,如"夙兴夜寐"中的"兴"和"寐"。

4.个别作家在偶然的语用环境里临时用的对立词,如鲁迅在《颓败线的颤动》中所用的"眷念与决绝、爱抚与复仇、养育与歼除"。

言语反义词的研究不仅把它与语言反义词的界限划分清楚了,也拓宽了反义词的研究范围。

四、90年代以来的反义词研究

(一) 反义组内部的结构关系

刘叔新在《汉语描写词汇学》(1990)中明确地把反义词研究纳入到汉语词汇体系的整体框架之中:"互有反义关系的词语聚合成的整体,是个结构组织,可以称之为反义组。"他在与周荐合著的《同义词语和反义词语》(商务印书馆,1992年)一书中,对反义组内的结构关系特点进行了细致的描述。

简单的、基本的结构,在同一维度上只有两个结构项具有反义关系。如:

   强——弱 南——北 进步——退步
   强大——弱小 上面——下面

这是汉语中比较多的反义组类型。反义组内部的结构关系,是以对立、互不相容为基础形成的在同一范畴内相反对照、相互依存的对立统一关系。

当反义关系的一头不限于一个结构项时,反义组的结构关系就明显地表现出复杂性和其他重要特点。复杂的结构在同一维度上具有不止两个结构项。如:

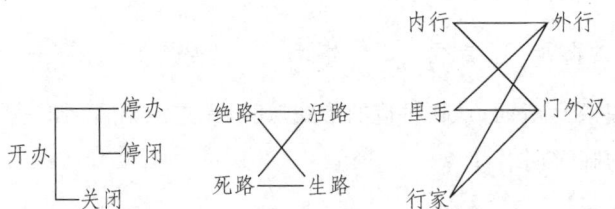

以上两种结构形式中,每个方面的词语同对立方面的词语之间都有同一维度上的反义关系,这是整齐的形式。与此相对的还有不整齐的结构形式,某一方面的词语同另一方面的某个词语互相不存在反义关系。如:

第四章 现代汉语词汇的专题研究　191

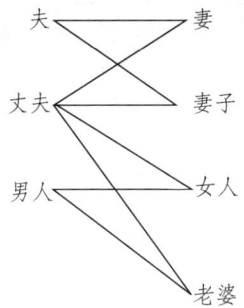

如果同一个意义在另一个维度上又存在内涵大不相同的反义关系,或者一个多义词语在另外的意义上又同别的词语形成反义关系,这就形成一种有不止一个反义结构关系的复合结构。如:

$$\left.\begin{array}{l}动荡\\骚动\end{array}\right\}\text{——}\left\{\begin{array}{l}平静\\安静\end{array}\right.\text{——}\left\{\begin{array}{l}激荡\\激动\end{array}\right.$$

"平静""安静"在不同的意义上构成不同的反义组:在"局面或局势正常无事"的意义上和"动荡、骚动"有着反义关系;在"内心没有急激、波动的感情或情绪"的意义上则是"激荡、激动"的反义词。于是,两个反义组在"平静""安静"两词上黏连起来。

(二) 反义词中的分布不平衡现象

反义词中的两方在分布上有时是不平衡的,一方的出现范围可能比另一方大。对于这种现象,石毓智作了细致的描述,指出有反义关系的一对词,其中一方承担了另一方的职务,比如问句"小张有多高",不论是多高多低都问到了,这时的"高"就摄入了"低"的语义。表示量大的、多的可以摄入表量小的、少的语义,反过来就不行了。①

有积极和消极之分的一对反义词,它们的表义范围也是不同的,经过某种方法,积极意义一方的语义范围可以包括消极意义一方的,即相当于整个概念范围。例如:

---

① 石毓智《同义词和反义词的区别和联系》,《汉语学习》1992年第1期。

	最不	十分不	太不	很不	有点不	不	有点	很	太	十分	最
干净	+	+	+	+	+	+	+	+	+	+	+
肮脏	−	−	−	−	−	+	+	+	+	+	+
灵活	+	+	+	+	+	+	+	+	+	+	+
死板	−	−	−	−	−	+	+	+	+	+	+
清晰	+	+	+	+	+	+	+	+	+	+	+
模糊	−	−	−	−	−	+	+	+	+	+	+

从表中可以看出，一对反义词中表积极意义的一方"干净、灵活、清晰"可以从"最不"到"最"切分出 11 个等级，而相应的表消极意义的"肮脏、死板、模糊"只能切分出从"不"到"最"6 个等级，只相当于前者的一半。这样，在"NP＋A＋吗"问句中，用表积极意义的词询问的范围可包括相应的消极意义的一方，而用消极意义的一方询问只能问到自身范围以内的量级。比如"教室干净吗？"这句话不论是脏是净都问到了，而"教室肮脏吗？"只有事先假定教室是脏的才会这样问，即只问到教室是脏的这一种情况。

对于汉语反义词中存在的这种不平衡现象，石安石采用西方现代语义学的"有/无标记"理论作了说明[①]。

"有标记"和"无标记"本是音位学的术语，语言学家把它推广到语义学和词汇学之中，认为英语的"host（主人）—hostess（女主人）、friendly（友好的）—unfriendly（不友好的）"也有无标记和有标记的区别。有标记成分在分布中往往要受到较多的限制，无标记成分分布范围则较广，有时可以概括有标记成分的指示范围。如复数形式的 lionesses 只能指母狮子，但 lions 既可以指雄狮子，也可以包括母狮子。由此更进一步，人们把那些虽然没有形式上的对立但在分布上有狭与广的区别的成分，也称为有标记成分和无标记成分。

由于汉语反义词的分布也存在类似的不平衡，如"高—低、大—小、长—短"等，前者可以而后者不可以进入"有多 X？""数量＋X"这些格式中，因此可以说，后者是有标记的，前者是无标记的。"天"既可以指白天，又可以兼指黑夜，"夜"只能指黑夜，在"天—夜"中"夜"是有标记的，"天"是无标记的。这种对立如果出现在有反义关系的形容词之间，那么总是表示程度高的或"积极"意义的一项为

---

① 石安石《语义论》，商务印书馆，1993 年。

无标记的,表示程度低的或"消极"意义的一项为有标记的。除前举的"高一低、大一小、长一短"外,汉语中还有"多一少、宽一窄、重一轻、厚一薄、远一近、深一浅、粗一细、硬一软、快一慢、浓一淡、热一冷、紧一松"等。

从组合分布角度考察反义词,通过对反义词的分布特点进行比较来揭示汉语反义词的内在性质,这是以前的研究所没有的。

(三) 反义词的多角度分类

50年代至80年代主要着重于从意义角度对反义词进行归类。1992年,刘叔新、周荐在《同义词语和反义词语》一书中提出了反义词的多角度多层次的分类研究方法:

1.首先,根据反义关系的意义相反是否具有绝对性,把反义词分为绝对反义词语和相对反义词语。然后,在绝对反义词中,按照是否带有否定成分而分为两个次类;在相对反义词中,依据意义相反之中是否存有过渡项,分为过渡的和非过渡的两个次类。这样,可以清楚地显示类别划分的层次。

2.按照反义关系某些特殊表现的情况,从反义词语中可以划分出四个小类:

(1) 互补的。对立的词语单位互为对方的否定方面。如"男一女、内一外"等。

(2) 逆反的。如"买一卖、借一贷、进口一出口"等。

(3) 方向相反的。如"上一下、上去一下来、到来一离去、东方一西方"等。

(4) 极性的。对立的两项处于同一范畴的两个极端上,其间有过渡状态。如"热一冷、挨近一远离"等。

3.依据反义关系所维系的关系项的单位性质如何,可以把反义词语划分为反义词和反义语两大类。前一类可以再分出各种实词词性的以及各种词汇意义范畴的次类来。也可以直接把反义词语分为三种类型:

(1) 反义词—反义词:对立双方都是词。如"强大—弱小、直—弯/曲/弯曲"等。

(2) 反义语—反义语:对立双方都是固定短语(大多是成语和惯用语)。如"精雕细刻—粗制滥造、出乎意料—不出所料"等。

(3) 反义词—反义语:指词和固定短语的反义对立。如"实话—假言假语、开放—闭关锁国"等。

4.依据对立地出现在话语中的频率的高低,把反义词语分为最常用的、次常用的和不常用的三类。最常用的就是一般所说的典型的反义词,如"长—短、高—矮"。在一个反义组里,这三类往往不全有,也不一定必然出现最常用的一

类。如:

> 手(最常用)—脚(最常用)/足(次常用)
> 巨人(最常用)—侏儒(次常用)
> 伶牙俐齿(次常用)—木讷(不常用)

频率高的反义词语,其对照会更加鲜明和自然。因而,善于选择最常用和次常用的反义词语,在修辞上是不应忽视的。

这一阶段,广达、林玉对反义词划类的探索也很有价值。他们根据词性的不同,把反义词分为反义形容词、反义动词、反义名词、反义副词、反义代词、反义数量词。其中,反义形容词为数最多,其次是反义动词,再次是反义名词,后三种反义词数量极少。

反义副词数量极其有限,文中列举的例子如"偶尔—经常、统统—仅仅、都—只、全—仅、大概——定、曾经—未曾、果然—竟然"等,除了"偶尔—经常、曾经—未曾"是大家公认的反义词外,其余都可能还有争议。

至于反义代词、反义数量词是否存在,以往的著作多未提到。但作者认为代词既然是代替名词、动词、形容词等其他一些实词的词,按理也就应该有反义词①。例如"这—那、彼—此、这儿—那儿、这样—那样、这些—那些、本身—其他、自己—别人"等。

数量词因为常常表示多和少、大和小的不确指的数量,如"以一当十""一呼百应""愚者千虑,必有一得"中的"一"和"十、百、千"皆表示数量的一多一少,宜看成反义词。

量词大多由名词转化而来,往往在对比中表示相反的量,如"杯水车薪""尺有所短,寸有所长"中的"杯"和"车"分别代表大和小的量,"尺"和"寸"分别代表长和短的量,互相对照,不能说没有反义的对立。

作者的这种探索,虽然有些看法还存在着争议,但把汉语词类研究与反义词结合起来,归类进行细致的说明,有助于加深我们对反义词的认识。

(四) 反义词语的修辞作用

刘叔新、周荐在《同义词语和反义词语》中从以下四个方面全面论述了反义词的修辞作用。

1. 把彼此相反对立的词语对比使用,能造成意思的鲜明对照和映衬,从而把

---

① 广达、林玉《反义词划界浅探》,《阴山学刊》1990年第2期。

不同的事物特点有力地显示出来,或者有助于深入地揭示矛盾和分析问题。例如"地方越<u>小</u>,方言越<u>纯</u>;地方越<u>大</u>,方言越<u>杂</u>"。

2. 把成双相对的反义词语(尤其是过渡性的或极性的)或某些绝对反义词语用在一起,能把不易具体说出的事物全体完整地概括下来并表现出来,或者很好地显示一种性质上中介、糅合的情状。如"山<u>里</u>山<u>外</u>,如今是两重天"。

3. 两个长短一致的反义词,一起用在对称的格式里,可以表示意思的继续不断,从而加重语气,使意思有所强调而变得深厚。如"大宝又奔了回来,在桥上<u>东</u>张<u>西</u>望"。

4. 接连使用一对反义词语来表明同一种现象,可以揭示这种现象所包含的矛盾的两个方面,辩证而深刻地表达出意思。如"有感觉等于没有感觉"。

另外,运用反义词语还可以构成修辞上的反话或反语,使字面上的意思陈述同它相反的真意,产生强烈的讽刺性和诙谐感。

此外,陆善采在《实用汉语语义学》(学林出版社,1993年)中也较详细地探讨了反义词的修辞作用。

第六节 外来词研究

一、概说

19世纪末20世纪初,由于西方各种事物、各学科名词术语的大量吸收引进,报刊书籍中充满了各种译名。译名的采用和翻译的方式引起了许多学者的关注。学者们从理论上讨论了译名的原则和外来词的分类问题。胡以鲁《国语学草创》中力主义译,并正确地区分了义译名和借用语。乐嗣炳《国语词概论》则把借用的外国词细分为八类,观察已经相当细致。

50年代至60年代的外来词研究为语文教育和现代汉语的规范化工作服务,在深度和广度上都完全超越了前一个时期。高名凯、刘正埮的《现代汉语外来词研究》,全面深入地探讨了外来词的源流、应用、规范等各方面的问题,是中华人民共和国成立以后第一部,也是最有分量的一本研究汉语外来词的著作。学者们还展开了有关外来词的专题讨论,如关于汉语中日语借词的讨论,大大加深了对汉语中外来词的情况、性质的了解。

80年代至90年代,在长期积累的基础上编出了有分量的汉语外来词词典。刘正埮等编纂的《汉语外来词词典》和岑麒祥的《汉语外来语词典》是其中重要的两部。这期间的外来词研究开始更为细致地挖掘汉语外来词的内部结构和文化模式。史有为《异文化的使者——外来词》是这方面的代表。意大利马西尼的《现代汉语词汇的形成——十九世纪汉语外来词研究》用丰富翔实的材料对19世纪外来词大规模进入汉语的历史作了客观的描述,以一种历史的观点评述了外来词对整个现代汉语词汇形成的影响,是汉语外来词研究的新收获。

二、19 世纪末至 20 世纪 40 年代对外来词问题的探讨

洋务运动期间,中国设立了很多翻译馆,翻译介绍西方的军事、科技、政治等各方面的书籍。傅兰雅是江南制造局翻译馆最为活跃的外国翻译者,在他的 An Account of the Department for the Translation of Foreign Books at the Kiangnan Arsenal（Shanghai,1880)(《江南制造局翻译西书事略》)一书中,他说明了翻译西名的方法:"一、华文已有之名——设拟一名目为华文已有者,而字典内无处可察,则有二法。(一)可察中国已有之格致或工艺等书,并前在中国之耶稣会传教士及近来新教传教士诸人所著格致、工艺等书;(二)可访问中国客商或制造或工艺等应知此名目等人。二、设立新名——若华果无此名,必须另设新者,则有三法。(一)以平常字外加偏旁而为新名,仍读其本音,或以字典内不常用之字释以新义而为新名;(二)用数字解释其物,即此解释为新名,而字数以少为妙;(三)用华字写其西名,以官音为主,而西字各音亦代以常用、相同之华字,凡前译书人已惯用者则袭之,华人可一见而知为西名;所已设之新名,不过暂为试用,若后能察得中国已有古名,或见所设者不妥,则可更易。三、作中西名目字汇——凡译书时所设新名,无论为事物人地等名,皆宜随时录于一本小册子,以后,把这些小册子汇总成书。而各书内所有之名,宜汇成总书,制成大部,则以后译书者有所核察,可免混名之弊。"[①]洋务运动中用这些方法引入西方科技、文化、典章词语,形成了近代外来词的基础。

戊戌变法期间,康有为、梁启超、谭嗣同等引入了大量政治文化词汇。梁启超谈及外来词引入后的规范问题:"有泰西所有中国所无者,有中国所有泰西所无者,有中西俱有而为用各异者,至名号则绝无相通。译者不能知其详,以意为之名;往往同此一物,二书异名,且其物为中国所本有者,亦不能举中国之名以实之。今宜将泰西所有之物,如六十四原质之类,及一切日用常物,一一考据。其

[①] 转引自马西尼著、黄河清译《现代汉语词汇的形成——十九世纪汉语外来词研究》,汉语大词典出版社,1997年,原著发表于1993年。

为中国所有者,以中名名之;中国所无者,则遍考已译之书,择其通用者用之;其并未见于译书者,则酌度其物之原质与其功用,而别为一名。"①

严复在其译著中大量采用音译形式,不过流传至今的极为罕见。如"伯里玺天德(president,总统)、劳叶尔(lawyer,律师)、板克(bank,银行)、加特可理(category,范畴)"等等。另外,他把已经不用了的古汉字重新用来翻译外语中的一些常见概念,如"麷麲(bread,面包)、腼(butter,黄油),爔饐(cheese,奶酪)"等等。这显然不是引进外来词的好方法。严复的著作虽然读者众多,但他所创造的新外来词却很短命。和明末清初的一些翻译者相比,严复译著晦涩难懂的缺陷表现得很明显。

葡萄牙人傅泛际和李之藻1623—1630年译自拉丁文的《名理探》完全采用意译,并用原文的音译方式来作为注解,如:"爱知学者,西云斐录琐费亚,乃穷理诸学之总名。""韫艺,复分为二:一属辩学,其本分在制明悟之作用;一属修学,其本分在制爱德之作用。修学又分有三:一在克己,西云额第加;一在治家,西云额各诺靡加;一在治世,西云薄利第加也。"这是用解释的方式把拉丁文的philosophia(哲学)、ethica(伦理学)、economica(经济学)、politica(政治学)分别解释为爱知学、克己之学、治家之学、治世之学。在同一书中,还把theologia(神学)、metaphysica(形而上学)、arithmetica(算术)、astrologia(星座学)分别译为超性学、超有形之性之学、算法、星艺等,相对于严复的翻译而言就要清楚得多。

外来词大量产生促使学者分析它的内容和形式,探讨外来词的分类。乐嗣炳《国语词概论》(《国语月刊》1922年1卷11期)把借用的外国词细分为八类:1.照原文的意思译成汉字,如caustic(苛性)、shorthand(速写);2.照原文的读音用汉字写出来,如Gramme(克兰姆)、telephone(德立风);3.一半音一半意思,如beer(啤酒)、Meter(米突尺);4.照原文的读音用汉字写出来,另外加一些符号,如coffé(咖啡)、morphie(吗啡);5.照本国原有的名词加区别词,如"西医、洋装";6.节取原来读音的第一音,用汉字写出来,字旁加符号,如Naeriem(钠)、Selenium(硒);7.借用日本词,如"取消、出席"等;8.从前传下来的,如佛经上梵语的译音,用汉字写出来,如"菩萨、刹那"等。这个分类,除笼统地把意译词、音译词都称作借用外国词外,小类的分别同今天几无差异,可见作者对外来词的形式和内容的观察已经相当细致。胡行之在1936年编成第一本《外来语词典》,他把外来词分成五类:1.全译音;2.全译义;3.全输入;4.半音半义;5.音义兼顾。

---

① 转引自马西尼《现代汉语词汇的形成——十九世纪汉语外来词研究》第93页。

三、50年代至90年代的外来词研究

（一）五六十年代的外来词研究

五六十年代，语文工作者面临三大基本任务：促进汉字改革、推广普通话和实现汉语规范化。外来词在普通话词汇中的地位和规范问题成为这一时期集中探讨的问题。学者们在外来词的性质、范围、应用、规范等方面作了深入的研究。

1. 外来词的性质、范围问题

周祖谟《汉语词汇讲话》把外来词定义为"从其他语言中吸收的词，有译音的（吨、伏特、凡士林、奥林匹克），有译音又加表义成分的（卡车、法兰绒）"，从而将下面两类词排除出外来词的范围：一类是词形、读音是汉语固有的，只是增加了新义或改变了原义，如"教授、助教"等；另一类是根据外国语的意思，按照汉语的构词方式用汉语的构词成分创造的新词，如"民主、电话"等。

孙常叙《汉语词汇》则把借词和译词都叫作外来语词汇。借词有两种：一种是从语音形式借取的，如"吨"(ton)、"扑克"(poker)、"芭蕾舞"(ballet)、"坦克车"(tank)，后二者是在对应的音节外，附注物类或性质；另一种是借取书写形式的，这是指我国从日本借入的新名词术语，如"手续、取缔、引渡、仲裁"等。

王力《汉语发展史》（下）则对外来词的语源问题作了详细的考察。在"鸦片战争以前汉语的借词和译词"一节中，作者说明了早期外来词的构成和语源，分为三类：(1) 来自匈奴、西域的，如"琵琶"，《释名·释乐器》："枇杷，本出于胡中，马上所鼓也。""师(狮)子"，《汉书·西域传》："乌戈地暑热莽平，……有桃拔、师(狮)子、犀牛。"(2) 来自佛教的，如"禅"，梵语"禅那"的简称，意译"思维修"，有静思之意。"比丘"，梵语，意为乞者。佛教称出家修行的和尚为比丘。(3) 来自西洋的，如"鸦片"，《本草纲目》谷部"阿芙蓉"下云："阿芙蓉，一名阿片，俗作鸦片。""鸦片"是英语 opium 的音译。作者在"鸦片战争以后汉语的借词和译词"一节中则分别从音译词、意译词和借用日本译名三个方面对外来词作出了说明：(1)音译词，如"沙发"(英语 sofa)、"咖啡"(法语 café)、"伏特"(英语 volt)等。还有音译加类名的借词，如"卡片"(英语 card)、"沙丁鱼"(法语 sardine)等。(2)意译词，如"电话、发动机、电车、电影、电视"等。作者还指出了一种特殊的意译词，命名为"摹借词"，如"铁路"是摹借英语 railway，rail 是铁条，way 是路。王力认为摹借词近乎借词。(3)借用日本译名，一类是利用古代汉语原有词语给以新的涵义的，如"教育、革命、文学、艺术"等；另一类是利用两个汉字构成按照汉语原义讲得通的新词，如"科学、哲学、系统、物质"等。另有一些是纯粹的借词，如"场

合、手续、取缔、出勤"等。王力的这些论述既注意到了汉语外来词在时代上的差异,又注意理论和实例结合,说明了词语的源流,给以后对外来词的说明和描写提供了一个很好的参考。

2.高名凯、刘正埮《现代汉语外来词研究》

第一部系统地研究现代汉语外来词的专著是高名凯、刘正埮合著的《现代汉语外来词研究》(文字改革出版社,1958年)。

《现代汉语外来词研究》共分六章:1.什么是外来词;2.汉语外来词的历史回溯;3.现代汉语的外来词;4.现代汉语外来词与汉族文化发展的趋势;5.现代汉语外来词的创造方式;6.现代汉语外来词的规范化问题。

作者在普通语言学理论的基础上研究现代汉语外来词,同时也发展了普通语言学中外来词的理论。作者说明外来词是语言融合的现象。两个社会单位由于历史条件而发生接触的时候,使彼此惊异的是本族所无他族所有的自然界事物、文物制度和思想。这些事物多半反映在他族语言的词汇里,本族人民需要知道它,选择其适合的部分加以吸收,别的语言的词就渐渐被吸收到本族语言里来了。作者认为意译词是把外来词所包含的概念用本语言的构词法创造出来,这种创造和本民族产生新概念时所进行的新词创造活动遵守同样的构词规律。真正的外来词是把外语中具有非本语言所有的意义的词连音带义搬到本语言里来,也就是把"音义的结合物"整个地搬过来。

"汉语外来词的历史回溯"部分按外来词不同的来源细分为中亚各语言、梵语、蒙古语、满语、其他亚洲语言(如东南亚各语言、阿拉伯语、日语、朝鲜语以及藏语、维吾尔语等少数民族语言)的影响,收录的外来词汇比较丰富全面,并都附有源语言的词和释义,这也是该书的一个鲜明特征,形成了一个外来词词典的雏形。在此基础上,二位作者同麦永乾、史有为历时21年编纂了《汉语外来词词典》(1984),收词一万余条,包括异体、略体,每条都有释义和词源说明。这本词典和岑麒祥的《汉语外来语词典》(1990)成为汉语外来词汇研究的重要资料。

在"现代汉语的外来词"一章中,作者说明了近百年来汉语大量吸收外来词的情况,引举不同语言来源的外来词1200多个,主要从语言源头角度进行了分类,共有英语、法语、德语、日语、俄语、意大利语、西班牙语以及我国各少数民族语言(如蒙古语、藏语、维吾尔语等)这样八类。其中来自英语的现代汉语外来词又分为纯粹英语来源的和先由英语吸收而被改造成英语的外来词,再由英语传入现代汉语(有古代斯堪的纳维亚语、德语、荷兰语、拉丁语等32种)。日语来源的词分为三类:(1)纯粹日语来源的(场合、场面、场所)。(2)日本人用古代汉语原有的词去"意译"欧美语言的词,再由汉族人民根据这些日语的外来词改造而成的(文学、文化、文明)。(3)先由日本人以汉字的配合去"意译"(或部分地"音译")欧美语言的词,再由汉族人民搬进现代汉语里面来加以改造而成的(马铃薯、辩证法、美学)。

作者在该书中还讨论了外来词对汉族文化的影响、外来词的创造方式和规范原则等问题,对解决外来词在应用中的问题起了积极的作用。

3. 关于日语借词的讨论

汉语中的日语外来词一直是外来词研究中的难点和重点,观点分歧较大。1958年《中国语文》专门有这方面的讨论,相关论文有王立达《现代汉语中从日语借来的词汇》(1958年第2期)、郑奠《谈现代汉语中的"日语词汇"》(1958年第2期)、张应德《现代汉语中能有这么多日语借词吗?》(1958年第6期)、王立达《从构词法上辨别不了日语借词》(1958年第9期)。

王立达的前一篇文章对汉语中日语外来词的分类较为细致,列举如下:(1)本为日本音译"外来语"的汉字写法,而被借用到汉语中来的,如"瓦斯、淋巴、俱乐部"等。(2)虽用汉字书写,而只有"训读"没有"音读"的日语词,如"入口、出口、小型、立场"等。(3)由日本人用"意译法"译出来的外国语词汇,在汉字读法上只有"音读"不用"训读"的,如"绝对、积极、直接、高潮"等。(4)本为日语词汇,而在借用为汉语词汇后,意义与原义不同者,如"劳动者、辩护士、物语"等。这一类较为少见。(5)本为古汉语词汇,后来被日本人借用作为西方近代术语的意译语,而现在又被我国从日本借用过来,变成与古义不同的现代汉语词汇者,如"索引、组织、经济、文法"等。(6)汉字的字形和词义都是由日本人创造,而为我国所沿用者,如"腺、癌、吨"等。(7)翻译日文时创造出来的,如"基于、关于、对于"等。(8)在20世纪初曾一度借用,而现在已经不用了的日语词汇,如"劳动组合、劳农政府"等。

郑奠则强调必须考源清晰之后,才能判断是否是外来词。出于一种调和的态度,对一些创制权不明的词,认为是"属于中外古今学人的共同业绩,是民族性与国际性相结合的产物"。

张应德则认为只有音译词、真正的日语词和日语新字,才是日语借词。而1959年北京师范学院中文系汉语教研组编著的《五四以来汉语书面语言的变迁和发展》一书中提出了"回归借词"的概念,把王立达引起争论的第五类词称作"词侨归国"。

这次讨论加深了对汉语中日语借词的了解。

（二）八九十年代的外来词研究

八九十年代,学者们在过去研究的基础之上,开始更为细致地挖掘汉语外来词的内部结构和文化模式。

刘叔新《汉语描写词汇学》介绍了纯音译外来词中很特别的一小部分。它们在音译整个词语的前提下,又通过选用适当的语素而尽可能作出意译。这是兼顾意译的纯音译词,使译成的词既大体贴近原来的整个语音形式,又能显示意义。例如:英语 index→引得;英语 cocacola→可口可乐;英语 vitamin→维他命;英语 tissue→体素;英语 mango→芒果;等等。作者认为它们给词义带来饶有风趣的内部形式,染上了民族特点的色泽。[①] 王铁昆《汉语新外来语的文化心理透视》(《汉语学习》1993 年第 1 期)和陈榴《汉语外来语与汉民族文化心理》(《辽宁师范大学学报》1990 年第 5 期)从汉民族文化心理的角度进一步讨论了外来词的意译化倾向和审美化倾向。如"呼拉圈→健身圈;迷你裙→超短裙;镭射→激光;德谟克拉西→民主"以及"胭脂、茉莉、檀香"等等。陈文认为这是因为汉民族文化心理以内省、联想、顿悟为主要方法,外来词在汉化过程中,表现出真(力求译音近似)、善(注意名实相符)、美(强调审美特征)的综合效应,深刻体现了汉民族文化心理中追求尽善尽美、美善相兼的主导观念。同时他们又都指出了一些已经销声匿迹的外来词又在一些开放程度较高的地区重新进入流通的现象,如"巴士、克力架、曲奇"等,并认为这反映了当前的一种社会时尚,以说外语词为时髦,是词语使用上一种"趋新、求雅、尚异"的社会心态。值得关注的是王文中提及的外来文字直接参与构词的形式,如"SOS 儿童村、卡拉 OK、B 超、T 恤、三 S 革命、TDK 杯"等。王铁昆认为这是一种语言夹杂或混用的现象,反映了当代人词语使用上的趋洋心理。同时,他认为原封不动地使用外民族文字写出来的词语,如"CT、UFO、QC(quality control,质量管理)"等是外语词,不属于外来语。周洪波《外来词译音成分的语素化》(《语言文字应用》1995 年第 4 期)则讨论了从"的士、巴士、模特、啤酒"简缩而来的译音成分"的、巴、模、啤"参与构成"打的、大巴、名模、扎啤"等词的现象。这些讨论,对外来词在新时期的构成和应用中发生的变化作了描写和总结。

这期间比较重要的两本外来词研究的专著是史有为的《异文化的使者——外来词》和马西尼著、黄河清译的《现代汉语词汇的形成——十九世纪汉语外来词研究》。

[①] 刘叔新《汉语描写词汇学》,商务印书馆,1990 年,第 243 页。

史有为用文化语言学的研究模式,对外来词的文化内涵进行了探讨。他认为外来词是一种特殊的文化表现,是两种语言文化的融合,在对外来词考源的过程中,同时介绍了很多相关的文化常识。如考释梵语来源的佛教词"魔"。魔,原作魔罗,又作末罗、魔罗耶,佛教中所指的鬼。梵语原词为 Māra,义为扰乱、破坏、障碍,因此而称呼恶鬼。初时作"磨",梁武帝时才创此字,改作"魔"。佛典《大智度论》(卷五)解释道:"问曰:何以名魔? 答曰:夺慧命,坏道法功德善本,是故名为魔。"众魔之王是为魔王。佛教根据印度古代神话,认为欲界第六天之他化自在天(即无间地狱处)主为众魔之王。"魔"义的借入与"魔"字的创制在汉语词汇史上堪与"佛"相提并论。"魔"带来了一批由它构成的复合词,如"魔鬼、魔头、魔宫、魔道、魔法、魔障、魔掌、魔爪、妖魔、恶魔、病魔、邪魔、入魔"等,由魔鬼义引申出的神奇之义又构成了一批复合词,如"魔术、魔力、魔国",以及最近成为时髦食疗食品的"魔芋"。①

该书系统地论述了外来词的引入对词内整合模式的突破,共列举了四大类型(单纯音译形式、谐音形式、外来成分和固有成分结合形式、外来文字参与形式)十种整合方式,并谈到这些词内整合模式对汉语新词构造的影响。如专名中模仿外来词形式的"美加净、乐口福"等。作者认为这是汉语国际化的一个标志。

马西尼的《现代汉语词汇的形成——十九世纪汉语外来词研究》回顾了整个19世纪外来词大规模进入汉语的历史,引用资料非常翔实,多有国内很难见到的过去传教士留下的外文资料。他所涉及的词汇主要集中在借词和新词上。借词又包括音译词、混合词、词形借词(主要指日语来源的外来词,分为原语借词和回归借词两类)、意译词(特指原来是传统词汇中固有的词,但后来从某些外语词中吸收了新的意义)、仿译词(特指根据外语词语的语素或句法结构而创造的汉语词语)。

马西尼所定义的借词几乎囊括了过去学者归纳出来的所有类型,而他排除在借词之外的新词则定义如下:"它们可能是受了外语单词的影响而产生,但不是根据外语原词的结构创造的。"②例如"飞机、轮船、火车"等等。

该书的附录"汉语化学元素名称对照表""十九世纪文献中的新词词表"以及"词表中的英日词语索引"都是比较全面而且有价值的资料。

值得一提的关于外来词研究的文章还有吴传飞的《论汉语外来词分类的层

---

① 史有为《异文化的使者——外来词》,吉林教育出版社,1991年,第181页。
② 马西尼著、黄河清译《现代汉语词汇的形成——十九世纪汉语外来词研究》,汉语大词典出版社,1997年,第153—154页。

级性》(《语文建设》1999年第4期)。该文在认知心理学的原型模式理论指导下对汉语外来词进行了新的分类。如下：

汉语外来词 { 原型外来词(音译词) / 非原型外来词 { 特征外来词(半音译半意译词、音译加注词) / 边缘外来词(意译词、借形词) }

他把意译词和借形词看作汉语外来词集合和汉语本族词集合的一个交集，并认为从词义层面上应当归入外来词，从词音层面上应当归入本族词。这个结论虽然还可以讨论，但它表现出应用新的理论模式来研究外来词的一种尝试。

第七节 构词法和造词法

一、概说

古汉语的词以单音节为主，传统训诂学又主要以上古汉语为研究对象，所以构词法的问题一直未获得重视，但在这方面也有一些重要的见解，显示了汉语构词法研究的萌芽。《荀子·正名篇》中谈命名原则时已注意到"名"结构上的差别，《说文》通过词目编排区别了单音双音的词，清儒也有一些构词法方面的重要见解。

19世纪中晚期以后，随着西方学术思想的传入，我国学者对外国语言学有了了解，开始借鉴印度、欧美词语的结构分析来分析汉语。从清末开始的"国语运动"提出了研究现代语言的迫切任务，给汉语词汇研究以新的推动力。构词法研究方面的成果集中反映在薛祥绥《中国言语文字说略》、胡以鲁《国语学草创》等论著以及黎锦熙、王力、吕叔湘、高名凯等人的语法著作关于语词问题的说明中。当时的国语刊物如《国语月刊》《国语旬刊》《国语周刊》发表了一些探讨词的构成方面的文章，构词法的研究得到了发展。

20世纪五六十年代，现代汉语构词法的研究有了很大的发展。学者们对构词法的研究表现出不同的侧重点：一种是对现代汉语的词的构造作静态的描写；再一种是以确定现代汉语的词为重点，探讨词语在什么条件下成为词，并在这个基础上描写它们的构造；第三种是以造词法为对象，把现时的词的构造包含在造词法之中。三种不同的方向分别以张寿康《关于汉语构词法》、陆志韦等《汉语的构词法》和孙常叙《汉语词汇》中对造词法的论述为代表。

80年代以后，构词法研究继续推进，对构词法类型的分析更为细致。张寿康《构词法和构形法》可作代表。而任学良的《汉语造词法》则使造词法类型的归纳更加系统化,并具体应用于大量语词的分析。

90年代以后,较多学者分别对构词法、造词法作了更细致的探讨,一些学者从语义构词的方向作了引人注目的探索。

以下我们简要论述不同历史阶段构词法研究的发展。

二、传统训诂学有关构词法的重要见解

经常被各家学者提到的《荀子·正名篇》中谈到对事物的命名时说:"单足以喻则单,单不足以喻则兼;单与兼无所相避,则共;虽共,不为害矣。知异实者之异名也,故使异实者莫不异名也,不可乱也,犹使同实者莫不同名也。"《公孙龙子·白马论》也说:"马未与白为马,白未与马为白。合马与白,复名白马,是相与。"两个学者指出了"异实者莫不异名",名有单名、兼名、复名的不同。随着人们对事物认识的深入,不同层次、不同类别的事物特性逐步被发现,"兼名"或曰"复名"的出现体现了语言系统自身的调节。在随后出现的《尔雅》《方言》《说文》《释名》等著作中,记录了汉以前文献和口语中大量的词语,大多数是一字一词,但也有双音词的记载。如《说文》"蝦,蝦蟆也",同时在"蟆"条下也有"蟆,蝦蟆也"。到《广雅》《玉篇》《广韵》,双音词的收录更是大大增加了。《佩文韵府》中已经有意识地在每个单字下收录以这个单字结尾的二字、三字、四字的词语,其中不少在现代汉语中仍然是很活跃的词。

清代的小学研究达到鼎盛时期。段玉裁和王念孙也有一些构词法方面的分析。段在《说文解字注》"甹"字注语中指出:"凡两字为名,一字与他物同者,不可与他物牵混。"段氏还指出汉语词中有"单呼""累呼"的区别。如《毛传》训"蔫"为"须",《说文》训"蔫"为"须从"。这就是"单呼""累呼"的不同。① 王念孙说:"夫双声之字,本因声以见义,不求诸声而求诸字,固宜其说之多凿也。"②这些见解主要都是对古汉语多音节单纯词的认识。

传统训诂学对多音节复合词的忽略,一方面是受限于它的研究材料,它主要以上古汉语文献语言为研究对象,忽略当时的口语甚至书面语言,未能注意到汉语的双音节化趋势;另一方面则是理论上的限制,训诂学主要以语义研究为特色,是适应儒家经典和古代典籍的解读需要而产生发展的。一直到"五四"前后,

---

① 郭在贻《训诂丛稿》,上海古籍出版社,1985年,第323—324页。
② 《经义述闻·通说上》,"犹豫"条。

由于研究现代语言的需要,在西方语言学理论的影响下,这种状况才有了比较大的改观。

三、"五四"至中华人民共和国成立以前学者的探索

马建忠《马氏文通》(1898)和章士钊《中等国文典》(1907)说明的语言材料虽然是文言文,但在借鉴西方语言学理论对汉语进行研究方面开风气之先,二书都包含了构词法的内容。《马氏文通·实字卷之二》中谈道:"按古籍中诸名,往往取双字同义者,或两字对待者,较单辞只字,其辞气稍觉浑厚。双字同义者,如'规模、威仪、形容、纪纲、典章、矩矱、德政、礼乐、度数、制度、性命'之类。其对待之名,率假借于动静诸字,如'古今、是非、升沉、通塞、升降、可否、安危、出入、宽严、否泰、因革、盛衰、进退'之属。"这里头谈到了联合式合成词内部的语义结构。章士钊在《中等国文典》中对此也有描写:"合字名词之种类,区分如下:(一)双字同义名词。凡以同义之两字合用之者,谓之双字同义名词。如'竽瑟(皆乐也)、瞽旷(皆善于乐者也)、文章、离朱、钧绳、规矩'等。(二)双字相待名词。双字相待者,谓两字彼此相对待也。如言'是非','是'与'非'相对待也;'升沉','升'与'沉'相对待也之类。(三)连字名词。连字名词者,连两字而重言之之词也。如'昭昭、昏昏、煦煦、子子'等。"学者们首先关注的是联合式合成词,这是因为联合式合成词在汉语合成词中占到了很大的比例,而且内部语义结构关系相对明确,可归纳性强。

从清末开始的"国语运动"给汉语词汇研究以新的推动力。"五四"新文化运动反对文言文,提倡白话文,有力地促进了"国语运动"的发展,也使现代语言研究成为一种迫切的需要。现代汉语标准书面语的形成远远晚于现代汉语口语的形成,这也是过分仰仗书面材料的初期语言研究滞后于语言发展的一个重要原因。这期间,中国学者开始借鉴外国语言学理论研究汉语的构词法。

梵语"六合释"[①]对较早的构词法研究有相当的影响。薛祥绥《中国言语文字说略》(《国故》1919年第4期)比较完整地提出了一种汉语的构词法体系。他把汉语的双音节词共分为3大类14小类,大致如下:

第一类:对应梵文"六合释"的。

1. 叠语:如状词"肃肃"、名词"莺莺"。

---

① "六合"即六种组合方式,参见张寿康《构词法和构形法》,湖北教育出版社,1985年,第86—89页。

2.连语:由对待之字合成一词的"契阔";由同义之本字假字合成的"通达";由相类之字连成新字,其义与原字有关而不相同的"山林";以同类二字为一词,以大名冠小名的"鱼鲔";取二物类之大名合之成词,即以括二物类的"草木"。

3.限定:两词相接,其一附之以说明他词之格,如"剑匣";以状词限定名词成新词,如"白璧";名词与状词相合成一状词,如"雪白";状词与状词相合成一疏词,如"圣德"。

4.假借:如"秃头"。

5.带数:数词与名词合为一词,如"三坟";二数字结合成词,如"二八"。

第二类:不对应"六合释"的,主要是我们现在认为的单纯词。

1.译音之字:如"琉璃"。

2.表声之字:如"旖旎"音转为"倚移",为"猗靡","阿那"为"猗萎",为"猗傩",为"婀娜"。

3.虚助之字:如"纷若""于皇"。

4.随文异义之字:如"委蛇"。

第三类:随文创造的词。

1.合名为词:如"乔松"。

2.截名为词:如"蔺相"。

3.破字为词:如称"许"曰"言午"。

4.隐语为词:如称"司马"曰"典午"。

5.歇后为词:如"友于"。

胡以鲁《国语学草创》中也用"六合释"来说明词的结构。

由于语法学研究在这一时期的统治地位,构词法成为语法研究的一个重要内容。其着重点在于通过构词法分析确立词这一级单位的存在及其基本的语法属性,对合成词的分析都比较简单,如刘复《中国文法通论》(群益书社,1919年)把汉语的词只分为四种构词类型:1.合音字(而已为"司",不要为"别");2.合义字(茶壶);3.分体字(琥珀、鸳鸯、伯劳);4.复合字,又分叠词(处处、人人)、等词(婚姻、法律)、反词(异同、进退)。

黎锦熙对汉语构词法作了系统深入的研究。他的《汉语复合词构成方式简谱》(《国语旬刊》1929年第12期)对构词方式的分析已相当细致。简介如下:

(一)合体的复合词(析之则其义"亡",以其本为双节,非单音故),下分双声(仿佛)、叠韵(依稀)、其他(甚么)。

(二)并行的复合词(析之则其义"别",以其和合为一,非两存故)。

(1) 同义(或同类)(比类合谊,融为一词),下又分双名(地方)、双动(典当)、双形(光明)。

(2) 对待(两字相反,浑括成义),下又分双名(东西)、双动(呼吸)、双形(长短)。

(3) 重叠(重言叠字,立名增势),下又分重名(爸爸)、重动(坐坐)、重形(常常)。

(三) 相属的复合词(析之则其义"混",以其连缀成义,有限定故)。

(1) 两名相属(一为主名,一为形附)

  A. 以上名别下名(下名是主,上名依属),下分别性(男仆、女工)、标类(酒缸、夜市)、明质(板门、草绳)、喻形(人参、狗熊)。

  B. 以下名辅上名(上名是主,下名依属),下分定时空(早上、码头)、表形质(光线、眼球)、表复数(我们、汝等)。

(2) 动名相属

  A. 上动下名(或成名词,"散动"为饰;或作动词,下名紧贴),下分成名词者(行人、学生)、作动词者(起身、出版)。

  B. 下动上名,如"麦烧、工作"。

(3) 形名相属(形以饰名,黏合为一)

  A. 以上形别下名,下分普通的(青年、喜事)、数量的(一己、四海、一个、两条)。

  B. 以下形辅上名,如"桔红"。

(4) 两动相属(或相属及,或别正副)

  A. 上动及下,如"催眠、叫卖"。

  B. 下动续上,如"梦见、承谢"。

  C. 下动似副(或似介),如"合拢、看见"。

(5) 动副相属(副无定词,多由形变)

  A. 上动下副(或助动),如"说明、舍不得"。

  B. 上副下动,如"小败、先生"。

(6) 两形相属,无

(7) 形副相属

  A. 上形下副(或助动),如"千把、后来"。

  B. 上副下形,如"小便、不良"。

(8) 两副相属

  A. 上副为主,如"否则"。

B. 下副为主,如"不曾"。
(9) 带词尾(或词头)
A. 名词尾,带"子、儿、头",如"桌子、棍儿、石头"。
B. 名词头,带"阿、老、有",如"阿母、老元、有周"。
C. 动词尾带助词(见上[5]之A)。
D. 形尾(或物主)带"的",如"别的、他的"。
E. 副尾带"地",如"似地、特地"。
F. 其他尾带无义的虚字者,如"似乎、真是、可以"。

这个《简谱》条分缕析,现代汉语各种类型的词语的构造都观察到了,代表了当时构词法研究的最高成就。

夏丏尊《双字词语的构成方式》(《国文月刊》1946年3月号第41期)把双字词的构成分为5类共21式:"第一,本来双字的:1.外来语(琵琶);2.方言(阿堵);3.连绵字(绸缪);4.拟音(隆隆);5.感叹(呜呼)。第二,附加一字于本字而成的:6.接头(有夏);7.接尾(石头、金子、瓶儿、勃然);8.附量(纸张、船只);9.带数(五更);10.限义(菊花、黄鱼、摇篮);11.副状(痛打、坐视、风行);12.因果(打倒、推翻)。第三,上下两字等列的:13.复叠(日日、试试、寥寥);14.类同(房屋、保管、光亮);15.反对(兴亡、邪正);16.并列(笔墨、耳目)。第四,由句或兼词而成的:17.整句(水落、鱼跃);18.兼词(读书)。第五,由分析或割截而成的:19.析音(不律、蒺藜);20.析形(丘八、立早);21.缩截(北大、文协)。"

夏文分类也很详尽,基本涵盖了现代构词法研究的材料内容。但这些分类不在同一层次之上,彼此之间没有清楚的分别和联系。

其余如王力《中国现代语法》(商务印书馆,1943年)、吕叔湘《中国文法要略》(商务印书馆,1947年)、赵元任《国语入门》(1948)[①]都提出了自己对词的构造类型的分析。他们的工作为中华人民共和国成立以后构词法研究的发展打下了良好的基础。

四、五六十年代的构词法研究

这一时期汉语构词法研究取得很大的成绩。学者们在广泛讨论的基础上制定了"暂拟汉语教学语法系统"中的"构词法"内容,陆志韦等写成了《汉语的构词

---

① 英文原著书名为 *Mandarin Primer*: *An Intensive Course in Spoken Chinese*. 后其中语法部分由李荣翻译,取名为《北京口语语法》,由开明书店于1952年出版。

法》的专著,有学者开始研究汉语的造词法。

这期间汉语词汇学得以建立和发展。周祖谟《汉语词汇讲话》,张世禄《词汇讲话》《普通话词汇》,孙常叙《汉语词汇》,张静《词汇教学讲话》,王勤、武占坤《现代汉语词汇》等词汇学专著中都有专门篇章来论述构词法问题。

但构词法研究在整体定位上仍属于语法研究,这是与西方语法理论的影响分不开的。

吕叔湘、朱德熙《语法修辞讲话》把双音词分为联合式(斗争、丰富)、主从式(武器、优点)、动宾式(带头、整风)、其他(打倒、听说、一切)。谈到第三类"动宾式"时,认为它们"不十分稳固,有时候能分开,如'革他的命'"。

张志公《汉语语法常识》(中国青年出版社,1953年)把多音词分为单词和复词。单词包括:(一)纯粹的单词——这种词里的每个字可以说只是一个音符,本身全然没有什么意义,如"蜘蛛、琵琶";(二)加词头或词尾的单词,如"老虎、木头";(三)叠字单词——把同一个字重叠起来成为一个单词,如"爸爸、娃娃";(四)外来语音译单词,如"布尔什维克、坦克"。复词的构成大略说来有五种方式。(一)结合式——有些意义相反或相衬的两个单音单词连在一块儿,可以构成一个新词,表现相当单纯的一个概念,组成的词的原意已经改变或丧失,如"东西、领袖"。(二)联合式——两个意义相近的词连在一块儿,成为联合式的复词。这种词的含义大体上是组成的两个词的含义的总和,如"城市、家庭"。(三)组合式——也可以叫作"主从式",其中一个词的意义是主体,另一个词的意义是从属于这个主体的。组合式复词又分四种:(1)前头一个词代表一种动作,后头一个词代表与这种动作有关的事物,如"走路、跑腿";(2)前头一个词代表一种动作,后头一个词则代表那个动作的结果,如"看见、认清";(3)后头一个词代表一种事物、性状或动作,前头一个词从某一方面把后头这个词修饰一下,代表一种事物或一种性状,如"武器、军事";(4)前头一个词代表一种物件,后头配上一个这种物件的单位,代表一种不定数量的物件名称,如"纸张、布匹"。(四)叠词,如"家家、人人"。(五)简称,如"政协、土改"。

周祖谟《汉语词汇讲话》引入了"词素"的概念,把作为书写单位的"字"和作为语言最小的有意义单位的"词素"区别开来,并用词素的观念来说明合成词的构造:

第一种类型由同样重要的基本成分构成,又再分为:联合式(土地、城市),偏正式(火车、铁路),支配式(动员、带头),补充式(说明、指定),表达式(夏至、地震),重叠式(稍稍、渐渐)。

第二种类型由基本成分和辅助成分构成,又再分为:词干前面带有前加成分(第一、第二、老鼠、老虎),词干后面带有后加成分(桌子、椅子、木头、石头),词干带有前加成分和后加成分(被剥削者、被压迫者)。

该书还区分了造词成分和造形成分,把"们、着、了、过"等归入了造形成分,属于词形变化的附加成分。

把"构词法"和"构形法"明确区分开来的还有两篇重要的论文:邢公畹《现代汉语的构形法和构词法》(《南开大学学报》1956年第2期)和岑麒祥《关于汉语构词法的几个问题》(《中国语文》1956年第12期)。邢文谈及现代汉语中形容词和动词的形态变化和构词法中的附加法、词附、变词法等。岑文则认为,由形态学构词造出来的词是派生词,由造句法构词构造出来的词是复合词。

这个时期形成了几个重要的构词法体系,其中"暂拟汉语教学语法系统"中的构词法部分由张寿康在《关于汉语构词法》[①]一文中作了详尽的阐述,简介如下:

单纯词

(一) 单音的单纯词

  水 鱼 天 (由一个实词素构成)

(二) 多音的单纯词

  蜘蛛 螳螂 蟋蟀 蜻蜓 (是古代早就存在的衍声词)
  芍药 菩萨 和尚 玻璃 (是比较古的外来词)
  哈达 咖啡 浪漫 麦克风 (是近代的外来词)
  鸳鸯 凤凰 (是含有附会义的单纯词)
  爸爸 哥哥 (是人伦称呼,是音节重叠)
  翩翩 孜孜 寥寥 (音节重叠的单纯词,不分开单用)

合成词

(一) 不包含辅助成分的

  联合式 人民 学习 (同义的)
      矛盾 尺寸 (对待的)
  偏正式 国旗 白菜 好看 飞跑 卡车 冰凉 (前偏后正)
      马匹 看见 (前正后偏)

[①] 见张志公主编《语法和语法教学》,人民教育出版社,1956年第一版。

主谓式　心疼　饼干

动宾式　出席　裹腿　越轨　鞠躬

(二) 包含辅助成分的

实词素后面加虚词素"子、儿、头、家"等构成：

桌子　椅子　棍儿　盒儿　石头　木头　姑娘家

实词素前面加虚词素：

老鼠　老虎　老婆　老李　老三

形词素加一个虚词素：

热乎乎　酸溜溜　绿油油

虚词素"者、手、员、家、性、度"等使前面的动词素、形词素构成名词：

学者　读者　演员　驾驶员　打手　好手　画家　宣传家
积极性　创造性　高度　强度

"式"等虚词素加在动词素、名词素后面构成形容词：

喷气式　标准式　阔气　孩子气

"巴巴"等虚词素加在名词素、动词素后使整个词成为形容词：

眼巴巴　水汪汪　气冲冲　闹哄哄

崔复爰《现代汉语构词法例解》则比较详细地注解了这个构词法的分类并补充调整了一些类型，如把"雄纠纠、笑嘻嘻"等归入重叠式，把"推动、提高"等归入动补式。更重要的是，作者在该书"结构和意义"一节中，在分析构词类型的基础上，探讨了合成词结构和意义的联系，提出了一些有价值的见解。他说明联合式合成词的结构和意义关系有不同情况：(一) 有的是两个词的意义加起来，如"广大、爱护"；(二) 有的就是其中一个词的意义，另一个像是配搭，如"美丽"就是美，"丽"的意义不起什么作用；(三) 有的转变成另一意义，原来的意义还存在一点，如"矛盾"变成冲突的意义，原来"矛"和"盾"的意义还存在一点；(四) 有的转变成另一个意义，原来的意义完全没有了，如"东西"变成物体的意义，原来"东""西"指方向的意义完全没有了；(五) 有的只剩下其中一个词的意义，另一个词的意义不存在了，如"国家"只有"国"的意义，"家"的意义不存在了。联合结构以外的词也有类似情况。如"画眉"转变成鸟的名，原来的意义存在一点；"下水"指牲口五脏,不是下到水里,原来的意义完全没有了。探讨合成词的意义同构成合成词的成分的意义之间的关系,是构词法研究深入的表现,也是构词法研究发展的一个重要方向。

黎锦熙和陆志韦则是从另一个角度揭示了合成词的构造规律。他们在占有大量语料的基础上,试图把语素按语法性质分类,并据之分析词的构造类型。由于他们没有回避疑难点和矛盾之处,所以给以后的研究留下了有价值的问题和继续拓展的空间。

黎锦熙在与刘世儒合著的《汉语语法教材》(商务印书馆,1959年)第二编"词类和构词法"中提出了现代汉语的"多音词(复合词)表",这是他在1923年"复合词构成方式简谱"①的基础之上进行了更细致的分类而得到的一个成果。

该表"总说明"中有这样一些论述值得注意:"尽管短语和复合词,其内部结构的松和紧、离合的自由和不自由以及涵义的显直和深曲,都有不同,但这都不影响它们结构类型的基本相同","尽管造句和构词完全是两回事,但'词素'跟'词素'之间的结合关系,不利用句法成分来说明也是不可能的"。在"表例说明"中,作者把构成复合词的最小单位再分为词根、词缀和词尾、词头、词嵌共五种。前两种是"实词素",后三种是"虚词素"。对虚词素来说,实词素也叫"词干"。虚词素在印欧语中大都是属于"构形法"的。表中的汉字,除作了"头""尾""嵌"外(这三者都包括纯粹的垫音衬字,如"但是"的"是"),一般都算词根;但若两个词根轻重不同,须有区别时,例如"时'间'、军'队'、浪'花'"等,目前还不能把"间、队、花"等字作为词尾,所以另叫"词缀",暂不划入虚词素的范围,以便认识汉语词素由实转虚的发展过程。作者同时还区别了"词根"和"根词"的概念;明确提出汉语构词法"在科学研究上是为'汉语词汇学'的创造和建立服务的";建议学校里的汉语教学大纲把构词法从语法部门划归词汇部门去讲,或者就把词汇(一方面联系修辞)、构词法连词类一起总称词法,这在汉语是更为合适的。这些理论上的论述都是很有价值的。

该书对汉语构词法的分类如下:

一、成分结构(合成词)

A. 联合式(并立格)　　人民　举行　始终

B. 附加式(偏正格,双向心、主从)　　红军　牧民　人类

---

①　1923年黎锦熙制成"复合词构成方式简谱",1945年写定,1950年印入《中国语法与词类》一书,后来又调整收入《中国语法教材(附编)》。

C. 支配式（动宾格）　怀孕　参军　签名
　　D. 述说式（主谓格，子句）　民主　年轻　例如
二、形态结构（派生词）
　　A. 黏附式　孩子　石头　尾巴
　　B. 镶嵌式　小里小气　红不龙东
　　C. 重叠式（即重叠格）　天天　时时刻刻
三、语音结构（单纯词）　蜘蛛　葫芦　鹦鹉

在各大类下还有极为详尽的小类分析，如附加式下又分为形名型、副动型、副形型三类；形名型下又分为"形附（宾语）→名"和"名←形附（名形型），后缀格"两类；"形附（宾语）→名"中又按上字是形容词、动词还是名代分为三类。其下还有分类，这里就不列举了。值得注意的是，他把"杜鹃（'杜'字未明）、孔雀（'孔'字未明）、马蜂（'马'字未明）、当归（两字意义跟本词的关系不明）"这样一些合成词中一个或两个语素意义未明的情况归入了单纯词。

把语素按语法性质分类，并据之分析词的构造类型，有一部分是可以接受的，但语素的语法类有许多不容易确定，常常是仁者见仁，智者见智。这说明这个问题有待于深入研究。但黎锦熙和刘世儒这本书最宝贵的一点是没有回避问题。书中列出了大量构词法研究中通常回避的词例，如"因为、但是、以为、所以"等，并且注意到了许多细小的差异之处，如把"头颅、脑筋、面孔、眼睛、窗户"等和"名字、兄弟、步伐、衣裳、国家"等分别列入完全不同的两类，这至今仍值得进一步研究。由于他们在不同类别中列举的词非常多，对每个词的语义源流又有很精辟的注释，虽然所提出的"名转形、动""用作形、动""名作副用"等概念值得商榷，但所揭示的合成词间各语素的相互关系却是非常重要的。可以说，他们所提出的问题至今尚没有权威而有说服力的另一套理论来回答。

陆志韦等七人的《汉语的构词法》运用了同样的研究方法，目的是探讨如何确定现代汉语的词，并在这个基础上描写它们的构词模式。该书所用的词语材料更为丰富，根据构词语素的语法类、词的结构层次、构成的词的词性分类，提出了一套现代汉语构词法的类型：

偏正格：下分偏正格的名词、动词、形容词、副词、连词等类。

后补格：下分结果性后补结构、趋向性后补结构。

动宾格：下分名词、形容词、其他等类。

主谓格：下分主谓格的名词、形容词以及其他主谓格的词。

并列格：下分两字、三字、四字并列等类。

重叠格：下分两字、三字、四字重叠的各种形式。

并列又重叠格式：如甲甲乙乙式、甲乙甲丁式等。

后置成分（附前置成分）：分析了带"子、儿、头"的各种词的形式和这些后置成分的作用，认为前置成分只有"第、老、小"三个。

该书明确提出构词法和造句法之间有着一致关系："一个语言片段的内部结构有种种类型。一个类型，单就它的各部分的意义上的关系来说，可以是构词法和造句法所同有的。例如两个部分前后的关系：

	造句	构词
前修饰后	王先生昨天买的/帽子	礼帽
后补充前	打得/他满院子乱窜	击败
前后并列	一个人/一匹马	弟兄
前动词，后宾语	说了/好些话	注意
前主语，后谓语	他/写字	口快

要辨别这些例子是属于不同的结构类型的，得凭意义。不论造句法或是构词法，都从了解意义出发。怎么知道一种是造句的结构，另一种是构词的结构呢？那不是意义决定的。要认识词，主要的是凭它的内部结构，拿它来跟同一类型的造句结构互相比较，在每一个类型上找出某种具体的条件来，说明所研究的语言片段已经不是造句的结构而是构词的结构了。"①

《汉语的构词法》的研究目的"首先是为了划清词和不是词的界线。在是词的范围之内，每一个结构类型的成分之间所能表达的意义范畴或是逻辑范畴可以留给词汇学详细叙述"。② 正因为如此，书中把"是词"的范围扩大到了不可能再扩大的地步，把诸如"常胜将军、预备学校、连带责任"③这些四字结构也归入了词的范围。不管怎么说，作者倡导并充分论证以扩展法作为鉴定词的手段，至今仍有实用价值，虽然词语能否扩展有语法结构上的原因，有单说和同别的词语连着说的不同情况，有修辞上的原因，还有许多习惯上的原因，等等。

在这一时期，也有学者从动态的角度研究构词的"汉语造词法"，这以孙常叙《汉语词汇》(1956)所谈的"造词法"和王勤、武占坤的《现代汉语词汇》(1959)所谈的"构词法"为代表。

---

① 陆志韦等《汉语的构词法》(修订本)，科学出版社，1964年，第2—3页。
② 同上，第11页。
③ 同上，第40页。

孙常叙所着力论述的是汉语的造词方法。造词方法是使用具体词素组织成词的方式和方法。作者列出了汉语造词方法系统表：

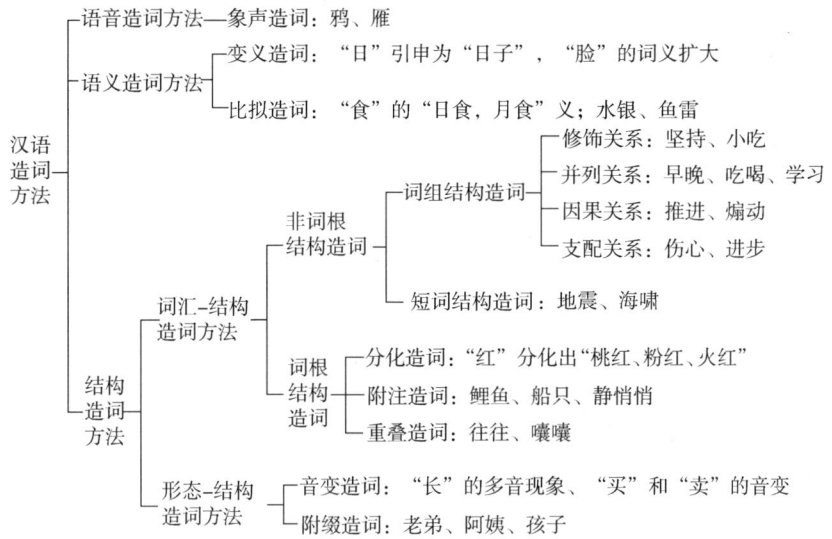

作者提出的这个框架，成为后来研究汉语造词法的一个基础，虽然其中分类有不合理的地方。如语义造词方法现在一般看作语义的分化，在一定条件下（如音变、形变）才可能分出新词，作者看作造词方法是片面的。

王勤、武占坤在《现代汉语词汇》中则把汉语的构词方法分为四个类型：

语音构词：如"布谷、轱辘、啾啾、沙沙"等拟声词。

语义构词：A.语义引申构词，词的新义同原义失去了联系，独立成词。如"钟"，原指乐器，现指计时器。B.语义比喻构词，如"龙头"，原指一种传说中的动物的头部，现指自来水管放水的部分。作者正确地指出，不能把词义发展都认为是语义构词，如果原义和今义有联系，就是一词多义现象。

形态构词：包括词根附加前缀、词根附加后缀。

句法构词：A.修饰格；B.支配格；C.并列格；D.因果格；E.注释格；F.说明格。

作者指出现代汉语构词法的特征是：以有意义的音节（词素）作为构词的单位，句法构词是主要的构词类型，其中以修饰格、并列格为主。值得注意的是作者分析了修饰格中修饰部分表示的不同意义，分为时间（寒假）、用途（道具）、地域（湘剧）、形状（丁字尺）等21类。这成为以后构词法研究的一个重要方向。

五、80年代的构词法研究

这期间构词法的研究有两个方向：一是更加细致地分析构词法和造词法类型，并具体运用于大量语词的分析中；二是有学者更具体地分析合成词内部语素之间意义的关系。

张寿康的《构词法和构形法》(1985)细化了他在1956年发表的收于《语法和语法教学》一书中《关于汉语构词法》的观点和体系。比如关于支配式是词还是词组的分析：(一)支配式合成的是名词，如"戒指"，则一定是合成词；(二)支配式可以带宾语的，如"出席、结果"，也是词；(三)支配式是吸收的文言词，如"失色、洗尘"，其间结合紧的，也是词；(四)支配式构成的形容词，如"吃紧、齐心"，也是词；(五)支配式中"洗澡、跳舞"这一类，是离合动词，合用是词，拆开用是动宾词组。另外，作者在论述实词素与虚词素合成的构词法时，分了"标志式"和"变词式"两类，并列表比较了其中的异同：

第一类（例词：头子）	第二类（例词：傻子）
无变词类的作用	有变词类的作用
有改变词义的作用或附加色彩	有变词义的作用
词类标志之一	词类标志之一
实词素多是非独用词素	实词素多是独用词素

这也体现了作者分析细致的地方。

葛本仪《汉语词汇研究》第二部分"造词和构词"对造词法和构词法的范围作了区分，并认为每个词都可以进行造词法和构词法的分析。作者分析的例词如：

例词	造词法	构词法
人	音义任意结合法	单音词、单纯词
沙沙	摹声法	双音词、单纯词、重叠词
劲头	说明法	双音词、合成词、词根加词缀的派生词
骨肉	引申法	双音节、合成词、意义相关联的合成复音词

对造词法分类更为细致而系统的则是任学良的《汉语造词法》。任学良认为"所有的词都有造词法问题，但不是所有的词都有构词法问题，造词法可以统率

构词法,造词法和构词法是纲和目的关系"。① 作者对造词法的分类很详尽,计有"词法学造词法""句法学造词法""修辞学造词法""语音学造词法"以及"综合式造词法"共五类。其中修辞学造词法为同类研究中最细致者,分为比喻式(猴头、佛手)、借代式(红领巾、红娘)、夸张式(什锦、飞毛腿)、敬称式(府上、令尊)、谦称式(鄙人、不才)、婉言式(口条、后事)、对比式(天地、男女)、仿词式("热门"仿"冷门"、"科盲"仿"文盲"),并极力推崇这种造词手段,认为用修辞方法造词是造词法高度发达的一种表现。句法学造词法造出来的词是一般的砖瓦(建筑材料),修辞学造词法造出来的词都是琉璃瓦(精美的建筑材料)。两种词的质量不同,表现力也不一样。这种说法可以算作构词法研究向人文性发展的一个表现。我们认为构词法是静态语言描写所必需的,造词法探讨的是词的产生创造的方法。二者任务、角度不同,内容有不同,但二者内容有交叉的地方(如句法学造词归纳的类型同合成词的结构类型基本一致)。造词法研究词的产生创造有两个方向:一是从历史上说明词的创造和产生,这属于历史词汇学的范畴;另一方向是用于语言的静态描写,如用修辞学造词的道理来解释"银耳、木马"这样的词是如何创造的,说明事物得名的根据和来源。这是对构词法的补充。

另有学者从构成合成词的语素义和词义的关系的角度来研究汉语合成词的特点。这条路子尚缺乏对大规模词语进行考察的实践成果,但却是一条很有希望把合成词形式和意义结合起来揭示合成词构造规律的新路子。这方面论述如朱星《汉语词义简析》(1981)中对复合词词义的分类以及符淮青《现代汉语词汇》(1985)"词义和构成词的语素义的关系"一章中更为系统和理论化的说明。这方面的研究有助于揭示语素义和词义联系的某种规律,有关的内容在本书第三章第三节已有说明,这里从略。

六、90年代以来的构词法研究

除了在语法构词领域中的继续探索外,90年代以后的构词法出现了语义构词的研究和汉语构词的人文精神的探讨,前者以徐通锵《语言论》(1997)的有关论述为代表,后者以苏新春《当代中国词汇学》(1995)的有关说明为代表。

80年代,有一些学者从构词法已归纳的类型中又分出了一些新的有特点的种类,如李行健在《汉语构词法研究中的一个问题》(《语文研究》1982年第2辑)中认为:"养伤、打拳、打野外"等词的意义分别是"因伤养、以拳打、在野外打",其

---

① 任学良《汉语造词法》,中国社会科学出版社,1981年,第3—5页。

间是状语和动词的关系,"伤、拳、野外"表示的不是行为的对象,而是分别表示行为的原因、工具、处所,可以把这类词的结构称作"动状"结构。刘云泉在《现代汉语构词法中的前正后偏式》(《杭州大学学报》1984 年 14 卷增刊)中认为,"帽舌、雪花"等是用"舌"比喻"帽",用"花"比喻"雪",是前正后偏。进入 90 年代,对这一问题有了更多的讨论。周荐在《复合词词素间的意义结构关系》(《语言研究论丛》第六辑,1991 年)中对《现代汉语词典》所收的 56,000 余个词条中的 32,346 个双音节复合词词素间的意义结构关系作了分析,进一步设立了逆序定中、逆序主谓等结构。王洪君《从与自由短语的类比看"打拳""养伤"的内部结构》(《语文研究》1998 年第 4 期)则通过对自由短语规则的剖析,论述了状中结构与述宾结构高层次的语义差别,把"打拳""养伤"等复合词的范畴义定义为"以可控 V 为主导的、物 N 凸显的复杂活动"。总而言之,这些研究对词义、语素义的分析都相当细致,揭示了所分析的词意义结构方面的一些特点。

刘叔新则在一系列的论文和专著中明确反对用语法学的观点来分析词汇内部结构的方法。他的《复合词结构的词汇属性》(《中国语文》1990 年第 4 期)、《词的结构问题》(《语文学习》1993 年第 2 期)都例举了相当多的和语法毫不相干的复合词结构,认为复合词结构整体来说不可能是语法性的,只能是词汇性的现象。因此,他在《汉语描写词汇学》一书中把通常所说的"复合词"分为质限格(报纸)、态饰格(彩排)、支配格(司机)、补足格(说服)、陈说格(日蚀)、并联格(解剖)、重述格(框框)、统量格(架次)、表单位格(书本)、杂合格(财迷)。黎良军《汉语词汇语义学论稿》(1995)也持同样的看法,认为:"词的语义结构的分析,目的在于揭示合成词的理据,而不在于把合成词的结构归纳出一些语法类型。"他总结出汉语合成词语义结构的十种类型:虚素融入式(阿姐、桌子、作者)、同义互限式(道路)、反义概括式(男女、长短)、类义互足式(爪牙、手脚、山水)、分别提示式(猪红、报童、车工)、因果式(说明、澄清、战胜)、物动式(日蚀、打靶、绝食)、时间顺序式(请示、订购、查收)、短语词化式(百姓、忍心、天命、扫盲)和截取古语式(动辄、以及、因为)。①

徐通锵《语言论》(1997)第三编第四章"核心字和汉语的语义构辞法"认为:"不管是刘叔新,还是黎良军,虽然对现在汉语构辞研究中的方法论误区进行了一次冲击,但似乎没有找到走出误区的途径。究其原因,一是没有完全摆脱旧有语法观念的束缚,字里行间还不时流露出语法构词的阴影;二是还没有找到解决

---

① 黎良军《汉语词汇语义学论稿》,广西师范大学出版社,1995 年,第 149—154 页。

汉语构辞问题的钥匙,缺乏形式的依据;三是对汉语深层的基本编码规则和它的不同表现形式缺乏具体的研究。"在此基础上,徐通锵提出了"核心字"和"向心构辞法""离心构辞法"的概念,试图考察字义的组合规律,弄清楚它的理据。我们可以通过他对"养病"一类词的分析看出这个理论的一些特点。《倒序现代汉语词典》收有"养病、抱病、暴病、发病、犯病、扶病、看病、闹病、生病、受病、卧病、谢病"等,这些辞的字义都是"动+静"的组配,一般称之为"动宾结构"或"述宾结构"。如对这一组辞的字义关系进行系统的考察,就不难发现它与向心性字族的结构原理是一样的,或基本一样的,这就是以"病"为心,从各个侧面描述"病"的状态,突出与"病"相关的理据:"抱病"突出生病的现实,"暴病"突出病的突发性,"发病"突出始发性,"犯病"突出重复性,"看病"突出治疗,"闹病"突出非自愿的被动性,"生病"突出自发性,"受病"突出潜伏性,"卧病"突出病情的严重性,"谢病"突出因病而推辞。"养病"和它们一样,突出一个侧面,强调主观的调理。这样,以核心字为"心",对向心辞进行统一而系统的考察,比较相互的异同,就容易抓住辞的语义特点,突出它的理据。①

　　语义构词是一个极其复杂的语言现象,这些研究可以说只是一个开头,是否有一种统一的语义规律支配词内部的语义结合,还需要进一步的探索。

　　苏新春则从文化语言学的角度探讨了汉语构词中的一些现象。《当代中国词汇学》(1995)第四章第三节"复合词的语言价值与文化传统"论述了"复合对象的文化选择""复合方式中的思维模式""复合方式中的观念意识""同素复合词的文化背景"等问题。下面这样一段论述最能体现文化语言学的特点:对由"节"构成的复合词进行分析,可以发现其中"节"字不外乎两个意义特征,一个是"分段"义,另一个是"缩略、紧扼"义。这两个词义特征都与竹子的天然特点相吻合。竹身上每隔一段就有一道节箍,这道节箍上的竹质组织特别紧密结实。这道节箍又将整个竹身划分出了若干个节段。汉语利用了竹子的这两个特征表达了汉民族生活中相当丰富的内容。像"分段"义所表示的对象就从时间到空间,从音乐到文艺,从生产到文章。而尤为值得注意的是"节"的"缩略""紧扼"义,它大量被用来表示人们精神情操上的一种理想境界,"节"成为中国各个历史时期士人们最为讲究的东西。"节操、气节、名节、贞节"都极为人们所看重,以至可以"死节、殉节",而不愿"屈节"苟活。这种感情的高度凝结就不单单是从构词法上词素的能产性所能解释得了的,这实际上正是民族情感的体现。……由此可以看到,词

---

① 徐通锵《语言论》,东北师范大学出版社,1997年,第388页。

素的构词力,单音基本词在汉语词汇体系中所具的地位与作用,还必须到汉文化体中去寻找那更为深层的原因。① 作者从这个方向探讨构词的理据、文化内容,提出不少值得注意的现象和观点,有待于作进一步的开拓。

造词法方面,有学者对比喻造词有更深一步的描写。史锡尧《名词比喻造词》(《中国语文》1996年第6期)总结了"鹅卵石、钉子户、梅花鹿、石笋、鸡眼、木耳、饭桶、豺狼、墙头草、活字典"等十种名词的比喻造词类型。胡中文《试析比喻构造汉语新词语》(《语文研究》1999年第4期)也在这个方面作了探讨。

总的来说,90年代以后构词法的研究表现出新的趋势、新的发展,一方面从材料的广度入手,利用穷尽性的分析方法试图把握汉语词的结构的整体面貌,另一方面出现了语义构词研究和构词的文化语言学研究,为构词法研究提供了新的途径。

第八节 词汇统计

一、概说

词汇统计是汉语词汇学研究的一个重要方面,它可以通过对汉语词汇的各种现象的量的描述得出质的评价,从而揭示汉语词汇的各种统计特性。这种统计研究可以由人来做,也可以由计算机来做。

从词汇研究的角度来看,词汇统计研究已有很长的历史了。古印度语言学家在研究婆罗门教的经典《吠陀经》时,就进行过单词数目的统计。1898年德国学者F. W. Kaeding编制了世界上第一部频率词典《德语频率词典》。1944年英国数学家G. U. Yule发表了《文学词语的统计研究》,大规模地使用概率和统计方法来研究语言。1949年,法国学者R. Michea提出建立"统计词汇学"。1965年,德国学者R. D. Keil把词频统计与现代统计学结合起来,提出了"词汇计量学(lexicometric)"的概念。

近40年来,由于语言统计研究中广泛地采用计算机,逐渐改变了传统的手工查频、手工统计的办法,提高了统计的效率和精度,词汇统计学在国际上有了巨大的发展。

我国也早在20世纪20年代就进行过汉语词汇的统计工作。70年代末以

---

① 苏新春《当代中国词汇学》,广东教育出版社,1995年,第196—197页。

来,我国开始利用计算机进行汉语词汇的统计研究,除了统计字、词频度以外,还以此为基础建立了汉语的语料库,编制了各种频率词典、词表,并对现代汉语的常用字、常用词、构词规则等进行了多方面的研究,取得了可喜的成绩。

二、20 年代至 60 年代的字、词统计

(一) 二三十年代汉语基本字词的统计

在汉语教学中,究竟应该选择哪些字最先教给学生？哪些字是最常用的？哪些是次常用的？一个人至少要掌握多少字,才可以完成基本的阅读和写作？所有这些,无疑是语文教学首先就遇到的问题。因此,编选常用字表给学生学习使用成了中国语文教育的传统。《千字文》(1000 字)、《三字经》(1248 字)是古代汉语教学的重要模式。我国第一个进行现代意义上的字频统计分析,是语言学家黎锦熙在 1922 年发表的《国语基本语词的统计研究》(《国文学会丛刊》1 卷 1 期)。其后,教育家陈鹤琴根据 6 类材料 55 万汉字,历时两三年,选出了 4261 个常用字,1928 年 6 月完成了《语体文应用字汇》。此外,王文新也编过《小学分级字汇研究》一书。1946 年,四川省教育科学院颁发了《常用字选》,收录 2000 个字。

这些统计都是手工查频,材料零星分散,而且统计单位主要只限于汉字。

(二) 五六十年代常用字词的统计

中华人民共和国建立以后,为了推广普通话、普及文化知识,首先要编写识字教材。为了避免汉语教学大纲设计和教材编写的盲目性,提高教学效率,中央人民政府和各省的教育部门都很重视对汉语常用字词的统计,陆续公布了一些基于频度统计的字表和词表,如：

《常用汉字登记表》(1017 字)——1950 年 9 月,中央人民政府教育部社会教育司

《常用字表》(2000 字)——1952 年 6 月,中央人民政府教育部

《普通话常用字表》(3000 字)——1958 年 8 月,山东省教育厅

《普通话三千常用词表(初稿)》(3000 词)——1959 年,中国文字改革委员会

《外国学生用四千词表》(4000 词)——1964 年,北京语言学院

《常用字表》(3100 字)——1965 年 3 月,北京市教育局

本阶段的词汇统计工作基本上都是面向初级的语文教学,常用字的字频手工统计占了绝对优势。词频统计刚刚开始,而且规模一般比较小。统计结果也只是用来编写常用字表或词表,相关的词汇研究尚未真正展开。

三、七八十年代利用计算机进行的字频词频统计

70年代中期以来,随着计算机对非数值信息处理技术的日益提高,语言教学与研究中开始利用计算机作为辅助工具。汉语词汇统计也摆脱了传统的手工查频,逐渐采用人机结合的办法,利用计算机进行自动统计分析,提高了统计的效率和规模,汉语词汇统计研究提高到一个新的水平。

（一）字频统计

1976年12月,中国"七四八工程"查频组首次利用计算机对汉字的频度进行统计,根据对2100余万字的语料统计结果,得出《现代汉字综合使用频度表》,其中包括常用字4152个,为中文信息处理的国家标准GB 2312—80《信息交换用汉字编码字符集——基本集》提供了科学的基础数据。

1976年,武汉大学语言自动处理研究组在RD－11计算机上,也曾对《骆驼祥子》进行字频统计,计算出该书总字数为107,306个,单字2413个,在一定程度上揭示了该书的用字特点。

1982年11月,国家标准局给北京航空航天大学等11个单位下达了"现代汉语词频统计工程"的任务,后来,北航又受中国文字改革委员会的委托,利用HP－3000计算机,从3亿汉字的素材中抽取了2500万字的样本进行统计。1986年6月,工程完成,通过了国家鉴定。统计结果编成《现代汉语用字频度表》,其中包括10种用字频度表:文体生活、历史哲学、政治经济、新闻报道、文学艺术、建筑运输、农林牧渔、轻工业、重工业、基础知识等用字频度表。这是我国规模最大、分科最多的一次字频统计工作,并首次进行了多音字统计。

在此基础上,1988年,国家语言文字工作委员会汉字处制定了《现代汉语常用字表》,它把汉字的使用频率与该字在各个学科中的分布情况综合起来考虑。从1928—1986年的不同学科的语料中,选取使用频度高、学科分布广、构词能力强的2500字作为常用字,频率及使用度次之的1000个字则规定为次常用字。山西大学计算机系通过抽样统计200万字的语料对该字表进行检测,发现这2500个字覆盖率可达97.97％,1000个次常用字覆盖率达1.51％,合计（3500字）覆盖率达99.48％,检测结果令人满意。

（二）词频统计

由于书面汉语不是按词分写,而是以汉字为单位逐个书写的,词与词之间的界限以及词和语素、词组的划分,都缺少明显的依据,词的定义成为长期以来困挠汉语词汇学界的一道难题。因此,汉语大规模的统计研究多年来一直停留在

以字为单位的阶段上。比起常用字来,常用词的统计起步晚,难度更大。直到 80 年代以后,随着汉语词汇研究的深入和中文信息处理技术的进步,我国在词频统计方面才开始大规模地开展工作。

进行词频统计,首先要从连续的汉字串中把词切分出来。切词的方式有人工切词和计算机自动切词两种。在现有的词频统计中,大多数采用人工切词,凭借人的词汇、语法知识和对上下文的理解,使词与词之间留出空白。

从 1979 年末至 1986 年,北京语言学院语言教学研究所把"现代汉语词汇统计研究"列为重点项目,对不同体裁的 200 万字语料进行了人工切词和抽样统计,不仅对词频进行统计,而且兼顾字频、组词能力和词长的统计分析。统计结果分别列成:

1. 按音序排列的频率词表;
2. 使用度最高的前 8000 词词表;
3. 频率最高的前 8000 词词表;
4. 使用度较低的词语单位表;
5. 按报刊政论、科普书刊、日常口语、文学作品分别列出的频率最高的 4000 词表(4 个表);
6. 按递降顺序排列的汉字频率表;
7. 汉字在词首、词间和词末的构词能力分析;
8. 其他附表。

该项目的成果编成《现代汉语频率词典》一书出版。这是我国第一部字词统计兼顾的频率词典,统计结果具有很高的客观性、准确性。[①]

此外,该项目组成员还与中国社会科学院语言研究所合作,统计了全国中小学统一使用的十年制语文课本,出版了《汉语词汇的统计与分析》。他们发现,总字数 520,934 个字的课本中共包含不同的词 18,177 个,平均词长为 1.98 个汉字。频率最高的 1000 词,共出现 278,448 次,占全部语料词次总数的 74%。这些词由 732 个汉字组成,其中频率最高的前 10 个是"的、一、了、我、是、在、不、们、人、有",它们占全部语料总字数的14.9%,前 100 个汉字占全部语料总字数的41.4%,732 个汉字占全部语料总字数的 63.9%,其常用程度和重要性显而易见。基于这些数据,课题组对 732 个汉字的构词能力进行了进一步的研究。他们还根据不同音节的词的数量与覆盖率的对比提出:在静态环境中,单音节词占

---

① 李兆麟《汉语计量研究初探》,《辞书研究》1989 年第 1 期。

的比例较小,但在使用语言的动态过程中,单音节词所占的比例则比双音节的比例大得多。这为汉语词汇教学和研究提供了有价值的基础资料。

北京师范大学现代化教育技术研究所也利用计算机进行了中小学教材的词频统计工作。在对106.8万字的语料人工切词的基础上,建立了一个含有39,601个词的频度词表。在704,841个总词次中,单音节词占52.7%,双音节词占43.8%,三音节词占2.6%,四音节及以上的词占0.9%。可见,在语言使用过程中,单音节词仍比双音节词占优势。

这一阶段中,规模最大的汉语词频统计应是1982年国家标准局下达的"现代汉语词频统计工程"项目,由北航等11家单位联合攻关,从1919—1982年的社会科学和自然科学的3亿汉字的材料中抽样2500万字的语料,分时期、分学科地进行词频统计。统计结果为汉语自动切词、汉语标准词库、电子辞典等一系列语言工程奠定了重要基础。

总之,80年代可以说是我国的字频统计由小到大、词频统计由无到有并取得辉煌成就的时代。"汉语计量研究所得出的各类成果,不仅为编定基本词库、通用词库、专用词库、大型词库等提供科学、可靠的语料基础,而且因相关影响而带动的语音、口语、句法、文字等方面计量研究的结果,也将为编出相应的正音词典、正字字典、口语词典、句法辞典等工具书创造了可能性……从而在这个方面推动语言学理论研究和词典学研究的深入开展。"[①]

四、90年代基于统计的现代汉语词汇研究

进入90年代以后,汉语词汇统计的一个显著变化是,不再仅仅为了编制词表而进行常用字词的统计,而是利用统计的结果,针对某一专题展开多方面的深入细致的汉语词汇计量研究。下面我们分四个方面来详细介绍。

(一)汉语语素的定量研究

1984年,尹斌庸对《汉字频度表》中累积频率为99.94%以上的4200字逐个分析,得出单音节语素4871个。他从词性、独立性、构词能力三个方面对这4871个语素进行手工定量分析。结果发现,名语素占41%,动语素占38%,形语素占13%,三者占总数的92%,是语素的主体部分。在独立语素中,动语素占48%,遥遥领先,名语素占29%,形语素占10%,其他8类语素仅占13%。另外,将近一半(49%)的单音节语素可以独立使用。名、动、形三类语素的平均构词力

---

① 常宝儒《关于〈现代汉语频率词典〉的编纂问题》,《辞书研究》1986年第4期。

按大小顺序排列是:名 18.8,形 17.1,动 14.0。①

1994 年,清华大学计算机系利用计算机建立了一个大规模的语素数据库,它对覆盖汉语的 6763 个常用字的汉语语素及其所构成的二字词、三字词、四字词进行了穷举描述。相关的研究成果可参见本书第六章第三节。

(二) 汉语构词规则的定量研究

80 年代中期,北京语言学院在对 200 万字语料进行词频统计的同时,对每个汉字在词首、词间和词末的构词功能也分别作了统计分析。这是我国第一次用精确的数据反映出汉字处于不同位置的构词能力的研究。计算机根据这些数据可以自动编成构词词典。

1997 年,北京语言文化大学完成了"汉语构词基本字的统计分析"课题。该项目以国家语委和国家教委 1988 年公布的《现代汉语常用词表》中的 3500 个汉字为基础,首先找出《现代汉语词典》《现代汉语词典补编》《新词新语词典》中用这 3500 字构成的词条 70,343 个,其中包括单音节词 4555 个,双音节词 496,415 个,三音节词 8308 个,四音节词 6922 个,五音节词 702 个,六音节词 215 个。然后对每个汉字的构词次数及位置进行统计分析,得到"汉字构词统计表"和"汉字构词手册"两份材料,并根据构词率的大小,把 3500 个常用字划分为 5 个等级,确定其中的 1056 个字为汉语的构词基本字。②

这种对汉语构词规则的大规模统计分析,不仅有助于解决中文信息处理中未定义词的识别问题,而且为汉语构词法研究提供了一个更加客观的基础。

(三) 汉语词汇地域分布的定量研究

1991—1997 年,香港理工大学中文及双语学系历时六载,建成了《中国大陆、台湾、香港汉语词库》,从 1990—1992 年的大陆、台湾和香港的报刊中选取 600 万字的语料,共有 60,811 个汉语词条,进行词频、覆盖率、使用度的统计分析。这是迄今为止已经完成的语料地域分布涵盖整个汉语文化圈的第一个汉语语料库。陈瑞端、汤志祥以此为基础,通过检索和统计,对 90 年代通行于大陆、台湾、香港的汉语词汇进行了定量分析。③

从地域角度来看,京、台、港三个语言圈是彼此相互交叉的,三地共用的"三区域共用词语"应该认为是当代汉语词语的共同底层,而某两个区域里通行的

---

① 尹斌庸《汉语语素的定量研究》,《中国语文》1984 年第 5 期。
② 张凯《汉语构词基本字的统计分析》,《语言教学与研究》1997 年第 1 期。
③ 陈瑞端、汤志祥《九十年代汉语词汇地域分布的定量研究》,《语言文字应用》1999 年第 3 期。

"双区域通用词语"应是共同底层的外延,是共用词语的直接补充部分。仅在某一区域内使用的"单区域独用词语",是京、台、港三地之中各自表层的部分,是共用词语的预备补充。

统计结果表明,当代汉语词语虽然存在着地域差异,但"三区域共用词语"无论在数量上(占90%以上)、使用频率上(集中于高频段与中频段)、覆盖率上(达95%)都占了绝对优势。"双区域通用词语"和"单区域独用词语"数量上不到总数的10%,而且大都集中于低频段。所以说,京、台、港三个区域词语的相同之处仍是主流,并可以进行如下分级:甲级词(最常用词)1200个,乙级词(次常用词)2500个,丙级词(常用词)2500个,丁级词(通用词)6500个。"三区域共用词语"的高频率与高覆盖率使得三地的汉语交流在90%的程度上没有障碍,它仍然在当代汉语中占据核心地位。

(四)基于统计的中文人名自动识别

大规模的汉语词汇统计工作不仅为词汇学、词典学研究提供了科学的量化指标,推动语言学研究逐步走向精密化,而且也有力地促进了中文信息处理技术的发展。字频、词频的统计结果直接指导着信息处理用汉字基本字符集、分词词表、电子词典的制定,复合词构词规则的量化分析大大提高了计算机对新词的处理能力。近年来,人名、地名等无法穷尽收录的专有名词的自动辨识技术,也广泛地吸取了汉语词汇统计研究的成果。

80年代,国家语言文字工作委员会与山西大学合作,抽样复制了1982年全国人口普查资料,利用MC-6800计算机,对174,900个人名进行抽样统计,统计材料取自北京、上海、辽宁、陕西、四川、广东和福建7个省市。统计结果表明:现今仍在使用的中文姓氏远没有某些姓氏典籍所列举的那么多,统计共得729个姓氏,而且分布很不均匀,频率最高的"王、陈、李、张、刘"5个姓占了总样本数的32%,前114个姓占90%,前365个姓占99%,其余364个姓仅占1%。人名用字则比较分散,共得3345个,频度最高的"英、华、玉、秀、明、珍"6个字的覆盖率达10.35%,前410个为90%,前1141个为99%。名字用字多使用褒义字或中性字。[①]

根据中文姓名用字的这种概率特点,清华大学计算机系开发了一种基于统计的计算机自动辨识姓名的软件。通过测试,准确率为70.06%,召回率(文本

[①] 中国社会科学院语言文字应用研究所汉字整理研究室《姓氏人名用字分析统计》,语文出版社,1991年。

中的姓名被辨识出的比例)则达到了 99.77%,使困挠中文信息处理学界多年的专名识别难题得到了初步解决。

第九节 熟语研究

一、概说

汉语熟语包括成语、谚语、歇后语、惯用语等语言单位。中华人民共和国成立后,汉语学界受苏联语言学理论影响,把成语、谚语等作为词汇的一部分,在汉语词汇学的框架内进行研究,形成汉语熟语学。

我国自古以来就有搜集记录谚语俗语的历史。古书上称"谚、俗谚、鄙语、语"等。自汉代以来,开始出现搜集谚语俗语的专书,如东汉服虔的《通俗文》、南朝梁代刘霁的《释俗语》,两书都已失传。迄今能看到的最早的俗语专书是无名氏的《释常谈》、宋龚熙正的《续释常谈》。明代以后,专辑俗语的专书多了起来,特别是清代,俗语专书有 10 多种。重要的有明杨慎的《古今谚》、清翟灏的《通俗编》、钱大昕的《恒言录》、杜文澜的《古谣谚》等。

"五四"时期受西方民俗学影响,学者们广泛搜集、研究全国各地的谚语俗语。1922 年北京大学歌谣研究会创办《歌谣周刊》,在发刊词中提出"民俗学的研究在现今中国确是很重要的一件事业","歌谣是民俗学上的一种重要材料"。故事、歌谣、谚语等被看作是民族学的重要材料。"大众语运动"也推动了俗语俚语的研究,谚语、歇后语等被看作是民众文艺的重要形式。郭绍虞、白启明等对谚语、歇后语作了分析研究。

中华人民共和国成立以后,熟语研究进入一个新的阶段。五六十年代,学者们集中于成语研究,发表了一定数量的论文,如周祖谟、朱剑芒等就成语等各种熟语的性质、特点、内容、形式、运用等进行了分析。七八十年代,汉语熟语研究进入大发展时期,学者对各类熟语作了系统、深入的研究,撰写出版了一批有理论深度的熟语专著,如马国凡、武占坤等撰写的我国第一套熟语专书《成语》《谚语》《歇后语》《惯用语》,温端政撰写的《谚语》《歇后语》,孙维张撰写的《汉语熟语学》等。汉语熟语研究达到了一个新的理论水平。

90 年代,汉语熟语研究在以前研究的基础上继续推进、深入。这一时期,学者们主要就熟语结构形式的稳定性和灵活性展开了讨论,还进一步探讨了各类熟语的划界问题。

中华人民共和国成立以前,有学者开始编纂出版熟语类辞书。五六十年代,没有编纂出版有分量的熟语辞书。八九十年代,一批集考源、释义、引例为一体的大型成语词典开始问世,各类熟语词典如谚语词典、歇后语词典、惯用语词典等也相继编纂出版,熟语辞书的编纂出版呈现出空前繁荣的局面。

二、"五四"至中华人民共和国成立以前的熟语研究

这一时期熟语研究主要集中于歇后语、谚语的研究。

(一)歇后语研究

关于歇后语的研究,重要论文有白启明的《采辑歌谣所宜兼收的——歇后语》、温锡田的《论"俏皮话"》、黄华节的《歇后语》、李纪生的《民众"解后语"研究》等。下面分别简要评述。

白启明的《采辑歌谣所宜兼收的——歇后语》(《歌谣周刊》1924年44号)主要说明了歇后语的名称、结构、与谚语的区别等问题。

作者指出歇后语又叫"隐语",习俗上称作"坎儿"或"坎子"。结构上分两部分,隐语叫"起语",所隐语叫"目的语"。起语和目的语一定是"义适相涵、量恰相容",这样才确切有趣。如"正月十六贴门神(起语)——误半月啦(目的语)"。

作者不同意把歇后语归入谚语之列,认为无论性质上还是体裁上,二者都不能混为一谈。从性质上看,谚语含"格言"的性质多,歇后语纯属"文学"的。如:"不听老人言,凄惶在眼前"(谚语),"小秃头上搁个虱——明放的"(歇后语)。体裁上,谚语无论是几句,不是"平列"就是"一贯";歇后语分上下两项(起语与目的语),下项申述上项的意义,上项必须涵盖住下项。如:"九九花不开,芒种没有麦"(谚语,平列),"童养媳不气长,洗洗糠糠(音降,浆衣服)圆了房"(谚语,一贯);"城隍爷掉井里,土地爷扒头看——捞(借为劳)不起你那大驾"(歇后语)。

温锡田在《论"俏皮话"》(《国语周刊》1933年91期)一文中分析了"俏皮话"即歇后语的名称、性质、形式和使用材料等。

作者指出"俏皮话"俗称"调坎儿",是借着某种人、事物表征比拟其他人、事物的一种言辞,含有大量的讽刺与趣味,有"幽默"之美,又富有深刻的至理名言的教训意味。俏皮话的全形是两句,上句是"前提",下句是"断语"。前提是用以表征断语的人或事物;断语是由前提比拟的某种结果或目的。上下两句必须是相称合的。如"屎壳郎带花儿——臭美"。从语法上分析,俏皮话的前提可分为三种类型:1.名词+动词(癞蛤蟆想吃天鹅肉);2.[ ]+动词+名词+动词+名词([ ]抱着元宝跳井);3.仅是一个词形(猴儿拳)。一式最多,二式次之,三式

最少。

作者分析了俏皮话使用的"材料",指出有文雅的,有通俗的,也有粗劣的。如:"千里送鹅毛——礼轻人意重"(文雅),"去年的皇历——今年用不着"(通俗),"王八拉车——有前劲没后劲"(粗劣)。由于俏皮话为文人学士所轻视,因此文雅的俏皮话存在的较少,流行也窄,通俗、粗劣的俏皮话存在的很多,流行也广。

黄华节《歇后语》(《太白》半月刊 1935 年 2 卷 6 期)一文主要探讨了歇后语的性质、结构、表现手法、与谚语的关系与区别等问题。

关于歇后语和谚语的关系,作者的观点不同于前人,认为谚语和歇后语本难划出截然的界线,二者不但同属于一类,而且"有着因果相生的关系","可以辗转变化","循环孳乳"。如自注格谚语"豆腐刀,两面光",如果把顿读的语气延长,说成"豆腐刀——两面光",就变成歇后语了。而歇后语把下句省略掉,就成了谚语,如:"石地堂,铁帚把——硬打硬"变成"石地堂,铁帚把"。作者还从空间流传的角度,揭示了"在此地为谚语,传到彼地加上解释的字句,变成歇后语"的现象。如:

    谚语   偷鸡唔倒蚀楂米(广东)
    歇后语 偷鸡勿着——蚀把米(绍兴)

在说明歇后语和谚语有孳乳关系的同时,作者也指出了二者在句法、修辞上的区别。

作者对歇后语"取譬"的范围作了分类,如以日常习见的故事作比的(借票当衣穿——浑身是债),以地方性掌故作比的(江西人钉碗——自顾自),以古代流传的故事作比的(关公卖豆腐——人强货弱)等。还有以谐声作比的,借用声音的近似,暗示所藏的隐意,如"怀里揣马勺——成(盛)心"。

作者还在《略谈"缩脚语"》(《太白》半月刊 1935 年 2 卷 9 期)中与《太白》编者讨论了"缩脚语"与歇后语的区别。李纪生《民众"解后语"研究》(《中华教育界》复刊 1947 年 1 卷 9 期)一文对歇后语的名称重新作了解释,分析了歇后语的功能、内容和取材。

作者认为这类口头语叫作"解后语"较为恰当。它"大半由两句话组成,都是前语解说后语的形式"。如"狗咬刺猬——无处下嘴",前语解说后语,去掉前语,后语"无处下嘴"语义仍然完全,不过有了前语的解说,语义更活泼生动。这里作者把前后语的关系弄反了,实际上是后语解说前语,而不是前语解说后语。作者认为"解后语"是以谜语为基形的发展,后语是谜底,前语是解说谜底的述语。

作者对定县 240 条歇后语的内容性质、材料来源作了分析,探讨了民众思想意识与概念形成等问题。这 240 条歇后语按内容分为:1. 人生态度类(隔着门缝看人——把人看扁了);2. 社会意识类(猪八戒看书本——混充识字的人);3. 自然物状与生活事态类(歪嘴吹喇叭——一股邪气)。对取材也作了分类:1. 人物类(周文王找姜太公——净找明白人);2. 社会活动类(六月里穿皮袄——自找受罪);3. 自然事物类(狗咬刺猬——无处下嘴);4. 器物用品类(下雨不打伞——沦[轮]着啦)。

其他关于歇后语的论文还有傅振伦的《谜语歇后语研究之一斑》(《歌谣周刊》1924 年第 68 期)、杜同力的《关于谚语的报告和说明》(《国语周刊》1925 年第 9 期)等。

(二) 谚语研究

关于谚语的研究,重要的论文有郭绍虞的《谚语的研究》、任访秋的《谚语之研究》等。下面分别予以述评。

郭绍虞《谚语的研究》(《小说月报》1921 年 12 卷 2、3、4 期)一文对谚语的涵义性质、形式内容、与歌谣、格言的区别作了全面细致的分析,是同期谚语研究中分量较重的一篇论文。

关于谚语的涵义性质　作者指出谚语是人们实际经验之结果,而用美的言词以表现者,于日常谈话可以公然使用,而规定人的行为之言语。这是狭义的谚语。从广义来看,作者认为不论何种言语,只要有一定形式而传唱于社会上的,都是谚语。与歌谣相比,谚语是"近于史诗方面的",是经验累积的结果,是"主于知的"。与格言相比,二者在性质上有很多共同点,富于"道德色彩""哲理思想",但谚语不尽是格言。另外"不知其作者"是谚语的另一个特性。

关于谚语的形式　作者指出谚语形式上有四个特点:1. 句主简短;2. 调主整齐;3. 音主谐和;4. 辞主灵巧。这四个特点有一个共同作用,就是"便于记忆"。

关于谚语的内容　作者认为谚语的内容重"真"、重"善"。"真"来自两个方面:1. 观察人事界,以世态人情为材料;2. 观察自然界,以经验知识为根据。世态人情方面最重要的是有关"贫富""男女"的内容,如"畏己贫忧人富""家有贤妻,男弗遭横祸"等。"善"的方面分为两项:道德和宗教,都含有"训诫讽喻"的意味。如"宁为鸡口,无为牛后""辅车相依,唇亡齿寒"等在道德方面给人以教育劝诫。

任访秋的《谚语之研究》(《礼俗》半月刊 1931 年 6、7 期合刊)主要说明了谚语的涵义、起源、作用等。

作者根据《说文》及段注对谚语的注释,提出谚语就是"一般人相传述的话,含有劝诫教训的意味","是世俗所公认的有价值的格言"。它有两个来源:一是经典故训,如"少小不努力,老大徒伤悲"(从古乐府"少壮不努力"中来);二是合乎情理的话。

关于谚语的作用与影响,作者认为谚语是"民族精神的反映,平民思想的表现","切合于人民的日常生活","明白通俗","大半押韵,便于记忆",对一般人影响非常大。

作者还对自己收集的不下600条家乡谚语进行了分类:1.有关个人的(丑人家中宝,好人惹烦恼);2.有关家庭的(家有千口,主事一人);3.有关社会的(世情看冷暖,人面逐高低)。

这一时期,其他重要论文还有朱介凡的《论中国谚语的搜集》《论中国谚语的格调》等。

(三)成语研究

这一时期,成语研究的论文很少,余冠英的《谈"成语错误"》(《国文月刊》1940年1卷2期)、方辉绳的《成语和成语的运用》(《国文杂志》1943年2卷3期)可作为代表。

余文对人们实际写作中因不明成语原义、辞汇知识贫乏或好奇任意变化成语等造成的"成语错误"进行了分析,把它们归为三类:1.意义不合;2.文字讹误;3.排列错乱;4.变化不当,即误用、误写和误改三类。对此作者指出,避免错误的方法是"多记成语""多利用辞书"。

方文从广义的角度分析了成语的性质、分类、结构和运用等问题。

关于成语的性质分类,作者指出中国的成语"颇为复杂",复字词根本不是成语,成语应当是"语"和"句",必定是社会上流行的语句。

作者也分析了成语的结构,认为有以下几种:1.重言叠用(鬼鬼祟祟、如此如此);2.比喻(班门弄斧);3.转义(玉石俱焚);4.引申(司空见惯);5.将复字词拆开,插入限制或修饰的词(七零八碎、七上八下);6.语句有特殊的语风,非字面所能解释(之乎者也)。

作者是较早分析成语结构的学者,所作的分析对后人有启发意义。

(四)熟语辞书编纂

本时期重要的熟语辞书有胡朴安的《俗语典》、郭后觉的《国语成语大全》等。

1.胡朴安《俗语典》

《俗语典》1922年上海广益书局出版。所收俗语包括词、习用词组、熟语等共7200条。该书收罗宏富,考释详赡,查检方便,是俗语辞书之集大成者。

2.郭后觉《国语成语大全》

该书1925年上海中华书局印行。全书共收词语3200多条,包括词(一溜烟)、词组(一年四季)、谚语(一夜夫妻百日恩)、歇后语(骑毛驴看唱本儿——走着瞧)等。该书编纂的目的主要是指导读者运用成语,具有现代应用性辞书的性质。

三、五六十年代的熟语研究

中华人民共和国成立以后,熟语研究开始了新的阶段。五六十年代,熟语研究专著很少,主要以论文为主,其中关于成语的有50多篇,关于谚语、歇后语的各有10多篇。下面重点介绍关于成语的重要论文。

周祖谟《谈成语》(《语文学习》1955年第1期)分析了成语的性质、来源、结构、作用等问题。关于成语的性质,作者指出"成语是人民口里多少年习用的定型的短语或短句","一般都是四个字",有固定的结构形式和固定的说法,不能随便更换一字,如"去伪存真"不能说成"去假存真"。成语有两方面的来源:一是从书本上来的,一是从口语里来的。从书本上来的又分两类:一类是从古代寓言或历史故事里来的,一类是古典作品中的成句。如"负荆请罪"是战国时期赵国廉颇的故事,"好为人师"取自《孟子·离娄上》中的成句"人之患在好为人师"。"一劳永逸""道听途说"则来自人民口头语,数量也不少。关于成语的结构形式,有种种情况,如"名副其实"是一个句子形式,有主谓语;"莫衷一是"则是谓语形式,本身没有主语;"提纲挈领"是两个谓语形式结合在一起。

朱剑芒《成语的基本形式及其组织规律的特点》(《中国语文》1955年第2期)一文讨论了成语的基本形式、组织规律,据此确定成语的性质和范围。

作者认为四字是成语的基本形式,但并不限于四字,也有三字五字或六七字八九字的。成语选择四字为基本形式,符合汉语"由单独到结合,由参差到整齐"的发展规律,是口语中最整齐的形式,讲起来顺口,听起来清楚,便于模仿学习。成语的组织规律可分为四种类型。1.不分上下两截的:联合成语(衣冠禽兽)、主从成语(勃然大怒);2.分上下两截的(家给户足、斩草除根);3.特意增减字数的,如"不在乎"增一"满"字,说成"满不在乎","依样画葫芦"减一"画"字,说成"依样葫芦";4.由双音形容词改变为重叠式的(糊糊涂涂、糊里糊涂)。第二种最有组织规律,数量也最多。

作者认为"成语"应不分古今,不管它出自经传或来自谣谚,"凡合于基本形式、能表现组织规律上几个特点的"都应看作成语。作者理解的成语范围比较宽,把谚语也包括在内了,这与一般学者的看法不尽一致。

欣向《成语的特性》(《中国语文》1958年第10期)一文指出,周祖谟关于成语的定义已经相当明确地指出了成语特性的某些方面(习用性、定型性),但这一问题还未引起人们足够的注意。他具体分析了成语的主要特性:1.书面语性质,有别于来自口语的俗谚。作者不同意朱剑芒把成语和谚语看作是"一而二的东西",认为虽然许多成语来自谚语,如"唇亡齿寒、亡羊补牢"等,但条件是谚语要"见于书面"并"为人民所习用"。2.习用性。成语不是某一地区、某一行业、某一阶层的人用的,而是全社会的语言财富,是全体人民智慧的结晶。3.定型性,主要表现为"结构的定型""字面的定型"和"字数的定型"三方面。结构方面,有些结构(一……半……、不……而……)已成固定格式,孳乳力很强;字面方面,一般不允许随意改动;字数方面,主要是四字式。4.成语性。成语的真正含义不是字面义,而是比喻义,这就是狭义的"成语性"。

有关成语的其他重要论文还有张拱贵的《数词成语的构成方式》(《语文知识》1953年第7期)、倪宝元的《成语的"套用"现象》(《中国语文》1960年第11期)等。

四、70年代末、80年代的熟语研究

70年代末、80年代以来,熟语研究取得了很大发展,出现了一批论述全面充分、系统深入的熟语理论专著。下面分类介绍有关研究成果。

(一)成语研究

1.马国凡《成语》

马国凡(1932—),原名马国藩,辽宁沈阳人,1955年毕业于东北师范大学中文系现代汉语研究生班,内蒙古师范大学教授,长期致力于汉语熟语学、汉语词汇学的研究,主要著作有《成语简论》《谚语、歇后语、惯用语》《成语》《歇后语》(合著)《惯用语》(合著)《谚语》(合著)等。

作者1959年写过《成语简论》,1973年改名《成语》,1983年由内蒙古人民出版社出修订本,是该社出版的熟语丛书中的一本。该书分析深入、系统、全面,材料丰富,从多角度研究成语,开拓了成语研究的新领域,是一部有分量的专著。全书共分七章,分别讨论了成语的性质、形成、发展变化、意义结构、运用等。下面着重介绍书中论述的几个问题的内容。

(1)成语的性质

作者指出,人们对成语的认识经历了一个由不定型到定型、由重内容到内容形式并重的发展过程。在实际运用中,人们的理解又有宽窄两种。宽的理解把谚语、俗语都包括在成语里面,窄的理解则不包括谚语、俗语。作者认为,在语言学领域应该给成语一个科学的定义,把它与谚语、格言、惯用语、歇后语等区分开来。作者分别论述了成语的四个特性。

成语的定型性表现为意义上的定型和结构上的定型。意义上的定型指成语的意义不是构成成语的各成分意义的简单相加,如"怒发冲冠"等。有些成语虽然结构上有变化,但意义仍未变化,如"四通八达"与"四通五达、七通八达"等。结构上的定型主要指不能随意替换、增减成分,改变结构关系等。并列结构的成语可以变化,但有条件限制。

成语的习用性可以从时间和空间两个角度来考察。时间上,成语不只存在于一个时代,而是存在于许多时代;空间上,成语不属于某一方言,而是民族共同语的有机组成部分。

成语的历史性表现在取材和结构状况上。成语在取材上有阶级斗争、生产斗争方面的历史烙印,如"假途灭虢、萧规曹随、罄竹难书"等。结构上"文言"明显,保留许多古词、古汉语语法结构,单音词为主等。

成语的民族性在内容上表现为反映民族特有的历史事件、人物、故事、传说等,形式上表现为较普遍地使用数词、成分的对称等。

(2) 成语的作用

作者从语法、修辞两个方面分析了成语的作用。

语法方面,作者指出成语运用在句子中等于一个词,也具有"词性"。成语"词性"的确定要考虑组成该成语的"词"及其组合关系。如果成语各组成成分是并列或联合关系的名词,或以名词为中心的偏正关系,成语就是名词性的(铜墙铁壁、弥天大谎)。以动词为中心的偏正关系的是动词性的(轻描淡写、精打细算)。以形容词为中心的偏正关系的是形容词性的(颠沛流离、万紫千红)。主谓关系、动宾关系的成语可以以"谓"或"动"为中心来划分,如"神出鬼没"是动词性的,"四体不勤"是形容词性的,"不识时务"是动词性的。作者还详细分析了成语充当不同句子成分的语法功能,如充当主语:"长歌当哭,是必须在痛定之后的"(鲁迅《纪念刘和珍君》);充当谓语:"阔亨们立刻面面相觑,觉得除了'死鬼'的妙法以外,也委实无法可想了"(鲁迅《长明灯》)。

成语的修辞作用表现在:一方面通过成语完成形容、比喻、夸张、对偶、排比等修辞方式的运用;另一方面成语本身有特殊修辞作用,可以把成语拆开,利用成语内部的完整对称实现对偶,甚至对比、映衬等修辞方式,收到特殊的效果,如

"二十年前的第一次帝国主义大战,在过去历史上是空前的,但还不是绝后的战争"(毛泽东《论持久战》)。

2.向光忠《成语概说》

向光忠(1933—2012),湖北枝江人,1957年北京大学中文系毕业,南开大学教授,从事汉语教学和研究工作,主要著作有《成语概说》,同他人合著有《说文解字研究》《中华成语大辞典》等。

《成语概说》湖北教育出版社1985年出版,全书共分六章,讨论了成语的特点、源流、意义、构造和运用等。下面介绍书中论述的几个问题的内容。

(1)成语的源流

作者说明了成语的来源、定型、演变。作者指出成语主要源于神话传说、寓言故事、史实轶闻、诗文语句、一般口语等。成语在定型过程中,经由了一些具体的途径。A.径直援用("发号施令"源于《尚书》"发号施令,罔有不臧");B.变更原义("青出于蓝"原喻人经过学习,可增强才智,而超出先天禀赋,定型为成语,指学生超过老师);C.加工改造,又分五种情况:截取并合("不敢暴虎,不敢冯河"→"暴虎冯河"),删繁就简("既明且哲,以保其身"→"明哲保身"),添枝加叶("弹冠相庆"是"弹冠"添加"相庆"扩展而成),更易词面("贪生畏死"→"贪生怕死"),挪动位次("添锦上花"→"锦上添花");D.撮要概括("守株待兔"概括《韩非子·五蠹》中的一则寓言故事而成)。

(2)成语的意义

作者分析了成语的语义熔铸、语义关联、语义褒贬。关于语义熔铸,作者分析了几种铸成手段:A.并列同义成分,反复突出加重(切磋琢磨、聚精会神);B.组合关联结构,前后互为补足(唇亡齿寒、人杰地灵);C.对举正反词语,彼此映照衬托(喜怒哀乐、悲欢离合);D.捏合乖谬现象,奇语耐人寻味(不翼而飞、欲擒故纵);E.摹拟实际性状,富于鲜明形象(易如反掌、危如累卵);F.描述浅近事象,寓含深奥哲理(塞翁失马、按图索骥)。

关于成语的语义关联,作者分析了"多义语""同义语""反义语"等情况。

3.刘洁修《成语》

该书1985年商务印书馆出版,全书共分四章,主要讨论成语的概念范围、成语的源流、意义和读音、成语的运用等问题。下面简介书中几个问题的内容。

(1)成语的范围

作者根据《现代汉语词典》中的定义来划定成语的范围。作者划定的成语范围比较宽,包括以下几种情况:A.二字成语(推敲、鸡肋、烂柯、请缨)。B.三字成语(闭门羹、莫须有、破天荒、眼中钉)。C. 四字成语。汉语成语90%以上都是四字的,其中有由两个复合词拼合而成的(穿凿附会、艰苦奋斗);有重叠的(口口声声、唯唯诺诺);有由五字、七字紧缩或省略而成的(疾风知劲草→疾风劲草)或六字、八字紧缩而成的(驴非驴,马非马→非驴非马)。D. 五字至十多字的成语("小巫见大巫""五十步笑百步""英雄无用武之地""城门失火,殃及池鱼""搬起石头砸自己的脚""留得青山在,不怕没柴烧""只许州官放火,不许百姓点灯")。

(2) 成语的源流

作者详细分析了成语的源流演变,主要从两个方面进行说明。A. 从语言的意义角度溯源。意义相同而字面相同,能否当作语源,要具体情况具体分析。意义相合、字面不同而可以看作语源的,如"川流不息",语意本于《论语·子罕》"子在川上曰:逝者如斯夫,不舍昼夜",暗含"川流不息"的意思,字面也有"川、不舍"等词语。意义偶合或相关而字面并无渊源关系者,不宜强作语源,如"纸上谈兵"一般以为它出自《史记·廉颇蔺相如列传》中赵括事,其实这并不准确。赵括所处战国时代尚无"纸",而"纸上"是构成"纸上谈兵"的关键部分,"纸上"所表示的脱离实际的意思到了宋代才比较普遍用开。B. 从字面角度溯源。成语在字面上多大同小异,溯源时应注意"原始型",它可能正是语源之所在,也可能含义各别,须认真剖析。有些字面大同小异者可为语源,如"德高望重"来自"德隆望重"(《晋书》卷六十四《简文三子传》);有些字面大同小异者又非语源,如宋黄庭坚《弈棋二首呈任公渐》其二"偶无公事客休时,席上谈兵较(一作角)两棋"中"席上谈兵"与"纸上谈兵"仅"席"与"纸"之差,但这里是指下棋,虽说也像作战一样双方较量输赢,却无"纸上"空虚而不合实际的意思。字面略异而概念同中有异者,宜分源,如"盖棺事定"和"盖棺论定"仅"盖棺"二字同,而"论定"与"事定"迥然不同,"论定"是做出结论,而非"止"义。

(二) 谚语研究

下面介绍几部有代表性的专著的内容,以见一斑。

1. 武占坤、马国凡《谚语》

武占坤、马国凡《谚语》1980年内蒙古人民出版社出版,是该社出版的熟语丛书中的一本。全书共九章,分别论述了谚语的性质范围、思想内容、形式风格、民族特色、分类、发展变化、语法作用等,论述全面,内容丰富。

(1) 谚语的性质

作者指出,谚语是通俗简练、生动活泼的熟语或短句,它经常以口语的形式,在人民中间广泛地沿用和流传,是人民群众表现实际生活经验或感受的一种"现成语"。谚语和成语的区别是:在语体风格上,成语主要以书面语形式存在,结构简缩,用词多古词或古义,风格郑重文雅;谚语主要以口语形式存在,结构比较舒展,语词相当通俗,风格平易。也有一些古谚风格文雅古奥,主要以书面语形式存在,已取得成语的特点,但非主流。内容形式上,成语概括的大都是复杂的概念,谚语多是以判断推理的形式,表达一个完整的意思。成语的结构形式,节缩精约,有造词法的特点,谚语的结构完全是一般性的语句。造句功能上,谚语和成语能充当句子的主语、谓语、宾语、状语、定语等,谚语在造句上往往充当复句的分句,或独立成句,而成语极少独立成句。历史来源上,成语多来源于古书中的典故、语句,大都可以找到来源或出处;谚语主要来源于口语,很少能指出书面的来源或出处。

(2) 谚语的分类

作者认为,前人对谚语的分类大都过于概括。清代俗语专书只将谚语分为"古谚"和"今谚"两大类;中华人民共和国成立后一些谚书谚典则分为"一般谚语"和"农谚"两类,也有人根据地域标准,分为"吴谚""沪谚"等。作者指出这些分类都不理想,提出根据谚语的语义性质和作用来分类的标准,把谚语分为以下八类:

A. 讽颂谚　吃水不忘打井人,翻身不忘共产党(颂);一任清知府,十万雪花银(讽)

B. 规诫谚　明知山有虎,偏向虎山行(教人敢于斗争)

C. 事理谚　眼过千遍,不如手过一遍(说明认识与实践的关系);失败是成功之母(说明相反相成的道理)

D. 生产谚　庄稼一枝花,全靠肥当家(农谚);立春后断霜,插柳正相当(林谚)

E. 天气谚　清明断雪,谷雨断霜(季节气候气象)

F. 风土谚　上有天堂,下有苏杭;湖广熟,天下足;蜜溪水,神潭茶

G. 常识谚　月到中秋分外明;衣不差寸,鞋不差分

H. 修辞谚　拣了芝麻,丢了西瓜

(3) 谚语的创造手法

作者分析了谚语广泛运用各种修辞方法,把抽象的意思形象化、深奥的事理生活化、平凡的知识新鲜化、科学的规律情趣化的特点,指出谚语的主要创造手段有11种,如精彩的比喻(天上月如钩,天下理偏直)、生动的起兴(天上下雨地

下阴,人留后代草留根)等。

2. 王勤《谚语歇后语概论》

该书1980年湖南人民出版社出版。全书分谚语、歇后语两部分,谚语部分分析了谚语的性质、构造、类型、产生发展和演变等。下面介绍作者有关谚语的说明。

(1) 谚语的民族性

作者指出谚语与本民族特定的历史、语言、生活习惯、物产风貌、自然环境等密切相关,带有鲜明的民族特色。例如选材上,汉语用"三个臭皮匠,顶个诸葛亮"来表示人多出智慧;而日本则说"三个人凑起来顶上文殊的智慧"这样的话。汉语的谚语有不少是以历史故事为素材的,如"大意失荆州,骄傲丢街亭"便取材于明代《三国演义》。又如"清明断雪,谷雨断霜""冬至馄饨夏至面"等则反映了汉民族的文化经济生活与风俗习惯。在语言形式上,汉语谚语多采用对联式的韵语,音节配搭整齐,也体现了鲜明的民族特色。

(2) 谚语的思想性

作者对谚语的思想内容作了分析,指出绝大多数是健康的,有毒素的不多。

健康谚语的思想内容有:A. 表示朴素的唯物辩证思想,如"巧妇难为无米之炊";B. 表达人民的思想品德和情操,如"人往高处走,水往低处流""宁可直中取,不向曲中求";C. 表达劳动人民对反动剥削阶级的揭露与反抗,如"富人一席酒,穷人半年粮""天无百日雨,人无一世穷"。

(3) 谚语的构造与类型

作者指出谚语选用大量的口语词和少量的书面语词作为构成材料,运用同义、反义成分以及词的反复、重叠形式,构成谚语用词上的丰富多彩局面。例如:

  天下乌鸦一般黑,世上财主一样狠

  精打细算,粮钱不断

作者还分析了双段式谚语前后两部分的关系:

并列关系	大处着眼,小处着手
递进关系	错下一着棋,全盘都是输
条件关系	只要工夫深,铁棒磨成针
假设关系	要想庄稼好,一年四季早
连锁关系	哪里有泥巴,哪里有庄稼
取舍关系	宁可站着死,不可跪着生

否定－肯定式　正业不多,吃掉衣裤

3. 温端政《谚语》

温端政(1932—　　),浙江平阳人,1958年毕业于北京大学中文系,山西省社会科学院研究员,致力于熟语的整理研究工作和方言调查工作,主要论著有《谚语》《歇后语》《怀仁方言志》《太原方言词汇》等,主编《中国俗语大辞典》《山西省方言志丛刊》。

《谚语》1985年商务印书馆出版,全书共分七个部分,分别论述了谚语的名称与性质、产生与发展、语义与结构等。下面简介书中几个问题的内容。

(1) 谚语的语义

作者细致地分析了谚语的语义内容。从语义上看,谚语分三种类型。一是字面意义和实际意义一致,字面意义就是本义,如"名师出高徒"。二是字面意义和实际意义不一致,字面意义不起作用,实际意义是本义,如"狗嘴里吐不出象牙"。三是具有两个实际意义,一个和字面意义一致,是本义,另一个是派生义。如"新官上任三把火",一个意义是指新上任的官员总要装腔作势,办几件事情抖抖威风,实际意义同于字面意义,是本义;另一个意义是指一般的人刚负责某一项工作总要努力办好几件事,显示一下自己的本领,这是派生义。字面意义和本义是浅层义,实际意义和派生义是深层义。深层义主要通过引申(乌云遮不住太阳)、抽象(苍蝇不钻没缝的鸭蛋)、概括(坐吃山空,立吃地陷)产生的。

谚语还有一个特点就是偏义性,表现在有些谚语虽然讲的是两个方面的知识,但以其中的一个为主,另一个为辅,如"人无完人,金无足赤"里,"人无完人"是主,"金无足赤"是辅。

(2) 谚语的结构

谚语的结构特点表现为三个方面:紧缩性和对称性;单一性和多样性;固定性和灵活性。

紧缩性是指谚语尽可能地简洁凝练,便于人们记忆,往往采用压缩、省略、意合等方法加以紧缩,这是谚语的一个方面。它还有扩展的一面。扩展主要使结构对称,也是为了便于记忆,如对偶式(明枪易躲,暗箭难防)、排比式(百里不同风,千里不同俗)、顶真式(好手不敌双拳,双拳不如四手)、回环式(来者不惧,惧者不来)等。

谚语表示一个完整的意思,结构上是单一的;但同是句子,内部结构变化多端,又是多样的。作者从单句型、复句型谚语出发,着重分析了谚语结构上的多样性。

作者指出谚语一般具有较固定的结构,但固定性是相对的,在口语中广泛流传时又常有一定的灵活性。

(三) 歇后语研究

下面介绍有代表性的著作,以见一斑。

1. 马国凡、高歌东《歇后语》

该书 1979 年内蒙古人民出版社出版,是该社出版的熟语丛书中的一本。全书共分七个部分,分别讨论了歇后语的来源、性质、结构与发展变化、语法作用、修辞作用等。下面择要介绍书中几个问题的内容。

(1) 歇后语的来源和性质

作者指出早在唐代出现过所谓"郑五歇后体"式的歇后体诗,后来蜕变成早期的歇后语。早期歇后语是一种广义成语的省略,省去前部分的叫"歇前"(如"倚伏"代"祸福"),省去后部分的叫"歇后"(用"友于"代"兄弟")。这种歇后语受到很多限制,广大群众口语中很少应用。后来人民群众在语言实践中又创造了一种全新的、生动活泼的语言形式——俏皮话。俏皮话开始统称为俗谚,如"千里搭长棚"(没有个不散的筵席)、"缺口镊子"(一毛不拔),将说明本意部分省去,后来发展成歇后语。

歇后语具有以下几方面的性质:A. 是一种群众语言,带有浓厚的生活气息(横垄地拉碌子——一步一个坎儿);B. 是在传统的"歇后体""廋辞""隐语"基础上形成的,民族风格鲜明,风格独特(清水下杂面——你吃我看,大水冲倒龙王庙——自家人打自家人);C. 结构上由前后两部分组成,前部是比喻,后部是比喻的说明,前后部有固定的关系;D. 歇后语的后半截可以不说出来,前半截必须说出,歇后语的生动与风趣主要集中在前半截的比喻上(黄鼠狼给鸡拜年——没有好事)。

(2) 歇后语的结构

作者分析歇后语分前后两部分,前半截是比喻,后半截是前面比喻的揭晓,构成"比喻——说明"式结构。比喻部分与说明部分存在着一种内在的意义关系,其联系要有说服力。作者把歇后语分为"喻义的"和"谐音的"两大类。A. 喻义的歇后语:由比喻直接导出歇后部分(肉包子打狗——有去无回);说明部分有双关的意味(砒霜拌大蒜——又毒又辣)。B. 谐音的歇后语(小葱拌豆腐——一青[清]二白)。还有以汉字为比喻的(心字头上一把刀——你就忍一点儿吧)。

作者又进一步分析了歇后语的比喻部分和说明部分,指出比喻部分从内容上看,有以一般事理和经验作比喻的,如"耗子钻进风箱里——两头受气";有以事物的性状、声音等特点作比喻的,如"螃蟹过河——七手八脚";有以历史故事、人物作比喻的,如"周瑜打黄盖——一个愿打,一个愿挨";有以神话传说或神话故事作比喻的,如"猪八戒下凡——没个人样儿";有以虚构想象作比喻的,如"老鼠上秤钩——自称自"。说明部分有书面语与口语之分,书面语以文言、成语居多,如"木匠带枷——自作自受"。相比之下用口语的更多,如"狗舔门帘——全凭一张嘴""熊瞎子掰苞米——一边掰一边丢"等。

(3) 歇后语的语法结构和"词性"

作者指出,研究歇后语的语法结构,目的在于准确判断歇后语的"词性"。书中主要分析了说明部分的语法结构。

A. 说明部分分前后两截的

  并列关系 打半边鼓——旁敲侧击
  对举关系 张飞卖豆腐——人硬货软
  承接关系 佘太君挂帅——马到成功
  条件关系 梁山兄弟——不打不成交

B. 说明部分不分前后两截的

  主谓关系   长江里的浪头——后浪推前浪
  谓宾关系   猪鼻子里插大葱——装象
  谓补关系   水瓮里的王八——跑不了
  偏正关系   一分钱的煎饼——难摊
  判断合成关系 西瓜皮钉鞋掌——不是料
  连动合成关系 矬个子看戏——随着人家说
  兼语关系   见了强盗喊爸爸——认贼做父

歇后语的"词性"就是歇后语中关键性词的基本属性,研究歇后语的"词性"要从它的后半部分入手。根据歇后语后半部分的"词性"——名词性、动词性、形容词性词组,来确定歇后语的"词性"。如:

  电线杆上绑鸡毛——好大的胆(掸)子(名词性的)
  穿着孝衣道喜——胡闹(动词性的)
  秋后的高粱——红透了(形容词性的)

2. 温端政《歇后语》

该书 1985 年商务印书馆出版。全书包括七个部分,分别讨论了歇后语的名称、性质、来源、结构、语义、语法功能和修辞作用等。下面重点介绍书中几个问题的内容。

(1) 歇后语的名称和性质

关于歇后语的名称有两种解释:一种说,歇后语的两部分讲说时中间有较长的顿读,故称歇后语;另一种说,后半截常常不说出来。作者认为,前一种说法不能成立,因为不少谚语、成语也由两部分组成,中间也有语气停顿,有不少歇后语中间停顿很短,如"兔子尾巴长不了"。后一种说法更流行,但也经不起语言实践的检验。作者对《红楼梦》《儒林外史》等 520 多部文艺作品中所用的 4893 条歇后语作了统计,后一部分"歇"去的只有 375 条,不到 1/12。歇后语后一部分一般不"歇"的原因是:前后两部分密切相连,后一部分是表义重点,歇去后一部分会影响表达效果,发生歧义,损害句子完整性。

作者也不同意用"譬解语"这一名称,因为不是所有歇后语的前后两部分都存在譬解关系,如前一部分表示计算或用拆字的,后一部分运用双关手法的等。作者认为,凡歇后语意义重点都在后一部分,后一部分表示整个歇后语的基本意义,前一部分主要起"引子"作用,"引"出后一部分。例如前部分"高射炮打蚊子"引出后一部分"大材小用"。作者把歇后语前后两部分概括为"引事"和"注释"的关系,简称"引注"关系。

(2) 歇后语的来源

作者仔细辨析了前人的种种成说,并提出了自己的看法。作者不同意歇后语是从"自注格谚语"发展来的观点,认为"自注格谚语"就是歇后语。作者也不同意歇后语是从"正规的歇后语"发展而来的观点,认为它们是性质根本不同的语言形式,这种观点把复杂的语言现象简单化了。作者认为,歇后语和"风人体"一样,是从"比兴引喻"发展变化而来的。最早的歇后语形式见于《战国策·楚策》"见兔而顾犬,未为晚也;亡羊而补牢,未为迟也"。唐宋时大量存在,金元时代盛行。它来源于民间的口头熟语,为广大群众所创作。

(3) 歇后语的结构

歇后语结构相对固定,但又有灵活性。灵活性是一个重要特点。作者着重分析了歇后语的灵活性和前后两部分的关系。

结构上的灵活性表现在:A. 取材相同的"引",说法上不一定相同,如"老鼠钻风箱——两头受气|老鼠入风箱——两头受气|老鼠钻风盒——两头受气";

B. 同一个意思的"注",可以有不同说法,如"狗咬吕洞宾——不认识真人|狗咬吕洞宾——不认识好人|狗咬吕洞宾——不识好人心";C."引"和"注"的位置有时可以颠倒,如"武大郎玩鸭子——啥人玩啥鸟|啥人玩啥鸟——武大郎玩鸭子";D."引"和"注"可以拆开,中间加入其他成分,如"王八吃秤砣——你真铁了心了|狗鼻子插大葱——装什么象(相)"。

"引""注"之间存在着复杂关系,作者从语法、意义两方面作了分析。语法上,"引""注"有主谓关系(墙上的草——随风倒)、共用一个潜在主语(听评书掉眼泪——替古人担忧)等。意义上,"引"讲一种人、物或一件事,"注"描绘状态或模拟声音,如"太平洋的警察——管得宽""蛤蟆跳井——扑通(不懂)"等。

(四) 惯用语研究

下面简介马国凡、高歌东《惯用语》一书的内容,以见一斑。

该书1982年内蒙古人民出版社出版,是该社出版的熟语丛书中的一种。全书共分六章,分别论述了惯用语的性质、特色、范围、来源、发展演变等。下面重点介绍三方面的内容。

1. 惯用语的性质

作者指出"惯用语"一名本无专指,这里专指固定词组中的一种。作者强调惯用语有两个重要特点:(1) 惯用语是一种定型词组,从意义到结构都是完整统一的;(2) 惯用语的整体性在于它的抽象化,也就是虚指。虚指的意义扩大了原词组各构成成分的意义,使惯用语具有更大的使用范围,脱离了一般词组而成为定型词组,有了"语"的特点。惯用语的核心部分是三音节的动宾关系固定词组,如"碰钉子、挖墙脚"等。四音节及以上的惯用语常是三音节惯用语的扩大用法,如"说风凉话"等。

作者具体分析了惯用语三方面的特性:(1) 定型性,表现在意义和结构两个方面。意义的定型表现在它的意义的整体性上,不是构成成分意义的简单相加,如"踢皮球"指对工作推来推去,不肯负责任,不是"踢"和"皮球"的意义相加。意义的定型还表现在整体意义的凝固性上,在正常结构和变型结构中都存在,如"露马脚"指无意中露出了真相,它凝固在"露马脚"这一定型结构中,而其变型结构"露了马脚"中也存在这一凝固意义。结构上的定型是指构成惯用语的成分间的组成关系完整统一。这种定型上的约束力保证了结构上的临时分散不破坏惯用语的地位,如"摆架子",中间可以插入"你的"等众多成分,但并没有失去惯用语的意义。(2) 灵活性。惯用语的结构在运用上有灵活性,原型可以插入其他成分(碰了个钉子、碰硬钉子),可以换用同义近义词成分(放包袱、扔包袱、丢包袄)。惯用语结构上的灵活是在语法结构允许的范围内进行的,不是杂乱无章和任意的。(3)比喻性。惯用语的意义大多是由比喻来的,如"背黑锅"是比喻代人受过、受冤枉。惯用语的意义由于虚指、抽象性,经过不断引申产生出多义,如"耍嘴皮子"有二义:一是指"卖弄口才",二是指"光说不做"。惯用语多运用隐喻的方法。

2.惯用语的范围

作者分别说明了惯用语同词、一般词组、成语、歇后语、俗语的区别。

动宾关系的词、词组与惯用语的区别是:(1)合成词比惯用语更固定。大部分动宾关系的合成词可以拆用,但不常拆用,而惯用语拆用的更多些。如"吃亏"是合成词,可以说成"给亏你吃、给你亏吃、吃了大亏",但以"吃亏"的形式为常;而惯用语"揭不开锅"却常有"揭得开锅、揭不开锅、揭不起锅、揭不起锅碗"等多种变化。(2)合成词只有少数是原构成成分意义抽象化,惯用语则全部具有抽象意义。少数有抽象意义的合成词多为原义的引申、概括,如"埋头、露骨、将军"等;惯用语多是比喻而出的抽象意义。(3)惯用语是固定词组,它和一般词组的区别在于它的定型性和具有抽象意义。四音节的惯用语和四音节的词组还有一个区别,就是动宾关系的惯用语多是前一音节为"动",后三音节为"宾",如"唱对台戏、捅马蜂窝";一般词组多是两个双音词构成的动宾词组,如"熟悉情况、掌握材料"。

惯用语和成语的区别是:(1)定型性。成语的定型性是各类固定词组中最强的,惯用语没有成语定型性强。(2)音节数目。成语以四音节为主,惯用语以三音节为主。如:

   成语 敲诈勒索 不以为然 趋炎附势
   惯用语 敲竹杠 炒冷饭 钻空子

(3)组织关系和组成成分。成语的组成成分以单音为主,惯用语则单音双音并用,如"藏—污—纳—垢""惩—前—毖—后""跑—龙套""走—过场"。成语的内部结构关系远比惯用语复杂。(4)来源。成语源远流长,来源不一;惯用语产生较晚,多数源于比喻。

惯用语和歇后语的区别主要在于比喻的不同和结构的不同。惯用语同俗语(谚语)的区别是,惯用语比喻一件事情、一个过程,谚语说明一个事理、一种经验;惯用语多为词组,俗语多为短句。

3.惯用语的发展

关于惯用语的发展,作者分析了几个重要现象:(1)偏正关系惯用语的词化。历史上许多被看作"语"的偏正结构词语,现在都作为词看待了,如"耳边风、东道主、眼中钉"等。词化的原因是偏正结构结合紧,中间不插入成分,失去结构上的灵活性。偏正结构惯用语中某些单音成分现多为同一意义的双音词取代,使得这种单音成分难以脱离整体,如"门外汉"中的"汉"、"下马威"中的"威"现在一般都不单用,这使得它们与整体结合更紧,最终词化了。(2)动宾关系惯用语的变化。动宾结构有灵活性,如"抱粗腿"可以说成"抱他的粗腿、抱上了粗腿"等。(3)惯用语与其他固定词组的转化。惯用语向成语转化有两种情况:一种是结构形式在转化中起作用,如"决雌雄———一决雌雄";另一种是增加的成分超出原惯用语的意义,成语的意义与惯用语的意义略有出入,如"煞风景——大煞风景"。俗语常简化成惯用语,如"挂羊头卖狗肉——卖狗肉"。惯用语构成歇后语,多用惯用语作歇后语的说明部分,如"快刀切豆腐——两面光""瞎子点灯——白费蜡"。

高歌东后来又撰有《惯用语再探》一书(山东教育出版社,1986年),并同张志清编成《汉语惯用语大辞典》(天津教育出版社,1995年)。

(五)孙维张《汉语熟语学》

孙维张(1936—),1960年北京大学中文系毕业,吉林大学教授,从事语言学、现代汉语的教学研究工作,主要著作有《汉语熟语学》《汉语社会语言学》《语言学概论》(合著)等。

《汉语熟语学》1989年吉林教育出版社出版,全书共分八章,一、二、三章论述熟语和熟语学、熟语的特点、分类;四、五、六、七章分析成语、惯用语、歇后语、谚语、格言;第八章论述熟语的形成和发展。下面简介其重要观点。

1.熟语的特点和分类

关于熟语的特点,作者指出,熟语是词的固定组合,是熟语性组合,不是术语性组合(戊戌变法、辛亥革命),它有以下几个基本特征:

(1)结构的定型性。表现在成分之间的结构关系是固定的,构成成分本身也是固定的,不能随意改变或更换。但有些熟语在使用中发生一定的改变,形成历史变体、方言变体、个人变体等不同类型的变体。

(2)语义的融合性。在熟语中,词的语义已经失去或部分失去了独立性,整个熟语的意义不是词的语义加上语法关系的总和。语义融合性有程度差别,可分为绝对性融合和相对性融合两种。

(3)功能的整体性。熟语是作为一个整体单位去实现其语法功能的。作者把熟语分为体词性熟语和谓词性熟语,二者的语法功能不同,充当句子成分时,始终是完整统一的整体。

(4) 风格色彩的民族性。这表现在结构形式上的民族性、结构材料的民族性、语义表达方式的民族性等方面。

关于熟语的分类,作者指出,给熟语分类通常有三个标准,即语法结构分类、语法功能分类和语义结构分类。这三种分类标准虽有一定的作用,但不符合汉语的传统认识,很难为人们接受,不适于汉语熟语的分类。作者提出以表达功能作为汉语熟语分类的标准,把熟语分为两大类:描绘性熟语和表述性熟语。前者包括成语、惯用语和歇后语,它们的特点是描绘客观事物的形象和状态,说明客观事物的性质和状况,表达说话人的感情和情绪。后者包括谚语和格言,其特点在于表达说话人对客观事物的态度和看法,总结人们在生活中形成的经验和体会,讲述客观事物现象产生、形成、发展和变化的规律与道理。

2. 关于成语、惯用语

作者认为,成语探源对掌握成语的意义、了解成语形成发展变化的过程等有重要作用。成语语源有第一语源和第二语源之分,作为一个词的自由组合,成语最初是在什么时代、什么人的言语作品中出现的,称为第一语源;一个成语什么时候形成的称为第二语源。探求成语的第一语源还应分清真性语源和假性语源。真性语源是成语形成的最早的自由组合,如"甚嚣尘上"出自《左传·成公十六年》:"甚嚣,且尘上矣。""甚嚣尘上"就是从这句话节缩而成的。所谓假性语源,是说一个成语第一次在文章典籍中出现时就已经是成语了,如"臣闻鄙语曰:见兔而顾犬,未为晚也;亡羊而补牢,未为迟也"(《战国策·楚策》)中,"见兔顾犬、亡羊补牢"是人们口头流传已久的"鄙语",这个固定组合最早作为自由组合是什么时候已不可考了。口语中流传的成语,多半没有真性语源。

关于成语的语义结构,作者指出成语语义有多面性,在其语义形成过程中有三种不同意义起作用,形成复杂的语义结构。这三种意义是:语表意义;语源意义和语位意义。例如成语"轻举妄动"的语表意义是"轻率地、随便地行动"。语源意义源出《韩非子·解老》"众人之轻弃道理而易忘(妄)举动者,不知其祸福之深大而道阔远若是也",意思是许多人随便地抛弃道理而轻率地采取行动,其结果和他们预料的相差太远,甚至会截然相反;语位意义(成语的真正含义)是"不经慎重考虑,轻率地采取行动"。作者还具体分析了语位意义的几种表达方式,如说明式(前无古人)、描绘式("琅珰入狱"描绘人物活动的声音、"姗姗来迟"描绘人物的神态)、比喻式(捕风捉影)、借代法(残山剩水)、夸张式(响遏行云)等。

关于惯用语的性质和范围,作者不同意惯用语是口语中短小定型的习惯用语的说法,也不同意说惯用语一般是"三字"结构的观点,认为汉语惯用语有三字的,也有四字、五字乃至更多字的。惯用语的根本性质在于它是描绘性熟语,不同于谚语这类表述性熟语。

3.关于歇后语

作者指出,歇后语是汉语熟语中一种特殊的类型,主要表现在独特的结构上。作者分别从语面结构和语底结构方面分析了歇后语的结构。语面结构分体词性语面结构和谓词性语面结构两类,例如,"山水画——没人""破饺子——露了馅了"属体词性语面结构,其中的修饰语有重要作用,是一个歇后语能否构成的关键成分。"刘备摔孩子——收买人心"属谓词性语面结构,这种结构陈述事实和情况,抓住其中的某一特点,选择一个特定的角度引出语底。歇后语的语底结构也分两类,一类是固定性结构,如"铁公鸡——一毛不拔",另一类是自由结构,如"鸡蛋里挑骨头——没碴儿找碴儿"。

4.关于谚语和格言

关于谚语、格言的性质、特点,作者提出了不同于前人的观点,认为谚语和格言是言语性的单位,不同于成语、惯用语、歇后语等语言性质的单位。它们的语义内容有具指性、阶段性,语用功能上有表述性、引语性的特点。作者认为语言单位在运用中除语言单位原有意义外,增加了新的内容,这就是言语单位的具指性。

作者指出,谚语和格言在语体风格、语义内容、语源明确程度三方面有明显不同。风格上,谚语有鲜明的口语风格,格言有鲜明的书面语风格;语义内容上,格言的哲理性比谚语深刻得多;来源上,谚语难以找到真正的源头,格言大都出自确定的古代文献。

成语、谚语等熟语的"语言性""言语性"和"具指性"等问题是一个重要的理论问题,学者们对此有不同看法。

五、90年代以来的熟语研究

90年代,熟语研究继续围绕着熟语的特性、内涵等理论问题展开深入探讨。学者关注较为集中的两个问题是:(一)熟语的结构形式,即熟语的"语形"问题;(二)熟语的性质范围,即熟语的划界问题。

(一)熟语"语形"讨论

熟语的特性之一就是它的稳固性,然而稳固性中又有灵活性,即熟语在具体运用中会发生结构形式上的变化。如何看待熟语的稳固性和灵活性,学者们对此进行了认真讨论。

聂言之在《通用成语与异体成语》(《江西师范大学学报》1992年第2期)一文中根据成语的社会使用频度,将因结构形式变化所形成的"同义成语"作了区分。社会使用频率最高的称为"通用成语",社会使用频率较低的称为"异形成语"。通用成语和异形成语结构形式上的差异主要是语素和语序上的差异,如"刻骨铭心—镂骨铭心""短小精悍—精悍短小"等。通用成语和异形成语的不同地位主要取决于三个因素:1.语言发展的通俗化趋向;2.重均衡和谐的民族心理特征;3.名人效应。

卢卓群在《四字格成语的有形裂断及其作用》(《世界汉语教学》1992年第4期)一文中从运用的角度,注意到成语在语言运用中结构形式上的变化,他称之为"成语的裂断现象",即"成语在运用时其外壳和内部结构都发生明显的裂断分离现象,这就形成了成语的有形裂断"。有形裂断的形式有以下几种:点断(她的动作干净、利落,不愧是个久经训练的空姐)、插词(想不到女儿却着魔一般,重蹈自己的覆辙)、离析(既不兴高,也不采烈)、易位(声势可以虚张,有势未必有理)、失落(段君想是惧内,自己有了河东狮,尽管小心奉承……)。作者在分析了成语有形裂断的五种形式及其句法、语义、修辞上的作用后指出:"成语有形裂断是成语活用的重要方面,具有临时性和灵活性的特点,并增强了成语的适应性,显示了成语旺盛的生命力。"

刘广和在《熟语的语形问题》(《中国语文》1996年第4期)一文中专门讨论了包括成语在内的熟语语形变异问题。关于熟语结构的固定和变动问题,通常的解释是熟语既有固定性又有灵活性,作者称之为"双性说"。作者认为"双性说"最大的问题是把不同性质的"灵活性"混在了一起。实际上,熟语语形变异中,有的属于"词汇问题",而有的则属于"用法问题",应该把它们区分开来。为此,作者建立了"语形单位"概念来说明各语形变体间的关系:熟语的各个语形单位可能包含不同数量的语形变体,"属于同一语形单位的几个语形互为变体"或"互为异形语"。例如"开夜车、一鼓作气"这两个语形单位都只有一个语形,"跑了和尚跑不了庙"这个语形单位就有"跑了和尚跑不了寺、跑了和尚跑不了寺院、走了和尚走不了庙"等六个语形。

语形变异有两类。一类是形成异形语的变异,这类变异产生的语形"不是临时的,是固定的",形成的方式有四种:1.语序变化(新仇旧恨—旧恨新仇);2.成分替换(看家本领—看家本事);3.成分增减(哪壶不开提哪壶—哪壶水不开提哪壶);4.结构变化(大名鼎鼎—鼎鼎大名)。另一类是不形成异形语的变异,这类变异产生的语形是"临时的,不固定的",是"出于达意或者修辞上的需要,属于语词的用法问题",例如"戴高帽子"可以有这样的变异:"哪怕您再捧出一两打高帽子来给我戴"。作者还从时间、地域、俚俗等方面分析了异形语的来源及词典编纂中异形语的安排问题,提出了一些标准。

(二) 熟语划界讨论

成语、惯用语、歇后语、谚语等是不同类型的熟语,如何区别它们一直是熟语研究的焦点。80年代以来,学者们从意义、结构、来源、语体等方面提出了种种区分标准。90年代,一些学者试图从新的角度来分析这一问题。

周荐在《熟语的经典性和非经典性》(《语文研究》1994年第3期)一文中尝试从熟语来源来确定熟语特性,并据此区分成语、惯用语、歇后语和谚语这四类熟语。作者认为"经典性"是区分成语和其他熟语的标准。所谓经典性,是说某个熟语单位"出自权威性的著作",因而本身也具有"权威性",即"经典性"。成语大多出自《十三经》等权威经典,具有经典性。惯用语(穿小鞋)、歇后语(黄鼠狼给鸡拜年——没安好心)多是后出,不见经传,不具有经典性。谚语(云从龙、风从虎)虽见于经传,但多为"引用","事实上也不具有权威的经典性"。从经典性出发,作者进一步分析了成语等熟语在"时间性""地域性""稳定性"上的差别:"有经典性的熟语使用久远,没有什么时代性,使用广泛,没有什么地域性,而且结构成分很少发生变异;没有经典性的熟语,有较强的时代性和地域性,一个单位常有若干种不同的说法。"作者对成语划分的"表意的双层性"(即表面的字面义和隐含的真实义,前者属惯用语,后者属成语)观点提出了不同的看法,认为这一观点对深化熟语的研究有启迪作用,但"似乎偏重于对它们意义特点的分析,对它们形式方面的特征考虑不多",认为从经典性来看,惯用语"穿小鞋"和成语"鸟尽弓藏"是有区别的,不能都归入惯用语。作者还在《论成语的经典性》(《南开学报》1997年第2期)一文中又进一步阐发了"经典性"的观点。

徐耀民在《成语的划界、定型和释义问题》(《中国语文》1997年第1期)一文中也就成语的特征、界限、训释和使用等问题作了论述。作者认为成语应具备以下几个特征:1.是现成的、习用的;2.有较强的修辞功能;3.是定型的;4.是短语而不是词或句。根据这些特征,作者具体分析了前人著作和成语辞书中所收成语的身份问题。作者认为:1.新产生的或偶尔一用的四字语不能算作成语,如"不死不活、包办代替、刻苦耐劳"等。2.对某些被改动的成语应作具体分析。如果改动后意义和用法没有明显区别,都应算作成语,如"天长地久——地久天长",后者是前者的"异体成语";如果临时改动后意义有较大变化,似不宜看作成语,如"屡战屡败——屡败屡战",前者是成语,后者是临时、偶尔活用,不是成语。3.一些平铺直叙、一般形容、缺少某种特殊修辞效果的,不能认为是成语,如"心中有数、大汗淋漓"等。作者基本同意成语"表意的双层性"观点,但认为"单纯以表意特征方面划分成语,就会把一些其他类型的固定短语划入成语,又会把人们心目中的许多成语排斥在成语以外"。例如把"穿小鞋、摸门钉、碰一鼻子灰"等都划入成语就不妥当,而把"从容不迫、等量齐观、不胜枚举、一语中的、一如既往、饱经风霜"等归入惯用语也不合适。作者认为,语言是复杂的,成语的来源和功用也是千差万别的,不能简单地用单一标准从单一角度去衡量,应该"综合地、多角度地"去识别对待。"成语意义的双层性及其修辞功能,只是判定、考虑的一个重要条件,不是唯一条件"。4.成语的定型性主要指"音节数目及其次序"。"成语的外在形式是四音节的",所谓"三字成语"(闭门羹、想当然、二百五)都具有浓厚的俚俗、口语色彩,结构上也不对称,因此属于惯用语而非成语。那些五字、六字、七字、八字、九字乃至十几字的,多是诗词成句、古人名句或俗语,也不是成语。

这一时期,学者们还从文化语言学的角度探讨了汉语熟语的民族特性、语义蕴涵、结构形式、语用价值等,重要论文有武占坤、张莉的《论熟语的民族气质》(《河北大学学报》1991年第4期)、李大农的《成语与中国文化》(《南开学报》1994年第6期)、李恕仁的《汉语熟语的民族性与时代性》(《云南民族学院学报》1995年第3期)等。

六、熟语词典编纂

五六十年代出版的熟语词典很少。80年代以来,熟语辞书编纂出版进入一个百花齐放、蓬勃发展的时期。下面介绍一部分有代表性的辞书。

1.成语词典

《汉语成语小词典》(中华书局1958年出版,后由商务印书馆出版),收成语3000多条。北京大学中文系1955级语言班编。该词典多次修订,对读者正确理解、应用成语起到了很好的指导作用。

《中国成语大辞典》(上海辞书出版社,1987年),商务印书馆汉语工具书编辑室、汉语大词典编纂处、上海辞书出版社语词编辑室编,收成语18,000余条。在成语结构、语义内容、源流方面提供了较多信息。

《汉语成语考释词典》(商务印书馆,1989年),刘洁修编,收成语7600余条,另收异体10,000余条。词典在考源方面用力最勤,做出了杰出的贡献。

2. 俗语词典

《古今俗语集成》(山西人民出版社,1989年),主编温端政,副主编王树山、沈慧云。共六卷,收俗语约30,000条。

1989年他们又编纂出版了《中国俗语大辞典》(上海辞书出版社),收俗语15,000条左右。

3. 谚语词典

《俗谚》(上、中、下),中国民间文艺出版社编(该社1983年出版),收俗谚40,000余条,无释义。

《汉语谚语词典》(江苏人民出版社,1977年),无锡师范学校《汉语谚语词典》编写组编,收谚语2393条,有释义、例句。

《古谚语辞典》(北京出版社,1990年),张鲁原、胡双宝编,收先秦至清末著作中的谚语5461条,有释义。

4. 歇后语词典

《歇后语词典》(北京出版社,1984年),温瑞政、沈慧云、高增德编,收入歇后语2240条,有释义、例句。

《中国歇后语大辞典》(广西人民出版社,1990年),主编欧阳若修,收歇后语12,580条,有释义。

5. 惯用语词典

《汉语惯用语词典》(商务印书馆,1990年),周宏溟编著,收惯用语3423条,有释义、例句,说明词性、近义、反义词语等。

《汉语惯用语大辞典》(天津教育出版社,1995年),高歌东、张志清编著,收惯用语、习用描述性短语14,500余条,有释义、例句。

第五章 现代汉语词汇学和现代汉语词典

第一节 现代汉语词典编纂的成就

词典在社会生活、学术文化、教育工作方面有巨大的作用。我国古代有许多著名的字典、词典,如《尔雅》《释名》《说文》《广雅》《玉篇》《康熙字典》等,到今天还有重要的查考价值。但这些字典、词典收集解释的都是古代文献语言中的语词,收集现代语言的语词,说明它们的读音、意义、用法,则是编纂现代汉语词典要做的工作。清末开始的"国语运动"标志着现代汉民族共同语加速形成发展,使研究现代语言成为一种迫切的需要,现代语言语音、词汇、语法的研究开始受到重视。编纂现代语言词典在词语的正音、明确词语的意义、指导语言的应用方面,其重大作用是显而易见的。20世纪初开始发展起来的对现代语言(当时叫"国语",中华人民共和国成立后叫"现代汉语")的研究,对现代语言词汇的研究,正是编纂现代语言词典的重要的学术基础。中华人民共和国成立以前,在"国语运动"的推进下,三四十年代编成的《国语辞典》《王云五大辞典》是以收集现代语言词语为主,说明现代语言词语的读音、意义、用法的现代汉语词典,代表了20世纪前半叶现代汉语词典编纂取得的重要成果。中华人民共和国建立以后,国家重视语言文字的应用和规范化,在语文教学、社会应用各个方面,加强了对语言文字工作的指导。汉语语音、词汇、语法的研究蓬勃发展。借鉴苏联和欧美的语言研究成果,词汇学和词典学的研究有明显进步。在新的学术条件、社会条件下编成的《新华字典》《现代汉语词典》《汉语大词典》,以及陆续编成出版的各种类型形式的现代汉语词典,体现了中华人民共和国建成以后,经过半个世纪的发展,现代汉语词典编纂取得的重要成果。现代汉语词典编纂的成就又促进了现代汉语词汇学的研究。下面扼要介绍有代表性的各类现代汉语词典。

一、《国语辞典》

中国大辞典编纂处编成,商务印书馆1937年出第一册,1945年出齐,共八册。汪怡在该辞典的"序"中说:"本书之编辑,固欲为国语之统一,民众之识字,学者之自修,一般之检查,作一新贡献。"黎锦熙、钱玄同、赵元任曾参与该辞典的核订工作。该辞典收语词 10 万余条,以国语语词为主,也收一部分古语词,以及宋元白话作品中的语词。《国语辞典》重在注音,以注音字母、国语罗马字两种方式标注读音,轻声、儿化一一标明。以音标标注国语读音,在词典中是第一次,有重大作用。又注明词的分写连写,为汉语的"定词"工作做出重要贡献。

该辞典注意吸收西方辞典编纂经验,比前代辞书进步之处可举出四点:

(一)释义避免互注。辞典"凡例"中说明:"如甲词既注'即乙'或'犹乙',则乙词必有相当之注释。"如"白日"注"即白天","白天"注为"日出之后,日落之前"。

(二)部分词注明词性或词性变化。如"不但"注:"表示推进一层,副词……。"又如"闷":"①不通气,气不畅。多指天气、房屋等。②作动词用,亦作焖。如:你把这沏好的茶,再闷一会吧。"

(三)用例句显示用法。"凡例"中说明:"或引举例句""俾查检时详其用法"。

(四)给词语标上各种类名简称,有学科名,如"美"指美学,"伦"指伦理学;有词语来源的说明,如"日＝日本语、蒙＝蒙古语";有不同的专名,如人名注"人"、书名注"书"等。

《国语辞典》的编成出版,标志着我国描写现代语言的规范性词典的诞生。《国语辞典》所收的现代语言词语的注音、释义,成为指导语言应用和现代汉语词汇研究的重要参考。它也成为后来现代汉语词典编纂的一个重要基础。

二、《王云五大辞典》

1930 年商务印书馆出版。以收集解释现代语言词语为主,供中等文化程度的读者参考。用编者发明的四角号码编排法编排。编者对解释词义有合理的认识,在"序"中说:"本书对于语词的解释,详略适中,以与人正确观念为原则,又单用文字解释,尚有不甚明白之外,则加以插图。"这部辞典的特点是:

(一)解释词义用白话。如:

　　主席　①会议时主持会议的人。
　　　　　②委员会的领袖,(例)禁烟委员会主席。
　　　　　③宴会时坐在主人席上的人。

这样就使这部辞典具有描写现代语言的规范辞典的性质,其白话的应用,可视为使用白话的范例。但这部辞典在词的释义中仍有文言。

(二)按词性分别说明字的意义。对多义字的不同意义,若认为词性不同则加以说明。如:

　　　　主[名]①主人,(例)主仆,宾主。
　　　　　　②有事权的人,(例)家主,船主。
　　　　　[形]①根本的,(例)主法。
　　　　　　②自己的,(例)主观。
　　　　　[动]①主张,(例)主战,主和。

作者未能区分在现代语言中能独立运用的词义和存在于合成词、固定结构中的语素义,把语素义也标了词性,这是不合理的。但这是第一部全面标注词性的规模较大的现代语言词典,编者在这方面的工作是勇敢的实践,是有益的探索。

此外,20世纪初至30年代编成的《中华大字典》《辞源》《辞海》,虽然收入的多是古汉语的语词,但它们是适应贯通典故又博采新知的要求编写的,所以仍收入了大量的进入现代语言中的外来词、新吸收的科学用语和新产生的词语。如《中华大字典》收入的新词语:

　　　　氪　读若克。空气中一种原质。无色臭味。不能与他原质化合。英文
　　　　　　Krypton。

"拉"字头下收:

　　　　(七)拉丁。旧为罗马之西部。与北部伊达拉斯人,以低伯河为界。罗马之建国也,先降服拉丁族,故通国语言文字,皆用拉丁语。今之英法德国文字,胥从此出。犹中国人古文篆书也。英文 Latin。

　　　　(八)乌拉。山名。欧亚两洲以此为界。[又]河名。在俄罗斯国,发源于乌拉山之东。南流又西南流入黑海。英文 Vral。

"拍"字头下收:

　　　　(十三)今俗以镜写像,谓之拍照。

　　　　(十四)今公司洋行中,订集多人,估计物价,从其出价多者卖之,谓之拍卖。

《辞源》《辞海》收入的自然科学、社会科学的名词术语、各方面的用语,更是丰富,这些词语是现代语言的重要组成部分,有相当多已进入日常用语。例如在

"眼"字头下,两部辞典都收入的词语有:

  眼孔、眼目、眼白、眼波、眼界、眼穿、眼球、眼线、眼睑、眼镜、眼帘、眼子菜、眼中人、眼中钉、眼球筋、眼镜蛇

《辞源》收而《辞海》未收的有:

  眼力、眼下、眼方、眼眶、眼衣、眼板、眼科、眼笑、眼电、眼语、眼学、眼中刺、眼中铁、眼儿歌、眼明囊、眼轮筋、眼镜猴、眼中安障、眼花耳热、眼泪洗面、眼麦粒肿

《辞海》收而《辞源》未收的有:

  眼炎、眼根(佛家语)、眼窝、眼说(佛家语)、眼儿媚(词牌名)、眼子菜科、眼窝神经

  由此可见,《中华大字典》《辞源》《辞海》在收录、解释现代语言词语方面也做出了重要的贡献。

三、《新华字典》

  它是中华人民共和国成立之初由魏建功主持,周祖谟、金克木、吴晓铃、张建木等(当时合称"伍记")商定编写原则,由新华辞书社编成的。1953年由人民教育出版社出版,1957年改由商务印书馆出版。多次修订。

  它虽是一部小型字典,由于历史的原因,在70年代末期以前,它却是我国唯一的一部新编的解释现代汉语字、词的字典。它的优点可以举出下列几个方面。

  (一)释义语言一律使用现代汉语,不用古语词,不用一般辞书常用的文言搭头词语(如"谓、状、亦、犹"之类)。如:

  裤 穿在两腿和腰腹部的衣服。(《新华字典》)
    胫衣盖于下体者。(《国语辞典》)
  吹 合拢嘴唇用力吹气。(《新华字典》)
    嘘,谓嘘气以拂之。(《国语辞典》)

两相比较可知,《新华字典》释义纯用现代汉语,《国语辞典》则用了不少文言词语。

  (二)释义中用括注说明词的配合关系、语法特点、附加色彩等内容。如:

  漏 ①物体(多指液体)由孔、缝透过或滴下。

肥　④宽大(指衣服鞋袜等)。
佬　成年的人(含轻蔑意)。
请　①乞求。敬词(放在动词前)。

(三) 突破字典的局限,在字头下适当收入一部分合成词。如"冲"下收"冲淡、冲动、冲突","阁"下收"内阁、阁下"。又用多种方法照顾合成词,如用"(叠)""(连)"的方法收入同义近义合成词。"(叠)"表本字可以重叠,如"哥(叠)","(连)"表示本字可以跟一个意义相同或相近的字并列起来构成大致同义的词,如"奔(连)—跑"。字典收录有注释的词语 3000 余条。

《新华字典》是第一部字体、注音体现规范标准、释义举例改用明白纯净的现代汉语的辞书。

四、《现代汉语词典》

它是国家政府为推广普通话、促进汉语规范化编成的一部中型现代汉语词典,由中国社会科学院语言研究所词典编辑室编成。吕叔湘、丁声树先后任主编。1958 年始编,1978 年商务印书馆出版。收入字、词语 56,000 余条。1996 年又出修订本。

在《现代汉语词典》的编纂中,编者们认识到"为了实现汉语的规范化,在词的选择、词的定型、词的标音、词义分析、用法的说明和例句的征引各个部分,尽可能表现出明确的规范。"[①] 它的编成标志着我国现代语言规范词典的编纂取得了重大成果。可以从下列几个方面说明它的优点。

(一) 词形、注音规范。第一次明确地在词典中区分同音词(叫$_1$[发出声音]—叫$_2$[使;命令],大白$_1$[粉刷墙壁用的白垩]—大白$_2$[完全清楚])和同音语素(乔$_1$[高]—乔$_2$[假扮]),区分能隔开用的词和不能隔开用的词(借款 jiè∥kuǎn—借款 jièkuǎn)。

(二) 分析词的意义细致。如"理性"区分为两个义项:"①指属于判断、推理等活动的(跟'感性'相对):~认识。②从理智上控制行为的能力。"①义只能作修饰语,②义是名词义。又如对"人"一词,除了说明它的基本义是"能制造工具并使用工具进行劳动的高等动物"外,还根据理解的需要,立了"⑥指人的品质、性格或名誉:丢~|这个同志~很好|他~老实。⑦指人的身体或意识:这两天~不大舒

---

① 郑奠等《中型现代汉语词典编纂法(初稿)·序言》,《中国语文》1956 年第 7 期。

服|送到医院~已经昏迷过去了"等义项。类似的例子在该词典中随处可见。

（三）对收入的全部词语的意义都作了具体的解释，若用同义近义词注释，则一般对所用的同义近义词作了具体的解释。如：

  棰 鞭子。
  鞭子 赶牲畜的用具。
  红毛泥 水泥。
  水泥 一种建筑材料,灰绿色或棕色粉末,用石灰石、黏土等加工制成。加水拌和,干燥后坚硬。

这样，就避免了以一字释一字、以一词释一词的毛病。在这部词典之前，没有一部词典全面具体地解释过现代汉语词语的意义。百科性词目的释义，一般请有关专业人员撰写或审定，保证了它的科学性。

（四）释义结合说明词的用法。主要的做法是，在释义词语中加括号说明词的配合关系。《新华字典》已经这样做了，而《现汉》全面使用，做得更加细致。如：

1.括号中的词语显示词经常搭配的施事者、受事者：

  奔驰 （车、马等）很快地跑。
  开脱 解除（罪名或对过失的责任）。

2.说明某些词用于特定的范围：

  出处 （引文或典故的）来源。
  大纲 （著作、讲稿、计划等）系统排列的内容要点。

3.说明词语的特殊用法：

  打紧 要紧（多用于否定式）。
  不休 不停止（用作补语）：大家争论~。

此外，《现汉》还细致地说明了不少词义同习惯格式的依存关系。如：

  一……一……① 分别用在两个同类的名词前面。a)表示整个：~心~意|~生~世。b)表示数量极少：~针~线|~草~木。②分别用在同类动词前面，表示动作是连续的：~瘸~拐|~歪~扭。

《现汉》用这种方法，说明"一……一……"格式中"一"的意义或表义作用。

《现汉》得到了很高的赞誉,在推广普通话、促进汉语规范化工作中,在语文教学、语言研究中起了很好的作用。《现汉》的成就包含了丰富的现代汉语词汇的研究成果,它也成为现代汉语词汇研究的一个坚实基础和得力工具。

五、《汉语大词典》

《汉语大词典》是古今并收、源流并重的语文性大词典,是国务院确定的国家文化建设的重点科研项目,由山东、江苏、安徽、浙江、福建五省和上海市语言文字工作者、专家学者400多人编成。主编罗竹风。1975年始编,1986年开始由汉语大词典出版社分卷出版,1994年出齐。全书12卷,附录1卷。它共收字2.2万个,词语37.5万条,是到目前为止最大的一部汉语词典。

《大词典》全面地收集了汉语从古至今的词语,包括单字、复词、词组、熟语、典故、通用的专科词语等。它对汉语词汇结构从历时和共时的角度作了词层划分,确定并区分了选词区域,能有计划地系统地收集各个时期的词语,因此,它也收入了相当丰富的现代汉语词语。以"眼"字头的词条为例,《辞源》由于篇幅和时限的限制,只收了33个词语,《大词典》则一共收了260条词语。其中多数是近代汉语、现代汉语中的,如"眼大、眼叉、眼水、眼尖、眼快、眼乖、眼势、眼福、眼熟、眼证"等。收入了不少别的辞书少收的三音词语,如"眼前人、眼前亏、眼前欢、眼底下、眼盼盼、眼清清、眼朦朦、眼瞪瞪"等。又收入相当数量的熟语、固定词组,如"眼不见,心不烦""眼见为实,耳听为虚""眼里揉不下沙子""眼睛跳,晦气到""眼观鼻,鼻观心"等。《大词典》确是到目前为止收录汉语词语最丰富的大型辞书,是汉语词汇的宝库。

《大词典》源流并重,以丰富的例句体现词义的发展,不少现代汉语词语的来源得到说明。如:

> 会馆 旧时同省、同府、同县或同业的人在京城、省城或国内外大商埠设立的机构,主要以馆址的房屋供同乡、同业聚会或寄寓。明刘侗、于奕正《帝京景物略·嵇山会馆唐大士像》:"尝考会馆之设于都中,古未有也,始嘉隆间……用建会馆,士绅是主。凡人出都门者,藉有稽,游有业,困有归也。"清王端履《重论文斋笔录》卷八:"吾邑于京师向无会馆。士子会试者,咸寄寓客邸。"鲁迅《朝花夕拾·藤野先生》:"中国留学生会馆的门房里有几本书买,有时还值得去一转;倘在上午,里面的几间洋房里倒也还可以坐坐的。"

我国古籍浩如烟海,许多词语源流一时难以弄清;反映现代汉语词语来源发展的文献材料也很多,有不少还未发掘整理。因此,《大词典》中有相当多的词语还未做到源流分明,有待后人继续努力。

六、其他各种类型的现代汉语词典

80年代以后,为满足语文教学、语言运用和研究的需要,编出了多种类型的现代汉语词典,简要介绍如下。

1. 用法词典

《现代汉语八百词》,吕叔湘主编,商务印书馆1980年出版。词典以释虚词为主,也解释了一部分实词的意义和用法,分析细致,用例丰富,在理论方法上对以后编写的同性质的词典有很大的影响。

《动词用法词典》,孟琮等编,上海辞书出版社1987年出版。词典收入1328个动词,分出义项2000多条,逐一说明其语法功能,条分缕析,用例充足。

《实用汉语形容词词典》,安汝磐编著,中国标准出版社1990年出版。收入形容词1800条,除释义外,说明其使用范围、句法功能、连用形式、重叠格式等,含有较多例句。

《形容词用法词典》,郑怀德、孟庆海编,湖南出版社1991年出版。收入形容词1066条,从功能、中心语、重叠三方面说明其特点。

《现代汉语实词搭配词典》,张寿康、林杏光主编,商务印书馆1992年出版。收入双音节、部分单音节的名词、动词、形容词8000多条。编者研究制定了名词、动词、形容词的搭配框架,对收入的词的各个义项,从结构成分、词类、语义三个层次进行描写,分析较细,用例颇丰。

《现代汉语学习词典》,孙全洲主编,上海外语教育出版社1995年出版。该词典是为帮助外国汉语学习者理解掌握现代汉语词语用法而编辑的,收入词语23,000多条。这部词典对收入的词条全面地划分了词和语素,划分了词类,又建立了词语的句型结构模式,释义时注意指示相应的句型结构模式,这些方面对学习汉语有重要作用。该词典是同类辞书中较有特色的一部。

《现代汉语规范用法大词典》,周行健等主编,学苑出版社1997年出版。收录词语13,000余条,除形音义的说明外,又注明每个词的词性、构词方式。设"词义""特点""辨析""正误""近义""反义""说明"等栏解释分析各词的特点,包容众多,是同类词典中的长篇。

2. 同义词词典

《简明同义词典》,张志毅编,上海辞书出版社1981年出版。收词1500个,分成600组,分析每组词在词性、词义、用法、附属色彩方面的同异。分析以义项为单位,引例多出自名家著作。

《现代汉语同义词典》,刘叔新主编,天津人民出版社1987年出版。收词4699个,分为1640组。编者主张严格区分同义词和近义词,故选词严格。以义项为单位,主要从词义的同异、搭配的同异方面作具体辨析,多从当今书刊中选取用例。

3. 反义词词典

《汉语反义词词典》,张庆云编著、张志毅审订,齐鲁书社1986年出版。词典收3000组反义词,近1万个词语。词目后有注音、词性说明、释义、例句,有时加上词语的语体、学科说明。它是中华人民共和国成立后第一部贯穿科学精神、有分量的汉语反义词词典。

《反义词词典》,林玉山编,黑龙江人民出版社1988年出版。收音节相同、词性相同、范畴相同、意义相反或相对的词4039组,有释义、例句。

4. 构词词典

《常用构词字典》,傅兴岭、陈章焕主编,中国人民大学出版社1982年出版。收字3994个,词语9万个。每字除释义外,列入包含这个字的合成词、成语、其他固定语等。

《实用解字组词词典》,周士琦编,上海辞书出版社1986年出版。收单字7000个左右,词语8万个。每字分义项释义,后列出含该义的词语。

5. 义类词典

《同义词词林》,梅家驹等编,上海辞书出版社1983年出版。收入词语7万个,按意义分类排列,共分12个大类,下再分中类、小类,无释义。据词语索引可以查到任何一个词的同义近义词语。

《简明类语词典》,王安节等编,黑龙江人民出版社1984年出版。主类目499个,每类用一个具有代表性的词语作类目,汇集同义近义词语,有释义。

《类义词典》,董大本主编,汉语大词典出版社1998年出版。收普通词语、百科词语、常用新词4万多条,分为17个大类、143个小类、3717个词群。每词有释义,例句较多。

6. 新词词典

《汉语新语词词典》,韩明安主编,山东教育出版社1988年出版。收1945年以来的新词语7900多条。后增补,更名《新语词大词典》,黑龙江人民出版社1991年出版,收新词语1万余条,有释义,每条引书刊用例。

《新词新语词典》,李行健等主编,语文出版社1989年出版。收1949年以后新词语5300多条,有释义、用例。

《新词新义辞典》,唐超群主编,武汉工业大学出版社1990年出版。收1949年后产生的新词语3360条,引书刊用例。每条用按语说明其结构、词义理据或作词义辨析。

《现代汉语新词词典》,于根元主编,北京语言学院出版社1994年出版。收1978—1990年语词性新词新语3710条,每条注音、释义,举一至数个例句。

第二节 现代汉语词汇研究和现代汉语词典编纂

现代汉语词汇学的研究对现代汉语词典的编纂有重要作用,可以从两个方面来说明:一方面,现代汉语词汇研究的深入促成了各种类型的现代汉语词典的产生;另一方面,现代汉语词汇学研究的成果对解决词典编纂中的各个问题有指导作用。下面分别说明。

一、词汇学研究的深入促进了各种类型词典的产生

词典收集语言中的词语,确定词形,注明读音,解释意义,列举用例,以帮助人们理解掌握词语,达到帮助阅读运用、实现表达交际的各种目的。现代语言学的兴起使人们认识到,研究现代语言的重要目的是准确描写语言语音、词汇、语法的各个方面,服务于语言多方面的应用。

现代社会经济文化建设的高度发展,要求语言的高度规范化,促进词汇学研究词汇规范的性质、范围和标准,提出了编纂指导语言规范词典的任务,词汇学研究成果也为编纂规范词典确定了原则,提供了解决具体问题的方案。这样,1949年以后我国才编出了以《现代汉语词典》为代表的规范类型的现代语言词典。词汇中存在大量同义、近义、反义词语,同义、近义、反义的表述在思想表达、交际交流中广为社会成员所关注,现代汉语词汇学系统地研究了语言中的同义近义词语、反义词语,这又为编写同义词典、反义词典提供了理论说明和辨析的方法,于是同义词典、反义词典得以编纂出版。语言的词汇组成了巨大的词汇系统,因词语反映客观对象、概念内容的不同可分为各种类别、不同的层次,词汇学深入研究了词汇系统的构成和分类,于是义类词典的编纂得以完成。词汇学研究词语的构造,分解出词语的构成成分和结构类型,这种研究又促成了构词词典的编纂。现代词汇学为满足教学、科技应用的需要,对各种词语的应用情况作了

量的统计,这样频率词典应运而生。社会生活、文化科学的发展使新词语不断出现,新词语有它内容和形式的特点,词汇学对新词语的研究又促成新词语词典的编纂。如此等等。因此可以说,随着词汇学研究的深入、文化科学的发展,人们会自觉地编出适合各种需要的不同类型的词典来。

二、词汇学研究的成果对词典编纂的指导作用

词汇学的研究成果对词典的收词、词语单位的确定、意义单位的确定、词义的解释、词义和词的组合提供了理论的说明和指导。下面分别就这些问题作简要的说明。

(一) 收词问题

各种类型的词典都要收集大量词语,是无边无际地收录呢,还是有一定的标准？词汇学的研究在理论上作了探讨。下面重点讨论规范词典的收词问题。《现代汉语词典》的收词体现了学者借鉴词汇学的理论对规范型现代语言词典收词的认识。

规范型的现代语言词典,应该全面反映语言的词汇体系,要对词语作全面的著录。因为它记录描述的是语言发展长河中"现代"横断面的词汇现象。在语言的词汇体系中有大量常用词是"见词明义"的,但不能因其无须查检而不收。如果把这些为数众多的词加以排斥,就是残缺不全的,谈不上为民族共同语规范化服务。因此,《现代汉语词典》的收词,以普通话词语为主要对象,照顾汉语词汇的系统性,现代社会通用的词语,都在收录之列。[①] 例如,"棉"字头下,《现代汉语词典》包括它的《补编》,共收录词语 33 条,而《新华词典》仅收录 5 条,《新华》收的"棉黄萎病、棉枯萎病",《现汉》未收,因为它们是过于专门的百科词语。《现汉》收而《新华》未收的有 30 条,如"棉袄、棉被、棉饼、棉布、棉毛裤、棉毛衫、棉织品、棉籽油"等。这些词,《现汉》不能不收,因为它是规范型词典,而《新华》是供中等文化程度读者查考用的综合性词典,这些词可以不收。[②]

《现代汉语词典》收词中首次贯彻收词的封闭性原则,用以作释义的词语都建立条目。这种做法,一方面是词典释义的需要,另一方面也是基于体现现代汉语较为完整的词汇系统这种认识。

[①] 参看晁继周、单耀海、韩敬体《关于规范型词典的收词问题》,见《〈现代汉语词典〉学术研讨会论文集》,商务印书馆,1996 年,第 70—79 页。

[②] 同上。

《现汉》是一部语文词典,也收入适量的百科词汇。这是由于认识到百科词汇是普通话词汇的有机组成部分,而不少学科的专门术语,已经成为人们的日常用语。收入一定数量的百科词语,也有促成定名规范化的作用。①

规范词典收词中体现着词汇学的研究成果,一些专类的现代汉语词典的收词也体现着学者对词汇现象研究的成果。如反义词典的收词,学者经过深入分析,提出"反义词典收入的应该是词的最佳的反义类聚。这些类聚受词的系统性、逻辑意义、词汇意义、语用意义、语法意义、音节形式等条件的限制"。② 如古代汉语、现代汉语、术语和非术语应在各自的系统内组成反义词:"嫫—妍(古代汉语)、丑陋—美丽(现代汉语)、奇数—偶数(数学用语)、单数—双数(普通用语)。"下列各词根据所处层次的不同各自组成了类聚:"雄—雌、男—女、公—母、牡—牝、叫—草、儿—骒、乾—坤"。③

(二) 不同性质词目的确定

我国传统字典收入的是字,并不区分字所代表的不同的语言单位,对多字组成的语言单位的性质也不明确。现代语言学兴起之后,现代语言中的语法、词汇研究区分了字和词。构词法的研究又越来越科学地区分了词和词组、固定词组和自由词组。这对现代语言词典科学地区分不同的语言单位有深刻的影响。

以《现代汉语词典》为例,它在确定收入的语言单位的性质时,致力于解决汉语字、词素和词之间,词和词组之间的联系和区别。陆志韦等的《汉语的构词法》,引进结构分析法(扩展法)作为确定汉语词的界限和形式的标准,摆脱了传统"词义""概念"等意义尺度的束缚。《现汉》编写中在一定程度上受到了这种观点的影响。④

《现汉》以词为纲,从根本上打破了旧字典、词典的格局,主要表现为:

1. 在单字头中,字代表的不同的词分立词目。如:

白$_1$　①像霜或雪的颜色。

白$_2$　(字音或字形)错误:写～字|把字念～了。

白$_3$　①说明;告诉;陈述:表～|辩～|告～。

---

① 参看李志江《论〈现代汉语词典〉的百科条目》,见《〈现代汉语词典〉学术研讨会论文集》,第202—216页。

② 张志毅、张庆云《反义词典收的应是词的最佳反义类聚》,《中国语文》1989年第4期。

③ 同上。

④ 参看董琨《试谈〈现代汉语词典〉成功的历史经验》,见《〈现代汉语词典〉学术研讨会论文集》,商务印书馆,1996年,第43—54页。

介₁　①在两者当中:～绍|媒～|这座山～于两县之间。

介₂　甲:～胄|～虫。

介₃　〈书〉耿直;有骨气:耿～。

介₄　古戏曲剧本中,指示角色表演动作时的用语,如笑介、饮酒介等。

这样,区分了字和词,区分了同音词和多义词。同音词是字形相同、读音相同而意义无关的一组词,多义词是字形相同、读音相同而意义相关的一个词。

2. 合成词中的同音词也根据上述原则处理。如:

大白₁　〈方〉粉刷墙壁用的白垩。

大白₂　(事情的原委)完全清楚:真相～|～于天下。

打尖₁　旅途中休息下来吃点东西:～过后再赶路。

打尖₂　掐去棉花等作物的顶尖儿。

3. 形体相同、读音微异、意义不相同的同形词也分立词目。如:

大意 dàyì　　　主要的意思:段落～|把他讲话的～记下来就行了。

大意 dà·yi　　疏忽;不注意:粗心|他太～了,连这样的错误都没检查出来。

生气 shēng//qì　因不合心意而不愉快:孩子考试成绩很差,妈妈非常～|快去认个错吧,他还在生你的气呢。

生气 shēngqì　生命力;活力:～勃勃|青年是最有～的。

《现汉》也收入固定词组,一定数量的定型化短语,分立条目。这些既是词汇系统的重要组成部分,也是人们记忆中稳定的东西,可供查考。

(三) 义项问题

语言中许多词有多个意义,这在我国古代字书辞书中已有了丰富的记录。如《说文》"瑂,治玉也。一曰石似玉……""唏,笑也。……一曰哀痛不泣曰唏"。从《玉篇》到《康熙字典》,往往把古代字书辞书记录的字的意义、古代文献注疏中解释的字的意义汇集在一起,使人们了解字所代表的多个意义。清阮元《经籍籑诂》更是把唐以前见于古籍中的字的意义汇集在一起,多者一字可有数十条近百条字义的说解材料。随着词汇学、词典学研究的深入,人们探讨了词义单位、字典词典中义项的性质问题,对划分、确定义项原则的认识更加明确,使现代人编的词典,包括描写现代语言的词典对义项的归纳、确定更为科学合理。

人们认识到义项是根据语言应用中词义的共同点确定的,它具有概括性的特点,因此,不能把随文释义的说解材料都立为义项。例如"美",可以用来形容色彩、声音、味道、心灵,如果随文释义地解释,则可以分别释为"艳丽好看""优美好听""鲜美好吃""善良崇高"。但这不能构成词典义项。义项要揭示"美"的一般内容,具有更大的覆盖面,这就是"好;善"(《新华字典》)[1]。词的临时修辞用法生出的意义,不同于固定下来的词义,也不能据之确定义项。如"香"可以用来形容生活:"花香生活更香","香"比喻美好,只是临时义,不能为"香"立"美好"义。

词汇学关于词的本义、引申义、比喻义的研究成为词典恰当划分义项的重要理论根据。词的最初的意义是本义,在语言发展中逐渐产生引申义,而形成多个意义。词义引申,总是有意义上的联系。如"唱"本义是"口中发出(乐音);依照乐律发出声音",但在"唱名""鸡唱三遍"这类用法中,它引申出"大声叫"的意义,这样,就要分立义项。"花卉"本义是花草,后来又引申出"以花草为题材的中国画"义,引申义同本义不同,要分立义项。有些词表示的事物现象的特征、作用、性质比较突出,用来作为比喻,产生了比喻义。约定俗成、社会成员公认的比喻义,词典要为之立义项。如"动力"原指"使机械做功的作用力,如水力、风力、电力、畜力等",人们也用它来"比喻推动工作、事业等前进和发展的力量",如说"为人民服务是他工作的动力",其比喻义词典为之立了义项。又如"冻结",原指"液体遇冷凝结",后来生出"比喻阻止流动或变动(人员、资金等)"的意义,这个比喻义为社会接受,固定了下来,词典也立了义项。[2]

词汇学根据语法学的分析,一般认为,许多词的词性发生变化,词义也会变化。如"药"是名词,指"能防治疾病、病虫害等的物质";但在"药老鼠、药虫子"的用法中,它带宾语,是动词,意义就变为"用药毒死"了。"平定"是"平稳安定"的意思,形容词;在"平定叛乱"中,它带宾语,变成动词,就有了"用武力镇压"的意义了。这些由词性改变生出的意义,词典都为之立了义项。[3]

汉语词汇学还研究了现代汉语中词义和语素义的区别。[4] 在词典中区分词义和语素义,处理好这二者的关系也很重要。一般的做法是:词义和语素义一致的,词义义项也就概括了语素义的内容。如"轻"的"重量小,比重小"的意义,既

---

[1] 参看汪耀楠《语文词典的义项》,见《辞书编纂经验荟萃》,上海辞书出版社,1992年,第132页。
[2] 参看吴崇康《浅谈多义词的义项划分》,见《〈现代汉语词典〉编纂学术论文集》,商务印书馆,2004年。
[3] 同上。
[4] 参看本书第二章第四节"多义词"部分。

是词义,又存在于合成词和固定结构中(如"轻巧、轻车熟路、轻于鸿毛"中的"轻"义)。语素义出现在多个合成词、固定结构中的要单立义项。如"专家、政治家、艺术家、科学家"中的"家"指"掌握某种专门知识或从事某种专门活动的人",是语素义。《现汉》等词典都为它立了义项。语素义只出现在极少数合成词、固定结构中的,有时在解释合成词、固定结构的意义中加以解释,不单立义项,如"打拳 练拳术""打印 盖图章"(均见于《现汉》)。有些语素义在古汉语中是重要意义,虽然现在使用的语词包含这个意义的很少,有时也可以立为义项,如"风 民歌:采〜"(《现汉》)。

词汇学还分析了确定说明词义单位的相对性。词典中体现词义单位的义项,其确定和划分既要符合语言事实,也受词典性质、任务等的制约,语言多种可能的表述也为义项的不同分合提供了可能。① 例如:

矮 ①身材短:〜个儿。
②高度小的:〜墙|〜凳。(《现汉》)
不高,低。(例)〜墙|〜一头。(《四角号码新词典》)

《四角》将《现汉》的①②义项合为一个义项。《四角》是篇幅不大的以语文为主又兼百科的词典,对语词义的说明,一般不如《现汉》细致,不少地方多作概括。因此对词典义项确定和划分的评价,不能只作孤立的单个义项划分的比较,除首先考虑是否符合语言实际外,还要考虑义项的划分说明是否完成了该词典性质任务所决定的词义描写。不同词典义项划分的标准可有差异,但同一部词典则应贯彻相同的原则。

(四)释义问题

我国古代辞书解释字义多以一字(词)释一字(词)。这主要是因为古代辞书(注疏也一样)主要是以今语(当时的)释古语,以通言释方言、俗称、异称。这样做对当时人理解字(词)义是足够的。由于对释义的科学性认识不足,带来了互训、递训、以生僻释浅显等毛病。现代语言学兴起后,词汇学、词典学研究的深入使人们认识到,字(词)大都是多义的,字(词)义相同只可能是其中一个意义相当,而许多词并无同义近义词,以一字(词)释一字(词)很难做到明白确切。描写现代语言的词典的释义,尤要注意说明词义的内容特征。《国语辞典》的编者已

---

① 参看符淮青《义项的性质与分合》,《辞书研究》1981年第3期。

认识到在释义中应该避免互注。① 王力批评我国古代辞书乃至近人编的《辞源》《辞海》释义的主要缺点是"以一字释一字",力倡"以多字释一字"。② 中华人民共和国成立后编成的《现代汉语词典》,在整部词典中都贯彻了用多个词语具体说明词义的原则,而且使用的是规范的现代语言。比较下列两词的释义:

攀附　谓附显贵以求登进。(《国语辞典》)
　　　②指投靠有权势的人,以求升官发财。(《现汉》)
撕　　以手裂物。(《王云五大辞典》)
　　　用手使东西(多为薄片状的)裂开或离开附着处。(《现汉》)

可以看到,《国语辞典》《王云五大辞典》在这里也用多个词语解释词义,但文言色彩浓。《现汉》用规范的现代语言具体说明词义,明白而准确。《现汉》对词语的释义,体现了在现代词汇学、词典学理论的指导下词语释义方面取得的重大成就。

现代语言学还认识到词的语法性质体现着词义的特点,又显示词的用法特点,因此释义词语应该显示词的语法性质。③《现汉》很好地做到了这一点。它以体词性词语解释名词,以谓词性词语解释动词、形容词,以体词性词语解释动词、形容词则有一定的条件。这样做,大大提高了词语释义的科学水平。比较下列两例:

流动　谓事物之不固定者。(《国语辞典》)
　　　①(液体或气体)移动。
　　　②经常交换位置(跟"固定"相对)。(《现汉》)
高帽　欢喜受人恭维。(《王云五大辞典》)
　　　比喻恭维的话。(《现汉》)

"流动"是动词,《国语辞典》把它解释成了名词。"流动"的二义皆动词,《现汉》据其内容特点,用谓词性词语解释,明白恰当。"高帽"是名词,《王云五大辞典》用谓词性词语解释它的意义,变成了动词。《现汉》据其内容特点,以体词性词语来解释(按,"比喻"二字是说明词义和构成词的语素义的关系的),清楚妥帖。

---

① 参看本章第一节关于《国语辞典》的说明。
② 王力《理想的字典》,见《王力文集》19卷,山东教育出版社,1990年,第52页。
③ 参看符淮青《〈现代汉语词典〉在词语释义方面的贡献》,见《〈现代汉语词典〉学术研讨会论文集》,商务印书馆,1996年。

词汇、词典学研究的深入,也使人们认识到要注意区分语文性释义和百科性释义。百科性辞典对语词多作百科性释义。语文词典要收入一部分百科性词语,对这部分词应作适于语文词典的释义。① 语文词典对百科性词语的释义,只需要说明区别于其他事物的主要特征,反映出总的性质,不应过细地说明过程,罗列非主要特征,要文字简明。下面是《辞海》(1989年版)和《现汉》对"自然界"一词释义的比较:

> 指统一的客观物质世界。是在意识以外、不依赖于意识而存在的客观实在。处于永恒运动、变化和发展之中。在时间、空间上是无限的,人和人的意识是自然界发展的最高产物。人类社会是统一的自然界的一个特殊部分。狭义的自然界是指自然科学所研究的无机界和有机界。(《辞海》)

> 一般指无机界和有机界。有时也指包括社会在内的整个物质世界。
> (《现汉》)

《辞海》不仅说明了"自然界"广义狭义的范围,而且说明了它的性质,说明它同意识的关系、人类社会在其中的地位。《现汉》只说明"自然界"广义狭义的范围。此例清楚地显示了词典工作者根据词典的性质恰当地使用百科性释义和语文性释义的做法。

词汇学、词典学对词的各种释义模式作了深入的研究,总结出它的模式和应用规律,据之又可以反过来检查词典原有释义的不足。如"砍",《现汉》释为"①用刀斧猛力把东西断开"。释义说明"砍"用的工具是"刀斧",用力程度是"猛力",都是恰当的,但其行为是"把东西断开"则不够恰当。"砍"的行为可能断开也可能不断开,比较"把树砍下来"和"歹徒在他肩上砍了一刀"。因此,把行为处理为选择性的较好:"用刀斧猛力切入物体或将物体断开。"② 又如"拜",《现汉》释为"①一种表敬意的礼节:回~"。这是用体词性词语中的归类限定方法解释"拜"的意义。"拜"是一种动作性很强的礼节,用谓词性词语释义,具体说明其行为的特点更为可取。可说明为:"直立向人、神像等弯腰低头,或下跪低头,或弯腰拱手,表示尊敬或信仰。"《现汉》释义中所举例词"回拜"也不妥,"回拜"义为回访,不必有拜的行为。③

---

① 参看鲍克怡《语文词典中专科术语的选词与释义》,见《辞书编纂经验荟萃》,上海辞书出版社,1992年,第87—88页。

② 参看符淮青《词义的分析和描写》,语文出版社,1996年,第93—94页。

③ 同上。

(五)词义和词的组合关系的说明

词汇学和现代语义学的研究也揭示了词义和词的组合能力的关系。英国学者莱昂斯说:"词的意义和它们的分布之间存在一种内在的联系。"①我们认为,词义一方面是对客观事物现象概括的反映,另一方面又是在应用中形成发展的;因此,词义同词经常结合的词语就有密切的关系。词典工作者也认识到:"实词一般以阐明词本身的词汇意义为主……可以适当说明一些用法,就是说明和其他词的配合关系。这些关系多半是语义上的关系,说明之后也更深切地揭露词的词汇意义。"②因此在词典中科学地解释词义,往往注意同其组合能力的说明结合起来。这一方面是确切解释词义的需要,另一方面也是为了显示它的用法。适当说明词的组合能力,是现代人编的现代语言词典的一个进步。这在吕叔湘主编的《现代汉语八百词》中已有丰富的内容。如:

亏　3. 使吃亏。可带"了、过"。必带名词宾语。多用于否定句:既～不了群众,也～不了集体。

　　5. 表示不怕难为情。用于讥讽。常见的句式是"亏+你(他)+动+得……"和"亏+你(他)+还……":这话～他说得出口|这点道理都不懂,～你还是个中学生。

《现汉》在释义中说明词的用法,做得系统而具体,我们在本章第一节中已经说明过了。八九十年代以来出版的用法词典,在词义和词的组合关系的说明方面,又前进了一步。编得好的用法词典,力求针对读者的需要,吸收词汇学、语法学、修辞学的研究成果,使词义和词的组合关系的说明更加合理、细致。下面摘引两例,以见一斑。

打　②器皿、蛋类等因撞击而破碎。
　　［名宾类］　［受事］～玻璃|～饭碗|～鸡蛋
　　　　　　　［结果］～了一个窟窿|～了一道纹
　　　　　　　［处所］把鸡蛋～碗里
　　［动结］　～//光|～//碎|～//破|～//裂
　　　　　　～得/不了　a. 你放心吧,我一个茶碗也～不了
　　　　　　～好　b. 鸡蛋我已经～好了,你来炒吧。

---

①　J. Lyons, *Semantics* II. Cambridge: Cambridge University Press, 1977:375.
②　郑奠等《中型现代汉语词典编纂法(初稿)》,《中国语文》1956 年第 7 期。

　　　　　　[动趋]　能带的趋向补语有：上、得/不起、起来、开、到　往锅里～上三个鸡蛋|饭碗好几角钱一个，咱～得起吗

（孟琮等《动词用法词典》）

　　参观　[动]实地观察。可带名词动词宾语。
　　　　我们只参观了住宅，没有参观养鸡场。
　　　　留学生们正参观着实战演习。

"参观"不能与表示人的名词宾语搭配。下面句子中"参观"为错用：

　　＊哈尔伯里夫决定去巴黎参观（看望）刚刚出生的孙子。

"参观"重叠使用时，后边的宾语应该是确指的。下面句子中的"参观"不应该重叠：

　　＊一天，我们的老师给我一张请贴，让我去参观参观一下展览馆。

可带补语：

　　参观完养鸭场就走。

可作主宾语：

　　那天参观给我们留下很深的印象。/学校经常组织参观。

（李忆民主编《现代汉语常用词用法词典》）

第六章　现代汉语词汇学发展的展望

社会发展对学科的发展往往提出新的要求和新的课题,成为促进学科发展的动力;学科理论上的新概念新见解又往往能影响学科研究的重点和方向;当代高科技的发展除了促使各种学科同其结合以取得更好的成果外,又提供了全新的研究方法和手段。展望现代汉语词汇学的发展,令人注目的是它同日益活跃的语义学的互相渗透和结合;计算机的发展使文字语言信息处理的研究日新月异,对现代汉语词汇学提出了各种新的课题。汉语词汇学的研究被看成是中文信息处理一切其他课题和产品开发的基础①,而计算机又提供了容量巨大、运转迅速准确的研究手段。下面我们主要根据以上事实,分三个问题讨论现代汉语词汇学的发展。这三个问题是:一、同现代语义学相结合;二、为语言的信息处理服务;三、以现代科技手段为研究工具。

第一节　同现代语义学相结合

语义学(Semantics)于19世纪中晚期在西欧发展为相对独立的语言学部门。德国学者莱西希(K. Reisig)于1825年提出语义学(Semasiologie)的概念,认为这门学科研究词义的发展规律,属历史的研究。② 其后法国学者布莱尔(Bréal)1897年写成《语义学》一书(*Essai de Semantique*,英译为 *Semantics: Studies in the Science of Meaning*),被认为是最著名的早期语义学著作。20世纪前三十年,语义学研究联系哲学、心理学、社会学、文明史去认识语义的历史。瑞典学者斯坦因(Stern)1931年写成的《意义和意义的变化》(*Meaning and Change of Meaning*)是这方面的代表著作。德国学者特里尔(J. Trier)1931年提出词汇场的理论(theory of lexical fields),标志着语义学不再局限于历史的研究,它研究词汇的内部构造,关注具体语言词义的描写,代表着现代语义学的开

---

① 参看汪成为《增进中文信息处理和语言文字研究的结合(提纲)》,《语文建设》1998年第2期。
② S. Ullmann, *Semantics*. Oxford:Blackwell, 1962:5.

始。① 其后,语义学者有重点研究词汇-语义变异的②,有分析语义因子的,有分析语义场的,有分析文化关键词的。至 20 世纪 50 年代末 60 年代初,西欧出版的语义学著作仍以词汇词义为研究对象。从看到的材料来看,1963 年生成语法学家卡茨(J. Katz)和福德(A. Fodor)发表论文《语义理论的结构》(*The Structure of a Semantic Theory*),既描写词的意义,也描写词组和句子的意义,标志着语义学突破词义的范围,扩展到研究句义,研究句子的意义关系、句子意义同句法结构的关系等。其他代表著作如利奇(G. Leech)的《语义学》(*Semantics*,1974)、莱昂斯(J. Lyons)的《语义学》(*Semantics* I & II,1977)。但词义研究仍是一个相对独立的领域,出现了不少词汇语义学(Lexical Semantics)的论著。

我国学者在 20 世纪三四十年代就开始介绍西方语义学的观点③。五六十年代也有零星的评介④。系统地介绍西方现代语义学是 20 世纪 70 年代末以后的事。80 年代以来,我国学者较系统深入地了解了西方语义学的观点,对汉语研究产生了明显的影响。下面在现代汉语词汇学的范围内,就学者集中关注的问题作一些说明。这些问题是:一、词义信息内容的分析;二、概念义分析的形式化;三、词义的模糊性问题;四、词汇场、语义场的研究;五、词义和词的组合能力的关系的研究。

一、词义信息内容的分析

语义学从哲学、心理学、语法学、信息论的研究中受到启发,对词义所传达的信息内容作了细致深入的分析。不同学者提出了不同的词义类型。英国学者利奇将词义分为七种类型⑤,它们是:

1. 概念义(conceptual meaning or sense):词的逻辑的、认识的或指示的内容。其特点是在交际中占中心位置,其语义特征是固定的、非开放的。

2. 内涵义(connotative meaning):词所表达的由它所指示的东西产生在概念义以外的内容。其内容可随时代、集团、个人的不同而变化。

3. 风格义(stylistic meaning):词所表达的语言应用的社会环境的内容。利奇根据克里斯特尔(Crystal)和达维(Davy)所著《英语风格研究》(*Investigating*

---

① S. Ullmann, *Semantics*. Oxford: Blackwell, 1962:6.
② 参看《苏联大百科全书》"语义学 семантика"(俄文)条。
③ 高名凯《中国语的语义变化》,《天文台》1947 年第 2 期。
④ 李锡胤《介绍乌尔曼新著〈语义学〉》,《语言学资料》1963 年第 1 期。
⑤ G. Leech, *Semantics*. Harmondsworth: Penguin Books, 1974:10-27.

English Style)的观点,把英语风格分为三大类。(1)相对固定的风格,下又分个人风格、地区和社会集团风格、时代风格;(2)语体风格,下又分口语风格和书面语风格、独白风格和谈话风格;(3)相对不固定的风格,下又分法律、科学、宣传体风格,文雅、粗俗风格,回忆、讲话体风格,作家个人风格等。这些不同风格主要由社会环境造成,不同风格的作品、谈话传达出不同的风格内容,同时也传达出不同的社会环境信息。

4.感情义(affective meaning):词表达的说者或写者的感情、态度的内容。

5.反射义(reflected meaning):联想到的同一词的其他意义。利奇说,有些表人体生理过程的词可能有多个意义,但因忌讳联想到生理过程的意义而不用这个词,改用别的说法。

6.组合义(collocative meaning):联想到的该词出现的语境中同其组合的其他词的情况。

7.主题义(thematic meaning):用语序或强调表示的意义。

下面试以利奇的观点分析汉语"孩子"一词。

孩子

1.概念义　未成年的人。

2.内涵义　因人而异,可以是"天真的、活泼的、可爱的",可以是"无经验的、软弱的",可以是"贪玩的、爱闹事的、讨厌的"等等。

3.风格义　它通用于书面语、口语。跟它同义的"儿童"是书面语。

4.感情义　它感情色彩是中性的。同"孩子"比较,"宝宝""宝贝儿"用于指孩子时是表喜爱的。

5.反射义　"孩子"有两义:①儿童;②子女(她有两个孩子)。这两义难以产生联想。"宝贝"一词有三义:①珍奇的东西;②(~儿)小孩的爱称;③无能或奇怪荒唐的人(这个人真是个宝贝!)。说②时可能联想到①。

6.组合义　以下可以表示"孩子""儿童"组合义的不同:

	衣服	脾气	头发	商店	时代
孩子	√	√	√	×	×
儿童	√	×	×	√	√

7.主题义

① { 我喜欢孩子。
孩子,我喜欢。　② { 我喜欢孩子。
我喜欢孩子。

①的下句用语序达到强调"孩子"的目的,②的下句用重音达到强调"孩子"的目的。

利奇对词的信息内容的分析相当细致,对具体分析词义相当有帮助。其中"内涵义"的概括有很大的启发性,用词有内涵义的观点去看词义的发展,会发现词义发展中不少是内涵义在起作用。例如"草"本义指野生的、有短茎的植物。《论语·阳货》:"多识于鸟兽草木之名。"其中的"草"即此义。后来它发展出"粗劣"义,《战国策·齐策四》:"左右以君贱之也,食以草具。"又发展出"微贱"义,《敦煌变文集·燕子赋》:"赖值凤凰恩泽,放你一生草命。"还有"草民"的说法。"粗劣"义显然是从"草"的内涵义"容易得到,无须加工"的特点联想产生的。"微贱"义显然是从"草"的内涵义"到处存在,任人践踏"的特点联想产生的。

英国学者莱昂斯对词义信息内容的划分又有新的角度①。他认为我们的言辞、动作、表情等有三种功能:传达实际的信息,显示个人的态度和个性,建立和维持社会联系。相应地,言辞的信息(意义)就有三种类型。(1)描述信息或描述义(descriptive information or descriptive meaning),可以肯定、否定,可以客观地核实。(2)表情信息或表情义(expressive information or expressive meaning),这是指言辞表示的说话人个人特征(包括不同的感情、态度和个性)的意义。(3)社会信息或社会义(social information or social meaning),这是指言辞用于建立和维持社会联系的意义。例如"How do you do?"(你好)、"How are you?"(你好吗?)等问候语,并不用其字面意义,而是用来表示友好,有建立和维持社会联系的意义。

莱昂斯把语言单位区分为词位(lexemes)、词位变体(forms)和应用中的词语(expressions)。如原形的 find(找到)代表一个词汇单位的词位,现在时的 find,过去时和过去分词的 found 是词位变体,find 和 found 用在具体的上下文中就是应用中的词语。

联系词位、词位变体和应用中的词语的划分,莱昂斯把描述义细分为不同的情况:(1)词位和应用中的词语的意义(sense);(2)应用中词语的具体所指(reference);(3)词位指示的客观对象(denotation);(4)应用中词语所指客观对象(referent)。试以汉语"书"来解释这种划分。词典说明"书"是"装订成册的著作",这是 sense,作为词位和应用中的词,"书"都有此义;"我去买书""他家里书

---

① J. Lyons, *Semantics*. Cambridge:Cambridge University Press,Reprinted,1978:150—152,174—208.

很多"中的"书",是应用中的词,它可有单称、普称、定指、不定指的变化,这是 reference 的变化;作为词位的"书"指示客观所有的书,这是"书"的 denotation;作为应用中词语的"书"指示的具体的客观对象,这是它的 referent。这种分析对词义的信息内容作了多层次多角度的分解,对词义分析有相当的启发。例如在"①他今年多大_____中",空格处"年龄、年纪、岁数"都能用;在"②根据年轮可以知道树木的_____"中,空格处只能用"年龄"。①②反映了"年龄"和"年纪""岁数"词位义的相同之处和不同之处,"年龄"指人或动植物已经生存的年数,"年纪""岁数"指人已生存的年数。在"③妈是上了_____的人"中,空格处只能用"年纪""岁数",不能用"年龄",这从词位义上找不到解释。实际上,③中的"年纪""岁数"是指"人生存较长的年龄",已不等同于词位义,而是发生了变化,而"年龄"用在这个地方不产生这种变化,故而不能进入这个组合。

莱昂斯还分析了自然语言的反身指代作用,说明这是语言区别于别种指号的特点。他举例说,"The word Socrates has eight letters"(Socrates 这个词有八个字母)中,Socrates 一词不是指某个人,而是指它自身。再如:

Boston has six letters.(Boston 有六个字母。)

Boston is a noun.(Boston 是一个名词。)

Boston is a disyllabic.(Boston 是一个双音节词。)

Boston is populous.(Boston 人口稠密。)

前三句说的是名称 Boston 的性质,而不是叫 Boston 的城市本身,其中的 Boston 都是词的反身指代用法。第四句中的 Boston 指那个城市,不是反身指代用法。

我们同样也可区分汉语中词的反身指代用法和非反身指代用法。如:

① 他学会了种菜。
② 这片地里的菜长得很好。
③ "菜"是词。
④ "菜"有一个声母、一个韵母。
⑤ 这个"菜"字写得漂亮。

其中①②中的"菜"指示具体的客观事物,③中的"菜"反身指代它的词的身份,④中的"菜"反身指代它的音节的身份,⑤中的"菜"反身指代它的书写单位的身份。

二、概念义分析的形式化

受语音学中区别特征分析的影响,学者探讨用对立互补的原则来分析词的概念意义,使词义的分析形式化、科学化。这种分析也试图满足用现代科技手段分析处理语义的要求。西方学者提出的词义的构成成分分析(componential analysis)或义素分析(seme analysis)是这方面的代表。词义的构成成分分析据认为是叶尔姆斯列夫(L. Hjelmslev)和雅各布逊(R. Jokbson)倡导的[①]。美国人类学者朗斯伯里(F. G. Lounsbury)和古登诺夫(W. H. Goodenough)也应用这种方法分析美国印第安森纳加(Seneca)部属的亲属词汇[②]。后来有多位学者作了进一步的研究,对它有不同的发挥,不同的应用。对下面四个英语词构成成分的分析一般认为是应用这个方法分析词义最成功的例子之一:

  man(男人) ＋HUMAN(人类)＋ADULT(成年)＋MALE(男性)
  woman(女人) ＋HUMAN(人类)＋ADULT(成年)－MALE(非男性)
  boy(男孩) ＋HUMAN(人类)－ADULT(未成年)＋MALE(男性)
  girl(女孩) ＋HUMAN(人类)－ADULT(未成年)－MALE(非男性)

  英国学者利奇对构成成分分析作了较系统的理论探讨[③]。他详细分析了作为构成成分分析基础的各种语义对立。1.二元对立,如:＋LIVE(alive 活的),－LIVE(dead 死的);2.多元对立,如:*METAL(gold 金),＋METAL(copper 铜),§METAL(iron 铁)……;3.极性对立,如:↑SIZE(large 大的),↓SIZE(small 小的);4.关系对立,如:→PARENT(parent 双亲),←PARENT(child 孩子);5.层次对立,如:(1)LENGTH(inch 英寸),(2)LENGTH(feet 英尺),(3)LENGTH(yard 码)等;6.互逆对立,如:△POSSIBLE(possible 可能的),▽POSSIBLE(necessary 必然的)。利奇把这些语义对立运用于词义和句义的分析。

  利奇还指出了构成成分之间的依存关系。如±MALE依存于＋ANIMATE(有生命)。任何出现＋MALE/－MALE的公式中,可以自动地附加＋ANIMATE的特征。他精心制定了一个常见的构成成分之间依存的网

[①] J. Lyons, *Semantics I*. Cambridge: Cambridge University Press, Reprinted, 1978:317.
[②] G. Leech. *Semantics*. Harmondsworth: Penguin Books, 1974:239—247.
[③] G. Leech, *Semantics* "6. Components and Constrasts of Meaning". Harmondsworth: Penguin Books, 1974.

络①。根据这个网络,构成成分之间隐含的不相容关系和上下位关系也可以确定。例如＋kind"bird 鸟"和 ⁻kind"fish 鱼"对于－HUMAN(非人类)是下位关系,同＋HUMAN 是不相容关系,等等。

受到这些探讨的启发,我国也有学者联系汉语,研究对汉语词义进行义素分析。贾彦德在《汉语语义学》(北京大学出版社,1992 年)中说明了义素分析的程序和方法,其步骤有:1. 确定分析的语义场;2. 比较(其中包括图表比较、上下文比较、词典释义比较等)。他用义素分析法分析了一部分普通名词、动词、形容词、亲属词、军衔词。下面摘引分析的一些例子:

手　　(器官)(人体的)[(位于……)＋(上肢)的(末端)](能使用工具)

脚　　(器官)(人体的)[(位于……)－(上肢)的(末端)](能行动)

入伏　〈d〉x＋(开始)zh(伏天)

出伏　〈d〉x－(开始)zh(伏天)

(说明:d,动词;x,行动;zh,主体)

真实　〈xi〉(跟实际)＋(符合的)

虚假　〈xi〉(跟实际)－(符合的)

(说明:xi 表示该式表性质状态)

父亲　(近亲属)→(生育关系)＋(男性)

母亲　(近亲属)→(生育关系)－(男性)

儿子　(近亲属)←(生育关系)＋(男性)

女儿　(近亲属)←(生育关系)－(男性)

英国学者莱昂斯对词义的构成成分分析有过深入系统的评论②。他认为,构成成分分析用于说明同义关系、上下位关系、不相容关系和反义关系,有简明和形式化的特点。但他认为这个方法只能应用于比较狭小的词汇领域,它存在许多理论上和方法上的缺陷。下面简介其中几个重要观点。

1. 构成成分分析的提倡者认为 HUMAN 是 human(小写代表词位)的意义的构成成分。但我们怎么了解 HUMAN 的意义呢?有人认为,因为我们了解 human 的意义,所以也明白 HUMAN 的意义。但是 human 意义的说明,是建立

---

① G. Leech, *Semantics* "6. Components and Constrasts of Meaning". Harmondsworth: Penguin Books, 1974.

② J. Lyons, *Introduction to Theoretical Linguistics*. Cambridge: Cambridge University Press, 1968:476,480; *Semantics I* "9.9 Componential Analysis". Cambridge: Cambridge University Press.

在假设的理论实体(theoretical entity)的基础上的,因此理论实体本身必须从别的方面来确定,而不是依靠 human 来确定。除非这一点能做到,否则用这种假设的理论实体来描写词位意义,不仅在实践上而且在理论上也是一种可怀疑的程序。他又说,词位 male 或 adult 和语义成分 MALE 和 ADULT 之间的关系很少有人去探讨。把语义成分理解为语言学家直觉理解的东西用在可用的词项上这种做法是大可怀疑的。

2. 在分析亲属词汇场中的词时,对同一个词位可以提出几个同样有理由的分析。下面为便于理解,我们不用莱昂斯举过的例子,而改用我国学者分析过的例子。如对"父亲"一词,不同的学者作了不同的分析:

父亲　＋男性＋直系亲属＋长辈＋人①
父亲　＋有子女＋成年＋男人②
父亲　(近亲属)→(生育关系)＋(男性)③
父亲　"男性""比自己长一辈""直系"④

莱昂斯谈到这种情况时说,各种可能的分析是自足的,它们都是从整个词汇体系各个成员的相互关系中提取的,是从不同的对比式中产生的。人类学家把这叫作"认识上的有效性或真实性"(cognitive validity or reality)。我们认为,莱昂斯的评论说明了要把构成成分说成是最小的意义单位(如利奇持这种观点⑤)是困难的。其实,它们只是起了"认识上的有效性或真实性"的作用,只是学者提供的一种说明的手段和方式。

3. 有一部分构成成分分析提倡者认为构成成分安排的次序不影响词义的说明。例如 woman 的构成成分"＋HUMAN＋ADULT－MALE"次序可以变换。但在亲属词的分析中出现了复杂情况。例如英语词 brother-in-law(相当于汉语的"姐夫、妹夫、内兄、内弟"等),用构成成分表示它的意义可以是:

$MALE(x) \& (SPOUSE-of-SIBLING-of(x,y) \vee SIBLING-of-SPOUSE-of(x,y))$

男性(x)且((x,y)同胞的配偶或者(x,y)配偶的同胞)

---

① 王德春《词汇学研究》,山东教育出版社,1983年,第143页。
② 徐思益《论句子的语义结构》,《新疆大学学报》,1984年第1期。
③ 贾彦德《汉语语义学》,北京大学出版社,1992年,第98页。
④ 池上嘉彦著、张晓云译《符号学入门》,国际文化出版社,1985年,第78页。
⑤ G. Leech, *Semantics*. Harmondsworth:Penguin Books,1974:96,99。

式子中 MALE 后括号中的 x 指的是所说明的亲属，SIBLING—of 后括号中的 x 和 SPOUSE—of 后括号中的 x，指的是用这个词称呼所说明的亲属的人，y 代表同后一个 x 代表的人是同胞关系或配偶关系的人。这样，brother-in-law 可能是后一个 x 的同胞的男性配偶，即 x 的姐夫、妹夫，也可能是后一个 x 的配偶的男性同胞，即 x 的内兄、内弟（如果 x 是男性），也可能是后一个 x 的丈夫的哥哥、弟弟（如果 x 是女性）。这个构成成分组成的内容是复杂的，有多种可能的解释，因此就不能说表示这个词的意义的构成成分是一个无结构的序列，说这个词的意义是由 MALE，SPOUSE，SIBLING 构成的。

4. 莱昂斯批评了某些构成成分的运用。例如词位 boy（男孩）和 girl（女孩）同成年的男人和妇女的区别用单一的—ADULT 来说明是有问题的。根据许多明显的标准（性成熟等），girl 达到正常地被认为是成年人的时期要早，而不是晚于 boy，而女孩被看作 girl 的时间比男孩被看作 boy 的时间要长，x is now a man（x 现在是成年[男人]）就暗含 x is no longer a boy（x 不再是个男孩）；可是 x is now a woman（x 现在是妇女）并不包含着 x is no longer a girl（x 不再是个女孩）。当然可以认为，boy，girl 的不同是共同构成成分—ADULT 在不同情况下具有不同的、超出它们字面意义的解释。但这些附加的成分是什么呢？假设某种不一致的附加因素或者迅速引入字面意义和非字面意义的差别来成全一种假设是容易的。构成成分分析由于追求概括经常做得过了头而显得粗疏。

有鉴于词义构成成分分析的局限，符淮青提出"词义成分—模式"分析①，以自然语言对词义的表述为基础，加以适当的调整限制，使其规整，结合必要的形式化去分析说明词义。其要点是：

1. 认为词义和分析出来的词义成分，并不类似于分子和原子的关系。提倡构成成分分析的学者似乎是从分子和原子的关系来看待构成成分的性质，探讨词义形式化的表示法，这在理论上是有问题的。

2. 吸收认知心理学、神经心理学的一些研究成果，从分析词义（概念义）在意识中呈现、表述的形态入手，论证词义最终只能以扩展性词语来表示，一词释一词只是扩展性词语释义的代替形式。

3. 词典中用多个词语解释词义的方法是扩展性词语释义的重要形式，从分析各类词释义的扩展性词语的内容、形式中，概括出表名物的词、表动作行为的

---

① 参看符淮青《词义的分析和描写》，语文出版社，1996 年，第 49—161 页；《概念义分析的形式化》，《汉语学习》1995 年第 6 期。

词、表性状的词"词义成分—模式"分析的框架。

下面说明表动作行为的词的词义分析,作为这种分析的一个具体例子。表动作行为的词的释义模式是:

$$\left.\begin{array}{c}\text{原因}\\\text{条件}\end{array}\right\} + \left.\begin{array}{c}\text{数量}\\\text{性状}\\\cdots\cdots\end{array}\right\} \begin{array}{c}\text{限}\\\text{制}\end{array} + \boxed{\begin{array}{c}\text{施}\\\text{动}\\\text{者}\end{array}} + \left.\begin{array}{c}\text{身体部位}\\\text{工具}\\\text{程度}\\\text{方式}\\\text{数量}\\\text{时间}\\\text{空间}\\\cdots\cdots\end{array}\right\} \begin{array}{c}\text{限}\\\text{制}\end{array} + \boxed{\begin{array}{c}\text{动}\\\text{作}_1\end{array}} + \left.\begin{array}{c}\text{身体部位}\\\text{工具}\\\text{程度}\\\text{方式}\\\text{数量}\\\text{时间}\\\text{空间}\\\cdots\cdots\end{array}\right\} \begin{array}{c}\text{限}\\\text{制}\end{array} + \boxed{\begin{array}{c}\text{动}\\\text{作}_2\end{array}} + \cdots\cdots + \left.\begin{array}{c}\text{数量}\\\text{性状}\\\cdots\cdots\end{array}\right\} \begin{array}{c}\text{限}\\\text{制}\end{array} + \boxed{\begin{array}{c}\text{关系}\\\text{对象}\\\text{或}\\\text{关系}\\\text{事项}\end{array}} + \begin{array}{c}\text{目的}\\\text{结果}\end{array}$$

可以分别用符号表示模式中不同的项:A=原因、条件,B=施动者,b=施动者的各种限制,D_1=动作$_1$,d_1=动作$_1$的各种限制,D_2=动作$_2$,d_2=动作$_2$的各种限制,E=关系对象或关系事项(E 或同 D_1 或同 D_2 发生关系),e=关系对象或关系事项的各种限制,F=目的、结果。上述模式可表示为:

$$A + {}^{b}B + {}^{d_1}D_1 + {}^{d_2}D_2 + \cdots\cdots + {}^{e}E + F$$

表示动作行为的词意义的不同,正是由于模式中各项出现的情况及其内容不同。其中 D_1 为必然项,否则就不是表动作行为的词了。D_2 后的省略号表示还有可能有 D_3 等。

可以用表动作行为的词的释义模式作为框架来说明表动作行为的词在句子中出现时的具体意义。它的特点是,可以尽可能具体地描写行为的特征。下面是对"吃"的基本义出现在不同句子中的意义的说明。

  ① 我们吃了饭了。

其中"吃"义可说明为:

  $\underline{(人)}_{B} \; \underline{把\;馒头、米饭等}_{E} \; \underline{放到\;嘴里}_{D_1}, \; \underline{嚼了}_{d_1} \; \underline{咽下去}_{D_2}_{D_3}$

  ② 老张吃药了。

其中"吃"义可说明为:

  $\underline{(人)}_{B} \; \underline{把\;药}_{E} \; \underline{从\;嘴里}_{d_1} \; \underline{咽下去}_{D_1}$

  ③ 她一会儿来,她的孩子正吃奶呢。

其中"吃"义可说明为：

$\underset{B}{(小孩)}\underset{D_1}{吸吮}\underset{e_1}{橡皮的}\underset{E_1}{奶嘴}\underset{D_2}{咽下}\underset{E_2}{奶汁}$ （母亲的奶头）

④ 猴子在吃香蕉。

其中"吃"义可说明为：

$\underset{B}{(动物)}把\underset{E}{水果}\underset{D_1}{放到}\underset{d_1}{嘴里}，\underset{D_2}{嚼了}\underset{D_3}{咽下去}$

"吃"所出现的语境是无限的，每一语境中所出现的"吃"的施动者（B）、行为特征（D_1、D_2 等）、关系对象（E）等都有差异，词典的释义一般是在分析了各种用例，有时还借助于经验、科学认识，经过概括写定的。下面是几部词典对"吃"基本义的解释（我们据释义模式添加了符号）：

$把\underset{E}{食物}\underset{D_1}{放到}\underset{d_1}{嘴里}，经过\underset{D_2}{咀嚼}\underset{D_3}{咽下去}。$　　　　　（《现代汉语词典》）

$用\underset{d_1}{嘴}\underset{D_1}{嚼}\underset{D_2}{咽}\underset{E}{食物}。$　　　　　　　　　　　　　　（《新华词典》）

$\underset{D_1}{吞咽}\underset{E}{食物饮料}。$　　　　　　　　　　　　　　（《汉语大字典》）

$把\underset{E}{食物}\underset{D_1}{放入}\underset{d_1}{嘴中}经\underset{D_2}{咀嚼}\underset{D_3}{咽下}。$　　　　　　（《汉语大词典》）

对比几部词典的释义，可以看到下列几点：

1. 几部词典都未说明行为的施动者（B），因为这对本族人来说是不言而喻的，因此施动者（B）的内容（人或动物）在这几部词典的释义中属隐含特征。

2. 几部词典对"吃"的行为强调、略去的特征不一样。《大字典》最简单，只说是"吞咽"，《新华》的说明包含两个行为"嚼""咽"，《现汉》和《大词典》的说明包含有三个行为"放到"（或"放入"）"咀嚼""咽下去"（或"咽下"）。

3. "吃"的关系对象 E，《大字典》添加了"饮料"，其他几部词典都只说"食物"。

4. "吃"的行为应用的器官，《大字典》未说明，其他几部词典则加以说明。

比较词典对"吃"的释义和我们在上述句子中的意义的分析，可以注意下列几点：

1. 具体句子中的"吃"有不同类型的施动者(B),或是人(大人、小孩),或是动物。

2. 具体句子中的"吃"有特定的关系对象(E),分别是馒头、米饭、药、奶汁、香蕉等。

3. 具体句子中"吃"包含的行为(D)是确定的,如例①和例④中是"放到(嘴里)""嚼""咽下去",例②中是"咽下去",例③中是"吸吮""咽下"。

根据各词典的释义和"吃"在语言中的应用情况,可以这样来确定"吃"基本义的"词义成分—模式":

$$\underline{\text{人或动物 用嘴 咀嚼 吞咽 食物}}$$
$$\quad B \qquad d_1 \quad D_1 \quad D_2 \quad E$$

这里所包含的内容可以看作"吃"的最一般的特征。

词义成分有不同情况,下述三种值得注意:

1. 词义的固有特征,即词的最一般的词义成分。上面确定的"吃"的词义成分都是固有特征。但词义的某些固有特征在一定条件下可以消失,如当"吃"的关系对象是"液体食物""液体药物"或是不需咀嚼的"固体药物"时,"吃"的"咀嚼"的特征便消失了,例②、例③中的"吃"就是这样。

2. 词义的选择性特征,指词义成分中某项下可以不同时出现的特征,如"吃"的施动者(B)可以是人也可以是动物,"吃"的关系对象(E)可以是固体或液体的各种食物。

3. 词义的孳乳特征。词义的孳乳特征(inferential features)是德国学者里普加(L. Lipka)提出来的概念①。他说词义的"孳乳特征"是由上下文和非语言环境产生的特征。它是补充性的、非固有的。上文例③"吃奶"中的"吃",其词义内容有"吸吮"(D_1),这个行为是由于"吃"的受事对象"奶"存在于母体或奶瓶中而产生的。这个特征可看作是由上下文、非语言环境产生的"吃"的词义的孳乳特征。用词义的孳乳特征的观点可以这样来说明"吃瓜子"中的"吃":

$$\underline{\text{人 用牙齿 咬破瓜子 咀嚼 咽下 瓜子仁}}$$
$$\quad B \quad d_1 \qquad D_1 \quad E_1 \quad D_2 \quad D_3 \quad E_2$$

其中"用牙齿咬破瓜子"这些内容,是"吃瓜子"中"吃"的必有的内容,但显然可看

---

① L. Lipka, Inferential Features in Historical Semantics. In J. Fisiak (ed.) *Historical Semantics-Historical Word-Formation*. Berlin: Mouton de Gruyter, 1985:340—341.

作是由于"吃"应用于这种语境中产生的词义孳乳特征。

"词义成分—模式"分析所说的"词义成分"同前面介绍的词义"构成成分分析"所说的"构成成分"(或义素)性质不同。主要有：

1. 理论的根据不同。词义的构成成分分析是从词义成分为原子、词义成分组成词义的分子这种设想来探讨的，"词义成分—模式"分析是从分析、归纳、解释词义的扩展性、词语的内容和形式中确定的。

2. "词义成分—模式"分析中的词义成分，实际上是扩展性词语表述词义的成分。我们来分析上面讲过的"父亲"这个例子。

下面这个表中，丙是对于甲意义的扩展性词语表述，乙是丙的形式化表示法。丙、乙对甲的说明，其"成分"不是固定的。因此所谓"词义成分"实际上是扩展性词语表述词义的成分。

	构成成分分析	用扩展性词语表述
父亲	＋男性＋直系亲属＋长一辈＋人	直系亲属中长一辈的男人
父亲	＋有子女＋成年＋男人	有子女的成年男人
父亲	(近亲属)→(生育关系)＋男性	近亲属生育关系中处于施事的一方的男性
甲	乙	丙

3. 构成成分形式化表示法虽然以自然语言对词义的表述为基础，但并不考虑自然语言对词义表述的模式。"woman：＋HUMAN＋ADULT－MALE"同"bit(击)(Action 行为)(Instancy 瞬间)[collides with an impact 猛击]"[①]的模式并无区别，而它们一个是表名物的词，一个是表动作行为的词。"词义成分—模式"分析以各类词(在一种语言中的，如在汉语中)的释义模式为基础，对词义的说明既包含有词义成分的内容，又包含有构成模式的内容。如(释义据《现汉》)：

$$\frac{\text{妇女}}{} \quad \frac{\text{成年女子}}{t \quad L}$$

$$\frac{\text{击}}{} \quad \frac{\text{用手或器具撞击物体}}{d_1 \quad D_1 \quad E}$$

4. 构成成分形式化表示法一般把词义成分处理为并列关系，"词义成分—模式"分析显示了词义成分在自然语言组合中的语义关系。以表动作行为的词为例：

---

① 此例引自赵世开《现代语言学》，知识出版社，1983年，第68页。

$$A+{}^b B+{}^{d_1} D_1+{}^{d_2} D_2+\cdots\cdots+{}^e E+F$$

(1) B 和 D_1 之间是行为主体和行为的关系。
(2) D_1 和 E 之间是行为和行为关系对象的关系。
(3) b 和 B、e 和 E、d 和 D 之间是修饰限制关系。
(4) A 和 D_1 之间是行为的条体、原因和行为的关系。
(5) D_1 和 F 之间是行为和行为的目的、结果的关系。
(6) 在各成分出现两项或两项以上的并列、选择的情况时，才存在并列关系。

如上面分析过的"吃"：

$$\underset{B \quad\quad d_1 \quad D_1 \quad D_2 \quad\quad E}{\text{人或动物 用嘴 咀嚼 吞咽 食物}}$$

其中 B（人或动物）和 D_1（咀嚼）、D_2（吞咽）是行为主体/施动者和行为的关系，d_1（用嘴）和 D_1（咀嚼）是 d_1 从身体部位方面限制 D_1，D_1、D_2（吞咽）和 E（食物）是行为和行为关系对象的关系。B 中有选择的两项（人、动物），它们是并列关系。

在"词义成分—模式"分析和说明中，词义成分是按照自然语言表述的规则结合的，所以上述关系自然而然地存在于词义成分之间。因此也可以说，具体的词义成分只能存在于一定的模式中，换了模式，词义成分也可能有变化。

期望有人能在这种分析成分的基础上，根据一定的目的和要求，在一定范围内，调整词义成分、模式，提出一种合理的更加形式化的分析说明词义的方法。

三、词义的模糊性问题

思维和语言既有精确的一面，又有模糊的一面。这是学者很早就注意到的。多位学者早就指出语词意义的模糊性，如德国学者布莱克（F. R. Blake）说："一个语词的模糊性，就表现在它有一个应用的有限区域，但这个区域的界限是不明确的。"[①] 英国学者琼斯（D. Jones）说："我们大家（包括那些追求'精确无误'的人）在说话和写作时常常使用不精确的、含糊的、难以下定义的术语和原则。这并不妨碍我们所用的词是非常有用的。"[②] 波兰哲学家沙夫（A. Schaff）说："如果我们不考虑科学术语的话，模糊性实际上是所有语词的一种性质。""客观实在中的事物现象，比任何分类和任何表示这种分类的语词所能够表现的东西，都要丰

---

① 转引自沙夫著，罗兰、周易合译《语义学引论》，商务印书馆，1979 年，第 351 页。
② 转引自吴铁平《模糊语言再探》，《外国语》1980 年第 5 期。

富得多,都要有更多的多面性。"①当代美国电子学教授扎德(L. A. Zadeh)在他发表的论文《模糊集》中说:"在自然语言中,句子中的词大部分是模糊集而不是非模糊集的名称。"扎德对模糊集的探讨,使模糊理论在一定程度上形式化、数学化,对现代科学应用有重要作用。

80年代,我国学者吴铁平受这些研究的影响,联系汉语探讨了语言的模糊性问题,特别是着重探讨了语词意义的模糊性问题。吴分析了汉语中语义模糊的词语,主要有:

1. 时间词"早晨""上午"之间,"下午""傍晚"之间,"春""夏""秋""冬"之间,没有明确的界限。"现在""过去""将来"所指时间有交叉。以"现在"为例:(1)"现在"仅指说话前而不包括说话后的时间,如"他(病人)现在的情况怎么样?"(2)"现在"包括过去和未来,如"现在劳动人民是国家的主人。"(3)"现在"仅指将来,如"我现在就走"。

2. 一部分表性状的词,如"深""浅""高""矮"等也有语义模糊现象。在"这河有多深"中,"深"包括了"浅"的意义,在"他有多高"中,"高"包括了"矮"的意义。

3. 触觉、听觉、视觉、味觉、嗅觉五种感觉同五种不同的器官联系,但语言中表达这些感觉的词往往相通,不区别其中界限,变得模糊。如"刀尖"的"尖"表触觉,"眼尖""尖塔"的"尖"表视觉,"耳尖"的"尖"表听觉,"鼻子尖"的"尖"表嗅觉。

4. 颜色词词义的模糊性。这主要表现在下列几个方面:

(1) 不同语言往往具有不同的颜色词,它们对光谱的切分有很大差异。如:

英语	purple(紫)	blue(蓝)	green(绿)	yellow(黄)	orange(橙)	red(红)
绍纳语(尼得西亚)	cips^{w}uka	citema	cicena		cips^{w}uka	
巴萨语(利比里亚)	ħni			ziza		

(2)不同语言的颜色词兼有多颜色的意义的情况不相同。如英语的 blue(蓝)在"turn blue with fear"([人]吓得发青)中表一种颜色,在"His face was blue with cold"(他的脸冻得发紫)中表另一种颜色,汉语的"蓝"没有这种情况。

(3)操不同语言的人对同样的东西可能用不同的颜色词表示,如俄语说

---

① 沙夫著,罗兰、周易合译《语义学引论》,商务印书馆,1979年,第352页。

чёрный хлеб 义为黑面包,英语说 brown bread,义为棕色面包。

吴还分析了语义模糊的多种原因,主要有:客观世界事物无穷无尽,语言必须用最少的单位表达最大限度的信息量;语言的上下文能使词语在一定场合下表示一种界限分明的范围。

吴铁平的探讨引起学者关注语义模糊问题的兴趣,也产生了不同的看法。石安石认为应限定"模糊"的概念,指出语义笼统、多义、歧义等都不是语义模糊;"边界不明是模糊语义的本质",如"少年""青年""中年""老年"之间没有明确的界限,是语义模糊。① 也有人不同意石的观点,认为"少年""青年"等词经过确定后语义是不模糊的,认为"相对性是模糊语义的根源和本质"。② 符淮青主张从不同角度、不同方面对词义的模糊性进行分析。他认为词义成分和词的结合词语的界限难以划清,也是一种重要的词义模糊现象。如"成家",《现汉》释为"(男子)结婚","(男子)"处理为结合词语;"出嫁"释为"女子结婚","女子"处理为词义成分。若能深入探讨,理出条例,对提高词典释义质量有重要作用。③

四、词汇场、语义场的研究

索绪尔明确地提出语言是一个由各个元素组织起来的系统的观点。他说明了词的不同方面的联想关系可以把词汇集聚为联想的系列。后来的学者进而提出词汇是一个系统的观点。德国学者伊普森(G. Ipsen)、特里尔(Trier)分别提出语义场(semantic field)、词汇场(lexical field)的概念,使词汇系统问题的研究深入了一步。伊普森认为,在语义场中,词就像拼成一个东西的片状物那样存在。人们经验的粗糙的感受在场中是用独特的方式来分析和提炼的。在这方面,各个语言不相同,各个时期也不相同,表现出不同的价值和标准。④ 特里尔认为词汇场是词汇的各个部分,在场中,每个成分都同其相邻的成分相制约,因此,"一个词汇成分的意义只有通过联系同它相邻、相对立的词汇成分的意义才能加以确定"。⑤ 语义场、词汇场的理论对当代学者有很大的启发。

五六十年代,我国学者受苏联语言学的影响较大,周祖谟、高名凯、黄景欣等

---

① 石安石《模糊语义及其模糊度》,《中国语文》1988 年第 1 期。
② 符达维《模糊语义问题辩述》,《中国语文》1990 年第 2 期。
③ 符淮青《词义的模糊性问题》,《语言学论丛》第十九辑,商务印书馆,1997 年。
④ S. Ullmann, *Semantics*. Oxford: Blackwell, 1962:239.
⑤ 据 J. Lyons 的英译转译,见 *Semantics I*. Cambridge: Cambridge University Press, Reprinted, 1978:251。

在"词汇系统"的观念下分析过汉语词汇各个成员相互联系的重要表现。

70年代末、80年代以来,我国学者对西方语义学中词汇场、语义场的理论有了更多的了解,不少学者直接用这种理论来分析汉语。贾彦德在《汉语语义学》中系统地用"场"的理论分析汉语词汇,主要观点有:

1. 语义场是指义位形成的系统。若干个义位包含有相同的表彼此共性的义素和相应的表彼此差异的义素,因而连接在一起,互相规定,互相制约,互相作用,这些义位就构成一个语义场,例如"丈夫、妻子"构成一个简单的、最小的语义场。

2. 语义均是外部世界系统性的反映。外部世界指社会、自然和人的精神世界,即语言反映的主客观世界。汉语语义均带有鲜明的民族特点、时代特点。例如汉语关于一年季节的语义场,起初只有"春、秋"两个词,一年分为两季,到了春秋时代才进而有"夏、冬"之分,一年分为四季。

3. 语义场的类型,分为十类。(1)分类义场:有二元的,如"客轮、货轮""中医、西医";有多元的,如"陆军、海军、空军""炒、熘、爆、烩、煨"等。(2)部分义场,它反映每一对象的各个组成部分,如"头、颈、肩、脚、腰、腹"等。(3)顺序义场,各义位间有顺序关系,如"一月、二月、三月……十二月"。(4)关系义场,义位体现某种关系的现象,一般是成对的,如"教师—学生""丈夫—妻子"。其他义场的名称是(5)反义义场、(6)两极义场、(7)部分否定义场、(8)同义义场、(9)枝干义场和(10)描绘义场。

4. 说明了语言的总语义场,认为它极其复杂,规模巨大,多层次,多侧面,提出了它的部分框架。

张志毅在《义位的系统性》[①]一文中分析了支持词义系统的低强度、一般强度、高强度的事实。他提出的对立系统很有启发性。他认为,在聚合系统中首要的是对立系统。在一个语义场内,一个义位以其众多的语义特征跟众多的义位形成既相关或相似(有共性义素)而又有差别(有个性义素)的对立,以这些对立为基础的关系成为网络,便是义位系统中具有对立性的聚合语义结构系统。以"女儿"为例,按性别特征,跟"儿子"相对;按辈分特征,跟"父亲、母亲"等相对;按义域特征,跟"子女、儿女"等相对;按附属义特征,跟"女、小女、闺女、姑娘"等相对。义位靠在系统内的对立才显出语义特征,离开这个网络,有时义位便不能存在。

---

① 该文收入《词汇学新研究》,语文出版社,1995年。

符淮青将词汇场、语义场改称词群①,将词群分为以下几种主要类型。1.同义近义词群,词群成员最少两个。2.层次关系词群。下又分:(1)上下位关系词群,许多学科对事物的分类是严格的上下位概念系统,其中许多概念是用词表示的,包含有词的上下位层次关系,也有日常应用形成的上下位关系词群;(2)整体一部分关系词群,大地区名和所属的小地区名、器物的整体名称同各部分的名称,都属于这个词群;(3)等级关系词群,社会的组织机构(行政、军事等方面)中上下级职位名称组成了这样的词群;(4)亲属关系词群,亲属词群所显示的层次关系是生物上"代"的接续关系。3.非层次关系词群。许多表动作行为、表性状的词在意义上有共同点,有密切联系,可以组成词群,但各个词在意义上往往并无层次关系。符用"词义成分—模式"分析来说明这些词群中词的意义关系。4.综合词群。在一个大的词群中,可能存在种种层次关系、非层次关系以及其他关系,可称之为综合词群。

符淮青具体分析了汉语表"红"的颜色词群、汉语表眼睛活动的词群,将普通话和闽南方言文昌话表示人头部各个部位的词群作对比分析,以探讨各类词群的分析方法。

颜色词吸引了许多语言学家的注意。他们多注意各语言的词表示颜色范畴的多少及其对应关系,对颜色词群中众多的词意义的异同及颜色词群的发展变化少有论及。符淮青对古代汉语(主要是汉以前)和现代汉语表"红"的颜色词群作了分析比较。他说明:1.古汉语和现代汉语区别红色的深浅、明暗等是一致的,但现代汉语词的数量要大得多,而色调的细致区分、表多色词的增多,则是明显的发展,这是人们区分色彩能力的提高在语言上的反映。2.古汉语中有少数表示含红的事物的名词(瑕[有赤色之玉]、霞[赤色云气]),多数是表红的性状词(缙[浅赤色]、朱[大红色]、纁[深红色]),这些性状词的语法性质未见明显差别。现代汉语表"红"的词,分属不同的词类,"绛色、茜色、红色"是名词,"红、绯红、鲜红"是性质形容词,"朱红、大红、橘红"性质近区别词,"红艳艳、红彤彤、红扑扑"是状态形容词。这种差别,是语言表达手段发展的一个重要方面。3.现代汉语中这个词群的词是单纯表示颜色范畴的,古汉语中表示含红事物的词如果还存在,则其中表红颜色的意义消失,如"霞"指彩色的云,不专指红色的,"瑕"所指对象未变,"略有红色"义已消失,在需要表示它们的红的色彩时,要另外加上表红的语素或词:"红霞、红的瑕"。表示含有红颜色的事物的词,则用表颜色的语素

---

① 参看符淮青《词义的分析和描写》第九章"词群",语文出版社,1996年。

加表事物的语素构成,如"丹枫、茜纱、朱墨"等。这是词群中的词意义变化相互制约、相互影响的一个明显的例子。4. 从词群的成员构成看,古汉语表红的性状不全由表性状的词承担,而现代汉语表红的词群成员的构成相当严整,它基本上是"红"的同族词。这反映出现代汉语以"红"一词代表这种颜色范畴后,就以"红"为词根,利用合成词构成的种种方式,构成了内容丰富,浓度、亮度、色调等方面有区别的词。这是现代汉语这个词群系统性的一个重要表现。

对表动作行为的词群的分析不多见,因为这些词有许多很难用层次关系来说明,它们大多属非层次关系词群。符以"词义成分—模式"分析,比较了古汉语(主要是汉以前)和现代汉语表眼睛活动的词群,说明:1. 表眼睛活动的词,现代汉语比汉以前丰富,但就某些范围的词来看,汉以前的词表示的意义比现代汉语丰富。如汉以前有表示眼睛跳动的词(瞤),有表示眼睛转动的词(眃),有表示直视的词(眙、眂),有表示往深处看的词(瞫),有一些表示含有特定情态的词,如"瞏(惊恐地看)、睰(失意地看)、睩(谨慎敬畏地看)、瞷(翻着白眼珠往上看)"等,类似的意义,现代汉语都要用词组表示。2. 现代汉语继承了这个词群所表示的主要概念,少数汉以前的词一直沿用到现在,基本义未变,如"望、瞥、见"等。更多的是同样的概念内容用新词来表示,这些词是不同时代陆续产生的,它们绝大多数是用古代汉语的词作为构词成分组成的合成词。由于同义近义构词成分的不同组合(仰望、仰视、顾盼、环顾、看见、瞧见、瞅见),由于不同来源(如不同的方言)的词都进入共同语(眨—挤咕、瞟—乜斜),现代汉语表眼睛活动的同义近义词变得很丰富。它们语体色彩、感情色彩的不同,词义的细微差别,用法上的不同,大大增强了语言的表达能力。3. 现代汉语中表看的行为包含一定关系对象的词很丰富,如"阅览、观光、参谒、目送"等,出现了较多的表两个动作行为的词,如"观赏、游览"等,出现了词义以包含动作行为目的结果为特征的词,如"看清、观摩、窥伺"等。这些类型的词在汉以前只能零星地找到。这反映了社会生活的发展和语言表达的需要,语言把一些原来用多个词语表达的复杂意义"词化",使这个词群增加了许多有新的概念内容的词。

以上简要的介绍,代表了用词汇场、语义场理论分析汉语的词汇、词义系统取得的初步成果。这方面的研究无疑有待于进一步的开拓。

五、词义和词的组合能力之间关系的研究

现代语义学重视词义和词的组合能力之间关系的研究。西方学者有人提出

词的"价"(lexical valency)的概念。词的价指"词同其他词可能有的结合能力"①,例如英语词 make 的意义跟与它同时出现的成分的类型有关②:

  1. make＋n(名词)

   make a coat,a machine(制造一件外衣、一台机器)

  2. make＋(the)＋n＋v(动词)

   make the machine go(使这台机器开动)

   make somebody work(使某人工作)

  3. make＋a(形容词)

   make sure(弄确实)

  4. make＋a＋n

   make a good wife(成为一位好妻子)

  5. 60 minutes make an hour.(60 分钟组成一小时。)

  6. 60 people make a decision.(60 人作出决定。)

5、6 有共同的格式 make＋a＋n,但 6 可以变换为 60 people decide。再如:

  to make an answer→to answer(回答)

  to make corrections→to correct(纠正)

这说明 6 代表了"make＋抽象名词",make 的意义非常概括,相当于一个系词,其后边表动作行为的抽象名词则表示实义。5 不能作 6 那样的变换,它代表"make＋某些度量单位",其义为"组成、构成"。

  由此可见,make 的意义同其结合成分的语法性质和句式有关。

  莱昂斯也讨论过"价"的问题③。他说,"价"在语言学中原用来指传统上说的"及物""支配"的概念。但它显然同谓词运算中谓词在恰当的模式中所要求的项的数量有关。从这个观点看,一向谓词有一个价,两向谓词有两个价,等等。传统所说的及物动词,它支配一个直接宾语(按,及物动词还要求一个主语,所以是两个价的动词),但"价"不是简单地指动词在一个恰当的句子中可以或必须结合的成员的数量,它也试图用来说明不同动词在词语中结合的成分的不同。

  "价"的概念启发我们对汉语语素和词的结合能力进行具体的描写,把这同

---

① Арнольд, И. В. Лексикология Современного Английского Языка. Москва,1966:43－44.
② Ibid.,41－44.
③ J. Lyons, Semantics Ⅱ. Cambridge:Cambridge University Press, Reprinted,1978:486－487.

意义的分析结合起来。本书第五章阐述词汇学的研究成果对词典编纂的作用时,具体介绍了《现代汉语词典》《现代汉语八百词》以及一些用法词典将词义和词的结合能力联系起来说明取得的成果。自觉地在这方面作深入的探讨,形成系统的理论和分析方法,会有更大的理论意义和实践作用。符淮青在这个方面作了一定的探讨①。他认为把词的意义同词的结合能力的描写结合起来,是词义描写本身所要求的。词义同词的结合能力的关系,有规律性的表现,又显出众多的歧异和独特性,不同的词、不同的义项都要作具体的分析。他具体分析了"红"三个词义义项(据《现汉》)(①像鲜血或石榴花的颜色,③象征顺利、成功或受人重视、欢迎,④象征革命和政治觉悟高)的结合能力,把分析总结如下:

1. 作定语

① 义　红＋名(有红属性的名物词),但"＊红桃花、＊红田地"(＊表示不能结合)

③ 义　红＋月份(红一月、红二月),但不能加在年、季节、星期、日之前
　　　　红＋演艺界某些称呼职业的名称前(红歌星)

④ 义　红＋有重大节日的月份名(红五月)
　　　　红＋少数职称名(红教授),现罕用

2. 作谓语

① 义　名(有红属性的名物词)＋红

③ 义　名(限于人、生意、商店等)＋红(了)

④ 义　名(限于中国、连队、一些机关团体名)＋一片＋红
　　　　名(同上)＋红＋数量宾语(一点、一片)

3. 作补语

① 义　动(染、刷、抹)＋红,动＋得/不＋红

③ 义　限用于"唱戏唱红了"等说法中

④ 义　罕用

4. 作主语

① 义　作主语,谓语为"是"(红是一种颜色)

③④ 义　不能这样用

---

① 参看符淮青《词义的分析和描写》第十章"语素和词的结合能力",语文出版社,1996年;《词义和词的分布》,《汉语学习》1999年第1期。

5.作宾语

① 义 作宾语,述语为"是""像""喜欢"等

③④ 义 罕用

"红"这几个意义都是形容词的意义,都能充当定语、谓语、补语等,但结合的词语范围有很大的不同,能出现的句子格式也有明显的不同,有的限制较少,有的有很大的限制。

符用这种方法分析了一些辞书中对词义和词的结合能力的说明不当、不尽完善的情况。如"吃"的意义,不同辞书有不同的处理。《现代汉语词典》《汉语大词典》为"吃"立的义项中有下面三义:

① 把食物等放到嘴里经过咀嚼咽下去(包括吸、喝):～饭|～奶|～药。
② 在某一出售食物的地方吃:～食堂。
③ 依靠某种事物来生活:靠山～山,靠水～水。

《现代汉语八百词》则把这三义合为一义,其说明如下:

1.通过嘴嚼把食物摄入体内。可带"了、着、过",可重叠。可带名词宾语。

～了饭再走|鱼让猫给～了

a) 宾语大多指固体食物,液体限于"奶"和"药"。

b) 可带非受事宾语。

表示处所:～小馆|～食堂。
表示工具或方式:～火锅|～大碗,不～小碗。
表示凭借:靠山～山,靠水～水|～劳保。

孟琮等编的《动词用法词典》则把上述①②合为一义,而分出③义,其说明摘引如下:

(1)把食物等放到嘴里经过咀嚼咽下去(包括吸、喝)。

[名宾]～饺子

[名宾类]〔受事〕～苹果|～零食|～米饭 〔工具〕～大碗,不～小碗〔方式〕～大锅饭|～集体伙|～小灶 〔处所〕～食堂|～饭馆|我～过全聚德

(2)依靠别人或某种事物来生活。

[名宾]～粉笔末儿(指当教师)

[名宾类]〔杂类〕～瓦片儿(旧时北京指靠出租房屋过活)|～集体|～父

母|干一行,～一行(靠职业为生)|～房租

《现汉》《汉语大词典》所立的上述"吃"的三个意义是有差别的,符用"词义成分—模式"分析说明了这三义的不同和它们最主要的分布特征,如下:

① $\underline{\underset{B}{人或动物}\underset{d_1}{用嘴}\underset{D_1}{咀嚼}\underset{D_2}{吞咽}\underset{E}{食物}}$

1. 宾语指固体食物:～苹果|～米饭,液体限"奶""药"
2. 可带工具宾语:～大碗|～火锅
3. 可带方式宾语:～小灶|～集体伙
4. 可当主宾语:～不能少|～好睡好|他爱～("吃"的②③义不能作主宾语)
5. 作谓语要求主语是人或动物

② $\underline{\underset{B}{人}\underset{d_1}{依赖某种事物}\underset{D_1}{生活}}$

1. 宾语是表示生活来源的词语:～父母|～房租
2. 不能作主宾语
3. 作谓语要求主语是人

③ $\underline{\underset{B}{人}\underset{d_1}{在出售食物的地方}\underset{D_1}{购买}\underset{E}{食品}\underset{D_2}{吃}}$

1. 宾语是出售食物的处所,常用的只有有限的几个:～小馆|～馆子|～食堂
2. 不能作主宾语
3. 作谓语要求主语是人
4. 因"吃"中有"购买"义,就有了"吃得/不起食堂"的说法。①②义无此组合

很明显,词义和词的结合能力(或分布)关系的研究,对现代语言详解性描写词典的编纂,对各种用法词典的编纂有重要作用,这种探讨也有助于语法研究。

国外有学者认为[①],言语行为有三个组成部分:所传递的信息,即"义";被感知的形式,即"文";义的无限集与文的无限集之间的对应。一种语言就是建立义的无限集与文的无限集之间对应的一整套规则。他们探讨编出一种理论型的词典,要求做到词义功能描述的详尽、周全。1984年,加拿大蒙特利亚大学出版了

---

① 参看黄建华《关于DEC的思考》,《辞书研究》1995年第3期。

一部《详解与搭配词典》(*Dictionnaire Explicatif et Combinatoire*,简称 DEC),描写了一部分法语词的语义信息和搭配信息,其详尽性、严密性非一般词典可比。词典用约 100 个缩略符号表示不同的含义和功能,非常复杂,令人望而生畏。编者认为,对非本族人的教学,描述需要正确无遗;语言的自动化处理,需要分析入微。他们的认识和实践,对汉语在这方面的研究无疑会有重要的影响。

第二节 为语言的信息处理服务

语言的信息处理是指用计算机来处理自然语言。汉语信息处理指用计算机对汉语的形、音、义等信息进行处理,有时又称中文信息处理。[①] 从 70 年代学者开始汉语信息处理的研究以来,经历了字处理、词处理、句处理的阶段,字处理已取得很大成绩,词的处理也取得显著进展。词的处理已经进行的工作主要有词频统计、通用词库、电子词典、自动分词等。这些都需要语言工作者同科技界的学者合作完成。为了说明方便,我们在这一节主要说明现代汉语词汇研究为语言信息处理服务,重点在于为满足信息处理的需要去研究现代汉语词汇各方面的问题;在下一节说明利用现代科技手段研究现代汉语词汇,重点是说明利用计算机这种工具来研究现代汉语词汇各方面的问题。实际上二者往往是结合在一起、互相渗透的:要解决为信息处理服务的各个问题,词汇的研究要用计算机这种科学工具,而后者的应用在词汇研究的范围中的一个重要目的就是为信息处理服务,当然,它也可以服务于其他研究目的。

下面我们扼要介绍为信息处理服务而研究现代汉语词汇的几项有代表性的工作。

一、建立语义分析体系的探讨[②]

(一)现代汉语语义分析在信息处理中的地位

信息处理中的句处理,指的是计算机理解句子,这要求计算机必须获取句法知识、语义知识和语用知识。没有语义知识谈不上理解。句法和语义的研究成为句处理能否成功的关键。语义研究是这两个关键中的难点。

[①] 参看《汉语信息处理词汇 01 部分:基本术语》,《中国计算机报》1991 年 6 月 18 日增刊。

[②] 这个问题的说明主要据张普《信息处理用现代汉语语义分析的理论与方法》,《中文信息学报》1991 年第 3 期、陈小荷《一个面向工程的语义分析体系》,《语言文字应用》1998 年第 2 期。

(二) 电脑如何获取语义知识

让电脑理解汉语,首先要让电脑获取汉语语义知识,即要模拟人脑给电脑建立一个静态语义网。这个语义网所包含的词汇、词的义项、词语的应用范围是有限(受限)的,可以通过学习从低级发展到高级。

(三) 语义网的特点

这个语义网实际是人脑子中的语义系统的反映。它的特点主要是:1.是一个多层次的系统,其层次包括词素义、词汇义、词组义、句义、篇章义、语境义等,词汇义是驾驭整个语义系统的基础。2.是多类型的系统。在这个语义网中,各个义项存在着千丝万缕的联系,这种联系由客观世界普遍联系所决定,也是人的主观认识的反映。除了对网上的义项(节点)进行描述外,还要描述这些义项之间的关系(弧线)。节点描述和弧线描述构成了静态语义网。这些联系(弧线)的类型有:同一性、对立性、分类性、有序性、相关性等。这些不同性质的联系构成了不同的义场。例如"生物—动物—鸟—驼鸟"具有分类性,"春—夏—秋—冬"具有有序性,"自行车—脚踏车—单车"具有同一性,"丈夫—妻子—夫妻"具有相关性等。3.是多关系的系统。在语义网中,一个义项就是一个义位,义位由一个以上的义素构成。如"鸟"这一义位具有"卵生、有翅、有羽毛、会飞"等多个义素。这样义素和义位就发生了关系。同一个义位由于分类角度不同,可以分别与其他义位发生联系。如"鸟"和"兽、虫、鱼"等义位构成"动物",按能否飞行分类则和"飞机、火箭、热气球、飞虫"等构成"飞行物",这样义位和类型之间发生了关系。由于语言的语义系统是在不断变化的,为计算机建立的语义网也不可能毕其功于一役。

(四) 语义网的系统

这个语义网的系统将语义分为三大类,即运动(变化)类、事物类、性状(性质状态)类;三小类,即时间、空间、数量。各类的语义有特定的描述方法。以事物类为例,从八个方面对其进行描述。这八个方面是:分类、构件、形状、颜色、物态、关系、属性、功能。标定核心义素,通过语义场获取相关义素。语义场的类型有分类义场、构件义场等。下面以分类义场为例说明这种分析。

下页表中每一个方框代表一个节点,是一个义位。①②③等代表场层,共有六个场层。有线连接的上层节点是上位,下层节点是下位。同一个节点的几个下位节点是同位。节点右边的描述是该节点的核心义素。下位继承上位的义素是公约义素。同位间对两个义位起区别作用的是区别性义素。这种分析应用分类和特征描写两种方法,以语义分类为经,特征描写为纬,能应用于较大词汇范围的语义描写。这个语义系统是在"八五"国家重点科研项目"中文信息处理应用平台工程"中研究建立的。

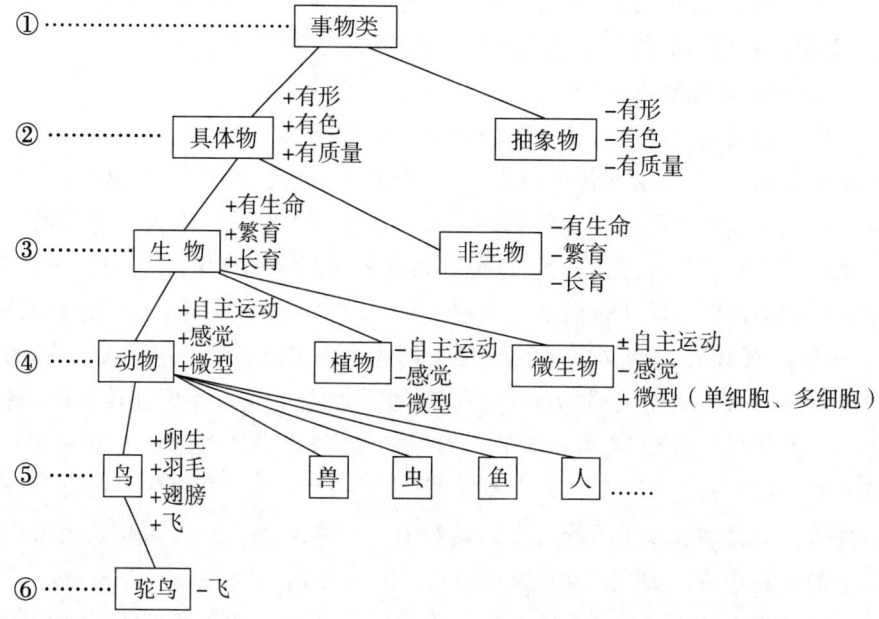

语义分类的另一种做法是根据词在组合框架中的语义特征加以分类。[①]"九〇五"工程中对动词的语义分类就是这种做法的代表。其要点是：

1. 语义单位之间有语义关系

语义关系的一方是语义角色。语义角色分中枢角色和外围角色。中枢角色为运动类(代称为V)，对中枢角色进行分类也就是对动词及可谓形容词(不包括非谓形容词、区别词)进行分类。外围角色由名词、代词充当(代称为N)。

2. 动词能搭配名词的性能叫带N性

具体一个动词能具有哪些带N性取决于动词的语义特征；反过来，考察一个动词的语义特征可以从该动词具有什么带N性的角度来考察，也就是该动词具有什么外围角色来考察。

3. 据上述方法分类的结果是4大类24小类

其层次是：第一层次为"运动"；第二层次为"静态"和"动态"；第三层次为"状

[①] 本段说明主要据鲁川《现代汉语的语义网络》，《中国语言学报》第六期，商务印书馆，1995年；林杏光《词汇语义和计算语言学》，语文出版社，1999年，第336—343页。

态""关系"("静态"的分类)"变化""行为"("动态"的分类)。这就是上面所说的 4 个大类。这 4 个大类下再各分小类,共 24 小类。举例说明如下:

状态类　是事物静态存在的状态或思想感情等的状态,下分:

(1) 存在　存在、出现、消失、坐着
(2) 性质　高、红、伟大、老实
(3) 心态　爱、恨、尊敬、羡慕
(4) 感知　看、听、闻到、记得
(5) 引起　勾起、导致、制约、阻碍

行动类　是事物的动态的运动过程,下分:

(1) 自移　走、跑、跳、游
(2) 搬移　扔、抛、拖、拉
(3) 自为　笑、睡、住、工作
(4) 支配　摸、踢、吃、杀

其他还有给予、获取、创造、对待、考察、传信、遭遇等小类。

二、自动分词问题的探讨[①]

在现代汉语语句中划分出"词"这个单位有很多困难,也有不同看法。经学者多年研究,一般认为"词是最小的能独立运用的语言单位",但在具体应用中仍存在许多疑难和争论。中文信息处理必须解决"分词"的问题。"自动分词"是中文信息处理的基础,这个问题不尽快达成共识,那么在词表、带标注的语料库等重要信息资源上就不能做到共享和利用,势必造成重复开发的浪费。

分词问题对中文信息处理的重要作用,可以从下面几点来说明:

(一) 帮助区分同音字

现代汉语平均每个带调音节对应 5.4 个汉字。不分声调的 yi 有 131 个字,ji 有 121 个字。大多数同音字可依靠"以词定字",如"示、市、式、适"都读 shì,它们分别出现在"表示、城市、方式、合适"中,这就不难区分了。

(二) 信息检索(Information Retrieval)和信息摘录(Information Extraction)中的应用

信息检索是根据用户的查询要求从存有众多材料的数据库中搜索出相关的

[①] 本段说明主要据黄昌宁《中文信息处理中的分词问题》,《语言文字应用》1997 年第 1 期。

材料。大多数汉语信息检索系统是以词为基础的。以词或短语比以"字"作为文档的标引项更为合理。信息摘录要求计算机从自然语言输入文本中摘出指定的信息项,从而自动生成某个领域的数据库。它也必须以词或短语作为处理对象。

(三) 词语的计量分析

词语计量分析应用于词频统计、新词调查、计算机辅助词典编纂、文章或作者风格学研究等领域。而词语的计量分析能够进行,是以能对所建立的语料库中的语料进行自动分词为前提的。

(四) 自然语言理解

自然语言理解有各种应用。在各种应用中对输入文本进行句法分析是必不可少的,而句法分析的前提也是能够进行自动分词。输入的语句未经分词处理,无从根据句中出现的每个具体词到机器词典中去找相关的语言知识,这样也就不可能调用相关的句法规则来正确判断短语或句子的句法结构。

为了解决信息处理的分词问题,国家语委组织有关专家学者制定了《信息处理用现代汉语分词规范 GB/T 13715—92)》(中国标准出版社,1993年)(下简称《规范》)。这是运用语言学知识、现代汉语词汇学知识为信息处理研究服务的一个典型事例。《规范》根据现代汉语语言单位的特点和信息处理的需要,提出"分词单位"的概念,它指"汉语信息处理使用的、具有确定的语义或语法功能的基本单位"(见《规范》3.4分词单位)。它可以是一般所说的词、词组。例如《规范》的下列说明:

> 4.2 二字或三字词,以及结合紧密、使用稳定的二字或三字词组,一律为分词单位。例如:
>
> 发展 可爱 红旗 对不起 自行车 青霉素
>
> 4.3 四字成语一律为分词单位。例如:
>
> 胸有成竹 欣欣向荣
>
> 四字词或结合紧密、使用稳定的四字词组,一律为分词单位。例如:
>
> 社会主义 春夏秋冬 由此可见

《规范》按名、动、形、代、数、量、副、介、连、助、语气、叹、象声词等十三类,具体说明了各类词的分词原则和标准。

三、建立机器词典的探索

为信息处理服务的机器词典有各种类型。下面简介我国学者在这方面做的一些研究和探索。

（一）概念词典的设计①

这是为机器翻译系统服务的一类词典，它主要提供机器翻译过程中所需要的语义信息。学者研究了这种词典的构造。

这种概念词典采用基于框架的知识表示语言——FRAMEKIT 来表示概念。FRAMEKIT 中基本的表示单位是框架。一个框架由框架名和任意个槽组成，一个槽由槽名和任意个侧面组成，一个侧面由侧面名和任意个视点组成，一个视点由视点名和任意视点填充值组成。框架的结构如下：

（框架名（槽名（侧面名（视点名　填充值＊）＊）＊）＊）

例如"复旦是位于中华人民共和国上海市杨浦区的一所大学，非营利性机构"可用框架表示如下：

FUDAN (is_a(value(common university non-profit-institution)))
　　　　(location (block (common Yangpu))
　　　　(city (common Shanghai))
　　　　(country (common P. R. China))))

使用基于框架的知识表示方法的优点是：框架间有继承关系，可以减少信息的冗余存贮。

不同类型的概念有不同的层次结构。

对象类概念　以物质、精神、社会对象作为对象类概念的最高层次，然后逐类逐层细分。

事件类概念　以物质、精神、社会事件作为事件类概念的最高层分类，然后逐类逐层细分。

特性类概念　以事件间、事件内、对象间及其他关系为关系类概念的最高层分类，以物理、化学、生理、社会属性为属性概念的最高层分类，再分别逐类逐层细分下去。

（二）《现代汉语述语动词机器词典》的建造②

清华大学计算机系和中国人民大学语言文字研究所在国家自然科学基金的资助下，研究建造了《现代汉语述语动词机器词典》。

---

① 参看江红、吴立德、沙新时《概念词典的设计与构造》，见《计算语言学研究与应用》，北京语言学院出版社，1993年。

② 本段说明根据林杏光《词汇语义和计算语言学》，语文出版社，1999年，第 156—158、236—238 页。

这部词典以格语法、原则参数语法和配价语法为理论根据,描写了动词的论元属性、论旨属性,描写了每个论旨角色的语义类、词性和句法功能,描写了论旨角色和动词组成的框架,描写了框架的基本式及其变换句式等等,一共描写了3000个动词框架,分为58类动词,3000个框架中同动词搭配的名词有212个语义类。下面是他们结合"格关系"对动词"打"基本义的描写①,从中可以看到该机器词典的内容和结构。

    打 da〈他动词〉用手或器具撞击物体。
[基本式]
  格框架:[施事(+人物){父亲 工人 职员 老人}+受事(+物体){野果 鼓 钟 门 玻璃}]
  变换式:父亲打了一些野果。|工人把红枣都打下来了。|野果都让工人打下来了。|山楂打下来了。
[扩展式]
  [与事]我来〈替你〉打鼓。|这位老人〈给学校〉打了几十年的钟。
  [同事]〈除了班长〉别的学生都打过玻璃。|大妈〈跟女儿〉打野果。
  [结果]小伙子打鼓打了〈一身汗〉。|鼓面上打了〈一个窟窿〉。
  [工具]这个淘气的孩子〈用弹弓〉把玻璃打碎了。|你打〈大锤〉,我打〈小锤〉。
  [数量]〈一棍子〉打下来三十多个山楂。|这锣我〈一次〉都没打过。|这鼓锤他一口气能打〈好几百下儿〉。
  [依据]你们要〈按鼓点儿〉打。
  [时间]〈每年这个时候〉孩子们都到这儿打山梨。|这老爷子〈过去〉打山鼓。|我〈昨天〉就已经打了。|爷爷打了〈半辈子〉更鼓。|咱们再打〈一会儿〉吧!|孩子们一直打〈到天亮〉。
  [处所]〈鼓面上〉打了一个窟窿。|你最好〈外面〉打去。|孩子们〈在树上〉打果子。|一棍子打〈腿上〉了。|一棍子打〈在他腿上〉了。
  [方向]小淘气的弹弓〈朝窗玻璃上〉打去。

---

① 参看林杏光《词汇语义和计算语言学》,语文出版社,1999年,第194—195页。

第三节　利用现代科技手段研究现代汉语词汇

利用现代科技手段研究现代汉语词汇主要指利用计算机的容量巨大、运转迅速准确的优势进行各种词汇学问题的研究。

下面简要说明三项在这方面所作的探索和取得的成果。

一、利用计算机进行"词频""词互信息"的统计①

在研究信息处理自动分词的过程中,学者专家制定了分词的规范,又研究制定了《信息处理用现代汉语规范词表》。这个词表的制定,一方面根据语言学研究的认识,一方面又利用计算机的统计功能。这后一方面的工作是利用计算机研究词汇的典型例子,其工作要点是:

(一)认识信息处理用的"词"和语言学的"词"不相等。由于汉语的语素、词、词组没有形态标志,词法结构同句法结构有相当的一致性,加上领域、语体、方言等因素的影响,汉语中的词、语素、词组几乎不可能有广为接受的泾渭分明的界限。

(二)在制定词表时,可以根据语言学取得的成果,把毫无疑问是词的部分作为《规范词表》的基本组成部分。

(三)对于感到模糊的、难以确定的语言单位,在建立相当规模的语料库的基础上,进行"词频"和"词互信息"的统计。词频就是某个词使用的频率,它的值等于该词在语料库中出现的次数,可以把它作为判断某个词是否常用的度量。词互信息指组成某个词的字之间共现的频率,它的值的算法大致是:用这个词的频率除以组成该词的各个字的字频的乘积。词互信息在一定程度上体现了词的组成部分之间结合的紧密程度,可以作为确定一个"字串"是否成词的参照。

(四)对语言单位进行词频和词互信息的统计,结合语言学的认识来确定词表的成员。这叫作"经验"和"统计"的结合,或人机并存"质""量"合一。下面举些实例。

1. 词频在 36668～92350 的二字词有"经济、发展、企业、国家、市场、工作、本报、一个"等。以上这些词,根据语言学的认识,"本报""一个"不成为词。"本报"

---

① 本段说明主要根据林杏光、苗传江《"规范＋词表"与"经验＋统计"》,《语言文字应用》1997 年第 1 期;孙茂松、张磊《人机并存,"质""量"合一》,《语言文字应用》1997 年第 1 期。

不成为词,它的频率高是由于语料库中大量选用报刊的文章;"一个"则不符合《规范》"5.5.1 数词与量词一律切分"的原则。

2. 一般认为"打倒"是词,应收入词表,那么"压倒、昏倒、推倒、跌倒"等是不是词呢?可以来看"～倒"这个结构形式的统计数据:

结构形式	词频	词互信息
压倒	82	8.0649
倾倒	62	8.8972
打倒	46	5.6325
反倒	37	4.9999
……		
拉倒	4	1.2451
卧倒	2	6.1146
难倒	2	0.8977
拜倒	1	3.0137

根据上述统计,可以考虑词频或词互信息排在前 5 位的是词,词频大于 10 并且词互信息大于 7.0000 的也是词,应收入词表。

二、最大匹配法的应用和改进[①]

在自动分词的过程中,有了词表以后,计算机分词的方法是"最大匹配法"(Maximum Matching Method,简称 MM 法)。MM 法的基本过程是:假设词表中最长的词由 i 个字组成,则每次从句子上截取一个长度为 i 的字串,令其同词表中的词条依次匹配,如果词表中确有这样一个 i 字词,匹配成功,就把这个字串作为一个词从句子上切去。如果在词表中找不到一个词条能同当前的字串匹配,就从该字串尾部删去一个字,用 i-1 字长的字串到词表中去查找,若匹配失败,则从该字串尾部再删去一字(即 i-2),把这个 i-2 的字串去词表中匹配。依次类推,直至匹配成功。MM 法又分正向最大匹配法(FMM)和反向最大匹配法(BMM)。上面讲的是 FMM,若从句子的最前头切下字串去匹配(即左扫描),便是 BMM。根据对新闻语料中随机选出的 3680 个句子进行测试,得出以下四种情况的统计数据:

[①] 本段说明据黄昌宁《中文信息处理中的分词问题》,《语言文字应用》1997 年第 1 期。

1. FMM 和 BMM 切分结果不同,两种结果均不正确,只有 2 句,占测试句子总数的 0.054%

句子:以新的姿态出现在世界东方

FMM 切分:以/新/的/姿态/出现/在世/界/东方

BMM 切分:以/新/的/姿态/出/现在/世界/东方

2. FMM 和 BMM 的切分结果不同,其中一种正确,有 340 句,占测试句子总数的 9.24%

句子:使节约粮食进一步形成风气

FMM 切分:使节/约/粮食/进一步/形成/风气(误)

BMM 切分:使/节约/粮食/进一步/形成/风气(正)

3. FMM 和 BMM 切分结果相同,都不正确,有 15 句,占测试句子总数的 0.41%

句子:反映了一个人的精神面貌

FMM 和 BMM 切分:反映/了/一/个人/的/精神/面貌

4. FMM 和 BMM 切分结果相同,而且都正确,共有 3323 句,占测试句子总数的 90.30%

句子:美国加州大学的科学家发现……

FMM 和 BMM 切分:美国/加州/大学/的/科学家/发现……

从上述测试结果可以形成这种认识:当两种方法的切分结果相同时,大约有 99% 的把握认为切分结果是正确的;当两种方法切分结果不同时,大约有 99% 的把握认为其中至少有一种是正确的。当然最终的判断还要根据语言知识。

在进一步的研究中有学者指出,"最大匹配法"实际上否定了"词中含词"这一语言现象(即组合的递归性),出错较高,拒分情况严重,提出以"底表匹配法"作为出发点,尽可能利用有关的知识手段进行词的切分。这些学者设想将待切分的汉字字符号串序列依"特征词库"分割为若干子串,每个子串或为词或为词群,然后利用"实词词库"的规则再将词群细分为词,分词时利用一定的语法知识。他们设想分词知积库应作多级建造,包含有"特征词库""实词词库""规则库"等。①

---

① 参看李国臣、刘开瑛、张永奎《汉语自动分词及歧义组合结构的处理》,《中文信息学报》1988 年第 3 期。

三、语素数据库的建立和应用①

学者对现代汉语语素的性质、类别、组合、成词的作用等已有相当一致的认识。但是要对全部语素的性质、作用进行全面的描写,靠人工来做有很大的困难。利用计算机建立一定规模的语素数据库,在数据库基础上进行不同方面的统计分析,则易于达到目的。90年代清华大学计算机系建立了汉语语素数据库,对汉语语素和汉语构词法开展研究,已取得令人瞩目的成果,其工作情况简介如下。

(一) 语素数据库的结构。在数据库中,一个语素的一个义项(即语素项)构成一个独立的记录。数据库对汉语语素的特性进行了如下描写:

释义:指该语素在该义项下(语素项)的意义。

类别:指语素的类别(素类),主要参照意义分类,分为名词性语素、动词性语素、形容词性语素,副词、介词、代词、连词、叹词、助词、象声词、数词、量词性语素等类。

成词:指该语素项在短语或句子中能独立成词。

不成词:指该语素项在短语或句子中不能独立成词,而只能作为构词成分。

半成词:指一般该语素项不能独立成词,但在这样或那样的条件下可以独立成词。

前位、后位或中位:指该语素项在其所构词中的位置是前位、后位或中位。

语素所构词的描述,主要有:词形、读音、词类、构词方式、类序、多义及字义组合等。

构词方式:指语素以主谓、偏正、联合、述宾、述补等结构形式组成词。

类序:指由语素项所构词中各语素项素类的次序。如"打球",其类序为 vn。

多义:指某词是否有多义。这里的多义指词形、词类、构词方式和字义组合均相同的情况下仍存在一个以上的义项。

字义组合:用来描写词义与组词各语素项意义间的关系。词义是由组词各语素项意义组合而成的(恳求),则此栏填"2";如果不是(如"买东西"的"东西"),

---

① 本段说明主要据苑春法、黄昌宁等《现代汉语中二字复合词的构词格式研究》,陈力为、袁琦主编《计算语言学进展与应用》,清华大学出版社,1995年;苑春法、黄昌宁等《汉语语素数据库的建造与应用》,Communication of COLIPS Vol. 7, No. 1, 1997;苑春法、黄昌宁《基于语素数据库的汉语语素及构词研究》,《语言文字应用》1998年第3期。

则填"0";如果介于二者之间(火腿、大学),则填"1"。

(二)利用这个数据库,根据上述描写作了各方面的调查分析,重要结论如下:

1. 6763个常用汉字表示的语素项为17,470个,归并为语素10,442个。其中单字语素9712个,占93.0%,二字及二字以上语素730个,占7.0%。

在单字语素中有1959个0义项语素,0义项语素构成的词属于固定用法或是一个典故,难以确定其在组词中的作用,难以断定词的构词方式。如"瓦—瓦全、弄瓦""外—员外"。

去掉0义项语素后,单字语素为7753个,它们对揭示汉语构词规律有直接意义,是基本语素。

2. 7753个语素单独成词的情况及成词时的位置统计:能单独成词,位置任意的有2407个,占31.0%。不能单独成词,成词时位置任意的1735个,占22.4%。成词时处于前位的1166个,占15.0%,处于后位的689个,占8.9%。

3. 二字词的情况:二字词有43,097个,其中名词22,016个,占51.1%;动词15,666个,占36.4%;形容词3276个,占7.6%;三类约占二字词总数的95%。

4. 构词方式统计:(1)名词的构词方式以体素联合和定中偏正为主,其中定中偏正占80.6%,体素联合占9.3%,二者共约占二字词总量的90%。(2)动词以述宾、谓素联合和状中偏正为主,它们各占39.7%、27.0%、23.3%,共占二字词总量的90%。(3)形容词以谓素联合为主,占形容词二字总量的62.5%。

5. 从统计看,语素在构词时一般总是保持原来的意义不变。二字复合名词与构成它的语素义完全不同的有220个词,其中多数是表事物名称的,如"柴胡、二七、麻将"。此类动词有31个,一般为固定用法,如"姑息、涂炭、张罗"。此类形容词有22个,如"狼藉、糟糕、道地"等。

通过本章简要的说明我们看到,现代汉语词汇学在同现代语义学结合中进行着多方向的开拓。在词义信息内容的分析、概念义分析的形式化、词汇场语义场的研究、词义和词的组合能力的关系等问题的研究中有了一定深度的探索,有了可喜的成果。在为语言的信息处理服务的探索中,越来越多的学者认识到词汇研究在中文信息处理研究中的基础地位。在建立语义分析体系,自动分词研究,语素、词及各种语言单位数据库的建立和应用中,现代汉语词汇学都发挥着重要的作用。可以期望,随着学术文化的发展、科学技术的发展,现代汉语词汇学必将得到更丰富的滋养和更广大的发展空间。

参考书目

说明：
    一、本书目主要收入出版的著作，酌收有代表性的论文。
    二、基本按时间顺序排列，有些专题作相对集中。

胡以鲁　　论译名，《庸言》1914年2卷1、2期合刊。
薛祥绥　　中国言语文字说略，《国故》1919年第4期。
孙几伊　　论译书方法及译名，《新中国》1919年1卷2期。
幼　雄　　译名商榷，《开明》1931年30期。
王了一　　论汉译地名人名的标准，《今日评论》1939年1卷11期。
周辨明　　词的界说，《国语月刊》1922年1卷11期。
乐嗣炳　　国语词概论，《国语月刊》1922年1卷11期。
黎锦熙　　国语中基本语词的统计研究，《国文学会丛刊》1922年1卷1期。
黎锦熙　　汉语复合词构成方式简谱，《国语旬刊》1929年第12期。
夏丏尊　　双字词语的构成方式，《国文月刊》1946年第41期。
刘　复　　释"吃"，《国语周刊》1931年第16期。
刘　复　　语义的变化，《世界日报·国语周刊》1935年第177期。
陈望道　　关于刘半农先生的所谓"混蛋字"，《太白》1935年1卷9期。
王　力　　古语的死亡残留和转生，《国文月刊》1941年1卷9期。
高名凯　　中国现代语言变化之研究，《天文台》1947年第1期。
高名凯　　中国语的语义变化，《天文台》1947年第2期。
孙常叙　　《汉语词汇》，吉林人民出版社，1956年。
张世禄　　《普通话词汇》，新知识出版社，1957年。
张世禄　　词汇讲话，《语文知识》1956年1—6期，收入《张世禄语言学论文集》，学林出版社，
　　　　　1984年。
周祖谟　　词汇和词汇学，《语文学习》1958年第9、11期。
周祖谟　　《汉语词汇讲话》，人民教育出版社，1959年。
何霭人　　《普通话词义》，新知识出版社，1957年。
崔复爰　　《现代汉语词义讲话》，山东人民出版社，1957年。
张　静　　《词汇教学讲话》，湖北人民出版社，1957年。

林裕文　《词汇·语法·修辞》,新知识出版社,1957年。
许威汉　《词汇》,人民教育出版社,1959年。
王　勤　武占坤　《现代汉语词汇》,湖南人民出版社,1959年。
葛本仪　《现代汉语词汇》,山东人民出版社,1961年。
张国庆　《词汇》,黑龙江人民出版社,1961年。
李　荣　汉语的基本字汇,《科学通报》1952年3卷7期。
李向真　关于汉语的基本词汇,《中国语文》1953年第4期。
林　焘　汉语基本词汇中的几个问题,《中国语文》1954年第7期。
潘允中　汉语基本词汇的形成及其发展,《中山大学学报》1959年1、2期合刊。
崔荣昌　王　华　从基本词汇看北京话同普通话和汉语诸方言的关系,《语文建设》1999年第2期。
罗常培　吕叔湘　现代汉语规范问题,《现代汉语规范问题学术会议文件汇编》,科学出版社,1956年。
郑　奠　现代汉语词汇规范问题,《现代汉语规范问题学术会议文件汇编》,科学出版社,1956年。
林　焘　现代汉语词汇规范问题,《语言学论丛》第三辑,上海教育出版社,1959年。
殷焕先　谈词语书面形式的规范,《中国语文》1962年第6期。
高更生　谈异体词整理,《中国语文》1966年第1期。
高更生　异体词整理问题,《山东师大学报》1994年第1期。
侯　敏　异体词的规范问题,《语文建设》1992年第3期。
羡闻翰　有关现代汉语规范化的几个问题,《中国语文》1979第1期。
吕冀平　戴昭铭　当前汉语规范工作中的几个问题,《中国语文》1985年第2期。
吕冀平　戴昭铭　语文规范工作40年,《语文建设》1990年第4期。
戴昭铭　《规范语言学探索》,上海三联书店,1998年。
郭良夫　关于词语规范,《中国语文》1987年第1期。
陈章太　普通话词汇规范问题,《中国语文》1996年第3期。
曾昭抡　科学名词中的造字问题,《中国语文》1953年第8期。
袁翰青　从化学物质的命名看方块字的缺点,《中国语文》1953年第4期。
刘泽先　从科学新名词的翻译看汉字的缺点,《中国语文》1953年第8期。
刘涌泉　略论我国的术语工作,《中国语文》1984年第1期。
冯志伟　《现代术语学引论》,语文出版社,1997年。
张寿康　关于汉语构词法,《语法和语法教学》,人民教育出版社,1956年。
崔复爰　《现代汉语构词法例解》,山东人民出版社,1957年。
陆志韦等　《汉语的构词法》(修订本),科学出版社,1964年。
任学良　《汉语造词法》,中国社会科学出版社,1981年。

张寿康　《构词法和构形法》，湖北教育出版社，1985年。
王洪君　从与自由短语的类比看"打拳""养伤"的内部结构，《语文研究》1998年第4期。
璩　一　谈同义词，《语文学习》1953年第8期。
魏建功　同义词和反义词，《语文学习》1956年第11期。
孙玄常　《怎样辨别同义词》，北京通俗读物出版社，1956年。
高庆赐　《同义词和反义词》，新知识出版社，1957年。
孙良明　同义词的性质和范围，《语文学习》1958年第3期。
陈炳迢　汉语的同义词是不是一定要词性相同，《语文知识》1958年第6期。
王理嘉　侯学超　怎样确定同义词，《语言学论丛》第五辑，商务印书馆，1963年。
张志毅　确定同义词的几个基本观点，《吉林师大学报》1965年第1期。
张志毅　同义词词典编纂法的几个问题，《中国语文》1980年第5期。
孙玄常　陈　方　《多义词·同义词·反义词》，北京出版社，1965年。
北京师范大学中文系编写组　《多义词·同义词·反义词》，北京人民出版社，1972年。
刘叔新　同义词和近义词的划分，《语言研究论丛》，天津人民出版社，1980年。
谢文庆　《同义词》，湖北人民出版社，1982年。
刘叔新　论同义词词典的编纂原则，《辞书研究》1982年第1期。
刘叔新　同义词词典怎样处理词性，《辞书研究》1983年第3期。
周　荐　《同义词语的研究》，天津人民出版社，1991年。
周　荐　等义词语的性质和类别，《天津师大学报》1988年第5期。
周国光　《同义词》，安徽教育出版社，1989年。
符淮青　同义词研究的几个问题，《中国语文》2000年第3期。
张拱贵　反义词及其在构词上和修辞上的作用，《中国语文》1957年第8期。
卢甲文　单音节反义词的分类及运用，《语言学论丛》第八辑，商务印书馆，1981年。
杨书忠　《多义词·同义词·反义词》，北京出版社，1983年。
石安石　詹人凤　反义词聚的共性、类别及不均衡性，《语言学论丛》第十辑，商务印书馆，1983年。
谢文庆　现代汉语反义词的特点，《语言教学与研究》1985年第2期。
谢文庆　《反义词》，湖北教育出版社，1988年。
刘叔新　论反义聚合的条件和范围，《语言研究论丛》第五辑，南开大学出版社，1988年。
刘叔新　周　荐　《同义词语和反义词语》，商务印书馆，1992年。
潘竞翰　《反义词》，安徽教育出版社，1989年。
广　达　林　玉　反义词划界浅探，《阴山学刊》1990年第2期。
石毓智　同义词知反义词的区别和联系，《汉语学习》1992年第1期。
高名凯　刘正埮　《现代汉语外来词研究》，文字改革出版社，1958年。
王立达　现代汉语中从日语借来的词汇，《中国语文》1958年第2期。

郑　奠　谈现代汉语中的"日语词汇",《中国语文》1958年第2期。
陈　榴　汉语外来语与汉民族文化心理,《辽宁师范大学学报》1990年第5期。
史有为　《异文化的使者——外来词》,吉林教育出版社,1991年。
王铁昆　汉语新外来语的文化心理透视,《汉语学习》1993年第1期。
周洪波　外来词译音成分的语素化,《语言文字应用》1995年第4期。
(意)马西尼著、黄河清译　《现代汉语词汇的形成——十九世纪汉语外来词研究》,汉语大词典出版社,1997年。
吴传飞　论汉语外来词分类的层级性,《语文建设》1999年第4期。
黄景欣　试论词汇学中的几个问题,《中国语文》1961年第3期。
刘叔新　论词汇体系问题,《中国语文》1964年第3期。
薄　鸣　谈词义和概念的关系问题,《中国语文》1961年第8期。
薄　鸣　词义和概念,《北京大学学报》1963年第2期。
石安石　关于词义与概念,《中国语文》1961年第8期。
朱林清　关于词义和概念的几个问题,《中国语文》1962年第6期。
王维贤　也谈词义和概念的关系,《浙江学刊》1963年第4期。
高名凯　论语言系统中的义位,《中国语文》1961年第10、11期。
华中师范学院中文系现代汉语教研室　《现代汉语词汇知识》,湖北人民出版社,1973年。
华南师范学院中文系　《词汇常识》,广东人民出版社,1978年。
李行健　刘叔新　《词语的知识和运用》,天津人民出版社,1979年。
朱　星　《汉语词义简析》,湖北人民出版社,1981年。
郭先珍等　《趣味词义辨析》,北京出版社,1982年。
张永言　《词汇学简论》,华中工学院出版社,1982年。
孙良明　《词义和释义》,湖北教育出版社,1982年。
王德春　《词汇学研究》,山东教育出版社,1983年。
武占坤　王　勤　《现代汉语词汇概要》,内蒙古人民出版社,1983年。
武占坤　《词汇》,上海教育出版社,1983年。
徐　青　《词汇漫谈》,浙江人民出版社,1983年。
徐州师范学院中文系　《词汇基础知识》,江苏人民出版社,1983年。
陈垂民　吴伯方　《词汇常识》,广东人民出版社,1983年。
刘叔新　《词汇学和词典学问题研究》,天津人民出版社,1984年。
罗世洪　《现代汉语词汇》,甘肃人民出版社,1984年。
葛本仪　《汉语词汇研究》,山东教育出版社,1985年。
郭良夫　《词汇》,商务印书馆,1985年。
郭良夫　《词汇和词典》,商务印书馆,1990年。
符淮青　《现代汉语词汇》,北京大学出版社,1985年。

符淮青　《词的释义》,北京出版社,1986年。
贾彦德　《语义学导论》,北京大学出版社,1986年。
贾彦德　《汉语语义学》,北京大学出版社,1992年。
贾彦德　现代汉语配偶称谓的义位附加成分,《中国语言学报》第3期,商务印书馆,1988年。
李行健　《词语学习与使用述要》,吉林文史出版社,1988年。
李行健　《语文学习新论》,陕西人民教育出版社,1997年。
张紫文　《同形词》,安徽教育出版社,1989年。
石安石　亲属词的语义成分试析,《语言学论丛》第九辑,商务印书馆,1982年。
符淮青　表动作行为的词的意义分析,《北京大学学报》1982年第3期。
符淮青　语素"红"的结合能力分析,《语文研究》1983年第2期。
常敬宇　现代汉语词的语义域,《语言教学与研究》1983年第2期。
王振昆　曹　静　语义的义素分析,《语言教学与研究》1983年第3期。
王家国　论义素分析,《汉语语义学论文集》,湖南人民出版社,1986年。
杨升初　语素"生"的义素分析报告,《汉语语义学论文集》,湖南人民出版社,1986年。
葛本仪　句法构词与逻辑,《山东大学文科论文集刊》1982年第2期。
葛本仪　词义分析与逻辑,《内蒙古民族师院学报》1988年第4期。
葛本仪　论合成词素,《山东大学学报》1988年第3期。
张清源　谈义项的建立与分合,《词典研究丛刊》第1期,四川辞书出版社,1980年。
唐超群　义项·义位·概念,《辞书研究》1985年第6期。
勾　邑　《汉语大字典》的义项理论与实践,《辞书研究》1990年第5期。
刘宁生　动词的组合特征与义项的确定,《词典和词典编纂的学问》,上海辞书出版社,1985年。
伍铁平　模糊语言学初探,《外国语》1979年第4期。
伍铁平　模糊语言学再探,《外国语》1980年第5期。
石安石　模糊语义及其模糊度,《中国语文》1988年第1期。
符达维　模糊语义问题辩述,《中国语文》1990年第2期。
符淮青　词义的模糊性问题,《语言学论丛》第十九辑,商务印书馆,1997年。
刘叔新　《汉语描写词汇学》,商务印书馆,1990年。
许德楠　《实用词汇学》,北京燕山出版社,1990年。
许威汉　《汉语词汇学引论》,商务印书馆,1992年。
许威汉　《二十世纪的汉语词汇学》,书海出版社,2000年。
苏新春　《汉语词义学》,广东教育出版社,1992年。
苏新春　《文化的结晶——词义》,吉林教育出版社,1994年。
苏新春　《当代中国词汇学》,广东教育出版社,1995年。
周　荐　《词语的意义和结构》,天津古籍出版社,1994年。

周　荐　《汉语词汇研究史纲》,语文出版社,1995年。
黎良军　《汉语词汇语义学论稿》,广西师范大学出版社,1995年。
詹人凤　《现代汉语语义学》,商务印书馆,1997年。
杨振兰　《现代汉语词彩学》,山东大学出版社,1996年。
符淮青　《词义的分析和描写》,语文出版社,1996年。
符淮青　《汉语词汇学史》,安徽教育出版社,1996年。
符淮青　汉语表"红"的颜色词群分析(上、下),《语文研究》1988年第3期、1989年第1期。
符淮青　汉语表眼睛活动的词群,《中国语言学报》第6期,商务印书馆,1995年。
符淮青　构成成分分析和词的释义,《辞书研究》1988年第1期。
符淮青　概念义分析的形式化,《汉语学习》1995年第6期。
符淮青　词义单位的划分,《汉语学习》1998年第4期。
符淮青　词义和词的分布,《汉语学习》1999年第1期。
张志毅　义位的系统性,《词汇学新研究》,语文出版社,1995年。
张志毅　张庆云　柏拉图以来词义说的新审视,《中国语文》2000年第2期。
王　还　汉语词汇的统计研究与词典编纂,《辞书研究》1986年第4期。
常宝儒　关于《现代汉语频率词典》的编纂问题,《辞书研究》1986年第4期。
林联合　汉语词汇统计的步骤和词汇使用度的计算,《辞书研究》1986年第4期。
尹斌庸　汉语语素的定量研究,《中国语文》1984年第5期。
刘英林　宋绍周　汉语常用字词的统计与分级,《中国语文》1992年第3期。
张　凯　汉语构词基本字的统计分析,《语言教学与研究》1997年第1期。
陈瑞端　汤志祥　九十年代汉语词汇地域分布的定量研究,《语言文字应用》1999年第3期。
张　普　信息处理用现代汉语语义分析的理论与方法,《中文信息学报》1991年第3期。
陈小荷　一个面向工程的语义分析体系,《语言文字应用》1998年第2期。
鲁　川　现代汉语的语义网络,《中国语言学报》第6期,商务印书馆,1995年。
林杏光　《词汇语义和计算语言学》,语文出版社,1999年。
林杏光　苗传江　"规范＋词表"与"经验＋统计",《语言文字应用》1997年第1期。
孙茂松　张　磊　人机并存,"质""量"合一,《语言文字应用》1997年第1期。
江　红　吴立德　沙时新　概念词典的设计与构造,《计算语言学研究与应用》,北京语言学院出版社,1993年。
黄昌宁　中文信息处理中的分词问题,《语言文字应用》1997年第1期。
苑春法　黄昌宁　现代汉语中二字复合词的构词格式研究,《计算语言学进展与应用》,清华大学出版社,1995年。
苑春法　黄昌宁　汉语语素数据库的建造与应用,*Communication of COLIPS*,Vol.7 No.1,1997.
苑春法　黄昌宁　基于语素数据库的汉语语素及构词研究,《语言文字应用》1998年第3期。

郭绍虞　谚语的研究,《小说月报》1921年12卷2、3、4期。
任访秋　谚语之研究,《礼俗》1931年6、7期合刊。
白启明　采辑歌谣所宜兼收的——歇后语,《歌谣周刊》1924年44号。
温锡田　论俏皮话,《国语周刊》1933年第91期。
黄华节　歇后语,《太白》1935年2卷6期。
李纪生　民众歇后语研究,《中华教育界》复刊1947年1卷9期。
余冠英　谈成语错误,《国文月刊》1940年1卷2期。
方辉绳　成语和成语的运用,《国文杂志》1943年2卷3期。
马国凡　《成语简论》,辽宁人民出版社,1959年。
马国凡　《谚语·歇后语·惯用语》,辽宁人民出版社,1961年。
张国庆　《成语浅说》,黑龙江人民出版社,1974年。
宁　榘　《谚语·格言·歇后语》,湖北教育出版社,1980年。
许肇本　《成语知识浅淡》,北京出版社,1980年。
刘家琪　《正确使用成语》(修订本),陕西人民出版社,1981年。
唐启运　《成语、谚语、歇后语典故概说》,广东人民出版社,1981年。
杨天戈　《汉语成语溯源》,外语教育与研究出版社,1982年。
马国凡　《成语》,内蒙古人民出版社,1973年。
马国凡　高歌东　《歇后语》,内蒙古人民出版社,1979年。
武占坤　马国凡　《谚语》,内蒙古人民出版社,1980年。
马国凡　高歌东　《惯用语》,内蒙古人民出版社,1982年。
高歌东　《惯用语再探》,山东教育出版社,1986年。
王　勤　《谚语歇后语概论》,湖南人民出版社,1980年。
谭永详　《歇后语新论》,山东教育出版社,1984年。
向光忠　《成语概说》,湖北教育出版社,1985年。
刘洁修　《成语》,商务印书馆,1985年。
温端政　《谚语》,商务印书馆,1985年。
温端政　《歇后语》,商务印书馆,1985年。
孙维张　《汉语熟语学》,吉林教育出版社,1989年。
刘广和　《熟语浅说》,中国物资出版社,1989年。
朱瑞玟　《成语与佛教》,北京经济学院出版社,1989年。
聂言之　通用成语与异体成语,《江西师范大学学报》1992年第2期。
卢卓群　四字格成语的有形裂断及其作用,《世界汉语教学》1992年第4期。
周　荐　熟语的经典性和非经典性,《语文研究》1994年第3期。
刘广和　熟语的语形问题,《中国语文》1996年第4期。
徐耀民　成语的划界、定型和释义问题,《中国语文》1997年第1期。